内蒙古歷代方志集成

第一輯 ③

蒙古游牧記

内蒙古自治區人民政府地方志研究室 編

山西出版傳媒集團 三晉出版社

圖書在版編目（CIP）數據

蒙古游牧記 / 内蒙古自治區人民政府地方志研究室編. — 太原：三晋出版社，2022.10
（内蒙古歷代方志集成）
ISBN 978-7-5457-2626-8

Ⅰ.①蒙… Ⅱ.①内… Ⅲ.①游牧民族—民族歷史—史料—内蒙古—清代 Ⅳ.①K281.2

中國國家版本館CIP數據核字（2023）第141046號

蒙古游牧記

編　　者：内蒙古自治區人民政府地方志研究室
責任編輯：張仲偉
責任印製：李佳音
裝幀設計：劉　磊

出 版 者：山西出版傳媒集團·三晋出版社
地　　址：太原市建設南路21號
電　　話：0351-4956036（總編室）
　　　　　0351-4922203（印製部）
網　　址：http://www.sjcbs.cn

經 銷 者：新華書店
承 印 者：山西基因包裝印刷科技股份有限公司

開　　本：787mm × 1092mm　1/16
印　　張：48.75
字　　數：400千字
版　　次：2022年10月 第1版
印　　次：2023年 8 月 第1次印刷
書　　號：ISBN 978-7-5457-2626-8
定　　價：400.00圓

ISBN 978-7-5457-2626-8

如有印裝質量問題，請與本社發行部聯繫　電話：0351-4922268

〔清〕張穆 撰 〔清〕何秋濤 校

蒙古游牧記

十六卷

清咸豐刻本

蒙古游牧記

蒙古游牧記十六卷

同治六年春

壽陽祁氏栞

洪洞王軒署

蒙古游牧記序

海内博學異才之士嘗不乏矣然其著述卓然不朽者厥有二端陳古義之書則貴乎實事求是論今事之書則貴乎經世致用二者不可得兼而張子石州蒙古游牧記獨能兼之始余校刊先大夫藩部要略延石州覆加校覈石州因言自來郡國之志與編年紀事之體相爲表裏昔司馬子長作紀傳而班孟堅刱修地理志補龍門之闕而相得益彰今要略編年書也穆請爲地志以錯綜而發明之余亟慫恿俾就其事殺青未竟而石州疾卒以其稿屬何願船比部整理願船爲補其未備又十年始克成編余詳

爲披覽究其終始見其結構則詳而有體也徵引則贍而不穢也考訂則精而不浮確而有據也擬諸古人地志當與酈亭之箋水經贊皇之志郡縣並駕齊驅樂史祝穆以下無論已雖然石州之成此編豈第矜博奧蒐隱僻成輿地一家言哉蓋嘗論之蒙古輿地與中國邊塞相接其部族强弱關繫中國盛衰非若海外荒遠之區可以存而不論也塞外漠南北之地唐以前不入版圖史弗能紀至遼金元皆嘗郡縣其地乃三史地志虛存其名而山川形勢都會阨塞闕焉無考是則欲知邊事不外斯編矣如科爾沁土默特之拱衞邊門翁牛特烏珠穆沁之密邇禁地四

于部落環繞雲中鄂爾多斯奄有河套至於喀爾喀杜爾
伯特土爾扈特諸部或跨大漠杭海諸山或據金山南北
或外接俄羅斯哈薩克諸國所居皆天下精兵處與我西
北科布多塔爾巴哈台諸鎮重兵相爲首尾是皆講經制
者所當盡心也承學之士得此書而研究之其於中樞典
屬之政務思過半矣然則是書之成讀史者得實事求是
之資臨政者收經世致用之益豈非不朽之盛業哉因醵
金付梓而序其綱要以諗觀者咸豐九年夏四月壽陽祁
寯藻

蒙古游牧記目錄

阿巴哈納爾

蒙古游牧記卷之一

平定張　穆石州撰

光澤何秋濤願船校

內蒙古哲里木盟游牧所在（科爾沁　扎賚特　杜爾伯特　郭爾羅斯）

科爾沁部在喜峯口東北八百七十里至京師千二百八十里東西距八百七十里南北距二千一百里東至扎賚特界西至札嚕特界南至盛京邊牆界北至索倫界秦漢遼東郡北境後漢爲扶餘鮮卑地（後漢書夫餘國在元菟北千里南與高句麗東與挹婁西與鮮卑接界）南北朝隋唐爲契丹靺鞨地（唐時契丹地在奚之東北與室韋靺鞨接界今科爾沁在古契丹靺鞨之閒）遼爲上京東境

及東京北境金分屬上京北京及咸平路元爲開元路北境開元路治黃龍府詳見郭爾羅斯東南柳條邊明初置福餘外衞以元後兀良哈爲都指揮掌衞事其地西自廣甯白雲山黃泥窪起踰鐵嶺至開原洪武二十一年置衞以故元東甯王海撒男荅奚爲指揮同知歲再貢馬永樂元年以安出及土不申爲都指揮掌衞事案兀良哈卽烏梁罕亦作烏浪漢洪熙間蒙古臣阿魯台爲兀剌所破兀剌卽衞拉或以烏喇特爲兀剌之譌者非也阿魯台乃人名非部名或以厄魯特爲阿魯台之轉者亦非也其酋奎蒙克塔斯哈喇姓博爾濟吉特蒙古源流提要曰皇上幾餘覽古以元代奇渥溫得姓所自必史臣傳譌詢之定邊左副將軍喀爾喀親王成袞札布因以此書進御考證本末始知奇渥溫爲却特之誤蒙古博明西齋偶得云元史稱帝姓奇渥溫祕史載孛敦察爾自爲孛爾只止歹氏此亦如中國姓氏之别蓋各蒙古之類凡十數皆出自奇渥溫姓帝自爲孛爾只止歹氏以

別之字爾只止歹其先世之名也蒙古不諱名其來久矣今蒙古元裔皆博孛爾濟只吉止特歹氏而姓確特確北音作平聲卽奇渥亦平聲二字合溫其餘音當日譯言之譌耳穆案孛敦察爾祕史作孛端察兒孛爾只止歹祕史作孛兒只斤西齋語有誤錢大昕元史攷異太祖姓奇渥溫氏按元祕史作孛兒只吉歹氏明楊子器宮詞注亦云世祖姓孛兒只斤只斤卽只吉歹譯音有輕重爾今譯爲博爾濟吉特穆案攷異所據祕史本卽余刻入楊氏連筠簃叢書之本而引用亦誤何也

龔之鑰後出塞錄科爾沁喀喇沁兩蒙古皆以王爲姓其先乃山東膠州人至今尚通往來譜系亦畧可攷穆案此無徵之言不足據也

元太祖弟哈布圖哈薩爾十四世孫也哈薩爾元史太祖紀作哈撒兒表作搠只哈兒食貨志作搠只哈撒兒札八兒火者傳作哈札兒今譯改作哈札爾又作楚齊格爾元祕史作阿兒孩合撒兒又作拙赤合撒兒亦單稱曰合撒兒蒙古源流作特穆津哈薩爾

案蒙古源流滿都古勒汗卒其小福晉滿都海徹辰科爾沁之烏訥博羅特王欲娶之滿都海徹辰欲待汗之姪巴圖蒙克長而嫁之以問桑該烏爾魯克之妻札

哈阿海札哈阿海云適哈薩爾之子則離却屬衆敗福晉名若守汗之子則據有國衆可以表揚福晉名譽云云然則科爾沁之爲哈薩爾裔確有徵也**走避嫩江**嫩江一作妹江又名諾尼江古名難水亦曰那河明人謂之腦溫江又曰忽剌溫江方式濟龍沙紀畧蒙古謂腦溫爲碧諾尼意同今呼嫩江明一統志云源出西北邊外不可攷蓋江之在明爲甌脫統志第指其與松阿里合流處故不知其源今按江源出宜呼爾山山在黑龍江之南與安嶺下江流自北而南經查克達奇山之東額勒克爾山之西循墨爾根城北門復稍轉西下抵卜魁城西門凡一千四百餘里與松阿里江合**依兀艮哈因同族有阿嚕科爾沁故號嫩科爾沁以自別**天命九年奧巴表稱嫩江水濱科爾沁台吉等

楊賓柳邊紀畧科爾沁一作好兒趁與察哈爾虎墩兔同祖住牧東北邊外去建州最近　高宗純皇帝入科爾沁境詩曰塞牧雖稱遠姻盟向最親嗣嶽彤管著縣澤礪山申設侯巖喧沓清塵奉狩巡敬誠甡愛處未忍視如賓　穆案科爾沁諸部以明史攷之蓋阿魯台之裔史稱本雅失里爲瓦剌所襲與阿魯

台徙居臚朐河及聞成祖自將五十萬衆出塞本雅失里懼欲與阿魯台俱西阿魯台不從君臣始各爲部本雅失里西奔阿魯台東奔其後當仁宗登極之初阿魯台數敗於瓦剌部曲離散乃率其屬東走兀良哈駐牧遼塞正與科爾沁爲衞拉所破走避嫩江情事時代相符又案據蒙古源流蒙古自順帝出奔七傳至永樂十三年乙未德勒伯克汗歿曠十餘年無君洎宣德元年科爾沁烏濟錦諾延之子阿岱台吉乃占據蒙古餘衆即汗位先是洪熙元年則有哈爾古楚克之遺腹子阿寨及其母鴻拜濟及阿薩特之子阿嚕克台往依之阿嚕克台本名烏格德勒庫以巴圖拉丞相命之負匡拾糞取負匡之義命曰阿魯克台阿岱汗既得此三人即汗位遂加兵濟勒滿汗征四衞拉特伊額色庫汗之子巴克穆所謂脫歡太師者也其情事與明史及科爾沁總傳正相反記載荒忽亦未敢質爲誰是要是洪熙宣德閒科爾沁有與衞拉搆兵事則諸書所記隱隱相符也所部六旗分左右翼

右翼中旗本靺鞨地遼爲黃龍府北境金屬上京路元慶札薩克和碩土謝圖親王游

牧土謝圖今譯改圖什業圖奎蒙克塔斯哈喇會孫翁果岱翁果岱子奧巴世爲察哈爾諾顏天命十一年以奧巴先諸蒙古來降妻以莊親王舒爾哈齊女孫授和碩額駙封土謝圖汗子巴達禮崇德元年敘功封札薩克和碩土謝圖親王去汗號

詔世襲罔替巴達禮長子巴雅斯呼朗順治二年尚固倫崇康公主掌右翼五旗事佐領二十二額存穀萬二千四百八石四斗順治七年定外藩蒙古每十五丁給地廣一里縱二十里牧地當哈古勒河阿嚕坤都倫河合流之北岸阿嚕坤都倫河出札嚕特旗西山東流哈古勒河出其西北山二水合東南流來會經游牧而東豬於泖一統志合河蒙古名和爾出札嚕特左翼之北東流入境經左翼西北三百三十里又東經右翼西一里又東經右翼前旗後旗地入因沁察漢池阿嚕坤都倫河在左翼西北三百里自札嚕特

左翼流入境經葛剌圖溫都爾山東流會額伯爾坤都倫河入右翼界西北經奎屯山東南流會於合河穆案合河即哈古勒河東豬於沁即豬於因沁察罕池今沒其名矣東至那哈太山一作納哈台坡八十里接右翼前旗界旗東六十五里有烏蘭峯南至察罕莽哈二百里接左翼中旗界旗南八十里有土母達察漢陀羅海坡布哈坡百二十里有漠惠圖坡西至塔勒布拉克七十里接左翼中旗界旗西三十里有鮮卑山土人名蒙格北至巴音和碩一作巴煙和邵二百五十里接烏珠穆沁左翼界旗北二百里有溫山蒙古名哈蘇納二百五十里有胡凱山蒙古名伊克呼巴海旗北百七十里有阿爾達爾河源出溫山經榆木山東南流入右翼前旗界會貴勒爾河入洮兒河二百三十里有榆河蒙古名海拉蘇台源出興安山經火山東南流會貴勒爾河二百六十里有鶴午河源出伊克呼巴海山經磨爾托山東南流入左翼前旗界會榆河東南至巴朗濟喇坡二百二十里接右翼前旗界旗東南百六十里有阿達金察罕陀羅海坡二百十里有烏拉達罕坡旗東南四

十里有鹽池蒙古名博羅呼吉爾六十里有德爾赫楞貴池西南至格倫哈古沁城二百十里接左翼中旗界旗西南八十里有烏爾圖岡二百里有巴雅爾察罕岡二百十里有孤峯蒙古名郭圖和碩東北至木勒推山一作磨爾托山二百六十里接右翼前旗界旗東北八十里有大牢古山蒙古名布古特百四十里有榆木山蒙古名海喇蘇台百七十里有綽爾海山西北至博羅霍吉爾山三百里接左翼中旗界旗西北五十里有達喜圖察罕陀羅海城九十里有投攊山蒙古名伊克依瑪圖百四十里有寒山蒙古名奎屯札薩克駐巴音和碩之南曰塔克禪在喜峯口東北千二百里

左翼中旗本契丹地遼置信州彰聖軍領武昌武定二縣二縣俱在今奉天府鐵嶺縣東北屬東京金省武定入武昌以州屬上京元廢信州故城在旗東南三百八十里全遼志自開原東北至信州三百十里今有城周一里門八土人猶呼爲信州城一統志按遼史地里志信州自

是古越喜地在今開原縣南全遼志云開原東北非是札薩克和碩達爾漢親王游牧奥巴叔父莽古斯以女歸 太宗文皇帝是爲 孝端文皇后追封莽古斯和碩福親王妻封福妃 孝端文皇后崩莽古斯子宰桑宰桑之長子烏克善請以女弟爲繼室是爲 孝莊文皇后追封宰桑和碩忠親王妻封賢妃烏克善封卓哩克圖親王烏拉善之仲弟察罕子綽爾濟復以女歸世祖章皇帝是爲 孝惠章皇后順治十八年封綽爾濟多羅貝勒館臣謹案科爾沁以 列朝外戚荷 國恩獨厚列内札薩克二十四部首有大征伐必以兵從如 親征噶爾丹及剿策妄阿喇布坦羅卜藏丹津噶爾丹策零達瓦齊諸

役札薩克等效力戎行莫不懋著勤勞土謝圖親王達爾漢親王卓哩克圖親王札薩克圖郡王等四爵俸幣視他部獨增非惟禮崇姻戚抑以其功冠焉 魏源曰科爾沁從龍佐命世爲柿附與國休戚故 世祖當草刱初沖齡踐阼中外帖然繄蒙古外戚扈戴之力

會典理藩院王會清吏司制外藩之祿有俸銀有俸幣其等七惟科爾沁親王三郡王一各視其等而優焉注外藩親王俸銀二千兩俸緞二十五匹郡王俸銀一千二百兩俸緞十五匹科爾沁三親王各俸銀二千五百兩俸緞四十匹郡王俸銀一千五百兩俸緞二十匹又外藩之供給各辦以僕馬之等而區其廩餼芻秣惟科爾沁親王三貝勒一各視其等而優焉注親王護衛官二十三人隨侍七人從役十人廩給每日銀六兩三錢五分米三斗三升坐馬十五匹從馬四十匹艸料每日銀三兩七錢四釐一絲三忽貝勒護衛官十一人隨侍九人從役十人廩給每日銀三兩四錢米二斗二升坐馬八匹從馬三十匹艸料每日銀二兩五錢五分九釐一毫八絲六忽科爾沁三親王廩給每日銀七兩三錢五分米三斗三升多羅貝勒一人廩給每日銀六兩三錢米二斗二升從馬皆四十五匹三親王坐馬從馬

艸料每日銀四兩四分八毫二絲貝勒每日銀三兩五錢六分九釐三毫九絲一忽又凡外藩之至者有錫賚歸則給以資惟科爾沁親王三貝勒一往來皆給焉注年班來京王以下例賞衣帽撒袋腰刀鞍轡緞匹茶布等物皆計直折銀親王給銀四百三十兩科爾沁三親王加給銀七十二兩郡王給銀三百十七兩科爾沁一郡王加給銀七十三兩年班王以下禮畢回游牧各給以路費親王給銀十二兩八錢隨從四十人按程限每日給銀三錢米三斗三升貝勒給銀五兩隨從三十人每日給銀一錢八分米二斗二升科爾沁三親王一貝勒來京給銀十八兩五錢回日給銀二十五兩五錢九分隨從各視親王貝勒例來回皆按程限給銀米

烏克善季弟滿珠習禮尚郡主授和碩額駙天聰二年征察哈爾以功賜號達爾漢巴圖魯崇德元年封札薩克多羅巴圖魯郡王順治九年敘討騰機思功晉達爾漢號各部蒙古有功加達爾漢號者增加俸銀二十兩俸緞四匹達爾漢者有勤勞之謂也

十六年晉和碩達爾漢巴圖魯親王康熙四年子和塔
嗣去巴圖魯號世襲罔替道光元年滿珠習禮之八世
孫布彥溫都爾瑚因事革去
札薩克以烏克善之八世孫噶勒桑棟羅布襲補今降
襲固山貝子　佐領四十六領存穀萬八千四百六十
五石　道光二十年理藩院則例載旗下公主子孫台
吉姻親台吉共二千人定爲二十班每班一百八一年
一班輪流來京案旗下公主子孫和塔長子班第尚固
倫端敏公主班第長子羅卜藏袞布尚和碩公主羅卜
藏袞布第三子色布騰巴爾珠爾尚固倫和敬公主又
烏克善第三子畢勒塔噶爾尚固倫雍穆公主滿珠習
禮從子奇塔特尚固倫端靖公主　聖祖仁皇帝
賜班第祭文曰卹贈之典義重親賢享祀之文恩崇勲
舊任隆屏翰生前已荷寵光禮具牲牢身後宜加哀誄
爾科爾沁和碩達爾漢親王額駙班第世膺王爵榮儷
天家行已樸誠不愆軌度居心忠順克殫勤勞實宣力
以有年表諸藩而奉職方將錫以蕃祉長享遐齡詎意
嬰此沈痾遽歸冥漠良深憫悼用考彝章特遣專官往
頒諭祭嗚呼恩深卹賚情無間於初終光賁綵綸禮不

殊於存沒靈其來格尚克歆承又賜固倫雍穆
長公主壙志曰固倫雍穆長公主　太宗文皇帝
之女　世祖章皇帝之姊朕之姑也生於天聰三
年正月初八日午時薨於康熙十七年閏三月十八日
未時春秋五十卜以某年某月某日窆於某山嗚呼朕
纘鴻緒念係　皇祖之女　皇考同氣之親
方期駢集繁祉永享大年何意遽爾薨逝朕懷傷悼曷
其有極爲卜兆域併設垣宇奄穸之亥式從古制祭享
之儀悉循典章勒之貞珉用誌生薨之年月惟靈其永
享於是焉　高宗純皇帝御賜色布騰班珠爾詩
曰世篤姻盟擬晉秦宮中教養喜成人詩書大義能明
要嫣淌叢祥遂降嬪此日眞堪呼半子當年欲笑擬和
親同來侍宴承懽處爲憶前弦轉鼻辛第二句注色布
騰班珠爾九歲時即令隨諸皇子讀書末句注固倫
和敬公主乃孝賢皇后所生故云　御賜碑文曰
朕惟旌門展力必資參閫之才冊府銘庸尤重折衝之
略溯承恩於魯館久著勤勞傷盡瘁於鑾輿宜優寵䘏
名垂勒鼎禮具鐫珉爾科爾沁和碩親王固倫額駙
色布騰巴爾珠爾秉性篤誠程材勤練棨分禯李重帝
室之舊姻慶衍封茅備天家之高爵擢從藩服侍在禁

廷維教養之能承遂勳名之克奮往以蕩平準部使之
襄贊戎行霧帳連山方裹創而接戰星弧震野值乘勝
以窮追汝則勇以濟忠少能制衆效宣威於月竄助運
策於珠鈐是用嘉乃膚功被之懋賞贊西陲之底績爰
偕諸將以圖形逢朔塞之歸誠俾萃遠人而入覲倚毗
是切數歷方深逮偶蹈夫愆尤暫鐫顯秩實隱施夫鼓
飈更策成勞邇當蜀檄之行師命赴軍營而佐畫蠶叢
罙入屢摧雪外之碉鼠穴窮搜直擣雲中之隘正捷音
之疊奏乃夙疾之俄殷於是復厥崇封昭茲渥眷特遣
尙醫而往診並令嗣子以偕行竟告奄徂彌深軫悼錫
精鏐於內府典備飾終迎遺櫬於郊坰儀崇遺奠既因
時以將祀仍表行以易名言象生平諡之日毅於戲埽
欃槍之兵氣方看銅柱先標問杕杜之歸期應悵鐵衣
遽逝輝增紫閣褒鄂之遺像猶存凱佇紅旗方召之殊
勳不泯豐碑屹樹隧道丕光庶克承終式昭來許又
賜色布騰巴爾珠爾祭文曰分虎符而贊畫夙賚
歷試之才圖麟閣以褒忠更憶折衝之畧躬既徵夫盡
瘁典奚靳於酬庸宜沛絲綸用釐圭瓚爾科爾沁和碩
親王固倫額駙色布騰巴爾珠爾世延勳戚資秉篤誠
當貳室之迎祥早干城之表望誼均齒胄先承教養之

恩勤著邊朝勿懈靖共之義會邊陲之奮武辭禁闥以遄征願效前驅屢覘偉伐惟札哈沁之竣事勝兵將分道以合圍乃庫隴癸之移屯窮寇復負隅而據險師行五夜乘曉霧之漫山勇倡百夫任飛鉛之貫脇有進無退嘉哉忠悃不渝以少勝多赫矣軍威彌振爰懋策勳之賞俾邀績像之榮因兒疊之稽誅式詰戎而致討齊勁旅而塵清絶徼頻聞奪隘攻碉鼓先聲而雷動遐荒立見犁庭埽穴方謂壯猶克贊膚公奏旦夕之聞何期宿疾重罹疢疾入膏肓之際錫藩封而澤渥救醫使以星馳尚冀就痊遽傷長逝於戲廿年勞績纛叢最留未竟之心萬里歸魂馬革遂平生之志聽鼓鼙而增感功名尚震氐羌勒鐘鼎以非懈毛髮空存褒鄂昭茲肸蠁尉爾英靈脩撰黃軒之詞也又

賜和敬固倫公主初次祭文曰恩隆天性緬椒庭巽筴之占誼篤懿親軫梓舍慈暉之感摧瓊枝而歎逝垂繐帳以含淒爰賁誄詞載頒奠醊爾和敬固倫公主柔嘉維則淑慎其儀髫歲承歡已無違於姆教笄齡毓德洵克協乎風詩相依眷篤於舊藩于歸慶偕乎嘉耦悵宣勞於甥館結褵虛偕老之期冀垂蔭夫婣枝衍緒懋承家之慶鸞降欲周四紀告甯每念其芳徽恩勤已越六旬示疾彌憐其弱

賁方謂含飴以永算何圖遘疾而告終感桐葉之早凋猶當六月傷蕙畦之遽謝未待九秋薤唱遙傳隔瑤軿於駐蹕蘭肴空設飾瑚組於初筵既遣胄以抒哀仍循儀而備典於戲紀型煒管庶堪延譽於肅雍遡愛彤闈長此茹酸於婉淑靈其祇格歆此苾芬大祭祭文曰宮庭鞠養降嬪同在室之情禮典哀榮感逝抱經年之戚絜俎用陳於再薦誄言攸備於重申爾和敬固倫公主瑤卮承輝璿源毓質巽宮長女先設帨以愛鍾天室懿親早結禕褵而慶叶惟額駙銘勳麟閣傷盡瘁於遐陬爾公主斂彩婺躔式垂型於中壼策遺孤以樹立冀其踵武之賢芘累葉以繁昌遂厥含飴之樂佇長膺乎茀祿何遽遘夫沈痾溯下嫁於卅載而遙空歎儀型久著勞顧復於六旬以外難期齒算加增厄此閏年悵遺音於珩璜悲哉秋氣先零葉於瓊枝達郵報於山莊奄忽縈輪之杳展哀儀於胄季淒清晝翣之陳候越浹辰愴縈加奠於戲告奠無日益深過隙之悲備飾有文實切臨筵之悼惟靈不昧庶克歆承

掌左翼五旗事牧地

乾隆四十九年理藩院奏准所有達爾漢親王地方遊牧商民住趾近開原縣即交開原縣管理

當吉林赫爾蘇邊門外

昌圖廳界跨東西二遼河 遼河在游牧東南四百五十里自永吉州西北流入境經額爾金山西北流入左翼後旗界又西南流會潢河入邊西遼河即潢河也在游牧西南六十里自札嚕特左翼流入境經噶爾岡東南流會遼河水道提綱大遼河即潢河古稱饒樂水濫眞水託紇臣水吐護眞水皆即此河今蒙古稱曰西喇木倫猶漢言黃河也源出克什克騰部界內山左麓至阿嚕科爾沁之南二百里合白狼河勢益大又東北至札嚕特南界柰曼北界始折而東南流分為二派數十里復合又東南經喀爾喀二旗北又東經科爾沁左翼境又東南有赫爾蘇河自東北來會又東南流入 盛京開原縣西境之柳邊赫爾蘇河源出永吉州西南柳邊內二源西北流而合俗曰母當阿赫爾蘇河亦曰遼河西北流有枯魯河自南來東北流注之又北經赫爾蘇驛東又北百餘里有雅哈河亦兩源合而西北流百里來會又西北流出赫爾蘇之柳邊即科爾沁境經額爾金山入左翼後旗界轉西南流三百里將至柳邊西會潢河穆綮齊氏以古託紇臣水吐護眞水並為潢河之別名誤辨見喀喇沁右翼牧地老河下 **東至鄂拉達干** 百三十里

接郭爾羅斯界**南至小陀果勒濟山**二百里接左翼後旗界**西至唐海**五十里接奈曼旗界旗西五十里有阿坦岡**北至博羅霍吉爾山**三百里接烏珠穆沁左翼界旗北百三十里有五峯山蒙古名塔本陀羅海二百五十里有曼頭山蒙古名索諾圖二百八十里有葛勒爾溫都爾山三百五十里有大房山蒙古名伊克查克朶爾旗北百六十里有東天河蒙古名準騰格里源出吉爾巴爾山東南流會吉伯圖泉入佟噶喇克察罕池二百十里有額伯爾坤都倫河自札嚕特左翼流入境經索諾圖山東流會阿嚕坤都倫河入右翼西北經奎屯山東南流入於哈古勒河**東南至吉林邊牆**五百五十里旗東南四百七十里有阿拉馬圖城周六里三百步有奇門四一統志按此城近開原邊外疑即舊韓州城也穆案舊盛京通志韓州本藁離國舊治柳河縣高麗置鄭頡府領鄭頡二州渤海因之遼太宗置三河榆河二州聖宗併二州置韓州東平軍領柳河一縣金因之領臨津柳河二縣元廢明於此置站在開原縣城之西北又案金史遼以河爲名有杞河柳河今攷其河即縣界之內遼河外遼河也

遼河至此分爲二故有枸河柳河之稱南流近承德界合爲一今無枸柳河名惟稱巨流河 旗東流百三十里有牛頭山蒙古名伊克圖虎爾吉百五十里有巴漢圖虎爾吉山三百里有白鹿山三百五十里有大射山蒙古名伊克哈爾巴爾三百六十里有巴漢哈爾巴爾山二百五十里有烏拉達罕岡四百七十里有噶木呼爾岡 旗東南四百七十里有卓索河源出邊內流西入境西北流入左翼後旗會尹吉哈台河入邊河

南至烏達圖三百里接左翼前旗界 旗西南五里有吉里岡

東北至漲古太池三百里接左翼界 旗東北百七十里有黑山蒙古名阿巴哈喇百八十里有大石山蒙古名葛倫齊老百八十五里有太保山蒙古名圖斯哈爾圖三百里有羖羊山蒙古名五戶爾吉台 旗東北百二十里有他拉泉百八十里有佟噶喇克察罕池

西北至差都勒山舊作巴漢查克朵爾山華言小房山也四百里接烏珠穆沁左翼界 旗西北百七十五里有巴彥朔龍山二百里有水精山蒙古名吉爾巴爾二百三十里有蛇山蒙古名漠惠朔龍 旗西北百八十里有中天河蒙古名都母達圖騰格里源出吉爾巴爾

山南流四十餘里有阿嚕坤都倫河詳見牧地下百七十里有吉伯圖泉源出巴彥朔龍山東流會東天河入佟噶喇克察罕池

札薩克駐西遼河之北伊克唐噶里克坡在喜峯口東北千六十五里朔漠方畧康熙二十九年蘇爾達奏言臣於六月三十日至科爾沁見達爾漢親王班第距其舊居六日程駐圖思噶爾圖山

右翼前旗本靺鞨地金置肇州隸會甯府海陵改屬濟州承安三年升爲鎭元爲遼王乃顏分地肇州故城在白都訥城南舊名出河店宋政和四年女直取甯江州遼人使其將蕭嗣先等發兵屯出河店金太祖禦之至混同江遼兵方壞夌道太祖擊走之遂率衆進登岸大破遼兵於此天會八年以太祖肇基王迹於此建爲州統始興縣承安三年升爲節鎭軍名武興元廢明初有站 一統志按元時亦有肇州元志附於廣甯府路下注云按哈喇八都魯傳至元十三年太祖謂哈喇八都魯曰乃顏故地曰阿八喇忽者產魚吾今立城而以兀速憨哈納思乞里吉思三部人居之名其城曰肇州汝往爲宣慰使旣至安市里

安民居得魚九尾皆千斤來獻又成宗紀元貞元年立肇州屯田萬戸府以遼陽行省左丞阿散領其事而大一統志與經世大典皆不載此州不知其所屬所領之詳今以廣甯爲乃顔分地故附注於廣甯之下元之肇州明初已不知所在今攷博都歡傳太祖分封東諸侯以二十爲率乃顔得其九五則其地甚大不但廣甯而已又玉昔帖木兒傳云乃顔之遺孽哈丹禿魯干復叛玉昔帖木兒過黑龍江擣其巢穴可知黑龍江左右亦乃顔故地疑元之肇州即仍金舊且近混同黑龍二江故產大魚耳今白都訥城東南阿爾楚哈河西岸古城周二十里內子城周四里南距吉林烏喇城三百四十里東去故會甯城六百里與金史道里相合疑即肇州遺址也

札薩克多羅札薩克圖郡王游牧與巴弟布達齊天命十一年隨兄來朝賜號札薩克圖杜棱崇德元年封札薩克多羅札薩克圖郡王世襲罔替佐領十六額存穀三千八百四石五斗牧地當索岳爾濟山之南山延袤數百里其西麓臨

大漠東北與齊齊哈爾城相近注互見車臣汗部左翼前旗下。朔漠方畧康熙三十四年黑龍江將軍薩卜素奏言臣遵　諭徧歷陰山前後惟索岳爾濟山高大頗得形勢擬派官兵自　盛京烏喇墨爾根三處掘井以待嗣後若索岳爾濟山之東北枯倫貝爾等處有警臣即先進兵烏喇　盛京兵繼之若索岳爾濟山之西烏爾惠等處有警則　盛京兵先進烏喇及臣等兵繼之總期會於索岳爾濟山以進　上從之尋遣兵部員外郎常岱理藩院員外郎特古忒鐵圖往同丈量鐵圖自　盛京丈至索岳爾濟山共計一千四百五里置急程二十五站緩程三十九站常岱自墨爾根丈至索岳爾濟山共計一千七百七十七里置急程二十站緩程三十一站特古忒自吉林烏喇丈至索岳爾濟山共計一千六百五十里置急程二十九站緩程四十八站

陀喇河歸喇里河於是合流住嫩江陀喇舊作陀羅亦曰洮兒河遼史上京有他魯河金史長春縣有撻魯古河聖宗四年改撻魯河為長春河皆即此陀喇河也源出西興安山東麓即索岳爾濟山矣有數源一曰奴查圖河東南流百餘里稍南曰郭忒河東流又折東南數十里又南曰

木什夏河兩源合東南流數十里折向東北百里與前兩河會東流查木哈圖河自北來會又東南流數十里厄模克什忒河自厄白勒哈巴拉嶺南合二水來會自格圖河自西南亦來會以上皆源也又東南苦乞太河自北來會又東南特門河土名落陀河自西南來會又東多灰羅台河自北來會又東索灰圖河自北來吉拉呼台河自西南來會又東南始號陀喇河又東南數十里有敖龍撒里河自北合三水來會又東折東南流數十里有得白忒河西自茶蒲乞拉庫哈達之北畢郎烏山之南東北流來會又東南曲折行山間三百里出山就沙地歸喇里河自西北合諸水東流來會歸喇里河亦作貴勒爾河上源曰烏蘭古衣河其源有二一出索岳爾濟山之東南百里東麓兩源東北流而合曰烏蘭灰河一出其東烏喀那山之北麓二澗西流而合曰烏喀那河北流稍東數十里扣肯河自西來會又東北分爲二渠曰烏蘭古衣河東北流百里復合有榆河蒙古名海拉蘇台自西北山東南流經呼思太山西麓又會西北來之諾門太河而南來會又東北經魁勒庫山之北茶蒲乞拉庫哈達之南曲折三百里與陀喇河會陀喇河既會歸喇里河東南流數十里分爲二派一南流

一東南流十餘里又分一支先合南派又東南流二百里至喀沙圖站之東南復合而東流百餘里又折東北經右翼後旗南界又東至札賚特旗南匯爲納喇薩喇池華言日月池也東流入嫩江**東至岳索圖濟喇**六十五里接右翼後旗界**南至達什伊哈克**百八十里接郭爾羅斯後旗界旗南七十里有察罕碧老岱坡百八十里有卓索圖坡**西至那哈太山**五十五里接右翼中旗界**北至索岳爾濟山**二百里接烏珠穆沁左翼界旗北六十里有神山二百里有火山蒙古名葛爾齊老

旗北二百里有落佗河源出葛爾齊老山東流入洮兒河有佗新河源出卓索台山東流入札賚特旗界**東南至伊柯哈克溫都爾**百十里接右翼後旗界

旗東南五十里有西伯城周八里餘門四案西伯今作錫伯楊賓柳邊紀畧席百一作西北又作席北在船廠邊外西南五百餘里土著自言與滿洲同祖而屬役與蒙古之科爾沁凡自船廠往墨爾根愛渾黑龍江者由此按天聰八年十一月霸奇蘭等征黑龍江　命由科爾沁國舅吳克善所屬之席北綽爾門地方往過則爲東北衝途

也久矣特以地屬外藩公行劫奪而莫能禁行旅每視爲畏途耳西南至巴朗濟喇二百里接右翼中旗界旗西南四十里有塔本陀羅海坡綽兌坡東北至慶哈山二百里接黑龍江界旗東北二百里又有落佗山西北至木勒推山二百三十里接右翼中旗界旗西北八十里有喀喇阿吉爾罕山百八十里有魁勒庫山札薩克駐錫喇布爾哈蘇在喜峯口東北千三百五十里會典作駐翁袞山

左翼前旗本契丹地遼置長春州金降爲縣隸泰州元廢札薩克多羅冰圖今作斌圖郡王游牧滿珠習禮從祖洪果爾崇德元年敘征明功封札薩克多羅冰圖郡王世襲罔替佐領三額存穀二千三百二石六斗牧地乾隆四十九年理藩院奏准所有冰圖郡王地方游牧商民住阯近鐵嶺縣即送鐵嶺縣管理當法庫邊門外養息牧牧場之東養息牧舊作陽什穆又作楊檉木在錦州府廣甯縣

北二百十里。牧場設杜爾筆山下。太祖征明大軍必由都爾弼入邊。即是地也。天聰元年。受敖漢柰曼兩部降人於此。國史伊爾德傳。崇德二年。隨貝勒阿巴泰往築都爾弼城。率護軍四百人。防護築城工役。葢我朝未入關之前。以此爲全遼筦鑰矣。城在牧廠東南五里。周一里百七十步有奇。高三丈。東西門各一。高宗養息牧閱馬詩云。堈場互瀋野。錫牧接遼濆。**東至霍雅斯。**七十里接左翼後旗界。**南至柳條邊。**八十里。高宗柳條邊詩。西接長城東屬海。柳條結邊畫內外。又進英莪門詩注。康熙年間。始建柳條邊。西自山海關。東屬海又一自鐵嶺而分。東北繞吉林。過虞村而止。是爲外障。其內則圍場地。又注。柳條邊葢依興安嶺而建。山分陰陽。故地之寒暄判然不同。即長城亦然。楊賓柳邊紀畧。自古邊塞種榆。故曰榆塞。今遼東皆插柳爲邊。高者三四尺。低者一二尺。若中土之竹籬。而掘壕於其外。人呼爲柳條邊。又曰條子邊。吳根臣甯古塔紀畧。柳條邊垂楊數百里。係前朝所種。以隔中外。**西至伊拉木爾。**二十里接得格篤蘇會克界。**北至阿木塔克。**四十里接左翼中旗界。**東南**

至塔本陀羅海。百二十里接邊牆界。旗東南八十五里有龍門山蒙古名阿會圖。九十五里有布憕山。百二十里有寬山。蒙古名巴虎 旗東南十里有巴漢岳里泊。西南至柳條邊三十五里接養息牧牧廠界 東北至伊克烏爾圖。六十里接左翼後旗界 西北至霍卓蘭排。三十里接奈曼界。札薩克駐伊克岳里泊。在喜峯口東北八百七十里。會典作駐鄂勒濟布里特。

左翼後旗本契丹地遼置鳳州金廢。札薩克多羅郡王游牧。洪果爾從子棟果爾。父明安嘗與葉赫諸部來侵 太祖親禦之札喀路。明安馬蹶裸而遁。追奔至哈達部柴河寨南。俘獲甚眾。因遣使乞好。天命二年來朝謁 上於富爾簡岡。獻駝十。馬牛各百。未幾卒。崇德元年。封棟果爾鎮國公。八年亦卒。順治五年。追敘棟果爾前後從征功。封多羅貝勒。子彰吉倫襲。七年。以明安功晉郡王爵。領札薩克。世襲罔替。佐領三。額存穀萬八千三百七十二石七斗。牧地。嘉慶十七年。定科爾沁左翼後旗昌圖額爾克地方。西自遼河起。東至蘇巴爾漢河止。百二十里。北自太平山起。南至柳條邊止。五十二里。西至柳條邊十六里。東至柳條邊二十里。准其招民開墾。每年徵收租息賞給該郡王一半。餘照郭爾羅斯種地之例。合計該旗台吉官員兵丁戶口數目。均勻賞給。又東至吉林邊柵。西至遼河。百餘里。南至威遠堡邊壕。北至白塔水河。二三十里。西五十里。不等。設理事通判一員。辦理農民一切事件。又道光十二年。清查科爾沁郡王旗開種庫都力荒地。東至碩勒合碩。西至姑柰經勒克。南至昌圖。北至庫都勒甸子。原招民千七百餘戶。准其一體種地輸租。各立封堆。就附近山岡。隨時加高培厚。種成樹木。以爲表識。界內蒙古村屯五十七處。各按戶口多寡。酌留地界。或二三里。或六七里。作爲蒙古牧放種植之所。又旗界沙拉木楞沙拉巴魁地方之河。設渡船五隻。官爲修理當法庫邊門外國史蒙阿圖傳天聰六年大兵征察哈爾遣蒙阿圖還瀋陽移餉駐遼河加意防護撤回阿巴泰等防禦兵守城及督催喀喇沁人於法庫山耕種者東西二遼河於是合流東至碩勒和碩舊作什倫和碩百三十里接左翼中旗界　旗東二十里有花當岡八十里有的石山百三十里有奚王嶺土人呼蒙古兒陀羅海金史都統杲與宗翰約於奚王會議即此旗東三十里有札拉圖池南至柳條邊百里西至伊柯鄂爾多七十里接左翼前旗界北至格爾莽噶舊作噶爾岡五十里接左翼中旗界東南至柳條邊自八十里接吉林界　旗東南九十里有巴顏岱岡旗東南百五十里有羊城灤蒙古名尹几哈台源出邊內流入境北流會卓索河金史宗翰將會都統杲於奚王嶺完顏希尹遂與宗翰至奚王嶺期會於羊城灤又宗翰至奚王嶺與都統杲會杲軍出青嶺宗翰出瓢嶺期於羊城灤即此西南至札噶排百三十里接左翼前旗界　旗西南百里有鷹納岱岡百二十里有巴漢巴虎山東北至貢霍

多拉。百二十里接右翼中旗界。旗東北百二十里又有得石陀羅山。西北至伊柯溫都爾。九十里接左翼前旗界。札薩克駐雙和爾山。會典作濟爾哈朗圖在喜峯口東北千四百里。

右翼後旗本靺鞨地。遼置衍州安廣軍。領宜豐一縣。宜豐故城。在今遼陽州西南百里。金州廢。元爲乃顏分地。札薩克鎭國公游牧。奧巴從弟喇嘛什希父圖美。天命十一年。隨奧巴來朝。賜號岱達爾漢。天聰六年卒。崇德元年。封喇嘛什希札薩克鎭國公。世襲罔替。佐領十六。額存穀十四石三斗。牧地跨陀喇河。東至查巴爾太山。九十里接札賚特界。南至拜格台陀博。百三十里接郭爾羅斯後旗界。西至博達爾罕山。三十里接右翼前旗界。旗西三十里又有哈祿爾坡。北至慶哈山。二百四十里接索倫界。旗北二百二十

（里有朱爾噶岱山。二百四十里有卓索台山。）東南至排鄂博噶（百六十里接郭爾羅斯前旗界。旗東南百五十里有接黑台坡。）西南至鄂落遜溫都爾（百四十里接右翼前旗。及郭爾羅斯前旗界。旗西南百四十里有鼐滿烏里堵坡。）東北至愛起祿山（三百里接札賚特界。旗東北百十里有達喜圖坡。百五十里有錫伯圖山。二百十里有納濟山。）西北至特墨根山（二百九十里。接右翼前旗界。）札薩克駐額木圖坡（舊作恩馬圖。在喜峯口東北千四百五十里。）右翼附札賚特部一旗。杜爾伯特部一旗。左翼附郭爾羅斯部二旗。統盟於哲里木（盟地在右翼中旗境內。乾隆二十七年。理藩院議准。哲里木。昭烏達。卓索圖。三盟所屬游牧。尚有可耕之地。是以康熙年間。議令三盟長各札薩克等。每旗各設一倉。每年秋收後。各佐領下壯丁。每丁輸糧一斗。貯倉。以爲歉歲振饑之用。其收放實數。應令每年秋收後。造具印冊報院。又例載。科爾沁王公新開荒場地。就近在棃樹城子地方。添設照磨官一員彈壓。貢道由山海關。科爾沁所部十旗歲貢康熙十三年題准共進十二九計羊百有八隻乳酒百有八瓶餘部進九九乾隆元年覆准各札薩克每年十二月進羊一隻乳酒一瓶著爲例

札賚特部在喜峯口東北千六百里至京師二千十里。東西距六十里南北距四百里東至杜爾伯特界西及南至郭爾羅斯界北至索倫界。方式濟龍沙紀畧卜魁城西渡諾尼江蒙古札賴特地輿表云札賴特東至杜爾伯特界三十五里西至郭爾羅斯鎮國公界二十五里南至郭爾羅斯輔國公界一百五十里北至色衣鏗山無交界余按西至當是科爾沁鎮國公界表似誤本契丹地遼長春州金泰州北境元爲遼王分地明入科爾沁哈布圖哈薩爾十五傳至博地達喇有子九其季曰阿敏與兄齊齊克納穆賽等鄰牧號所部曰札賚特一旗札薩

克多羅貝勒游牧天命九年阿敏子袞袞隨科爾沁台吉奧巴來降　賜號達爾漢和碩齊天聰八年卒順治五年追敘從征功封固山貝子子色稜襲領札薩克雍正十年色稜曾孫特古斯以擊賊額爾德尼昭功晉多羅貝勒世襲罔替佐領十六額存穀萬牧地在齊齊哈爾城西南龔之鑰後出塞錄齊齊哈爾城即卜魁城黑龍江將軍駐節之所自此渡妹江而北四百五十餘里曰莫爾根城又三百三十餘里曰艾虎城俱有副都統鎮守兩城皆在黑龍江邊江之北即鄂羅斯國矣又曰妹江源出莫爾根山中其流不遠黑龍江源出鄂羅斯國其來甚遠二水俱通松花江直達船廠康熙二十餘年征鄂羅斯國尚未通卜魁等處是以由船廠大治戰艦沿三江順流而北及奏凱後將軍阿某者忽見江岸有紅牛形色殊異令兵士逐之隨牛所向始知有陸路可通遂具疏入告乃建艾虎莫爾

根卜魁三城各置兵戍守，嗣後流人日至，商賈雲集，竟爲內地。其街市喧闐，放悲北省中上州縣，惟寒冷異常，霣霜早，是以艱於南畝耳。又曰：卜魁、莫爾根城中蕃漢襍居，而蕃種非一，曰巴爾虎，曰索倫，曰打狐狸，曰[illegible][illegible][illegible]，日洗白錫，[illegible]亦俱隨旗入任，其聰慧者能通語言文字，與漢人無異也。方式濟《龍沙紀畧》：枯輪海以南，喀爾喀河以西，巴爾虎地，本喀爾喀之一部也。其戍此者闌入俄羅斯境，大軍征俄羅斯，來歸，遂編入旗。英和《卜魁城賦》注：城池未定以前，皆係打牲人居住。俄羅斯時或越境搶劫，康熙二十二年，調派甯古塔副都統薩布素領甯古塔、吉林官兵，由水陸並進，駐防黑龍江額素里地方。二十三年，以薩布素爲黑龍江將軍，侍郎溫布岱、給事中雅奇納授副都統，修築城池，統帥官兵留駐防禦。至二十八年，平定雅克薩城，始與俄羅斯分界。二十五年，於墨爾根地方築城。二十九年，移將軍駐劄。三十年，於嫩江東卜魁村地方築城，即伯克依莊，鄰近齊齊哈爾村，又以爲名，以總管瑪布岱授副都統銜，暫守此城，打牲之索倫、達呼爾皆屬將軍統轄。三十七年，移墨爾根副都統駐齊齊哈爾城。三十八年，復移將軍駐劄。又注：正南五百餘里至松花江，與吉林交界；正北二千六百餘里至興安嶺與俄羅斯交界正西四百餘里與喀爾喀車臣汗交界正東二千三百餘里至畢瞻河與吉林交界東北八百餘里爲黑龍江東南八百餘里爲呼蘭河西北七百餘里爲呼倫布雨爾北去百六十里爲布特哈又賦曰其城則松木夾柵牆壁是託千三十步爰諏爰度蕩蕩平平四門峭卓周以土機斯成外郭袤延十里重門五拓自注木城周廣千三十步牆高一丈八尺外夾以木內實以土土城門有五東南北各一西二

東至嫩江三十五里接黑龍江界嫩江自黑龍江境流入境又南入郭爾羅斯前旗界英和卜魁城賦注札賚特杜爾伯特皆在嫩江西岸郭爾羅斯在嫩江南岸附近卜魁聲氣相通

南至鍾奇百五十里接郭爾羅斯前旗界旗南百里有日月池蒙古名納喇薩喇東南流入嫩江

西至烏蘭陀博二十五里接科爾沁右翼後旗界

北至鄂魯起達巴噶山二百五十里接索倫界旗北百二十里有朵雲山二百五十里有塞懇山旗北八十里有綽爾河源出西北興安嶺東南流五百餘里至旗西三里分爲數岐又東南折會嫩江

東南至嫩江百里接郭爾羅

斯前旗界。西南至排鄂博噶。百六十里接郭爾羅斯前旗。及科爾沁左翼後旗界。旗西南三十五里有阿揚噶爾城。旗西南百里有洮兒河。自科爾沁右翼後旗流入境。東南流。匯爲日月泡。入嫩江。東北至塔爾霸勒吉山。二百七十里接黑龍江界。旗東北百七十里有阿祿岳堪山。二百里有阿敏山。蓋以所部之祖氏其山矣。西北至愛起祿山。二百七十里接科爾沁右翼後旗界。旗西北九十里有綽爾城。周七里餘。門四建置無攷。旗西北百六十里有落佗山。蒙古名特門百七十里有赤房山。蒙古名烏蘭格爾。百九十里有雕窠山。蒙古名岳樂二百七十里有額貴山。旗西北二百里有佗新河。自科爾沁右翼後旗流入境。經額貴山。東南流。會綽爾河。入嫩江。札薩克駐圖卜紳察汗坡。舊作土百新插漢屬科爾沁右翼。隸哲里木盟。貢道由山海關。

〔杜爾伯特部〕在喜峯口東北千六百四十里。至京師二千五十里東西距百七十里南北距二百四十里東至黑龍江界西至札賚特界南至郭爾羅斯界北至索倫界方式濟龍沙紀畧卜魁城之南諾尼江以東通鐙河以西蒙古杜爾伯特地輿表云東至黑龍江將軍界一百四十里西至札賚特界三十里南至郭爾羅斯鎮國公界一百四十里北至索倫界一百里本契丹地遼長春州金泰州北境元爲遼王分地明入科爾沁哈布圖哈薩爾十六傳至愛納噶號所部曰杜爾伯特一旗札薩克固山貝子游牧愛納噶子阿都齊號達爾漢諾顏天命九年偕科爾沁台吉奧巴來降天聰三年從征明師還卒子色稜崇德元年封輔國公八年以其屬隨征黑龍江諸部嚮導功賜號達爾漢順

治五年追敘阿都齊來歸功晉封札薩克固山貝子世襲罔替佐領二十五額存穀萬三千九十五石四斗牧地當嫩江東岸嫩江在旗西三十里自黑龍江境內南流入境西與札賚特分界又南入郭爾羅斯後旗界齊齊哈爾城東南呼蘭城西長白西清黑龍江外紀呼蘭以河得名又號霍倫在齊齊哈爾東南八百四十里毗連吉林萬山雄峻間亦產蔘初撥齊齊哈爾墨爾根黑龍江兵踐更巡徼既以宵小盜采禁或未嚴始專置官軍駐守與諸城有犄角勢其土沃屢豐諸城不及又曰齊齊哈爾東南至呼蘭東北至黑龍江按程計站皆八百餘里此外別有捷徑約近大半然通呼蘭者行旅不絕通黑龍江者終歲無一人緣呼蘭道中蒙古家可以備宿黑龍江則深山密箐寂無人蹤也高宗實錄乾隆十年五月戶部議覆御史台柱條奏黑龍江事宜一該御史請將呼蘭官莊糧石歲撥一萬石運至黑龍江存貯查呼蘭地土肥沃水路與齊齊哈爾黑龍江墨爾根三城相近前任將軍那蘇圖等奏設官莊存貯糧石原備濟三城之不足請嗣後何城備貯缺少

即以呼蘭備存糧撥本屬兵備船運送備貯六月大學士等議覆巡察黑龍江戶部郎中福明安條奏黑龍江等處兵丁生齒日繁呼蘭有地可耕請照雍正十三年將奉天開戶旗人移屯呼蘭設立官莊之例令往耕種查乾隆六年酌派在京旗人移屯奉天等處一案經大學士查郎阿查勘除甯古塔所屬拉林阿勒楚喀等處可種地畝外黑龍江所屬齊齊哈爾之東南六百餘里呼蘭地方有地徑五百餘里列爲上等呼蘭之東佛忒喜蘇蘇地方有地徑二百餘里列爲次等云云又福明安奏稱呼蘭千里膏腴可以大興屯田請以奉天開檔之人每年酌立屯莊十餘座將見積貯充盈不但接濟黑龍江等三城遠而奉天近而甯古塔俱可接濟即將來京城八旗生齒日繁拉林移駐充滿之日並可照例移駐應如所奏行

東至哈他伯齊坡會典作哈達布起百四十里接黑龍江界旗東百四十里有富谷蒙古名巴雅鼐旗東十里有烏葉爾河源出黑龍江境內西西南流入境經纛納坡又南入郭爾羅斯後旗界**南至阿蘇台札噶**百六十里接郭爾羅斯界**西至嫩江**三十里**北至布台格爾池烏柯爾鄂**

克達百里接索倫界旗北百里又有疊翠巖蒙古名磨朶圖東南至霍塔圖哈克百六十里接黑龍江界旗東南七十里有訥赫爾池西南至柯勒吉勒格百四十里接札賚特界旗西南百四十里有和吉蒙克坡東北至阿瑪勒起綽普多爾互塔百六十里接黑龍江界旗東北百四十里有阿拉克阿吉爾漢坡百六十里有黨納坡西北至嫩江百十里接札賚特界旗西北百十里有噶克達坡札薩克駐多克多爾坡會典作圖布森錫呼圖外藩蒙古稱杜爾伯特者二同名異族一系綽爾羅斯為額魯特台吉孛罕裔駐烏蘭古木稱外札薩克一系博爾濟吉特即此喜峯口外之內札薩克也屬科爾沁右翼隸哲里木盟貢道由山海關

郭爾羅斯部在喜峯口東北千四百八十里至京師千

八百九十七里東西距四百五十里南北距六百六十里東至永吉州界南至　盛京邊牆西及北皆至科爾沁界方式濟龍沙紀畧杜爾伯特以南松阿里江北岸蒙古郭爾羅斯地按輿表郭爾羅斯東至杜爾伯特界八十里西至本部輔國公界一百四十里南至烏喇將軍界一百四十里北至杜爾伯特界一百二十里蓋杜爾伯特地象曲尺與郭爾羅斯錯故東北皆倚也本契丹地遼置泰州昌德軍屬上京金大定閒廢承安二年移州於長春縣以故地爲金安縣隸之元爲遼王分地明入科爾沁元太祖遣弟哈布圖哈薩爾征郭爾羅斯部禽其酋納琳於克哩業庫卜克爾案征郭爾羅斯事見蒙古源流卷三云歲次壬戌金章宗泰和二年宋寧宗嘉泰二年太祖年四十一歲用兵於郭爾羅斯郭爾羅斯之納琳汗率二十萬郭爾羅斯前來迎戰於克哩葉庫卜克爾地方彼時

有哈薩爾諾延鴻吉喇特之斡齊爾徹辰曼古特之圖克德庫和濟歡巴雅固特之烏里阿克塔等四人進戰生禽納琳汗遂據郭爾羅斯之衆　哈布圖哈薩爾十六傳至烏巴什遂以爲所部號二旗（前旗）札薩克鎮國公游牧烏巴什子莽果莽果子布木巴天命九年偕科爾沁台吉奧巴來降順治五年敘前後從征功封札薩克鎮國公世襲罔替佐領二十三額存穀萬八千一百八十八石九斗　牧地嘉慶九年布木巴八世孫固嚕札布呈請蒙古地土與站丁地土畫定界址　諭曰乾隆年間蒙古台吉呈請分理疆界以站丁與蒙古毗連襍處已久種地牧馬未便分界令其和好安居今中外一體並無異視設因彼處臺站距固嚕札布游牧較近即行分界其古北口熱河等處均係蒙民襍處亦可分定界址乎著逐出乾清門革去副盟長以昭烱戒　當嫩江與松花江相合之西岸松花江即混同江在游牧東百七十里土人呼吉林江自

永吉州西北出邊流入境東北會嫩江又東折入後旗地又東北會黑龍江東入海嫩江在游牧東北二百七十里自札賚特界流入境南流會吉林江

在吉林伊通邊門外

高宗純皇帝入伊通邊門詩部落行將徧吉林望不遙迎人山色近礙路漲痕消村墅經楓葉邊牆進柳條初來原故土所遇匪新招瞻就心何切勤勞意豈驕省方逢大吉寶穡報豐饒又碧柳圖詩序曰碧柳圖山名蒙古語謂礪石為碧柳在克爾素邊門外癸亥東巡過此會有作今歲至吉林應進伊通邊門取徑少北而東故遙見之

長春廳之西

嘉慶五年奏准郭爾羅斯長春堡一地方民人開墾地畝設立理事通判一員巡檢一員辦理刑錢事務其收取租息令蒙古自行收取無庸官為經理惟除現在熟地二十六萬五千六百四十八畝外不准一多墾一畝現在居民二千三百三十戶外不准增居一戶十七年又定郭爾羅斯開墾地畝流民增至七千餘口之多除現在者准其居住外責成各邊門守卡官兵嚴行查禁理藩院則例載長春堡已墾地畝東自穆什河起西至巴彥濟魯克山根止廣二百三十里南自吉林伊通邊門起北至季家窩鋪止縱百八十里擬定界

限起立封堆**東至烏拉河**百七十里接白都訥界龔之鑰後出塞錄白都訥有三江口郎松花妹江黑龍三水總匯處渡江而北皆蒙古部落每至一站始有華人皆站內供役者其先大率滇人三逆平後遷徙至此旗東八十里有喀喇托賴圖岡**南至柳條邊**二百八十里接吉林界旗南二百二十里有一禿河源出永吉州境內北流出邊經龍安城又東北流會伊爾門河入吉林江**西至博果圖**一作巴煙布他岡六十里接科爾沁左翼界**北至拜格台和碩**百二十里接科爾沁右翼後旗界旗北百二十里又有塔本陀羅海坡**東南至柳條邊**三百里接吉林界旗東南二百里有龍安城明統志龍安一禿河在三萬衛西北金山外元將納哈出分兵為三營一曰榆井深處一曰養鷲莊一曰龍安一禿河及大將軍馮勝征納哈出兵駐金山遣副將於此受其降全遼志龍安城在一禿河西金山東冊說城周七里門四址尚存旁有塔亦名農安天命九年布木巴率屬來歸會察哈爾林丹汗掠科爾沁 上遣貝勒阿巴泰率師由郭爾羅斯境往援至龍安塔林丹汗倉皇夜遁不敢復犯科爾

沁及郭爾羅斯諸部即此處也。一統志按金史地理志天眷三年改遼黃龍府爲濟州大定九年更爲隆州貞祐初升爲隆安府以地攷之此龍安城即隆安之譌乃遼黃龍府舊址今永吉州西北皆古黃龍府之地特其城隔在邊外後人遂茫無所據耳穆案一統志於奉天府下又以黃龍府爲在開原縣境其說與此兩歧今以地望診之非是故不取 盛京通志引 聖祖仁皇帝御製文集今烏喇山嶼間古木灌莽潢潦偏野即古黃龍府之地也 楊賓柳邊紀畧黃龍府 盛京志在開原縣按金史地理志天眷三年改黃龍府爲濟州而婁室墓碑載婁室葬於濟州之東南奧吉里今其墓在船厰西二百里之薄屯山則當日黃龍府治應在今石頭河雙陽河之間又松漠紀聞黃龍府南百餘里曰賓州州近混同江其說亦合若開原則去混同江六百餘里金太祖安能一渡江即據有之耶穆案宋許亢宗於宣和六年充賀金主登極使著行程錄記自雄州至上京會甯府道里曲折至爲詳悉黃龍府亢宗實親歷其地則故址所在必當以亢宗之言爲斷矣案錄云自瀋州七十里至興州五十里至銀州又四十里至咸州自咸州四十里至肅州又五十里至同州自同州三十里至信州自信州九十里至蒲里孛堇寨自蒲里四十里至黃龍府自此東行計凡四百一十里瀋州爲今承德縣地興州舊說爲今廣甯縣地案廣甯遠在承德西南允宗前兩程已過魚梁務何事復折而西乎興州當在今承德鐵嶺之閒而銀州則鐵嶺縣治也咸州在今鐵嶺縣東同州舊說以爲郎漢襄平縣地在今遼陽州北今案由咸州四十里至肅州肅州在今鐵嶺縣東北肅州至同州五十里同州至信州三十里信州故城在今開原縣境然則同州故城在今鐵嶺開原南北之交其里到皆可覆核也自信州百三十里而至黃龍府錄云自此東行明前此皆東北行也以輿圖診之黃龍府故阯當在今柳條邊外昌圖廳西北赫爾蘇河之北岸

聖祖云烏喇山嶴閒郎古黃龍府地益自此東越長春渡伊通郎入吉林境也三百里有遼泰州故城遼史地理志上京道泰州昌德軍本契丹二十部族牧放之地因黑鼠族累犯通化州民不能禦遂移東南六十里建城居之統樂昌興國二縣金史地理志北京路泰州正隆閒置昌德軍隸上京大定二十五年罷之承安二年復置於長春縣以舊泰州爲金安縣隸焉北至邊四百里南至懿州八百里東至肇州三百五十里領長

春一縣其金安縣尋廢一統志按遼時泰州相近有長春縣地理志云長春縣有韶陽軍本鴨子河春獵之地興宗重熙八年置統長春一縣益長春州近混同江泰州在長春之西金置泰州於長春而廢舊泰州爲金安縣即今嫩江之南境也 旗東南百七十里有衣馬圖峯 旗東南百二十里有烏綠斯呼泉東流入恩得葛特池池在泉南十里 旗東南二百二十里有伊爾門河源出永吉州境內北流出邊受南來之烏蘇圖烏海河會一禿河入吉林江二百五十里有烏蘇圖烏海河源出邊內流入境東北流會伊爾門河

西南至巴彥濟魯克山一統志作巴顏朱爾克華言牛心山也二百里接科爾沁左翼界 旗西南二百三十里有敖城周七里有奇門六建置無攷

東北至嫩江二百七十里接科爾沁右翼界 旗東北二百五十里有他虎城周八里有奇門四建置無攷 旗東北百八十里有巴吉岱城 旗東北七十里有鹽濼蒙古名達布蘇台二百六十里有白水濼蒙古名察罕

西北至庫勒恩博噶百四十里接科爾沁右翼前旗界 旗西北五十里有魚兒濼蒙古名札哈蘇台烏程沈垚子敦西游記金山以東

釋釋魚兒濼元與遼名同地異畧曰長春於二月十五日過蓋里泊三月朔出沙陀至魚兒濼凡半月太祖紀九年夏六月避暑魚兒濼蓋本帝之離宮也按元之魚兒濼與遼魚兒濼名同地異元魚兒濼直昌撫等州沙漠之北遼魚兒濼則與長春縣混同江相近遼聖宗紀太平二年春二月辛丑朔駐蹕魚兒濼三月甲辰如長春縣四年春正月如鴨子河二月己未獵撻魯河詔改鴨子河曰混同江撻魯河曰長春河五年春正月乙酉如混同江二月如魚兒濼三月如長春河撻魯改曰長春必在長春州側近地理志長春州本鴨子河春獵之地營衛志鴨子河濼東西二十里南北三十里在長春縣東北三十五里則長春縣逼近混同江興宗道宗諸紀屢言如魚兒濼而史文皆與如混同江長春州等比月相連則遼史之魚兒濼西去直昌撫等州之魚兒濼甚遠蓋元之魚兒濼在遼上京臨潢府西北沙漠外而遼之魚兒濼則去長春州頗近道宗紀大安四年正月庚戌如混同江二月己丑如魚兒濼己亥如春州己丑至己亥十日若爲上京西北沙磧外之魚兒濼則東至混同江之長春州非十日所能到遼之游幸亦不應倏東倏西如此矣

札薩克駐固爾班

察汗[後旗]札薩克輔國公游牧。一等台吉畢里袞鄂齊爾從祖固穆天聰七年來朝。崇德元年。敘征明功。封札薩克輔國公。世襲罔替。孫莽塞康熙二十六年。以不緝賊罪。削札薩克
詔畢里袞鄂齊爾代領之。遂爲例。乾隆四十九年。理藩院議奏阿喇布坦所襲札薩克自同部輔國公固穆始。固穆孫莽塞獲罪。阿喇布坦祖畢里袞鄂齊爾。以台吉領札薩克。子若孫襲之。固穆嗣祗襲公爵。不獲預札薩克選。久必致忘源流。嗣札薩克缺出。應統令入
覲。候
旨簡襲
詔如議。至乾隆六十年。固穆七世孫恭格喇布坦始復領札薩克。佐領三十四。額存穀九千一百五十七石。

牧地當混同江北岸。嫩江東岸。東至阿勒克巴魯。八十里接黑龍江界。旗東八十里又有常峽坡。南至嫩江。百四十里接伯都訥阿爾楚喀界。旗南三十

里有西訥河由旗西之烏葉爾河分流南入嫩江。**西至嫩江**。百四十里接札賚特界。旗西十五里有烏葉爾江自杜爾伯特流入境西南入嫩江。**北至烏魯勒圖**。百二十里接杜爾伯特界。旗北百二十里有邵爾和爾坡。旗北百里有吳牙爾拉漢池。**東南至嫩江**。百七十里接阿爾楚喀界。旗東南百五十里有阿祿布克色坡。百七十里有阿拉克碧老坡。**西南至嫩江**。百五十里接前旗界。旗西南百五十里有昂噶海城周三里餘門四建置無攷。**東北至慶黑雅博拉克河**。八十里接杜爾伯特及黑龍江界。旗東北八十里有布拉克台坡。案布拉克卽博拉克坡因河納稱也。**西北至嫩江**。百二十里接札賚特界。旗西北百里有拜喇拉齊坡。旗西北十五里有牛川。蒙古名烏庫爾卽嫩江之支流東南會烏葉爾河。**札薩克駐椋子嶺**。蒙古名嘉朱溫都爾。在喜峯口東北千五百七十里。**屬科爾沁左翼**。雍正元年上諭郭爾羅斯之食伯都訥食糧頗多。卽將此米散振。但並無產業。何以爲生。科爾沁一旗與他蒙古不同。世爲國戚。恪恭巽順歷今百有餘年今聞伊屬下人乏食朕心軫恻著賫帑銀三萬兩往振再將郭爾羅斯旗下實在窮苦並無生餘之人按戶口給與乳牛羊隻隸哲里木盟貢道由山海關

蒙古游牧記卷之一

受業青陽吳履敬覆校

蒙古游牧記卷之二

平定張　穆石州撰

光澤何秋濤願船校

內蒙古卓索圖盟游牧所在 喀喇沁 土默特

喀喇沁部在喜峯口東北三百五十里至　京師七百六十里東西距五百里南北距四百五十里東至土默特及敖漢界西至察哈爾正藍旗牧場南界南至　盛京邊牆界北至翁牛特界春秋山戎地秦漢遼西郡境後漢爲鮮卑地後漢書鮮卑傳以季春月大會於饒樂水上又檀石槐乃立庭於彈汗山歠仇水山去高柳北三百餘里承德府志案饒樂水卽今英金河正當今赤峯縣北境通攷於檀石槐庭注馬邑郡界是

檀石槐建庭之處在今朔平大同二府北境外而東至英金河左右皆鮮卑疆域所及知今承德府屬之北境皆鮮卑境也晉爲慕容氏地慕容廆元康四年移居棘城子皝咸康七年遷都龍城元魏時有庫莫奚居此隋但曰奚北史奚傳庫莫奚其先東部宇文之別種也初爲慕容皝所破竄匿松漠之間齊受魏禪歲時來朝其後種類漸多分爲五部有阿魏氏遂盛熱河志案庫莫奚初竄匿松漠當在今承德府屬北境之外逮魏太和四年之後始與安營二州民雜居漸徙而南散處今灤平縣豐甯縣平泉州境唐太宗初奚內附置饒樂都督府隸營州後分爲東西奚尋併於契丹五代史四夷附錄奚當唐末居陰涼川在營府之西幽州之西南皆數百里後徙居琵琶川在幽州東北數百里契丹阿保機強盛室韋奚霫皆服屬之奚人常爲契丹守界上而苦其苛虐奚王去諸怨叛以別部西徙嬀州自別爲西奚而東奚在琵琶川者亦爲契丹所幷不復能自見熱河志案五代史所云奚在營府之西指營州都督府至稱奚在幽州西南者蓋指唐時僑置諸奚州而言

如鮮州崇州治潞縣歸義州治良鄉縣之屬然攷唐時僑置之州但以降人散處內地聊立州名以統之其實奚之疆域自在幽州東北也奚既分兩部之後惟東部在今承德府屬境之內據遼史太祖紀五年親征西部奚所向輒下遂分兵討東部奚亦平之於是盡有奚霫之地東際海南際白檀承德府全境是時盡入於契丹攷阿保機之五年當後梁之乾化元年距唐亡四年遼統和二十五年以故奚王牙帳置中京大定府領大定長安富庶勸農文定升平歸化神水金源九縣新唐書地理志長城口北八十里有吐護眞河奚王牙帳也自盧龍北至奚王牙帳六百里熱河志奚王牙帳在平泉州東北今之土河即新唐書奚傳所謂吐護眞水在喀喇沁右翼旗之南今之英金河即饒樂水在喀喇沁右翼之北奚王牙帳正居其閒遼史地理志五帳院近故奚王牙帳地城之號曰中京知大定府即故奚王牙帳也王沂公行程錄中京大定府城垣庳小方圓纔四里許門但重屋無築闍之制南門曰朱夏門內夾道步廊多坊門又有市樓四曰天方大衢通闤望闕次至大同館其北門曰陽德閶闔城內西南隅岡上有寺城南有園

圍宴射之所自過古北口即蕃境居八艸庵板屋亦務耕種但無桑柘所種皆從隴上蓋虞吹沙所壅山中長松鬱然深谷中多燒炭爲業時見畜牧牛馬橐駝尤多青羊黃豕亦有挈車帳逐水艸射獵食止麋粥沙糒

金貞元元年更爲北京置留守司領大定長興富庶松山神山惠和金源和衆武平靜封三韓十一縣廣甯興中臨潢三府利義錦瑞懿霸建全慶興泰十一州元爲大甯路隸遼陽行省初爲北京路總管府至元七年改爲大甯路二十二年改爲武平路後復爲大甯領大定龍山富庶和衆金源惠和武平七縣義興中瑞高錦利惠川建九州其興州松山縣屬上都路案大甯故城在右翼南百里喜峯口東北四百八十里老河北城周二十里南北四門東西二門蒙古名察罕蘇巴爾罕城城中街道倉庫樓闕依稀可辨城內有浮圖三一在城東南隅十三級一在舊倉旁城外西南隅有浮圖一高宗純皇帝有大甯城覽古詩題大甯塔詩明洪武中置大甯都指揮使司領大甯中左右及會川木榆新城營州等二十餘衛封皇子權爲甯王以鎮之

二十一年改爲北平行都指揮使司距北平布政司八百里永樂初改封甯王於南昌徙大甯都司於保定以大甯地賜三衛酋長朶顏敢強

朶顏近譯改作諾音初洪武二十二年置朶顏泰甯福餘三外衛於大甯北兀良哈之地以降人阿札失里等爲指揮官自全甯歷喜峯近宣化曰朶顏衛永樂時割大甯地畀三衛以脫兒火察爲都督僉事哈兒兀歹爲都督揮同知掌朶顏衛事朶顏地險而強時陰附韃靼爲邊患方輿紀要三衛諸帥萬麻後分部散居莫能自振乃折而東合實爲殘劃之本焉　熱河志案今承德府本境灤平縣豐甯縣平泉州建昌縣爲朶顏衛地朝陽縣爲泰甯衛地又案三衛分界惟朶顏泰甯二衛屬今承德府全境地王世貞三衛志以爲分界定於太祖二十二年鄭曉吾學編以爲定於永樂元年明史諾顏傳從世貞說然當太祖二十二年正分置大甯諸衛之時朶顏三衛安得襍出其地卽以爲定於永樂元年者亦未有的據攷明實錄永樂元年十一月命新昌伯唐雲領軍自小興州大興州東接牛嶺會州塔山龍山諸處屯種北

勿出會州西勿過千戶寨又永樂十九年十一月命邊將置邏騎營於古北口北神樹之地是其時開平以東興州以北二三百里猶爲內地三衛之界安得西近宣府宣德三年邊將奏兀良哈入大甯經會州將及寬河景泰元年三衛乞居大甯廢城不許令近邊二百里外住牧日入日乞是其時故大甯城猶爲邊外隙地三衛之界安得南抵喜峯今以諸書參攷之據吾學編方輿紀要載洪武二十二年分兀良哈爲三衛於潢河之北日福餘日朶顏日泰甯是三衛之始其地皆在潢河北也終洪武之世未嘗內徙洪武時大甯衛北尚有全甯衛自全甯衛北始爲朶顏三衛其時邊外諸衛總隸北平行都司大甯特行都司所治之地耳永樂元年三月始割大甯衛地以界三衛大約即其近三衛之地割以與之其故城尚未割特徙衛之後棄爲空城故景泰時三衛乞此城而未許也至大甯城南更非其地其建庭處仍在潢水北英宗實錄稱正統九年討三衛經大小興州過神樹破之於全甯及虎頭山可證也景泰後令去塞外二百里居住始更徙而南攷故大甯城距邊四百五十里新城距邊三百九十里其時已令近邊二百里猶不能居大甯廢城是邊外甌脫地尚遠自明中葉

以後形勢日蹙邊牆以外視如敵國大甯諸衛始盡為三衛所有吾學編載嘉靖十一年巡撫王大用欲通朵顏與厚賂城其霧靈山不果霧靈山在馬蘭關外遵化州界上是其城南抵長城矣明史據世貞之說以後來之疆域為最初之版圖未為核實故詳辨之

初元臣有札爾楚泰者生子濟拉瑪姓烏梁罕氏西齋偶得喀喇沁為烏梁漢濟爾默氏蓋即明初所謂兀良哈者蒙古源流鄂爾多斯者乃為汗守禦八百室之人烏梁罕者乃為汗守金穀倉庫之人均屬大有福者佐太祖定天下有功七傳至和通有眾六千戶游牧額沁河號所部曰喀喇沁蒙古源流達延汗次子巴爾斯博羅特生子七第四子巴雅斯哈勒庚午年生占據永謝布之七鄂拓克喀喇沁而居理藩院則例康熙五十四年覆准喀喇沁楊樹溝雅圖溝大波羅樹等處產鉛察明地方准令開礦屬內地者准民人開采屬蒙古者准蒙古開采所定課每年納鉛交錢局雍正元年禁止高宗純皇帝經喀爾沁部落詩列帳沿岡道左迎羊羣馬駱各將誠親藩眾建堪同例

外域羈縻豈近情漫擬星辰環北極也知稼穡望三旗西成百年化育皆　先德繼緒心殷惕捧盈

右翼旗札薩克多羅杜棱今作都楞郡王游牧濟拉瑪十四世孫蘇布地世爲所部塔布囊天聰初以察哈爾林丹汗虐用其衆偕同族色棱等來降表奏察哈爾汗不道喀喇沁被虐因偕土默特鄂爾多斯阿巴噶喀爾喀諸部兵赴土默特之趙城擊察哈爾兵四萬還值赴明請賞兵三千復殪之察哈爾根本動搖機可乘　皇帝倘興師進剿喀喇沁當先諸部至　諭遣使面議七月遣喇嘛偕五百三十人來朝　命貝勒阿濟格碩託迎宴刑白馬烏牛誓九月　上親征察哈爾蘇布地等迎會於綽洛郭勒三年六月卒圖嚕巴圖爾孫色棱等來歸　詔還舊牧尋卒上追念蘇布地與科爾沁土謝圖汗奧巴並獎爲最優之才九年　詔編所部佐領以蘇布地子固嚕思齊布掌右翼授札薩克崇德元年

封固山貝子賜多羅杜棱號順治七年晉貝勒子圖巴色稜班達爾沙札什相繼襲康熙七年追敘蘇布地功晉班達爾沙郡王爵世襲罔替佐領四十四額存穀四萬四千八百二十一石四斗理藩院則例載喀喇沁王旗下公主子孫塔布囊向無班次每年一人來京案札什之子噶勒藏康熙三十一年尚和碩端靜公主公主塋園在旗界坤都倫溝門子東北二十五里塋上恭鐫聖祖御賜碑有慶都寺康熙壬辰年敕建牧地案牧地屬今承德府平泉州東北境在圍場東跨老哈河隋書契丹傳當遼西正北二百里依託紇臣水而居唐書地理志長城口北八百里有土護眞河奚王牙帳也遼地理志中京大定府有土河金地理志大定府大定縣有土河長興縣三韓縣有塗河元一統志塗河源出惠州西北經縣界八十里東北流入大甯縣南境至大甯縣東北境二百二十里入高州境又東北流至行營州地契丹國志契丹有水曰北也里沒里復名陶猥思沒里源出中京西馬盂

山東北流華言所謂土河也方輿紀要土河自馬盂山發源迤大甯衞南又東北流至朶顏衞之木葉山合於潢水者是也初纂承德府志老河在平泉州西北境源出州屬喀喇沁右翼南百九十里之永安山會諸小水東北流自大甯故城之西南迤大甯故城之東北又北流入赤峯縣境迤建昌縣西北境會英金河又東北流入朝陽縣北境共行五百餘里與潢河會下流爲遼河亦名土河又作塗河即古託紇臣水亦名土護眞水唐古名老哈穆楞熱河志案隋書稱契丹依託紇臣水唐書又稱奚依吐護眞水者蓋土河流經五百餘里發源今平泉州境流入今建昌朝陽縣北境當初發源吐爲奚王牙帳所在及東北流至潢河南則屬契丹之地正當隋遼西郡正北也又舊以託紇臣土護眞二水並爲今潢河之別名攷隋書稱託紇臣水在遼西正北二百里唐書稱潢水在營州北四百里則託紇臣水尚在潢河之南相距二百里不得强合爲一又謂土河之名始於遼時疑即今之白狼水亦非攷隋書契丹傳有託紇臣水而地理志又有白狼水唐書地理志有吐護眞河奚傳有吐護眞水而又有白狼河兩名分見必非一水至方輿紀要稱土河亦名溫榆河攷遼史地理志稱奚

部建牙當饒樂河之南溫榆河之北下文又稱聖宗過土河之濱因議建都是土河溫榆河並非一河更不待辨而明矣宋蘇頌過土河詩長叫山旁一水源北流迢遞勢傾奔秋來注雨彌郊野冬後層冰度輻轅白艸悠悠千嶂路青煙裊裊數家邨終朝跋涉無休歇遙指郵亭日已昏自注中京北一山最高土人謂之長叫山此河過山之東才可漸車又北流百餘里則奔注瀰漫至冬冰厚數尺可過車馬而水底細流涓涓不絕注互見中旗牧地下元一統志大甯路塗河千秋橋又龍王廟在大定府南關外塗河之濱乙酉歲建遇旱禱雨輒應

東至鄂博噶圖二百里接敖漢界　旗東爲故金源縣地案方輿紀要金源縣在大甯衛東一統志謂喀喇沁右翼界九邊圖謂縣在大青山西據元一統志金源縣東到興中州一百里到大甯路二百里元興中州卽遼興中府大甯路治卽遼大定府遼縣在大定府之東興中府之西爲今平泉州屬喀喇沁右翼旗冣東境元一統志玉清觀在金源縣西北隅　旗東二十里有和爾圖坤都倫喀喇山七十里有萬歲山蒙古名烏爾圖納蘇圖波羅九邊圖萬歲山在山海關東北大梁河北東南有同昌故縣及宜民興城等縣並

在大梁河北八十里有秋鷹山蒙古名額卜特九十五里有伊瑪岱山百五里有錫納喀喇山百二十里有超圖喀喇山有七金山蒙古名和爾博勒津遼史地理志聖宗過七金山土河之濱南望雲氣有郛郭樓闕之狀因議建都元一統志七金山在大寧縣北十五里東西長十里南北廣五里山有七峯因名遼時嘗建三學寺於其中方輿紀要七金山在大寧衞東南中多長松一望鬱然北人皆畜牧於此衞境之大山也承德府志案遼金大定府即今平泉州境之大寧故城元大寧縣即遼金大定府屬之大定縣今和爾博勒濟山漢名與古相同在老河東岸距大寧故城不遠知爲古七金山矣明一統志稱烏梁海有七金山應亦指此又案遼史載道宗淸寧十年九月幸七金山三學寺元一統志三學寺在大寧縣北十五里七金山上遼咸雍元年建有碑後罹兵火碑字剝落難辨金趙秉文七金山寺詩刻詹篆額蠹蝸涎篆教塵埃閱百年殿棟猶題遼日月圖經不載兩山川荒碑蟠屈蜿蜒古壞壁參差罔象拳想見當年崇奉日無邊花雨散諸天知寺在金時已毀三學寺後改名圓明湛然居士集三學寺改名圓明仍請予爲功德主因作疏曰粵三學之巨剎冠四海之名藍今

改僧而舍尼遂從禪而革律邀印公爲粥飯頭請湛然爲功德主一統志古圓明寺在喀喇沁左翼西七十里碑刻元時建基存寺毀元張翥蛻庵集游城南三學寺詩城南多佛刹結構自遼金旁舍遺民在殘碑好事尋雨苔塵壁暗風葉石幢深一飯蒲團了蕭蕭鐘磬音百五十里有妬山蒙古名哈特哈山九邊圖妬山在冷口北九十五里山頂不生艸木故名百八十里有大紅螺山蒙古名巴顏烏蘭山九邊圖大紅螺山北有椴木沖毛安鋪明史朶顏傳正德十年朶顏都督花當遣其子把兒孫以千騎毀鮎魚關入大掠馬蘭谷復以五百騎入板場谷千騎入神山嶺又千餘騎入水開洞事聞命副總兵桂勇禦之花當旋退去屯駐紅羅山疑即此大紅螺山也 旗東四十里有碧圖克圖嶺 旗東百五十里有落馬河蒙古名伯爾克源出大斧山北流至敖漢西南入老河金史大定府松山三韓二縣有落馬河即此有烏巴河源出妬山西北流與西爾虎林河會又西北入老河

南至霍落蘇泰

接中旗界 旗南百里有故大甯城注見前百五十里有舊青城明初元將納哈出據金山洪武二十年金宋國公馮勝等率師出松亭關築大甯寬河會州富峪四城留兵

居宗所築之大甯城即此曰新城者以別於遼金元故城也置新城衞周十里東西三里有奇門五蒙古名喀喇城土人稱爲黑城又曰青城乃新城之譌也二百七十里有舊會州城周三里餘四門蒙古名察罕城本元惠州城後譌爲會薊門攻青城至會州二日程離大喜峯口一百餘里又云大甯西南至青城七十里青州西南至會州一百里會州西南至喜峯口二百里元一統志興聖寺在大定府東南隅致用坊金明昌六年建玉清觀在致用坊遼統和二年建頭陀禪院即永安禪院在大定府致用坊萬頭陀所建翰林院學士李磐撰碑圓宗寺在大定府東北隅豐實坊遼統和二年建盛聖寺在豐實坊有佛舍利塔遼統和四年建咸聖寺在豐實坊有磚塔金皇統二年建崇寶寺在豐實坊金皇統二年建太子寺在豐實坊金貞元二年建楞嚴寺在豐實坊金大定二年建大覺禪寺在豐實坊金大定二年建翰林院學士鄭子丹撰碑護國寺在豐實坊金泰和元年建華陽宮在豐實坊遼統和二年建報聖寺在大定府西南隅貨遷坊遼統和八年建三皇廟在貨遷坊淨安寺在大定府西南隅利通坊金皇統八年建五岳觀在利通坊傳敎寺在大定府西北隅勸善坊金皇統

七年建。崔府君廟。東岳廟。城隍廟。白鶴宮。並在大定府世恩坊。白蓮寺。在大定府南關。金明昌六年建。三靈侯廟。在南關。乙酉歲建。鎮國寺。在大定府西關。有鐵塔。遼統和三年建。義勇武安王廟。在西關。壬子歲建。翠微寺。罔極寺。在大甯縣西。靈感寺。在大甯縣西二里。三學寺。在大甯縣北十五里。辯覩昊天寺。在大甯縣西一百里香臺山。遼乾統七年建。金太和六年杜元撰碑。熱河志。故大甯城南十家兒鄉。有古靜安寺。遼咸雍間蘭陵郡蕭夫人建。寺址尚存。有資聖院。金劉子初靈峯院大佛洞碑。稱靈峯院遭兵火後。於皇統辛酉歲。請中京資聖院僧遵說嗣興之。遼中京大定府。至金爲北京。皇統時尚未改。故碑文仍稱中京也。院當與大甯故城相近。有會禪寺。金趙秉文重九登會禪寺冷翠軒詩云。明朝卻望登眺處。城中惟見白雲峯。知當在大甯故城外。今遺址皆無攷。承德府志。案靜安寺。在大甯縣故城南里許。基址周圍數十里。碑字尚完好。額書大遼義州大横帳蘭陵郡夫人蕭氏創建。靜安寺碑銘。宋蘇頌遊中京鎮國寺詩。塔廟奚山麓。乘軺偶共登。青松如拱揖。棟宇欲騫騰。夷禮多依佛。居人亦貴僧。縱觀無限意。紀述恨無能。趙秉文題靈感寺詩。塗河岸北白蓮東。法鼓驚飛石

碣鴻塔上風煙高鳥路山頭雲氣化人宮松林礙日蜂
房冷石硐頹抄蟻穴空欲盡休公揮麈樂鬢絲羞對落
花風　旗南九十五里有雞冠山蒙古名哈特呼朗圖
九邊圖山石如雞冠故名山麓有靈隆寺舊趾百二十
里有和爾和克阿圭山上有三洞二洞皆僧居依洞架
楹構精舍於其側戸牖旁通隨山向背其東則和爾和
克河出焉西則賽音河發源其麓百三十里有欣斯虎
峯山百三十五里有蟠羊山蒙古名伊瑪圖哈達百四
十里有呼查察罕陀羅海山百四十餘里有察爾吉山
百五十里有神山蒙古名拜察山遼史地理志中京澤
州有神山元一統志神山在惠州西南十三里東西長
十里南北廣八里中有古廟承德府志案元惠州即遼
澤州在今平泉州南境與此方位相合當即古神山也
百七十里有富山蒙古名巴顏山百八十五里有拉克
圖爾山百九十里有永安山漢名馬盂山地產鉛沙老
河發源於此蘇子容所謂長叫山也又名唱叫山契丹
國志東過小河唱叫山道北奚王避暑莊有亭臺案小
河亦土河之譌元一統志馬盂山在大寧縣西六十里
中有一峯形類馬盂故云方輿紀要馬盂山在大寧縣
北山東西千里南北五百里北接故臨潢境高松等州

皆在其南土河之源出焉熱河志案宋王曾行程録稱富谷館東望馬雲山山多禽獸林木國主多於此打圍馬盂與馬雲乃音之轉實一山也歐陽修詩馬盂山西有落霞應即指此百九十里有方山蒙古名特卜什山二百里有昌吉爾岱山二百十里有都呼喀喇山二百三十里有拉克拉哈爾山

旗南百三十里有克依斯庫哈達百七十里有烏呼曼嶺二百里有額林畢老圖嶺二百二十里有雅嶺蒙古名克勒達巴罕二百里有雅圖谷二百四十里有台吉哈巴齊爾谷

旗南百四十里有呼查河源出呼查察罕陀羅海山東南流會司札爾台河入老河百十里有和爾和克河東南流經和爾和克阿圭山入老河百里有布爾罕阿喇善河漢名上神水河以左翼亦有神水河故稱此爲上神水東流三十里入老河九十里有巴爾漢河東南流會神水河入老河有納林坤都倫河東北流會數小水繞舊大甯城之北入老河八十里有松吉納河東流會納林坤都倫河入老河四十里有巴蘇台河東流會納林坤都倫河入老河四十五里有哈奇爾河北流會錫伯河百六十里有席爾哈河南流會樺子河又南會察罕和屯河百九十里有樺子河東南流經都和喀喇山會察罕和

屯河。二百里有青龍河。蒙古名固沁河。源出昌吉爾岱山。南流至列山梁之南。入左翼西境。又過建昌縣南至桃林口。入邊。下流入灤河。二百十里有察罕和屯河。東南流。又折西南百餘里入灤河。旗南七十里有烘郭爾泉。百里有巴爾罕溫界。南流會上神水河。二百里有溫冷特泉。二百三十里有拉克拉哈爾泉。源出拉克拉哈爾山。東南流會豹河。

西至察罕鄂博。百里接正藍旗王屯界。旗西八十里有萬松山。一蒙古名納喇蘇台。遼史地理志。中京大定府有松山。元一統志。松山在富庶縣西五十里。南北長二十里。東西廣五里。地多松。因名。承德府志案。納喇蘇台山。與遼史元志所載方位相合。至遼上京臨潢府有松山。又松山州亦以松山得名。皆非中京道所統地。應在今赤峯縣境內。與此別。八十餘里有庫都爾圖山。亦名昭山。九十里有庫力葉圖察罕陀羅海山。羅睺山。蒙古名拉呼拉哈爾。百里有敖保爾威遜圖山。百餘里有默沁察罕陀羅海山。形勢高大。北接圍場諸山。南與默沁達巴罕山脈連亙。故亦稱爲默沁察罕陀羅海山。其東則錫伯河出焉。其北則圍場內之木壘喀喇沁河出焉。其西則固都爾呼河發源於此。即熱河之西源。百十里有阿嚕威遜圖山烏巴勒威遜圖山　旗西七十里有蒙克泉出焉八十里有湯泉嶺百里有克爾嶺嶺北泉一嶺南泉一百五里有黙沁嶺莽溝河發源於其西爲熱河之中源　旗西百里有獐河蒙古名錫爾哈東北流入翁牛特界八十里有細獐河蒙古名納林錫爾哈源出湯泉嶺北流會獐河百三十里有木壘喀喇沁河西北流會布屯河又西合宜遜河南入灤河百里有艾里河源出拉克拉哈爾山北流會屯布河百十五里有黙沁河源出黙沁嶺之玳瑁溝西南流會熱河一百十五里有二黙沁泉一出黙沁河東西流會黙沁河一出黙沁河西東南流亦會黙沁河下流爲莽溝河

北至霍爾哈嶺四十里接翁牛特界旗北爲遼恩州懷德軍地熱河志案武經總要恩州本烏桓舊地南至中京六十里西至馬盂山六十里西北至曼頭山三十里北至宜坤州五十里西至高州百二十里案遼恩州至金即廢方輿紀要恩州城在大甯衛西南與武經總要南至中京之文不合攷金史太祖紀天輔六年克高恩回紇三城進取中京是恩州與高州相近亦當在中京之北爲今喀喇沁右翼旗北境元一統志謂金天眷六年廢恩州爲恩化鎮入大定縣其故城爲傳舍蓋

恩州本與大定縣接壤故金時以州省入耳至武經總要謂恩州北至宜坤州攷恩州至中京僅六十里南近中京且高州向跨中京之北是恩州之地未必能直接上京道境云北至宜坤者誤 旗北三十里有烏赫克圖山四十里有鄂瑞合呼喇圖山七十里有綽和羅摩林達巴罕 旗北三十里有努黑圖泉東南至博勒多克山梁百八十里接中旗界 旗東南爲遼富庶縣地熱河志案清類天文分野書遼以其地沃壤置富庶縣人多力田比屋豐富故以爲名方輿紀要富庶縣在大甯衛東元一統志富庶縣東北至金源元之富庶兼有文定升平歸化地知遼縣當在大定府之東北金源縣之西爲今喀喇沁右翼東南境地名公營子有廢城址周五里元一統志華嚴寺在富庶縣 旗東南九十五里有兎兒山蒙古名滔賚圖百五里有喀喇和碩山亦名大斧山九邊圖大斧山在山海關東北潢河之南有柞山蒙古名巴圖察罕百五十里有大青山蒙古名巴顏喀喇九邊圖大青山在山海關東北萬松山西寛邦山北西有金源故縣北有老河熱河志案元一統志謂金源縣東至興中州界青山嶺二十里興中州西至金源縣青山嶺八十里青山嶺又

稱青巒嶺攷元元統三年興中州青巒嶺平治道塗碑有鄰封金源之語知青巒嶺乃金源與興中州東西交界處盍今建昌縣青巒嶺以西卽平泉州東界爲金源縣地正當中京之東武經總要謂中京東至營州界青山嶺百七十里與此相合九邊圖謂金源在大青山西者亦卽指青巒嶺也百二十里有蒐克哈達山百二十五里有摩勒津陀羅海山百四十里有庫克碩卜和爾山百五十里有托雷山百八十里有錫默特山百九十里有達爾罕陀羅海山二百里有察罕齊巴噶山二百三十里有圖爾罕陀羅海山 旗東南十五里有和爾圖河東南流會納林坤都倫河入老河百里有烏魯斯台河西北流入老河百五里有伯爾克河源出大斧山北流入敖漢西南境入老河百八十里有土河蒙古名圖爾根源出錫默特山東南流入土默特右翼界又東南入大淩河以其北別有土河或稱此爲南土河熱河志卽古榆河也金史地理志利州龍山縣有榆河元一統志榆林河源出和衆縣西三十五里司家店東南流百餘里入利州境經州東三里霍司空莊入淩河承德府志案元李察玉京觀碑稱跋利州之西憑榆河之渡者長壽山也利州故城及長壽山並在今建昌縣治東

北七十里。此河正流徑山下。知即楡河也。元和郡縣屬今建昌境。楡林河亦即指此。百七十里有鄂倫布拉泉北流會烏爾雅蘇台河。入老河。百八十里有博爾多克泉源出博爾多克山。東南流會圖爾根河。

西南至氣努瓦河。接熱河界。旗西南百三十里有白石山。蒙古名察罕齊老圖。二百里有溫特根喀喇山。旗西南百二十里有賽因河。即熱河東源。源出和爾和克山西之三道溝。西南流入承德府境會固都爾呼河有綽諾河。西流會賽因河。入熱河。百九十里有陶金圖河。西南流會烏喇林河南入灤河。二百里有烏喇林河。西流會陶金圖河。

東北至察罕河。接翁牛特界。旗東北七十里有察卜齊爾山。亦名埽林山。東南麓有古塔一。九十里有額克波羅山。百里有阿里袞察克察罕陀羅海山。有野狐嶺。一蒙古名烏納格圖和碩。百二十里有廟兒嶺。廣八里。高一里。其北有岡徑里許。土赤如赭。童無艸木。土人言時有煙氣岔涌彌漫山谷。

西北至果勒圖河。接翁牛特界。旗西北九十里有錫寶敖爾山。三十里有白鹿山。蒙古名布祜圖。七十里有哲爾得罕林嶺。旗西北百五十里有克爾河。源出拉克拉哈爾山。東北流會獐河九十里有烏爾雅蘇台泉源出錫寶赦爾山西北流會克爾河札薩克駐錫伯河北一統志作西伯河北會典作錫伯河西案錫伯即西白水道提綱西白河一名西白葛河源出旗西默沁察罕陀羅海山註見前旗境又有三道營廢城城基周約十里東西有門

中旗札薩克輔國公晉貝勒銜游牧固嚕思奇布從孫格埒勒初名默納克後賜今名曾祖萬丹偉徵天聰三年偕兄蘇布地來朝崇德元年敘功授一等塔布囊順治十三年卒康熙四十四年以族屬蕃衍積至三十八佐領百五十丁編一佐領詔增一旗授格埒勒札薩克世襲罔替五十八年卒無嗣以弟們都之子喀甯阿襲喀甯阿子齊齊克乾隆十九年晉公品級齊齊克子瑪哈巴拉五十三年扈

駕木蘭行圍修治橋路奮勉封輔國公理藩院議瑪哈巴拉所襲札薩克應令世襲罔替至公品級係恩封例弗予襲俟出缺時請旨詔可道光元年加貝子銜十一年晉貝勒銜佐領一額存穀四萬九千六百五十七石三斗牧地當老哈河源米萬春薊門攷大甯城北有老花母林番云大河也自青山西北流來繞過大甯城南往東北與哈喇母林合共入遼東三岔河案老花即老哈母林即木倫哈喇母林即錫喇木倫水道提綱白狼河亦曰土河蒙古稱老哈河即老河也源出喀喇沁右翼南之明鞍山源曰察罕河西南流折而西北經巴圖察罕和碩之東北有二水自西南來會始折而東北流有和爾和克河自西來會又北經舊青城東又北有巴爾哈河自西來會又東北百餘里經舊大甯城南又東折而東北有烏巴河自東來會又東北百餘里都倫河自西南來會又東北百餘里至敖漢部西界有喀爾吉河自東南來會又北有英金河西自翁牛特界東南流合溫泉五谷帶河坤兌河烏喇代河克勒河錫爾哈河西自河及北來卓孫河諸水東流注之老

河水勢始盛案老河非白狼河注互見右翼旗牧地下東至博勒多克山接右翼界南至拉克篤爾山百八十五里接左翼界西至霍爾果克接右翼界北至岳羅梁接右翼界東北至博爾噶蘇台接左翼界西南至期札泰河接熱河界東北至查甘起拉古台接右翼界西北至哈期爾梁接右翼界札薩克駐珠布格朗圖巴彥喀喇山總傳駐左右翼界內熱河志案遼澤州治神山縣縣以山名遼志謂山在縣西南攷神山在今平泉州治當時縣治又在神山東北近倚州治是遼澤縣城當在今平泉州治北喀喇沁札薩克公旗界自是以南至邊城外皆爲神山縣地其州屬西南境所屆頗遠金史太祖紀既取中京遂下澤州旋降北安州是中京之南即澤州澤州之西即北安州今平泉州屬南境及承德府東南境皆澤州地也宋王曾上契丹事目鹿兒峽館過蝦蟆嶺九十里至鐵漿館自鐵漿館過石子嶺自此漸出山七十里至富谷館自富谷館八十里至通天館二十里至中京熱河志案鐵漿館

在平泉州境內富谷館在平泉州東北境內元一統志載大甯路古蹟曰富谷有站宋范鎮行富谷道中詩云路回山陡轉沙漫水平流蘇頌富谷館書事詩有云沙底暗冰頻踠馬嶺頭危徑罕逢人自注道路冰凍多在沙底彼人謂之暗冰行馬艱險百狀曾肇亦有富峪山頭一驛歸之句今無攷穆案富谷即富峪明初於此置衞明史地理志富峪衞本富峪守禦千戶所洪武二十二年二月置案富峪衞在新城衞西南爲喀喇沁札薩克公南境地門四城周九百丈旗境又有巴顏托哈廢城基高數尺周二里東西有門

左翼旗札薩克固山貝子游牧理藩院則例載恭遇 皇上由熱河前詣 盛京道經喀喇沁貝子旗進膳一次蘇布地從叔父色稜初爲所部塔布囊天聰九年　詔編佐領以色稜掌左翼授札薩克順治五年敘功封鎮國公世襲罔替孫善巴喇什康熙五十五年晉固山貝子六世孫丹巴多爾濟嘉慶八年以禽

獲逆犯陳德功。恩賞多羅貝勒。是年六月以丹巴多爾濟祖母和碩賢良格格守節。壽八十歲。御書匾額賜之。并賚如意及幣。佐領四十。額存穀二萬二千二百二十九石六斗。牧地。在今承德府建昌縣南境。當傲木倫河源。大凌河在左翼北五里。蒙古名傲木倫。有三源。皆出建昌縣地。一出縣東南之土心塔。北流逕威遜圖山。東北流逕錫喇哈達圖山。又北至三台小營。一出縣西南之水泉子。東流至建昌縣南。一出縣北之三官營。東南流至建昌縣南。二源合而東流。至三台小營。三源始會。又東北折入土默特右翼界。又東南入邊。爲大凌河。即古白狼水也。水道提綱。大凌河出山東北流。有生機河自西西南來會。又東北經土默特右翼界。受西北來之水。又東北經木頭城北。又東北有小河二。自北自西來合。東注之。又東北至古興中城南。西有一水。自西自北合而東。經城南而東來注。又數十里。折而東南流。入柳邊。東南經義州城西。又東南百里。經十二站城右屯衞城西。又東南入海。熱河志案。水經注。白狼水出白狼縣東南。廣城縣北流。西北屈逕廣成縣故城南。俗謂之廣都城。又西北石城川水注之。又東北自會水注之又東北逕龍山西又北逕黃龍城東元一統志凌水源出龍山縣南六十里師婆塞至縣東南十五里入利州界一云源出龍山縣南八十里紫草務東北流一百里入利州界又經富庶縣東南三十里案白狼水爲塞外大川老河既不得爲白狼水求其方位適相當者惟有大凌河以水經注及各史證之白狼水發源古白狼縣東南而流經古龍城東境漢書地理志白狼縣下但注有白龍山而不言白狼水水經注始以白狼縣爲白狼水所經又稱白鹿山卽白狼山也白狼山在今喀喇沁左翼東境大凌河正流逕其西又水經注白狼水北逕黃龍城東魏營州刺史治魏土地記黃龍城西南有白狼河東北流附城東下是也魏書地形志亦謂龍城縣有狼水黃龍城故地卽今朝陽縣治大凌河正東北流逕其城東又攷舊唐書奚傳南距白狼河新唐書奚傳亦曰南白狼河而地理志謂檀州燕樂縣長城口北八百里有吐護眞河奚王牙帳也老河爲其卓帳之地而白狼河乃其南境與唐交界之處則白狼河之在老河南可知今老河以南之水其發源最遠而又東北流者舍大凌河別無它水故決爲古白狼水也夫隋唐以前諸史有白狼河而不及大凌河遼金

以後諸史有大凌河而不及白狼河蓋名雖變而實則一水矣**東至烏蘭哈達圖和碩**百里接土默特右翼界　旗東十二里有鄂倫和固諾克山三十里有白鹿山蒙古名布祜圖古白狼山也三國志魏武紀北征烏桓引軍出盧龍塞東指柳城未至二百里登白狼山魏書地形志營州建德郡石城縣有白鹿山祠元一統志白狼山在建州南二十五里熱河志案古柳城與龍城相近龍城故地爲今朝陽縣之三座塔北魏石城縣在今建昌縣南今建昌縣南境本元建州地也四十里有柏樹山蒙古名邁拉蘇台喀喇甯遠州西南六州河發源於此蒙古所謂蒐濟河也　旗東三十里有塔本泉源出塔本嶺東南流會蒐濟河

南至甯遠邊牆旗南五里有錫喇哈達圖山四十五里有翁噶里勒圖山七十里有托和多喀喇山有瑞雲山蒙古名呼魯伯楚特山有五洞第一洞廣二丈五尺高一丈五尺中有佛像石鑄玲瓏五色互映彫繢之功所不及旁行一竇竇底石若純漆自壁以上白如堊秉燭視之具種種艸木禽獸形第二洞廣五尺高三尺中隱四竇其二爲墜石所塞不得入其二皆深丈許石作黃金色亦具人物形第三洞無它異第四

第五洞皆廣七尺高五尺上下相通狀如重屋洞南坡下有泉水極清冽東流會蒐濟河泉南二里又有一洞内生石筍如人背立形變態種種悉出天工山有雲谿觀舊址存元至正七年張道中撰瑞州海濱鄉周家莊雲谿觀碑元一統志雲巖洞在瑞州西一百三十里周家莊謂此承德府志案雲谿觀碑稱瑞州北二十里許有山曰瑞雲山洞曰天一大洞今土人但稱爲雲山洞元一統志作雲巖洞在瑞州西蓋此地在元時爲瑞州西北境也九十里有鎚子山九十餘里有寬山蒙古名布勒圖喀喇百里有五鳳山蒙古名塔本陀羅海百餘里有青山嶺旗南三十里有摩該圖河源出摩該圖嶺東南流經紗冒山會蒐濟河七十里有呼魯伯楚特河源出呼魯伯楚特山東南流入蒐濟河八十里有額里葉河源出額里葉嶺南流至寬邦門之西入甯遠州境名黑水河又南入蒐濟河百十里有寬河蒙古名布勒圖源出布勒圖喀喇山東流會額里葉河熱河志案一統志原本謂明宣德三年大破三衛之兵於寬河卽此今攷明宣宗實錄宣德三年九月喜峯口守將馳奏兀朗哈侵邊已入大甯經會州將及寬河宣宗決策親征乙卯出喜峯口昧爽至寬河則喜峯抵寬河甚近若

今會灤河之豹河，亦名寬河，明初嘗置寬河守禦所者，別在平泉州境，與此寬河方位不同，舊志葢以同名而誤也。百十五里有四道溝河，源出四道溝，東流入蒐濟河。**西至烏里蘇太梁**九十里，接中旗界。

旗西五里有托蘇圖喀喇山，三十里有胡圖克圖喀喇山，四十里有窩隆山，蒙古名僧機圖，古月華山也。有元僧無際撰碑，額曰大甯路惠州東錦川鄉月華山林泉禪寺𠝹建地產四至碑，字尚完好。碑稱僧祥盤𠝹立林泉寺正殿三楹，壁繢毘盧聖像，右觀音寶宮，左威光堂，歲至乙巳，百廢具舉，則寺落成於元成宗大德九年也。元一統志，月華寺在惠州東一百九十里，即指此。雍正十一年，卽碑側舊阯重建。此山有石竇東西相通，故俗呼窩隆山廟。案碑文有云，中有巖竇，號曰空峒，空峒卽窩隆也，其稱名亦古矣。五十里有占塔噶爾山，百四十里有陶金圖喀喇山，有察罕額里葉山。

旗西八十五里有和爾圖達巴罕，亦名長嶺，又名順山。百四十里有額林畢老圖達巴罕，又有固沁喀卜齊爾谷。旗西十里有和爾圖河，源出托蘇圖喀喇山，東流入大凌河。承德府志案此與平泉州境之和爾圖河別。四十里有僧機圖河，源出僧機圖山，東流逕平房兒入大凌河。

北至唐奇爾陀羅海。接中旗界。旗北百里有故利州城。熱河志案：方輿紀要利州城在大甯衛東南，地名琵琶川，唐末契丹遷奚人於此。一統志原本謂在喀喇沁左翼東北二十五里，近甯遠州一邊外，城西有三塔，土人亦名固爾班蘇巴爾罕城。據元一統志，利州南至龍山縣，北至富庶縣，西至和衆縣，知當在大甯府東南境。又攷元至元二十四年利州長壽山玉京觀地產碑，爲白霫李簝撰文，白霫張洪禮書丹。其文云：跋利州之西，憑榆河之渡，仡然魁秀者，長壽山也。長壽山在今建昌縣南境，則利州故城當在今建昌縣南境縣治東北七十里，土人稱爲大城子，亦名小三座塔，正當中京之東南，在喀喇沁左翼北百里。所稱左翼東北二十五里者，誤也。城東有金承安五年利州精嚴寺圓蓋和尚塔銘，北京路轉運度支判官趙秉文撰。圓蓋，利州阜俗人，從北京微公付法。大定六年，開堂於精嚴寺，繼主松林靈感，時人稱爲蓋堂頭。銘曰：松漠之北，利州之東，無縫塔樣，八面玲瓏。又有融安和尚塔，在利州故城東天成觀之旁，塔上有融安和尚靈塔六字，年月無攷。元一統志：會經樓在利州市心，金章宗泰和年建。滿井在利州城南十三里鳳翼莊，其水清冷，冬溫夏涼晝夜外涌至中夏正午澄澈見底雖毫髮之微歷歷可數居民引以灌溉用之釀酒其味尤佳祥靈寺護國西齊王廟在利州西關棲眞觀在利州東孫家莊洪廣寺在利州東九十里昌國寺在利州東一百六十里龍山廟在利州南二里雲峯寺在利州東南一百二十里金山之嶺中有瀑布慶雲寺在利州北九十里石將軍廟在利州西南二十里祈禱多應昭惠顯靈眞君廟在利州西北二里　旗北二十里有騮山蒙古名達罕碩隆二十七里有車輪山蒙古名波羅特爾格四十里有弩山一名弓梢山七十五里有棗山蒙古名齊巴噶圖九十里有哈達圖陀羅海山百里有烏蘭哈達圖山亦名錫喇呼峯有溫泉北山蒙古名哈勒渾穆克阿瑪爾吉　旗北百里有烏哈爾溫泉

東南至白喜隨門

卽白石背邊門旗東南五里有香爐山蒙古名阿布察五十六里有噶海圖波羅山七十里有紗冒山　山頂一峯形如岸幘故名八十六里有伯爾克喀喇山　旗東南三十里有塔本泉嶺百里有青石嶺南接甯遠州明水塘門界　旗東南七十里有蒐濟河源出柏樹山之毛頭泊南流逕都魯喀喇山至高臺堡門東十里入錦州府甯遠州境六州河元一統志六州

河在利州東南八十里。承德府志案元利州。在今建昌縣東境。縣之最東南。爲元瑞州地。又相傳名六股河。蓋以摩該圖河。呼魯伯楚特河。額里葉河。布勒圖河。四道溝河五水。及菟濟之經流爲六也。**西南至什巴貢額古爾梁。**接熱河界。旗西南四十里有樺山。蒙古名威遜圖。大凌河流經其麓。百里有栗山。蒙古名呼什合圖。旗西南百里有柞子嶺。百十里有貴石嶺。旗西南八里大凌河旁。有故龍山城。俗呼喀喇城。廢址周三里餘。其北即大城子。爲故利州城。西北即小城子。爲和衆縣地。西南即永平府邊牆之冷口。元一統志。淨修寺。聖峯寺。崇教院。隆祥觀。並在龍山縣東南隅。極樂寺在龍山縣西南十三里。遼時建。內有劉鑾塑像。龍泉寺在龍山縣南一百三十里宮山。熊山寺在龍山縣南六十里熊山。石柱山寺在龍山縣南八十里石柱山中。遼僧白羊大師建寺於此。**東北至薩喇勒圖梁。**接土默特右翼界。旗東北二十五里有故城。周三里餘。久圮。城西有三塔。土人亦名固爾班蘇爾巴罕。舊說以爲元利州城也。注見前。又有土城。周四里有奇。土人稱爲小城子。故和衆城也。城西里許有浮圖一。元一統志。重陽觀。大清觀。並在和眾縣秦王魚石在和眾縣北三里七寶山中其石皆有魚形熱河志案志載瑞州產秦王鱠以唐太宗征遼駐此得名魚石之名疑即因此今朝陽縣產魚兒石建昌縣亦產魚兒石穆案朝陽之西建昌之東爲土默特右翼喀喇沁左翼二旗地塔子溝紀畧塔子溝西北二十五里有村名西北地四面皆山郵北五里山之麓掘地尺餘可得魚兒石其色或青或黃 聖祖幾暇格物編曰喀喇沁北方有青白色石開發一片輒有魚形如塗雌黃或三或四鱗鬐首尾形體俱備各長數寸與今所謂馬口魚者無異揚腮振鬣猶作鼓浪游泳狀朕命工硺磨以裹研匣配以松花江石誠几案間一雅玩也 高宗御製魚石屏歌序曰今過土默特部落路南有所謂撒哈河灘者土人種田掘地得石剖之有魚形復剖之則復見大寸許小數分許銜尾比目若泳游然製以爲屏不異王振鵬魚藻圖也然則 列朝所見其地皆不甚相遠 奎章有爽棨賁沙蟲矣

西北至布爾噶蘇台接中旗界 旗西北三十里有察喇齊山又名蒙庫壘山六十里有鴻吉爾岱山亦名哈伯他海山又名伊曼碩隆山七十里有大赤山蒙古名巴顏烏蘭亦名布呼察山入

十里有大白山蒙古名巴顏察罕亦名納里特山百四
十里有庫克山旗西北六十里有賽因台河源出鴻
吉爾岱山東流入大凌河八十里有石塔河蒙古名蘇
巴爾噶東南流經五官營入大凌河九十里有神水河
蒙古名阿蘭善俗名熱水湯東南流逕濟爾噶朗營入
大凌河百里有泥灤亦名涼水泉蒙古名什巴爾台河
西流會青龍河　元一統志與教寺浴室寺重陽觀大
清觀並在和衆縣承德府志案元和衆縣爲建昌縣西
北之小城子凡和衆縣諸寺
當在喀喇沁左翼西北境

札薩克駐巴顏珠爾克

一
統
志牛心山在左翼貝勒所駐會典作居巴顏察罕山塔子
溝紀畧巴顏朱爾克山在塔子溝東南一百一十里漢
名影壁山在喀
喇沁貝子府前

所部三旗與土默特二旗統盟於卓索圖

盟地在土默特右翼境內崇德元年冬　太宗
將征朝鮮集外藩諸蒙古兵會　盛京　詔科

貢道由喜峯口

爾沁部由卓
索口入即此

土默特部在喜峯口東北五百九十里至　京師千里東

西距四百六十里。東至養息牧牧場界。西至喀喇沁右翼界。南至　盛京邊牆界。北至喀爾喀左翼及敖漢界。古孤竹國。漢置柳城縣。屬遼西郡。晉咸康中。慕容皝建都於此。改爲龍城縣。皝以柳城之北龍山之西爲福地。乃營制宮廟。改柳城爲龍城。都焉。永和六年。慕容儁請遷於薊。八年。建留臺於龍都。即龍城也。隆安初。慕容寶復都於此。義熙五年。馮跋自立爲天王。仍都龍城。慕容熙墓在故龍城西。十六國春秋後燕錄。慕容熙營苻后墓。錮三泉。周輪數里。內則圖畫尚書之像。號曰徽平陵。及將葬。熙爲馮跋等所殺。高雲僭立。與苻后共葬於徽平陵。元一統志。徽平陵在興中州西三十里。慕容熙與苻后葬處。即八角冢。元魏爲營州治。地形志。永安末。陷於羣賊。天平初收復。領昌黎等郡。後屬於高齊。齊亡。其疏屬高保甯據此。隋復置柳城縣。唐爲營州都督府治。舊唐書地理志。營州柳城縣。室韋靺鞨諸部並在東北遠者六千里近者二千里西北與奚接界北與契丹接界寰宇記營州南至大海三百四十里北至秦長城二百七十里至契丹界湟水四百里西南至平州七百里後人於奚遼太祖平奚置興中府太祖平奚置霸州彰武軍重熙十年置興中府興中縣隸中京道金因之案遼金興中府為今承德府朝陽縣治故城在土默特右翼西百里錦州府西北邊外大凌河之北城周七里有奇遼金所建三塔猶存土人稱為三座塔蒙古名固爾班蘇爾巴罕城乾隆十六年於其地設巡檢司為塔子溝廳東境三十九年折置三座塔廳四十三年改設縣治元降為州屬大甯路明初置三衛自錦義歷廣甯至遼河曰泰甯衛永樂初以忽剌胡班為都指揮僉事掌泰甯衛事三年阿散掌衛事終明之世叛服不常後其地為蒙古所據號所部曰土默特高宗純皇帝土默特詩部名雖異族類同犬牙相入分提封執役鞠䠻皆虔恭百年休息恩皇風致萃豈易稟余衷案所部山中產樺欏樹最多葉大如掌秋深霜沃其葉丹黃與楓林相映

或以爲卽槲也初山東種地人攜蠶種出口試養以作繭厚重宜寒名槲櫟繭其後人爭效之建昌人尤工今世所行建昌繭是也豐年絲賤匹銀二兩四五錢可製袍服二歉歲絲貴匹銀二兩七八錢東民嘗欲專其利蒙古與訟官定收繭之時以所息十分之一給山主爲租稅

二旗分左右翼異姓同牧左翼旗札薩克多羅達爾漢貝勒游牧理藩院則例載恭遇皇上由熱河前詣　盛京道經土默特札薩克達爾漢貝勒旗進膳一次元臣濟拉瑪十三世孫善巴與喀喇沁爲近族祖莽古岱始由喀喇沁徙居土默特天聰三年善巴率屬來歸九年　詔編所部佐領授札薩克掌左翼事崇德元年封達爾漢鎮國公子卓哩克圖康熙元年追敘善巴功晉多羅貝勒世襲罔替佐領八十額存穀六萬三千九百十二石三斗牧地在今承德府朝陽縣東北當

錫哷圖庫倫喇嘛游牧之南。養息牧牧場之西。東至岳洋河。接牧場界。岳洋河。亦作鷂鷹河。在牧場西北九十里。自旗東北流入邊。會蘇巴爾哈河。旗東二十五里有臥牛石泉。蒙古名烏克爾齊老。西南流會蘇爾哲河。六十里有百湖。蒙古名兆布拉克。**南至什巴古圖山。**三十里接柳條邊。旗南十里有達離山。蒙古名庫特古爾多和碩。**西至巴噶塔布桑。**八十里接右翼界。旗西十三里有密達木山。七十里有青金山。蒙古名波羅孟固。旗西二十里有湯圖河。東南流入邊。八十里有石塔河。蒙古名蘇巴爾噶圖。自右翼東南流入境。又南流入邊寨。此與喀喇沁左翼境之蘇巴爾噶圖河別。**北至當道斯河。**百里接喀爾喀左翼界。旗北五里有陶金圖山。三十五里有伊克翁山。山麓有古塔一。四十里有巴噶翁山。四十餘里有台吉圖山。山西有古塔一。七十里有阿哈里陀羅海山。七十五里有馬盃山。蒙古名哈卜塔海。旗北八里有布爾罕達巴罕。亦名盤道嶺。旗北三十里有大堤河。蒙古名蘇爾哲。東南流入廣甯縣東北境。七十里有阿哈里河。源出阿哈里陀羅海山。東流會烏訥蘇台河。八十里有烏訥蘇台河，東北流會庫崑河。百里有庫崑河，源出喀爾喀左翼，流入境，又東流入養息牧河。旗北百里有烏哈爾溫泉。

東南至烏達遜舉勒。

一統志作東南至額倫布坦插漢台。九十里接柳條邊。旗東南三十里有野狐山。蒙古名烏納格圖。六十里有石塔山。蒙古名蘇巴爾格圖。山塔有石塔一。山半有石洞。與右翼境之蘇巴爾格圖山別。七十里有七金山、七金泉。蒙古名和爾博勒津。八十里有烏拉布爾圖山。

西南至伊克翁格勒古山。

百十里接右翼界。旗西南三十里有羖羊山。蒙古名伊瑪圖。又旗西北入十里亦有伊瑪圖山。圖十里有固爾班溫都爾山。

東北至什巴爾泰口。

一統志作東北至黑頂山。八十里接盛京界。旗東北八十里有岳洋河。蒙古名額里葉。源出哈喇陀羅海山。東南流入邊。與喀喇沁左翼境之額里葉河別。

西北至哈喇噶圖。

一統志作西北至阿里馬圖山。九十里接喀爾喀左翼界。又名哈喇陀羅海山。華名黑頂山。岳洋河發源於此。旗西北四十里有青蛇山。蒙古名摩該波羅。五十里有黑山。蒙古名超圖喀喇。六十里有彌勒山。蒙古名邁達里 旗西北六十里有伊瑪圖河。源出邁達里山南流至清河邊門之東。入義州境。名細河。又東南流會清河。入大麥河。四十八里有馬鞍河。蒙古名錫喇塔拉。源出摩該波羅山。西南流會伊瑪圖河。札薩克駐哈特哈山。舊作海陀哈山。亦名旱龍潭山。會典作居烏蘭陀羅海山。在喜峯口東北八百二十里。大堤河發源於此。

右翼旗 札薩克郡王品級固山貝子游牧。元太祖十九世孫鄂木布楚琥爾。與歸化城土默特為近族 鄂木布楚琥爾會祖阿爾坦。號格根汗。明嘉靖間。據豐州灘。築城架屋以居。謂之拜牲。郎明史譌為板升者也。後通好於明。受順義王印。因名所居城曰歸化。有子九。長僧格。號杜棱汗。鄂木布楚琥爾僧格孫也。案阿爾坦汗。即明史所謂俺荅。為阿爾坦三字之合音也。據蒙古源流。阿勒坦汗為達延汗第三子巴爾斯博羅特之子。達延汗既稱汗於八白室前。遂以巴爾斯博羅特為管領右翼三萬人之濟農。俺荅之受款也。蒙古源流謂庚午年阿拉坦汗。取四衛拉特城。移兵擾明邊。明人懼。遣使給與孫王之號。並給金印講和。

案庚午爲明隆慶四年。明史稱是年俺荅西掠土番。卽此取四衞拉特城事。孫王。卽順義王。葢綜後事總說之。俺荅長子。明史謂之黃台吉。襲封復改名乞慶哈。僧格慶哈。亦譯音之轉也。父噶爾圖。以避察哈爾侵。由歸化城移居土默特。蒙古名流達延汗次子巴爾斯博羅特生子七人。次阿爾坦丁卯年生。占據十二土默特而居。次拉布克台吉。己卯年生。占據土默特之烏古新而居。林丹汗恃其强。侵不已。鄂木布楚琥爾憤甚。因約喀喇沁蘇布地等。共擊敗之於趙城。恐不敵。天聰二年。偕蘇布地上書乞援。尋來朝。九年。編所部佐領。授札薩克。掌右翼事。初所部設札薩克三。曰善巴。曰賡格爾。曰鄂木布楚琥爾。賡格爾與善巴同族。崇德元年。以罪削札薩克。善巴領其衆。自是所部分左右翼。崇德四年卒。子固穆。順治五年。封鎭國公。康熙二年。晉固山貝子。世襲罔替。固穆五世孫第七次襲瑪呢巴達喇道光七年賞郡王品級佐領九十七額存穀七萬四千五百十六石六斗牧地在今朝陽縣西南在九關臺新臺邊門外跨鄂木倫河鄂木倫河在游牧西二百里自喀喇沁左翼流入境東流經古興中城南折東南流入邊為大凌河水經注白狼水又東北逕龍山西又北逕黃龍城東又東北濫真水出西北塞外東南歷重山入白狼水今大凌河由建昌縣東北流入縣境六十里至旗境之木頭城子又百三十里逕朝陽縣南稍折而東南流又百八十里至九關臺門出朝陽縣境入錦州府義州界遼地理志曰建州在靈河之南麥河即靈河之異文開國方畧聯句詩註天聰五年九月太宗親破明兵於大凌河時有黑雲起風從西來敵乘風縱火將逼我軍天忽雨反風焚敵兵遂大捷十月大凌河城降在此邊門內也東至訥哷遜山九十里接左翼界旗東十三里有密達木山四十里有五鳳山蒙古名塔本陀羅海三十里有蓮花山七十里有柏山亦名烽臺山山有十六峯盤鬱四十餘里山頂有遼安德州城廢基斷井頹垣猶可辨識

山半有遼靈巖寺舊址。元一統志。興中州南三十里。縣互柏山。熱河志。案靈巖寺碑。有里人施烽臺山四面隙地之語。知遼時本名烽臺山。三座塔城內。有元安思道大通法寺上下院地產碑。稱北至柏山。是柏山之名。至元始著也。八十里有麝香山。蒙古名翁額勒庫。遼史地理志。興中府有麝香崖。天授皇帝刻石在焉。今不存。旗東三十五里有石雞河。蒙古名格爾庫爾台。源出五鳳山。西北流會什巴爾台河。八十里有翁額勒庫河。源出翁額爾庫山。東南流至清河邊門之西。入義州境。名北清河。又東南流入大凌河。南至魏平山六十里。接柳條邊。旗南七十里有遼安德故城。案今朝陽縣東南柏山上。有廢城址。城外古井旁。有遼乾統八年安德州靈巖寺碑。爲朝請大夫守殿中少監知安德州軍州事耶律劭撰。知即安德故城。故遼史地理志。安德縣。析霸城東南戶置。霸城即興中府。爲今朝陽縣治。此城正居其東南。與遼史合。旗南五里有臺圖山。三十里有平山。一名神應山。蒙古名蘇巴爾噶圖。三十餘里有努祿拉呼山。亦名駐龍峪。遼史興中府有駐龍峪。即此。六十里有哈札噶爾山。七十里有阿爾札噶爾山。旗南三十里有袞齊老河。源出石塔山。東南流入義州境爲柳河川河又東流入大凌河五十里有水獺河蒙古名哈柳圖源出蘇巴爾噶岡南流逕托羅克台山入小凌河有女兒河蒙古名鄂欽東流至新臺門北六十里入錦縣境東南流入小凌河西至鄂朋圖山二百里接喀喇沁右翼界旗西有建州故城漢乾祐初故晉李太后請於契丹主耶律兀欲願依漢人城砦之側給田以耕桑自贍許之乃自黃龍府遷於建州南四十里給地五十頃令從者耕以自給遼志州在靈河南屢遭水患契丹主隆緒又遷於河北即唐之故崇州城治焉元一統志李太后墓在建州尉斗山之北熱河志案建州故城在朝陽縣西遼太祖置建州治永霸縣州初在凌河之南聖宗遷於河北金因之元以永霸縣省入明初廢元一統志謂建州東至興中府西南至利州西至富庶縣北至金源縣今土默特右翼旗西百七十里地名黃河灘有廢城趾東西二百七十丈南北三百六十丈周十里有奇四門蒙古名喀喇城城西北有浮圖十七級周十二丈其旁又有小浮圖七級周四丈其東距縣治爲興中州地其西南達大城子爲利州地當爲故建州城元一統志興隆寺在建州西南隅紫微宮在建州東北隅又有荊岸在建州東

元一統志以建州東有荊水昔人決岸溉田故名承德府志案五代史稱自遼陽行十數日過義州霸州至建州北番地理志稱建州東北至霸州九十里南至瀹州五十里西南至小夌河十里又胡嶠陷北記稱建州之南爲義州建州之北則土河土河之北則契丹中京大定府也路振金人疆域圖稱建州南至燕京千二百四十五里皆與今黃河灘之廢城趾方位相合旗西六十里有釜山蒙古名喀喇脫歡山有重修金山神廟碑知舊又有金山金釜互異字之譌耳九十里有青山蒙古名波羅和碩百里有卓沁喀喇山亦名鳳皇山山頂有洞西北有古塔一百二十里有棗山蒙古名齊巴噶爾喀喇與喀喇沁右翼之棗山別百五十里有妒山蒙古名察卜齊克散噶察百六十里有哈卜塔海華山三百八十里有石塔峯山蒙古名蘇巴爾噶圖和碩上有三塔二百里有大保山蒙古名騰格里蒙克二百餘里有哈達圖喀喇和碩　旗西百里有傅爾奇烏蘭峯上有石洞　旗西百六十里有察罕河源出哈卜塔海華山東南流入大淩河　旗西六十里有釜泉又名黑錫泉源出釜山東南流會固都河入大夌河　旗西朝陽縣南有鋏舍利塔遼時建靈感寺重熙中鑄鋏塔以藏佛

舍利。後以定光佛舍利、釋迦佛舍利一千三百餘粒改藏塔下塔宮。今塔已無存，土人嘗於其處掘土丈餘，見地宮一所，高八尺，廣六尺五寸，八面相等，周遭嵌碑，中有一碑，字大二寸餘，云：惟大契丹國興中府重熙十五年丙戌歲十一月丁丑朔十六日壬辰起手鑄，次年四月乙巳朔八日壬子午時葬釋迦佛舍利記，未載辦塔主僧則覺華島海雲寺業律沙門志全也。又有二片，爲天慶二年講經律論師慧林所撰釋迦定光二佛的身舍利塔記。又有石觀音像，在朝陽縣南境之天慶寺，像高七尺，圍五尺二寸，遼沙門智公所造，首唱胎字韻詩二章，自兵部尚書門下侍郎平章事鄭若愚以下和者二十四人，勒石寺中，今尚存，詩不甚工，書頗古勁。又有臥佛寺石佛，在朝陽縣南昂吉山中，高八尺，圍四尺，不詳何年所造。蒙古於其地建寺，寺中有遼應厤七年十月石幢記。又有千佛洞石佛，在朝陽縣南八十里山腰，有洞穿洞口而入，有三路，其一東出，中有大小石佛數十尊，莊嚴法身，具諸殊相，洞前有碑石，裂爲三段，鐫大悲心陀羅尼呪、遼聖宗統和二十三年立。有報恩寺，在天慶寺東北大塔下，康熙五十一年重建。有華雲寺，在天慶寺東北，雍正十年建，有塔。

北至什喇

陀羅海百二十里接柰曼界　旗北六十里有七寶山蒙古名多倫和爾和百里有輝果爾山百餘里有喀爾克沁山亦名錦屏山百十里有狼山蒙古名綽諾圖山有古塔半圮山麓有金三學寺舊址大定五年重修有興中府尹改建三學寺碑里人韓長嗣撰文并書將仕郎興中府都孔目官白霫王祁篆額從刻都維那銀青榮祿大夫興中尹上柱國廣陵郡開國公食邑二千戶實封二百戶高思廉妻廣陵郡夫人高氏二夫人高氏長男雲堂次男三學奴遼金舊制以經律論爲三學擇僧行清高者爲綱首舉郡內經律論學優者爲三法師凡取經律論師差官考試於各宗出題荅義中選者取三人命爲三宗法師蓋最重之三學之名取諸此韓長嗣碑中稱遼建三學寺於府西兵興以來殿堂廊廡俱無寺廢久矣大尹出游狼山其上有院曰祥巒廢爲荊榛基趾頗有制度乃改修爲三學寺是遼於興中府西建三學寺金始改建於狼山也元一統志興中府狼山上有三學寺即此與七金山之三學寺別也穆案蜀王建賢妃徐氏淑妃徐氏皆有三學山夜看聖鐙詩則三學之義唐以來傳之矣　旗北十五里有柞河蒙古名巴圖察罕源出巴顏華山東南流會圖爾根河

三十五里有爛泥塘河蒙古名什巴爾台源出七寶山東流會圖爾根河百里有卓索河漢名紅土河源出輝果爾山東南流會圖爾根河

東南至鄂木倫河

八十里一統志作喀爾七靈圖山　旗東南二十里有鳳皇山羣峯連亙周九十餘里山椒一塔聳峙諸峯抱之如翠鳳昂首張翼形故名山亦有朝陽洞洞有臥石佛像又塔旁一里有小洞亦有佛像以銅爲之其北麓去朝陽洞二十里山勢伏而復起土人別名曰麒麟山其實一山也山半西向有三洞夜半嘗聞木魚聲因名聞仙洞即古龍山也山半有天仙廟康熙中建十六國春秋前燕錄慕容皝以柳城之北龍山之西福地也使築龍城水經注白狼水東北流過龍山西又北流過黃龍城東元一統志和龍山在興中州東南北長六十里東西廣三十里一峯特聳號曰天柱孤峯遼天授皇帝常獵和龍山建華嚴寺元安思道大通法寺地產碑亦載和龍山華嚴寺之名熱河志案龍山之西水經注及遼史所引或作龍山之南攷龍山故城爲今三座塔若以龍城在山之西則龍山當在三座塔城東境若龍城在山之南則龍山又當在三座塔城北境今攷水經注載白狼水先東北流逕龍山之西然後北

流逕黃龍城東則龍山當在龍城之東境迤南可知也又攷柏山廢城有遼耶律劭靈巖寺碑稱北連龍岫前俯郡城則龍山又當在柏山之北也今鳳皇山在三座塔城東白狼水正流經其西與水經注相合又在柏山之北五十里與遼碑相合元一統志亦謂和龍山在興中州東是龍山之在三座塔東信而有徵矣元一統志又稱和龍山南北六十里東西三十里遼天授皇帝嘗獵其間獲一香麝因名其匡曰麝香匡峪曰駐龍峪泉曰神射泉所稱天柱孤峯乃元興中八景之一至於麝香匡駐龍峪神射泉並見遼史與中州下麝香匡今在土默特右翼東駐龍峪在右翼南而元一統志皆繫之龍山者蓋此山形勢廣遠凡附近之峯皆其支脈耳在元時猶稱龍山其改稱鳳皇山者當始於近代

西南至烏蘭哈達圖和碩二百七十里接喀喇沁左翼界

旗西百二十里有故漢兒城石晉李太后自馳至霸州見永康王求於漢兒城側賜地種牧以為生明年徙帝太后於建州節度使趙延暉避正寢以館之即此城也熱河志案建州有二城一在清河之南一在凌河之北世宗之時州尚在河南也今土默特右翼西南一百二十里地名五十家子有廢城址

周二里許四門久圮城中有浮圖一在大凌河之南當郎遼初之建州城所謂漢兒城是也旗西南百二十里有托魯克台山百五十里有道場山蒙古名庫里葉圖山半有二洞內有石佛像與敖漢之庫里葉圖山別二百餘里有卓昌吉爾山斜袤三十餘里山形中斷山南有穆壘河流貫其中夾山麓有泉注之下流為小凌河有威遜圖喀喇山二百二十里有明安喀喇山山色深黝千峯競秀故名頂有石洞洞旁三泉交流為小凌河之源二百五十里有牛心山蒙古名巴顏濟魯克與喀喇沁左翼之巴顏濟魯克山別二百八十里有鄂博圖察罕和碩山有盤嶺　旗西南二百二十里有明安河即小凌河源出明安喀喇山有三泉滙為一河初名穆壘河東北流為明安河逕右翼南境至松嶺子門西五里入錦縣境為錦水即古參柳河也漢書地理志遼西郡柳城參柳水北入海錢坫疑為即今出松嶺山之涼水河非也遼史地理志興中府有小靈河元一統志小夌河在興中州南一百五十里源出玉泉井溢而成川流入錦州界熱河志案漢柳城縣在今甯遠州及錦縣之西境所謂北入海者蓋自縣北而南流入海與今小夌河方位正合遼之興中府元之興中州即今朝陽

縣地

東北至巴圖察罕台

百二十里接左翼界旗東北百五里有遼白川州故城武經總要白川州東至黔州七十里西至中京四百三十里東南至宜州百里西南至霸州七十里熱河志案方輿紀要川州有東西二城東川州遼所置西南至義州衛一百五十里西川州金所置南至義州衛九十里蓋遼與金各自有川州武經總要川州西南至霸州（郎興中城）七十里此遼之川州也元一統志川州南至興中州百八十里此金之川州也一統志原本川州城（此指遼之川州）在土默特右翼東北一百五里蒙古名卓索喀喇城今朝陽縣治東北六十七里地名四角坂有廢城城中有遼開泰二年石幢爲白川州官吏所建知郎遼川州故城也今土默特右翼旗東北接土默特左翼旗境皆川州也旗屬之黑城子北八里東嶽廟有元至正五年川州重修東嶽廟碑記前儒學正徐潛撰醫學正張質書丹有遼宜州故城案遼宜州郎金元義州本在今錦州府北界據武經總要宜州西至霸州二百里北至川州元一統志義州西至興中州界蛤蟆山九十里到興中州一百八十里西北到川州一百八十里故知兼得朝陽縣境今朝陽縣治東北一百九十里有台頭溝山山下爲廳

峪道院故阯，有金皇統八年宜州廳峪道院復建藏經千人邑碑，東海徐卓撰文。攷金史地理志，義州，遼宜州，天德二年更名。此碑在天德之前，故仍稱宜州也。据知土默特右翼東北接土默特左翼南境，為宜州西境矣。碑文稱廳峪者，耶律賽因溫家之墓所建以藏經。皇統六年火災，忠顯校尉顏壽與郡人馬祐等重建，院基周一里許，今惟石佛數尊尚存，半已殘損。有通吳軍壘。永平府志載：遼中京宜州有江南水軍，號通吳軍，壘知當在旗境，修永平志者未審宜州所在而誤入也，今無攷。旗東北六十里有烏蘭山，九十里有馬鞍山，蒙古名錫喇得卜色克。九十餘里有鄂斯和爾巴山，百二十里有波羅輝 波羅溫都爾山，百三十里有楊山，蒙古名烏里雅蘇台。旗東北八十里有烏里雅蘇台河，西南流會圖爾根河。

西北至呼什哈圖哈喇山。百八十里接敖漢界。旗西北七十里有瑪尼圖山，亦名鐵檣桿山。七十五里有香高山，蒙古名溫都爾華。百二十里有布魯爾喀喇山。百八十里有栗山，即呼什哈圖哈喇山也。上有四塔，與喀喇沁左翼之栗山別。有青鸞嶺，嶺北有古塔一，嶺上巨石縱橫，向稱險峻，蒙古謂之黃金大垻。塔子溝紀畧：嶺東為土默特貝子旗所轄嶺西爲敖漢王子地方山頂有元元統三年宣授興中州達魯花赤公平治道塗碑一名青山嶺武經總要大定府東至營州界青山嶺一百七十里亦作青巒嶺元一統志青巒嶺在興中州西八十里有金巖寺 旗西北百九十里有柳河亦名黑城子河蒙古名布爾噶蘇台源出威遜圖喀喇山東南流經喀喇城入大麥河 旗西北二十五里有冷泉蒙古名奎騰南流會朝陽縣之涼水河涼水河自朝陽縣西北小入溝平地出泉約二里許東南流豬爲河行四十里許又伏流二十五里仍出而東流十五里入大麥河 **札薩克駐巴顏和碩**亦名大華山在喜峯口東北五百九十里會典作黑城子巴圖察罕河發源於此又右翼東四十里及左翼北十五里各有巴顏華山遼史地理志興中府有大華山元一統志華山在利州東一百六十里形勢孤聳宛若華嶽故名承德府志案利州屬今建昌縣東境建昌東至朝陽縣治一百三十里山在州東百六十里則已入今朝陽界矣故知謂此巴顏華山也

左翼附喀爾喀多羅貝勒游牧巴勒布冰圖元太祖裔初爲喀爾喀台吉隸

西路札薩克圖汗部。康熙元年，汗旺舒克爲其族羅卜藏台吉額琳沁所戕，部眾潰，巴勒布冰圖自杭愛山率屬來歸。詔附土默特左翼札薩克達爾漢貝勒卓哩克圖牧。四年，封多羅貝勒。二佐領。

牧地在錫哷圖庫倫喇嘛游牧之西。東至霍濟勒河，接庫倫界。南至庫崑河，接左翼界。西至布圖昆地，接喀爾喀右翼界。北至愛篤罕山，接喀爾喀左翼界。東南至烏蘇圖昆地，接庫倫界。西南至查哈爾額布得爾格愛，接喀爾喀左翼界。東北至阿克達沁河，接庫倫界。西北至奇喇固圖濠，接喀爾喀左翼界。統隸卓索圖盟。理藩院則例載：卓索圖盟內土默特台吉蘇克都爾之妻所進人口，凡遇比丁之年，一體比丁，另冊送院。貢道由喜峯口。（附記歸化城土默特）

阿爾坦汗四傳至博碩克圖汗，博碩克圖汗卒，林丹汗襲有其眾。天聰六年，大軍征察哈爾，林丹汗西奔唐古特，博碩克圖子俄木布，及其部頭目古祿格、杭高、託博克等集眾降。俄木布尋以罪廢。崇德元年，編所屬爲二旗，不設札薩克，以古祿格爲左翼都統，杭高爲右翼都統，託博克後代杭高子巴桑掌右翼，而博碩克圖汗裔分隸左右翼，稱台吉，統歸綏遠城將軍轄，散處於歸化城、和林格爾、託克托城、清水河、薩拉齊五廳之間，北倚大青山，與喀爾喀右翼茂明安旗接界，西與烏喇特旗接界。乾隆二十一年，左翼台吉喇嘛札布因協禽青滾咱卜功，詔封輔國公，授札薩克，增設一旗，隸烏蘭察布盟。二十五年，以罪削札薩克，飭仍回旗効力。所部順治二年題准，四季貢馬百六十三匹，每年貢石青二千斤。乾隆三十四年，停馬貢。四十年，停石青貢。

蒙古游牧記卷之二　受業青陽吳式訓覆校

蒙古游牧記二　土默特　完

蒙古游牧記卷之三

平定張　穆撰

光澤何秋濤校

內蒙古昭烏達盟游牧所在 敖漢 柰曼 巴林 札嚕特 阿嚕科爾沁 翁牛特 克什克騰 喀爾喀左翼

敖漢部在喜峯口東北六百里至　京師千一十里東西距百六十里南北距二百八十里東至柰曼界西至喀喇沁界南至土默特界北至翁牛特界古鮮卑地隋爲契丹地隋書契丹傳契丹當後魏時部落萬餘口內附止於白貔河灦洦其後爲突厥所逼又以萬家寄於高麗開皇四年率諸莫賀弗來謁五年悉其衆款塞高祖納之聽居其故地開皇末其別部四千餘家背

突厥來降部落漸衆遂徙逐水艸當遼西正北二百里依託紇臣水而居東西亙五百里南北三百里分爲十部（熱河志案契丹部落最大當北魏時分爲悉萬丹等八部居潢水之南在今建昌朝陽縣北境外太和時內附居白狼河者乃其別部而其餘全部固尚居故地也逮開皇之末來降之人既衆遂依託紇臣水而居今土河卽古託紇臣水自喀喇沁東北流經建昌縣朝陽縣所屬之北境敖漢柰曼二旗北境適當隋遼西郡（卽北魏營）州之正北是今赤峯縣及建昌縣朝陽縣北境正當日契丹所徙居之地矣隋時託紇臣水之旁爲新降之契丹所居潢水之旁則契丹舊部所居也）唐屬營州都督府後入奚遼金爲興中府北境元爲遼王分地（案敖漢柰曼巴林翁牛特蓋兼得魯王分地詳見巴林部下）明初入於蒙古元太祖十五世孫達延車臣汗長子圖魯博羅特子二次納密克生貝瑪土謝圖子二長岱靑桂棱號所部曰敖漢（今又作鄂罕　高宗純皇帝入敖漢境詩據嶺分疆

異清塵灑道同後先咸奉職誠敬自由衷漸見牛羊牧
仍欣禾黍豐時巡愼侯度繼序念　戎功又有敖
漢合吉彭蘇克拉錫能詩書以賜之。絕句。出守
黃沙塞。入邁白玉墀。幾曾金翕叔。入侍解吟詩。〔一〕旗札
薩克多羅郡王游牧。岱靑杜棱長子卓諾木杜棱。次塞
臣卓哩克圖。初皆服屬於察哈爾。天聰元年。以避林丹
汗虐。率屬來歸。且獻明誘降書。詔卓諾木杜棱
居開原。塞臣卓哩克圖還舊牧。賜號都喇爾巴
圖魯。後卓諾木杜棱。以私獵哈達葉赫山。罷。奪開原地
順治五年。敘征明功。追
封多羅郡王。世襲罔替。三年。塞臣卓哩克圖從征明永
平師還。卒。子班第。尙固倫公主。授固倫額駙。崇德元年。
編所部佐領。封札薩克多羅郡王。世襲罔替。佐領五十
五。額存穀

二萬一千三百四十四石二斗。道光二十二年理藩院則例載敖漢王旗下公主子孫合吉共六百十餘人。定爲十班每班六十人。一年一班輪流來京。

牧地

天聰八年定牧地疆界。敖漢與正黃旗蒙古以札噶蘇合囊家合爲界。理藩院則例載老河對岸順坡斯板囊金喀喇二處已開熟地三十七頃二十七畝五分均令撩荒作爲敖漢郡王牧場。又載敖漢郡王旗東自巴敵爾果勒以西。庫蘇爾哈達起西自伯爾克熟地以東庫倫布哈春之東薩察華山頂止南自紹海卓博哩察罕蘇巴爾漢熟地界起北至哈達圖多倫巴爾黨之北松吉納圖山騰吉里格山頂止熟地千七百八十頃十四畝起立鄂博。准其招民開墾耕種。每年塔子溝司員查核報院　案敖漢牧地在今承德府朝陽縣之北。建昌縣之東北。

跨老哈河

老哈河在旗北七十里自喀喇沁右翼流入境東北流經噶察喀喇山又東流入翁牛特界熱河志庫爾奇勒哈達在敖漢東北七十五里老河之中大河夾流此山亭然孤峙又有玉瀑在敖漢北境南距赤峯縣治五百五十里即老河之下流石壁高聳懸爲飛瀑土人名曰響水乾隆八年鑾輿經此賜名玉瀑有詩紀之曰我聞奥區天所祕

疑信向半今信然浩浩萬里沙漠塞乃有瀑布崇岡懸
車塵方苦紛堨壒豁開壺裏別有天侵尋峯岫羅嘉樹
漸潤澗谷無埃煙是時仲秋曝晶日忽聞雷聲殷前川
坐令林巒失輕籟頭吟清眺萬慮蠲大者明珠小者璣
如傾栲栳投深淵虎狼駭走不敢飲下疑千載蒼龍眠
巨石橫斷無土壤粵生美箭奇而堅山葉紅綠如錯繡
無名野卉相新鮮鸛鴒徘徊不忍去鶗鴂時向虬枝穿
禹穿龍門未至此胡乃三級限鱅鰱吁嘻泉石誠觀止
賞詠自我羌誰先匡廬香鑪無足喻山靈占此永不遷
設置飛觴搦管地混沌竅鑿應難全鏈韵下注云蒙古
相傳瀑水已下鱗類甚夥而已上絕無亦甚奇云
御製二集又有寄題敖漢瀑布水詩曰我愛敖漢瀑
布水今來路隔三百里題詩睫眼十一年飛注東流殊
未已注乾隆八年東巡途經其下題長句大書磨厓今
年取道池東相距三百餘里故賦此寄題其後以紀歲月又有敖漢捕魚詩

東至哈喇鄂羅愛六十里接奈曼界旗東十五里有哈達圖陀羅海
山與喀喇沁左翼之哈達圖陀羅海山別六十里有
沙爾呼達蘇爾南至哈祿噶嶺二百里接土默特右翼
海額勒蘇圖岡界旗南三十里有天

山五十里又有天山蒙古名騰格里四十五里有洪果爾鄂博山五十里有鄂博圖山六十里有盤道山蒙古名鄂爾吉勒喀喇百十里有小播羊山蒙古名巴噶伊瑪圖百二十里有大播羊山蒙古名伊克伊瑪圖百三十里有庫克徹勒山二百里有齊老圖嶺旗南百三十里有都木達納林泉源出天山東北流入齊老圖池百二十里有伊瑪圖泉下流入沙池　旗南有牛滕河屯波羅台根河出焉東南流入土默特右翼境逕波羅台溝共行八十餘里入大麥河有宏慈寺康熙四十六年敖漢郡王札木蘇建寺額　聖祖所賜也南距朝陽縣四百二十里西至阿里木圖嶺百里接喀喇沁右翼界旗西有遼惠州故城方輿紀要惠和故城在大甯衞東北百里遼置惠州於此亦曰惠和軍領惠和縣金廢州以縣屬大定府元因之明廢遼志云惠州唐歸義州地也阿保機俘漢民於菟麕山下築城居之謂之惠州熱河志惠和城在建昌縣北境元一統志謂惠和縣西南至大甯路北至高州東南至金源東至武平縣今縣北三百四十里敖漢旗西境地名博羅科有廢城城基周四里城北山上有浮圖高五丈其西南接平泉州屬喀喇沁右翼旗界爲大甯路

地其西北接平泉州屬翁牛特旗界爲高州地當爲惠和故城宋彭汝礪鄱陽集惠州詩城壘四五尺閭閻千百家朝塵疑作雨暮雪欲飛花舊寺曾何在空堂鬼自邪三更愁不寐相笑是皇華蘇轍欒城集惠州詩孤城千室閉重闉蒼莽平川絕四鄰漢使塵來空極目沙場雪重欲無春羞歸應有李都尉念舊可憐徐舍人會逐單于渭橋下歡聲齊拜屬車塵自注傳聞南朝叛者多在其間元一統志東林寺在惠州東南隅開祐寺興福寺在惠州西南隅大清觀在惠州西北隅神山廟在惠州西南十五里黃崖寺在惠州南一百里古城寺在惠州東南百八十里龍門寺在惠州東南百七十里十方講院在惠和縣東北隅遼隆壽二年造觀音閣在惠和縣市心崇德寺在惠和縣 旗西七十里有僧機陀羅海山山有石洞有昂噶勒津山九十里有畢樓台山九十餘里有庫特爾山紫楊山蒙古名庫楞布哈九十五里有哈卜塔海山與土默特左翼之哈卜塔海山別百里有巴顏達賴山百餘里有阿噶爾圖山百五里有濟嚕克山百十里有棗山蒙古名齊巴噶百餘里有七嶺蒙古名多倫達巴罕旗西五十里有輝圖札哈納里特泉 北至岳羅嶺八十里接翁牛特左

翼界。旗北四十五里有鄂達木波羅山，亦名寬山。六十里有噶察喀喇山。七十餘里有碩隆陀羅海山。八十里有札固圖察罕陀羅海山。旗北三十五里有阿爾齊蘭得勒蘇岡。七十里有畢齊克圖烏蘭哈達。

東南至古爾巴勒什那噶阿達爾，百二十里至土默特右翼界。旗東南五十里有巴爾斯陀羅海山。七十里有察罕齊老圖山。七十餘里有納卜塔遜山。九十五里有白鹿山，蒙古名布祜圖，與喀喇沁左翼境之布祜圖山別。承德府志案山當古龍城之北境。十六國春秋後燕錄慕容熙北登白鹿山。北燕錄太平初丁零氏楊道獵於白鹿山，為契丹所獲。或即指此。百里有哈喇納山。百十里有富泉山，蒙古名巴顏布拉克。旗南二十五里有齊老圖池，下流入沙池。五十里有烏里達札哈納倫泉。

西南至霍普塔圖哈喇，二百里接喀喇沁右翼界。旗西南九十五里有威布爾罕山。百二十里有哈畢爾噶山。百三十里有道場山，蒙古名庫里葉圖。百三十餘里有烏蘭布庫克山。百五十里有庫爾奇勒山。旗西南百五十五里有庫爾奇勒泉。二百里有尼楚琿泉。

東北至得起圖，九十里接翁牛特右翼界。

旗東北五十里有達爾達額勒蘇岡七十里有棃谷蒙古名阿里瑪圖旗東北九十里有横黑水泉蒙古名坤都倫喀喇烏蘇南流入老河西北至紅廟百五十里接翁牛特右翼界旗西北六十里有巴雅海山札薩克駐固爾班圖勒噶山漢名鼎足山會典作溫克圖什勒格所部與奈曼翁牛特巴林札嚕特喀爾喀左翼阿嚕科爾沁克什克騰諸部統盟於昭烏達盟地在翁牛特左翼境內 案木蘭圍場在卓索圖盟之西昭烏達盟之南每歲秋獮

聖駕駐蹕避暑山莊兩盟各旗就近率其屬下官兵執役凡用喀喇沁翁牛特佈圍兵一千人巴林克什克騰佈圍兵一百人敖漢佈圍兵五十人又喀喇沁進哨槍手六人隨從槍手十人打鹿槍手四十人哈瑪爾三十人巴林槍手二十六人喀喇沁土默特翁牛特杭愛車二百兩又二部盟長例進公宴家宴數次 高宗

純皇帝始命合爲一次宴日設蒙古包六白駝十八鞍馬十八騸馬一百六十二牛十八羊一百六十二席二十七酒八十一瓶什榜九十人布庫二十人騎生駒二

十八跑馬二百五十生駒無定數由理藩院先期具奏
得旨咨行該盟長敬謹預備在月牙城進宴又恭
遇　巡幸　盛京吉林蹕路經臨蒙古部落卓
索圖昭烏達兩盟合弁進家宴一次哲里木一盟之公
主格格王公額駙等　貢道由喜峯口
合弁進家宴一次

柰曼部在喜峯口東北七百里至　京師千一百十里東西距九十五里南北距二百二十里東至喀爾喀左翼界西至敖漢界南至土默特界北至翁牛特界古鮮卑地隋爲契丹地唐屬營州都督府後入奚遼金爲興中府北境明入於蒙古元太祖嘗借其弟哈布圖哈薩爾平柰曼部柰曼元史作乃蠻事詳太祖本紀及元祕史　太祖十六世孫圖魯博羅特三傳至額森偉徵諾顏鄂以爲所部號案以柰曼爲所

部號其事與郭爾羅斯同即古人長狄僑如待事而名其子之義太祖之生也神元皇帝因征塔塔兒部虜其將鐵木真厄格故名太祖曰鐵木真尤元事之切證魏氏源乃以漠南漠北遠不相及爲疑非也

一旗

札薩克多羅達爾漢郡王游牧圖魯博羅特子袞楚克一統志作袞出斯巴圖魯號巴圖魯台吉服屬於察哈爾以林丹汗不道天聰元年偕從子鄂齊爾等來歸且獻明誘降書

詔還舊牧　賜號和碩齊二年以從征察哈爾俘斬多　賜號達爾漢崇德元年敘前後功

封札薩克多羅郡王世襲罔替袞楚克第三子札木三順治十七年襲爵康熙十四年察哈爾布爾尼叛札木三應之從察罕郭勒與賊壘爲聲援且遣黨扇諸札薩克及大軍陣斬布爾尼察哈爾平札木三窮蹙乞罪　特旨貸死仍留妻子及牲畜飭自給原爵以袞楚克孫鄂齊爾襲鄂齊爾

者和碩額駙巴達禮之長子也札木三誘之叛不從攜拏及九佐領兵避徙喀喇沁牧　聖祖嘉其忠貞故有是命今柰曼札薩克王皆鄂爾齊裔也初柰曼與敖漢逢　國家典禮及征伐事先後偕來位秩如一因札木三懷貳遂不齒於敖漢迨鄂齊爾重膺錫封奉職惟謹而荷　恩亦如故焉王大臣初議子孫襲爵五次乾隆四十九年以係衮楚克國初來歸封授之爵　加恩仍令世襲罔替道光二十七年　皇上以第四女壽安固倫公主指配柰曼王阿宛都窪第札布之子德木楚克札布授固倫額駙鄂齊爾之第六世孫也　佐領五十額存穀萬八千三百七十石一斗

牧地

天聰八年定牧地疆界柰曼與兩紅旗蒙古以巴克阿爾和碩巴噶什嚕蘇特爲界案柰曼牧地在今承德府朝陽縣之東北境

當漢河老哈河合流之南岸

漢河自敖漢境合老哈河東北流入境又東南流入喀爾喀左翼界

東至奎蘇塔拉

四十里接科爾沁左翼前旗界旗東五十里有查木哈克泉

南至大渡口鄂博

百二十里接土默特右翼界元一統志福嚴寺仁王閣俱在武平縣市心寶貞觀在武平

縣東南。承德府志。按元武平縣。爲今三座塔東北境。當在柰曼境內。旗南五十五里有塔本陀羅海山。與土默特右翼及喀喇沁左翼之塔本陀羅海山。俱別。百二十里有瑪尼喀喇山。旗南五十五里有圖爾根河。亦名土河。以其南建昌縣亦有土河。或稱此爲北土河。源出塔本陀羅海山。南流入土默特右翼北境。逕綽諾圖山。又南入大凌河。

西至哈拉鄂羅愛。五十五里接敖漢界。旗西五十五里有呼爾呼塔蘇爾海岡。

北至巴延郭特什喇木蘭渡口。百里接翁牛特右翼及阿嚕科爾沁界。旗北百里有哈納察罕圖。

東南至察罕河。百二百里接喀爾喀左翼界。旗東南五十里有固爾班喇呼山。八十里有大黑山。蒙古名巴延喀喇百四十里有博羅輝博羅溫都爾山。與土默特右翼之波羅輝波羅溫都爾山別。旗東南百里有烏蘭哈達與土默特右翼之烏蘭哈達別。旗東南六十里有察罕泉。

西南至郭勒圖河。百二十里接敖漢界。旗西南八十里有鹿兒山。蒙古名布祜圖。與敖漢境及喀喇沁左翼之布祜圖山別。旗西六十里有固爾班和爾圖泉。三泉歕涌合而東南流。會圖爾根河東北至什喇木蘭之努克圖鄂羅木。百里接科爾沁左翼界。旗東北八十五里有哈納岡。西北至坤都倫喀喇烏蘇泉。百二十里接敖漢界。札薩克駐彰武臺。會典作庫賴。隸昭烏達盟。案敖漢柰曼巴林一帶灝河沃衍遼史地理志曰上京地沃宜耕種水草便畜牧是也康熙三十七年冬遣官往敎之耕諭曰朕巡所經見敖漢及柰曼諸部田土甚嘉百穀可種如種穀多獲則興安嶺左右無地可耕之人就近貿糴不須入邊市米矣其向因種穀之地不可牧馬未曾墾耕者今酌留艸木之處爲牧地自兩不相妨且敖漢柰曼蒙古以捕魚爲業者衆敎之以引水灌田彼亦易從凡有利益於蒙古者與王台吉相商而行。貢道由喜峯口。

巴林部在古北口東北七百八十里。至京師九百六十里。東西距二百五十一里。南北距二百三十三里。東至阿嚕科爾沁界，西至克什克騰界，南至翁牛特界，北至烏珠穆沁界。遼上京臨潢府地。遼史地理志：上京臨潢府，本漢遼東郡西安平之地。太祖取天梯、蒙國、別魯三山之勢於葦甸，射金齪箭以識之，謂之龍眉宮。神冊三年城之，名曰皇都。天顯十三年，更名上京，府曰臨潢。淶流河自西北南流，繞京三面，東入於曲江，其北東流爲按出河。契丹國志：薛映記、富鄭公行錄：自中京正北八十里至臨都館，又四十里至官窯館，又七十里至松山館，又七十里至崇信館，又九十里至廣甯館，又五十里至姚家寨館，又五十里至咸甯館，又三十里度潢水石橋，旁有饒州，蓋唐朝嘗於契丹置饒樂州也，側近今渤海人居之。又五十里至保和館，度黑河，七十里至宣化館，又五十里至長泰館，西二十里有佛寺民社，云即祖州，亦有祖山，山中有阿保機廟。又四十里至上京臨潢府。自過崇信館，即契丹舊境，蓋其南皆奚地也。又西門，門曰金德，內有臨潢館。子城東門曰順陽，入門北行至景福門，又至承天門，內有昭德、宣政二殿，皆東向，其氈廬亦皆東向。臨潢西北二百餘里號涼淀，在漫頭山南，避暑之處，多豐州，掘丈餘郎堅冰云熱河志案潢水石橋在今巴林旗界內距翁牛特北境不遠今尙存承德府志土人呼爲巴林橋在赤峯縣北潢江兩岸一統志案遼史臨潢府其側臨潢河又曰臨潢縣天贊初南攻燕薊以俘人戸散居潢水之北縣臨潢水故以名也似臨潢必在西喇木倫之濱而又言淶流河自西北南流繞京三面東入於曲江其北東流爲按出河則臨潢又去西喇木倫遠矣金史臨潢府臨潢縣倚有金粟河未知金時金粟河即淶流河否但證以薛映所記道里自中京北至上京凡三百七十里案實四百七十里遼史引之失載臨都館至松山館里數一統志未檢本書故云爾然又止三百六十里也而度潢水又二百三十里而至臨潢中間所謂渡一黑水河即今喀喇木倫經巴林之南者也今巴林東北一百四十里當烏爾圖綽農河會和戈圖綽農河之處有波羅城址周二十里內有三塔久毀疑即古之臨潢但史云淶流河繞京三面又疑古城當在和戈圖綽農之東岸巴林與阿嚕科爾沁接界處耳方輿紀要臨潢城東南有金新羅寨正隆六年契丹西北路將撒八反爲其下所殺推移剌窩斡爲主擁衆東適至臨潢府東南新羅寨攻臨潢圍其城即此又撒里乃地在臨潢西北臨潢有二十四堡其十九堡俱在撒里乃之西蓋

戍守要地也。金大定後併屬北京路。得大甯府之三韓金州之安豐臨潢府之臨潢諸縣地。元屬全甯路爲魯王分地。元史地理志全甯路領縣一全甯。熱河志案志於全甯路下未詳建置沿革今攷全甯路爲魯王分地今赤峯縣北烏丹城中有元魯國大長公主碑是元時全甯縣當在今赤峯縣北所轄巴林二旗境內也元史特薛禪傳載特薛禪子曰按陳曰火忽按陳初封河西王後追封濟甯王按陳孫曰帖木兒曰蠻子台俱封濟甯王帖木兒子瑚阿不刺尚大長公主加封魯王傳云太祖諭火忽曰哈老溫迆東塗河潢河之閒火兒赤納慶州之地與亦乞列斯爲鄰汝則居之又諭按陳之子唆嚕火都曰以汝父子能輸忠於國可木兒溫都兒迆東絡馬河至於赤山塗河迆南與國民爲鄰汝則居之攷慶州故城本在赤峯縣北境巴林旗之西北其所謂塗河潢河之閒即今赤峯縣屬翁牛特左翼旗及建昌縣北境敖漢旗朝陽縣西北境奈曼旗之北境也其所謂絡馬河金志松山縣三韓縣皆有落馬河至於赤山塗河以南與國民國居諸北京路州屬爲鄰即今赤峯縣屬翁牛特右翼旗之南境也知今赤峯縣北境及建昌朝陽二縣西北境在元時兼有魯王分地傳又云元貞元年濟甯王蠻子台尙嚢加眞公主請於帝以應昌路東七百里駐冬之地剏建城邑大德元年名其地爲全甯路是全甯路本在魯王分地之中其故城當在今赤峯縣北巴林旗界今丹林左右二旗應屬元金甯路地明初爲全甯衞地明史地理志全甯衞有潢河有黑龍江案所云黑龍江當卽巴林旗境之黑河後屬兀良哈北境元太祖十六世孫阿爾楚博羅特生和爾朔齊哈薩爾子二次蘇巴海稱達爾漢諾顏號所部曰巴林元史伯顏蒙古八鄰部人今譯改作巴林非此巴林也康熙五十一年理藩院議准巴林翁牛特克什克騰交界地方樹木行文三旗各令公同驗看分爲三分明定界限繕造印簿送院越界砍伐者治罪二旗右翼旗札薩克親王品級多羅郡王左翼旗札薩克固山貝子同游牧初皆服屬於喀爾喀天聰二年察哈爾林丹汗掠其部諸台吉皆奔

依科爾沁蘇巴海孫色特爾卒子色布騰兄子滿珠習禮等自科爾沁來歸屢從大軍征明順治五年編所部佐領敍前後功封色布騰札薩克輔國公掌右翼滿珠習禮札薩克固山貝子掌左翼尋色布騰尙固倫淑慧公主晉多羅郡王固倫淑慧公主 聖祖仁皇帝長姑也康熙十二年 上召諭侍衞武格曰 太皇太后甚念淑慧公主可將朕所乘轎馳驛往迎先是 太皇太后聖體違和比公主至喜甚進膳如常三十九年公主薨 諭曰公主係朕姑 太皇太后在時特蒙眷愛曾以託朕朕亦面允公主待姑年邁迎至京師凡一切應用之物朕皆承理以終天年及病篤見朕親臨視疾含笑而逝公主生逢泰運居蒙古五十餘年躬享高年子孫繁盛諸福備矣朕悼歎之懷因少解焉韓菼有懷堂制艸淑慧長公主祭文朕惟詩美王姬禮隆內女由來下降誼切同源而令德考終加恩無替粤稽往牒覩此爲難

惟我公主出自我皇祖金枝毓秀玉質含章向日慈闈尤深憐愛一切護視以屬朕躬朕祗承訓言弗敢失墜更締婚媾以垂永好嘗語姑勿憂在外服終當迎養以樂暮年畢姑一生皆朕之事曰月逾邁出降五十餘載禮儀不愆用享多福子孫昌衍朕甚嘉之自昨秋行邊相見顧瞻顏色稍異平時知惟攝衛之失宜恐爲風霜所患亟勸來歸勉進醫藥朕嘗臨視至於再三而疾竟弗瘳以及永訣乃會無戚容歡然順去於戲陵雲一笑知無身後之餘憂撫棺長辭不負生前之夙諾辦喪皆出於內府推恩不忘於後人祀事肅將凡筵展告明靈不昧來格來歆案公子生子三鄂齊爾格呼爾圖納木札文云更締婚媾以垂永好者康熙三十四年以鄂齊爾次子烏爾袞尚固倫榮慧公主也又一道維公主誕膺淑質託體天家仰承我聖祖母之劬勞益夙嫺於內則出降藩服歷有歲年壼儀聿修纖毫無閒齒德俱茂迥異諸姑朕敬禮有加祗承先志知向者恩勤之志預有先覺之明今茲送終一無所苦朕深驚異用慰永傷於戲生兼五福去無一塵達者所難在我閨閫足流輝於彤管以紀盛於內宗行殯有時加茲諭祭星流舊

邸。還依往日宮中。雲去流沙長斷來時山色薄陳祖奠用展哀衷又一道。維公主屬在懿親爲朕姑。釐降藩服爲王母。女宗無忝內則悉嫺多福罄宜怡然但化塡者兩頒諭祭。達以誄章敘
慈闈憐愛之深情暨朕躬祇承之至意榮哀之禮事事有加。踐夙昔之盟言訴明靈之默鑒茲者輀車將發藩國是歸。緬容徽之徂征經山川之縣邈凡昨歲迎來之路。即千秋長去之塗瞻望彌勤愴懷曷極特遣皇子。往護喪行。助引紼之勞視窀穸之事。一切卮具加朕親臨倏宅兆之孔安度殯甯之無憾嗚呼。自初薨以及將窆。情莫罄於哀誠從舊邸以返新阡。禮必期於敬謹。昭朕始終之異數增姑魂魄之餘歡申薦几筵。尚其歆格。均世襲罔替。

乾隆十九年。色布騰曾孫璘沁。賜親王品級右翼佐領二十六。額存穀萬三百八十五石八斗。左翼佐領十六。額存穀二千八百十五石七斗。道光二十二年理藩院則例載。巴林王旗下公主子孫台吉共一百七十餘人。定於六班每班二十九人。一年一班輪流來京

案巴林額駙自色布騰璘沁外。璘沁長子。乾隆初尚和碩和婉公主。

牧地 天聰八年定諸藩牧地巴林部

與鑲黃旗蒙古以扈拉琥瑚呼布里都克里葉哈達瑚濟爾阿達克為界當潢河北岸東至鄂拜山百六十里接阿嚕科爾沁界旗東七十里有石雞山蒙古名伊綳圖九十里有太保山蒙古名滿札爾遼史地理志慶州有太保山九十五里有阿珀濟哈峯南至巴爾達木哈喇山六十里接翁牛特左翼界旗南三十里有勃突山蒙古名巴爾當遼史地理志遼國五代祖勃突貌異常有武略力敵百人衆推為王生於勃突山因以名沒葬山下在慶州二百里一統志案史闕其方位似當云在慶州東南二百里也西至碧柳圖山九十一里接克什克騰界北至哈達圖吉魯克百七十里接烏珠穆沁界旗北五十里有方山蒙古名阿珀達賚圖七十里有清金山百二十里有蔥山蒙古名松吉納百五十里有黑山蒙古名喀喇台 旗北有遼廢祖州遼史地理志祖州天成軍西節度本遼右八部世沒里地太祖秋獵多於此始置西樓後因建城號祖州以高曾祖考所生之地故名城高二丈幅員九里有祖山山有太祖廟御靴尚存太祖陵鑿山為殿曰明殿門曰黑龍東偏有聖蹤殿立碑述太

祖游獵之事。殿東有樓立碑以紀太祖創業之功。在州西五里。一統志案自明以來皆於廣甯中安堡望祭或因指為遼陵所在非也。方輿紀要眞珠砦在祖州東南。胡嶠陷蕃記自契丹東去四十里至眞珠砦。

至瑪達虎沙地。百六十五里接阿嚕科爾沁界。旗東南五十里有特墨車戶山。百五十里有伊克哈爾占山。百六十里有蛇山。蒙占名漠惠圖。百六十里有扈拉琥山。**西南至邁拉索圖哈達圖哈起克。**八十一里接克什克騰界。**東北至巴顏烏蘭嶺。**即遼志慶州之赤山。二百五里接烏珠穆沁界。旗東北八十五里有僧機圖山。百二十里有慶雲山。蒙古名吉爾巴。案此與遼聖宗所葬之慶雲山別。百五十里有錫伯圖山。旗東北九十里有布雅鼐河。源出僧機圖山。東南流會烏爾圖綽農河。百九十里有烏爾圖綽農河。源出巴顏烏蘭峯。東南流會布雅鼐河。又東流入阿嚕科爾沁界。注於達布蘇圖池。**西北至阿嚕亥喇漢山。**百四十二里接克什克騰界。旗西北百三十里有遼慶州故城。遼史地理志慶州元甯軍本太和山黑河之地。巖谷險峻。穆宗建城號黑河州。每歲來幸後以地苦寒統和八年州廢聖宗秋畋愛其奇秀建號慶州有黑山赤山太保山老翁嶺饅頭山興國湖轄失濼黑河統元德孝安富義三縣金史地理志慶州境內有遼祖州懷州城中有遼行宮北至界二十里南至臚川二百二十西至桓州九百東至臨潢一百六十縣一朔平一統志按此城在喀喇木倫河旁蒙古名察罕城周五里餘喀喇木倫卽黑河黑山在其東北三十里許又遼聖宗陵遼史地理志慶州慶雲山本黑嶺也聖宗駐蹕愛羨曰吾萬歲後當葬此興宗遵遺命建永慶陵在州西二十里 旗西北七十里有伊瑪圖峯百五十里有浩珀都山

右翼札薩克駐托盔山在旗北六里 左翼札薩克駐阿察圖陀羅海會典作二札薩克同居濟爾哈朗圖河之北 隸昭烏達盟 貢道由獨石口

札嚕特部在喜峯口東北千一百里至 京師千五百一十里東西距百二十五里南北距四百六十里東至科

爾沁界。西至阿嚕科爾沁界。南至喀爾喀左翼界。北至烏珠穆沁界。一統志。左翼東至科爾沁界三十里。西至右翼界二十五里。南至科爾沁界一百三十里。北至烏珠穆沁界三百三十里。東南至潢河一百三十里。西南至車爾百湖一百十里。東北至巴噶查克朶爾山三百四十里。西北至布拉克圖和碩山三百四十里。東自脫脫山與左翼分界。西至阿嚕科爾沁界七十里。南至喀爾喀左翼界二百二十五里。北至烏珠穆沁左翼界二百三十五里。西南至拜圖岡二百二十里。西北至馬盂山二百四十里。漢遼東郡北境。唐屬營州都督府。後入奚。遼爲上京道地。金屬北京路。元屬上都路。明入於蒙古。元太祖十七世孫和爾朔齊哈薩爾子二。長烏巴什。自稱偉徵諾顏。號所部曰札嚕特。二旗。左翼旗札薩克多羅貝勒。右翼旗札薩克多羅達爾漢貝勒。同游牧烏巴什子二長巴顏達爾伊勒登次都喇勒諾顏巴顏達爾伊勒登子忠圖孫內齊相繼稱汗都喇勒諾顏子色本初皆服屬於喀爾喀後爲林丹汗所掠往依科爾沁天聰二年內齊色本先後率屬來歸初內齊汗於

太祖高皇帝甲寅年明萬曆四十二年以其妹妻我貝勒莽古爾泰貝勒忠嫩以其女妻我貝勒代善額爾濟格以其女妻我台吉德類格結爲姻好天命四年色本叛盟引兵助明攻我我軍陳禽之明年釋令歸國十一年復命貝勒代善等聲罪致討盡俘其人民牲畜而還案忠嫩者巴顏達爾伊勒登之第三子額爾濟格者忠嫩之從弟也國史達音布傳先是蒙古札嚕特貝勒昂安執我使臣送葉赫爲所害又數遣兵要結我使奪牲畜天命八年

太祖命貝勒阿巴泰等統兵三千往征之時達音布任前鋒統領率精銳五十人乘夜渡遼河疾趨先至厄爾格勒知爲昂安所屬地遂馳百餘里與參領雅希禪侍衛博爾晉合兵進攻擣其巢昂安以二十餘人挽牛車

載妻子遁，達音布與雅希禪等，引三十餘騎，疾馳躡昂安，及之，騎士皆環列，昂安直趨達音布，達音布迎擊，昂安敗走達音布彎弓注矢將射昂安從者縱狻以小槍迎刺達音布中口，墮馬，創甚而殁，雅希禪等縱騎擊之，斬昂安，盡殲其衆。案昂安為巴顏達爾伊勒登第五子。順治五年，編所部佐領，追封內齊多羅貝勒色本多羅達爾漢貝勒，以內齊子尙嘉布掌左翼，色本子桑噶爾掌右翼，各授札薩克貝勒，世襲罔替。左翼佐領十六，額存穀萬一百五十三石，右翼佐領十六，額存穀九千三百三十五石六斗。

牧地。天聰八年，定諸藩牧地，札嚕特與正藍旗以諾綽噶爾多布圖烏魯木為界。

當哈古勒河、阿嚕坤都倫河之源。合河又名沙河，蒙古名哈古勒河，源出左翼北二百七十里，東流入科爾沁界。阿嚕坤都倫河，源出左翼北二百七十里，東流入科爾沁界。水道提綱，合河即槖兒河，亦曰沙河，土名和爾河，有兩源，北源曰拜兒河，出札嚕特左翼之北二百九十里大山，東流有查喀朱魯母河，北

自烏喀那山東南來會又東南流入科爾沁界而南源
自西來會南源又有二曰阿嚕坤都倫河出模蘇說倫
哈達之北合二澗北流折而東南流入界經葛勒圖溫
都山東流而別源曰額伯爾坤都倫河來會額伯爾坤
都倫河出札嚕特北二百里之愁思嶺東流入科爾沁
界經索諾山東流會阿嚕坤都倫河又東南經奎屯山
之北又東南曲曲三百里經波羅
額爾吉驛北又東稍北豬為鄂模**達布蘇圖河於是流**
入於沙綽諾河出阿嚕科爾沁西山曲折南流折而東
爲達布蘇圖河又東入游牧境豬於沙水道提
綱大布蘇圖有兩源北源曰郭和蘇台河即韭河也自
阿嚕科爾沁西北拉馬伊馬哈拉嶺東南流與北流之
哈爾喜河會又合數小水東南流三百里許而南源來
會南源曰狠河土名烏爾圖綽農源出巴林部之巴顏
五藍峯東南流合布雅乃河及枯圖爾河又東流入
阿嚕科爾沁界經刻勒峯與北源會豬為大布蘇圖
旗**東**
至伊克索納爾山三十里接科爾沁左翼界旗東
三十里有達琥林錫拉和碩岡**南**
至齊爾伯古萘噶接奈曼界
右翼南十八里有嵬石
山蒙古名札拉克山六十里有米喇

山左翼南百三十里有烏蘭布爾噶蘇台岡　右翼
南五十里有黑水灤蒙古名喀喇烏蘇東南流會天河
百七十里有大魚灤蒙古名伊克札哈
蘇台其北十里又有巴漢札哈蘇台池西至伊克托灰
山漢名大釜山七十里接阿嚕科爾沁界遼史上京有
大釜山　右翼西三十五里有古爾班刻勒峯七十
里有小白雲山蒙古名巴哈察罕陀羅海
左翼西二十五里有獨石岡阿巴達爾台岡北至庫里
葉圖池二百三十五里接烏珠穆沁左翼界　左翼北
百二十里有野雞山蒙古名巴顏喀喇山遼史
上京有野雞山百八十里有霞列山蒙古名吉爾巴爾
遼史上京有列山三百三十里有巴噶查克朶爾山
右翼北百里有寬山蒙古名敖塔百二十里有花山有
僧機圖山亦名努黑圖山山北有一洞通明百四十里
有蛇山蒙古名漠灰碩隆百九十里有小青羊山蒙古
名巴哈特黑二百里有吉蘭陀羅海山三百三十五里
有水泉山蒙古名布拉克圖和碩　左翼北百四十里
有溫都爾峯二百十里有愁思嶺蒙古名呼瑪克　右
翼北百五十里有大赤峯蒙古名伊克烏蘭其南二十
五里有烏蘭峯百八十里有蝦蟆峯　左翼北四十里

有楝果爾額勒蘇岡。八十里有鑿山，蒙古名阿爾坦噶達蘇。遼史：上京有鑿山。左翼北百九十里有額伯爾坤都倫河，源出愁思嶺，東流入科爾沁界。百八十里有天河，蒙古名都木達都騰格里河，源出吉爾巴爾山，南流五十餘里，會陰涼河。二百九十里有沙河，蒙古名和爾，東流入科爾沁界。右翼北百五十里有阿里雅河，源出大赤峯，西流經花山，入阿嚕科爾沁界。左翼北九十里有釋迦牟尼廟，康熙十二年建。**東南至潢河**百三十里，接科爾沁左翼界。左翼東南六十里有平地松林，蒙古名阿宅尼喀喇莫多，密林叢翳二十餘里。百三十里有杏堝，蒙古名貴勒蘇台。**西南至博爾古特鄂羅海**，接阿嚕科爾沁界。左翼西南四十里有噶海岡。百十里有車爾百湖岡。**東北至察克達山**三百四十里，接科爾沁左翼界。左翼東北九十里有屈劣山，蒙古名布屯華陀羅海。遼史：上京有屈列山。**西北至察罕嶽**，接烏珠穆沁左翼界。右翼西北十里有色爾本山。四十五里有吉嚕克山。五十里有祟吉岱山。七十里有岳重圖山。百九十里有青羊山，蒙古名伊克特黑山。二百二十里有馬盂山，蒙古名阿爾坦額默爾。遼史上京臨潢府有馬盂山。左翼西北百六十里有陰涼河。蒙古名奎屯。源出賀爾戈圖烏蘭山。東南流入天河。右翼西北五十里有巴倫騰格里河。百九十里有宅爾河。源出大青羊山。南流會阿里雅河。

左翼札薩克駐齊齊靈花陀羅海山北。在喜峯口東北千一百里。會典作居奇勒巴爾哈爾罕山之南。右翼札薩克駐圖爾山南。在喜峯口東北千二百里。一統志作兔爾山。遼史上京有兔兒山。會典作居布顏河之東。隸昭烏達盟。貢道由喜峯口。

阿嚕科爾沁部

在古北口東北千一百里。至京師千三百四十里。東西距百三十里。南北距四百二十里。東至札嚕特界。西至巴林界。南至喀爾喀左翼界。北至烏珠穆沁界。遼臨潢府地。金大定府北境。元爲遼王分地。明初於潢水北兀良哈地置衞後入於蒙古元太祖弟哈布圖哈薩爾十三傳至圖美尼雅哈齊長子奎蒙克塔斯哈喇游牧嫩江號嫩科爾沁次子巴衮諾顏游牧呼倫貝爾（注詳車臣汗部中右旗下）巴衮諾顏長子昆都倫岱青號所部曰阿嚕科爾沁（平定準噶爾方畧前編康熙五十六年五月諭曰蒙古等感戴本朝之恩忘身以奉事者甚衆當索約爾濟河地方與噶爾丹交戰時阿嚕科爾沁之棟牛合吉自戰場出謂衆曰我等受皇恩甚深若稍退縮有何面目以見聖顏乎率伊屬兵三百名復進皆殁此內祁里德族中數人亦戰殁朕甚閔之）

一旗札薩克多羅貝勒游牧昆都倫岱青子達賚嗣爲部長初服屬於察哈爾避林丹汗虐天聰四年暨子穆彰率屬來歸（所部初設二旗達賚穆彰各領一崇德元年以達賚衰年嗜酒令穆

彰專理旗務崇德七年穆彰尚郡主授和碩額駙順治元年敘前後從征功封穆彰札薩克固山貝子四年卒五年追封多羅貝勒世襲罔替穆彰子珠勒札幹尚郡主授和碩額駙順治八年晉多羅郡王長子色稜亦尚郡主授和碩額駙襲郡王爵第三子楚依降襲貝勒康熙二十九年隨大軍偵擊噶爾丹至索約爾濟河深入搏戰中創陷賊不屈歸晉多羅郡王子穆簡仍襲多羅貝勒佐領五十額存穀萬七千五百四十二石一斗

牧地天聰八年定諸藩牧地阿嚕科爾沁與兩白旗蒙古以塔拉布拉克遜烏爲界

哈奇爾河傲木倫河於是合流爲達布蘇圖河哈奇爾河出所部西北山東南流傲木倫河出其西北山二水合東南流又東南綽諾河出所部西山折而東來會爲達布蘇圖河又東至札嚕特境豬於沙一統志哈喜爾河在旗北二百里源出薩碧爾漢山南流經庫格圖山折而東流入札嚕特界烏爾圖綽農河在旗西南百三十里自巴林流入境經刻勒峯東南流會哈喜爾河又西北九

十里有和戈圖綽農河源出錫喇溫都爾山南流會烏爾圖綽農河入哈喜爾河東至巴彥塔拉三十里接札嚕特界旗東三十里有伊克托灰山南至什喇木蘭二百里接翁牛特左翼及柰曼界旗南四十里有庫格圖山五十里有連山蒙古名賀爾博陀羅海百二十里有阿爾達額勒蘇岡西至蘇布山漢名珍珠山百里接巴林右翼界旗西五十里有刻呼納山百二十里有樂游山蒙古名得納格爾北至烏蘭嶺二百六十里接烏珠穆沁右翼界康熙三十四年車臣部罕篤扳車布登阿南達不從逆攜屬由琿圖塔什海往阿嚕科爾沁界內烏蘭庫博爾游牧即此嶺也旗北十五里有都蘭山七十里有小黑山蒙古名巴哈喀喇蘇克素爾山旗北百八十里有椒泉蒙古名布爾哈蘇台源出紗冒山西北流入烏珠穆沙界入殷札哈河二百里有蘇吉泉亦源出紗冒山東南流會韭河入哈奇爾河東南至塔畢蘇墨二百二十里接札嚕特界旗東南四十五里有義博羅山二百二十里有拜圖岡西南至達木琥噶

察岡。二百里接巴林右翼界。旗西南九十里有棗山。蒙古名齊巴哈圖。百里有巴哈阿珀札哈山。伊克阿珀札哈山。百二十里有阿特和碩山。百三十里有刻勒峯。百四十里有白雲山。蒙古名察罕陀羅海。百七十里有達木琥岡。**東北至庫里葉諾爾**。二百六十里接札嚕特界。旗東北三十里有巴顏喀喇山。七十里有烏孫噶察山。色爾騰哈達。九十里有狠山。蒙古名綽農圖喀喇。百八十里有紗冒山。蒙古名拉邁瑪拉哈。有羊山。蒙古名特格烏蘭。二百三十里有獺山。蒙古名獺爾巴哈圖。二百六十五里有馬盂山。蒙古名阿爾坦額墨爾。旗東北八十里有阿里雅河自札嚕特右翼流入境。西南流會哈奇爾河。**西北至巴音和碩**。二百七十里接巴林右翼及烏珠穆沁右翼界。旗西北四十里有豕邪山。蒙古名庫珀喀喇。九十里有黃山。蒙古名錫喇溫都爾。有布爾格蘇合山。百四十里有烏遼山。即烏丸山。百五十里有白石山。蒙古名察罕齊老圖。百六十里有邁爾圖山。二百三十里有庫爾默特山。二百四十里有巴彥葛祿山。二百七十里有殷札哈烏蘭峯。旗西北百五十里有枯爾圖河。源出白石山。西流入巴林界。會烏爾圖綽農河二百三十里有殷札哈河源出庫爾默特山東北流入烏珠穆沁界會烏爾琥河又有邁爾圖泉源出邁爾圖山西南流入巴林界會烏爾圖綽農河札薩克駐琿圖爾山東托果木台隸昭烏達盟貢道由喜峯口所部與四子部落烏喇特茂明安翁牛特阿巴噶阿巴哈納爾及喀爾喀內外札薩克統號阿嚕蒙古蒙古謂山陰曰阿嚕蓋是歟部先皆駐牧杭愛山之北也

翁牛特部在古北口東北五百二十里至　京師七百二十里東西距三百里南北距百六十里東至阿嚕科爾沁界西至承德府熱河禁地界南至喀喇沁及敖漢界北至巴林及克什克騰界唐饒樂都督府地注詳右翼西北英金河下遼置饒州匡義軍節度屬上京道統長樂臨河安民三縣金爲

北京路地。元爲魯王分地。熱河志烏丹城在赤峯縣境城基高五尺。周六里。所存東西二門。亦當爲遼金州縣遺趾。城中有廢塔。又有斷碑一字已殘闕。惟魯國大長公主字可辨。城南七里。地名烏蘭坂有魯國公主媵臣準台墓。蓋此地在元時爲魯藩分地也。明初以兀良哈部長置衞。爲外藩。後入於蒙古。元太祖同母第三弟諾楚因。稱烏眞諾顏。案諾楚因。元祕史作帖木格。元史表作鐵木哥。烏眞太祖紀作斡赤斤。太宗紀作斡陳。又作斡眞。劉國傑傳作斡臣。耶律留哥傳作按陳。元明善淇陽忠武王碑作斡赤。太祖時封左手大王。所謂諾顏也。今譯改作鄂齊錦。又作旺沁。又作特穆爾鄂綽克。其裔蒙克察罕諾顏。有子二。長巴顏岱洪果爾諾顏。號所部曰翁牛特。次巴泰車臣諾顏。別號喀喇齊哩克部。皆稱阿嚕蒙古。後喀喇齊哩克部。亦併入於翁牛特。不復冠阿嚕舊稱。高宗純皇帝經翁牛特部落詩。分界司林囿。行圍便一過。同民誠有媿。爲穽底敎鴯部落輸誠久。屏藩效力多。相於禁翦伐更且謹誰何。除道心猶悚。近光肩欲摩。善爲安畜牧。永久沐恩波。首句注。木蘭據各部落之中。凡近游牧之地各出人巡察。入圍場伐木及盜獸者。適以行圍。欲至興安大嶺。乃翁牛特所司之地云。第四句注。塞外之地豈可計里。然行圍習武。適同靈囿上林而已。獨是伐山盜獸有禁。然亦未如殺人之罪耳。

二旗。左翼旗。札薩克多羅杜稜郡王游牧。巴顏岱洪果爾諾顏。再傳至圖蘭。號杜稜汗。長子遜杜稜。初爲阿嚕部濟農。服屬於察哈爾。一統志云服屬於阿嚕科爾沁誤以避林丹汗虐。天聰六年。率屬來歸。崇德元年。編所部佐領。封札薩克多羅杜稜郡王。掌左翼。世襲罔替。佐領二十。額存穀萬三百八十五石八斗。牧地。天聰八年。定諸藩牧地。翁牛特部。與巴林以扈拉瑚琥呼布里都爲界。介潢河老哈河之間。

潢河在游牧北四十里。自克什克騰流入境。詳見旗北錫喇河下。老哈河在游牧東南百里。自敖漢流入境東北會潢河。一統志。木葉山在潢河與土河合處。遼史地理志。永州太祖於此置南樓。東潢河。南土河。二水合流故號永州。謂之冬捺鉢。有木葉山。上建契丹始祖廟。奇首可汗。出南廟。可敦在北廟。每行軍及春秋時祭。必用白馬青牛。示不忘本。案老河卽古土河。合潢河處在今喀爾喀左翼西北百三十里。與翁牛特左翼接界。木葉山當在其旁。

東至什喇木蘭。百五十里。接阿嚕科爾沁界。旗東三十里。有小華山。蒙古名巴噶哈勒占山。

南至塔那圖。五十里。接敖漢界。旗南二十里。有大松山。蒙古名伊克納喇蘇台。富弼行程錄。自中京正北一百九十里至松山館。又劉敞有寄歐陽修宿松山寺詩。熱河志。富弼歐陽修之使遼皆由中京而北至上京。中京今平泉州東北之大甯故城。上京今赤峯縣北境巴林旗界。是松山當在中京之北。此伊克納喇蘇台山。方位近之。若喀喇沁右翼西境亦有松山。其地在中京之西。非至上京之路也。金趙秉文松山道中詩。松漠三百里。飄然一日中。山長雲不斷地迴雪無窮。遠嶺貪殘照。深林貯晚風。煙郵一回首。獨

鶴下晴空五十里有札固圖察罕陀羅海山。**西至洪果爾鄂博。**百三十里接克什克騰界
旗西三十里有勃突山。蒙古名布屯。四十里有吐頹
山。蒙古名巴爾哈岱。百三十里有山丹山。蒙古名薩喇
納台喀喇　旗西五里有布魯都池。**北至錫喇河。**即潢河也。四十里接巴林界。潢河亦名湟水。蒙
古名錫喇木倫。自克什克騰界發源。東流至巴林界。又
東入翁牛特左翼北境。又東南逕喀爾喀左翼界。與老
河會。為大遼水之西一源。下流至開原邊外。會東來之
赫爾蘇河。入邊為遼河。唐書地理志。營州北四百里至
潢水。契丹傳。中部酋比能為幽州刺史王雄所殺。眾遂
微。逃潢水之南。黃龍之北。遼史地理志。饒州有潢河。會
公亮武經總要。中京北距潢水。惠州北至潢水石橋。興
中府至潢水四百里。富弼行程錄。自中京北四百八十
里。渡潢水石橋。方輿紀要。潢河源出平地松林。經臨潢
府南。廢永州東。木葉山。合土河者是也。熱河志案舊唐
書契丹傳。及安祿山傳。於潢水皆作黃。新唐書始作潢
字。遼金史因之。一統志原本謂別於西黃河。故曰潢。遼
上京臨潢府。以此得名。證以武經總要。富弼行程錄。方
輿紀要諸書。均相符合。又一統志原本潢河又名濫真

水今攷水經注濡眞水出西北塞歷重山東南入白狼水在白狼水流經龍城之後今老河既不得爲白狼水則以合老河之潢水爲濡眞水亦別無據又謂古名饒樂水別名託紇臣水亦曰吐護眞河攷饒樂水即今英金河託紇臣水吐護眞河即今老河皆與潢河無涉至方輿紀要於饒樂水下注曰其下流東北入於潢河是明知饒樂水之非即潢河矣下文復注云亦謂之黃河亦曰北黃河夷名喀喇母林或謂之烏龍江以此諸水皆爲饒樂之別名則舛誤殊甚蓋黃河即潢河唐書原兩字通用至今稱潢河爲錫喇木倫蒙古謂黃爲錫喇是仍以潢河爲黃河也至於北黃河則因舊唐書吐護眞河北即黃河倒作即北黃河之誤若喀喇木倫別爲一水在今潢河之北巴林界東南流入潢河蒙古謂黑爲喀喇遼史地理志上京臨潢府有潢河復有黑河周廣順中胡嶠陷北記謂渡湟水又明日渡黑水宋薛映記及富弼行程錄並謂渡潢水石橋五十里至保和館渡黑水河沈括筆談謂黑山在大漠之北有黑水出其下者是也亦謂之烏龍江明人又曰黑龍江以今形勢論之老河發源在今喀喇沁右翼及札薩克旗之南迆而東北正環繞遼金大定府境即古託紇臣水吐護

眞河及遼金之土河也。其北則爲英金河，在今翁牛特境，自西而東流，正當遼金大定府北境，即古饒樂水也。又北則爲潢河，在今翁牛特北境，自西而東流，逕諸蒙古地，當遼上京臨潢府境及金北京路之北境，即古黃水，一名湟水也。又北則爲黑河，在今巴林界，即所謂烏龍江也。諸水下流雖俱會爲一河，而其上源相距並數十百里，各有經流，不容相紊。以其處於徼外，諸書互相牽引，易於混淆，故詳辨之。　旗北有唐松漠府故壘、廢饒州城。北蕃地理志：自潢水石橋至高州百五十里，西北至饒州六十里，乃唐松漠府故壘。承德府志：攷今翁牛特北境潢河之北，當爲遼饒州地。遼志載唐貞觀中置松漠府於此，阿保機完葺故壘，建饒州匡義軍於此。熱河志：饒州治長樂縣，而別領臨河、安民二縣，其方位道里無可攷。　旗北三十里有古爾班圖勒噶山，有哈達圖山。

東南至老河錫喇河，八十里接柰曼界。　旗東南十八里有阿爾齊圖察罕岡。　旗南百二十里有摩該泉，東流入老河。

西南至巴顏陀羅海，百三十里接右翼界。　旗西南八十里有阿多固沁山、鄂爾端克山，百里有蟠羊山，蒙古名伊瑪圖。　旗西南八十里有七金泊，蒙古名和爾博勒津東北至什喇木蘭四十五里接巴林界旗東北四十里有兔麝山蒙古名布靜依克案遼史地理志中京惠州太祖俘漢民數百戶於兔麝山下創城居之遼惠州在中京之東北高州之東為今赤峯縣東北境兔麝山殆卽此也西北至特格嶺百五十里接克什克騰界旗西北七十里有古爾班圖勒噶山百三十里有翁格納爾山百四十里有神山蒙古名翁袞百五十里有蒐濟山有柳山蒙古名布爾噶蘇台旗札薩克駐札喇峯西北四十里有布林池東流入潢河

四

西納克溫都爾在古北口東北六百八十里遜杜棱四世孫蒼津初名班第康熙四十一年

上幸塞外駐蹕努瑚岱昂阿蒼津率諸台吉來朝其所居舊名營谷

諭改稱巴顏鄂爾齋圖四十五年尚和碩溫恪公主是年

駕幸巴顏鄂爾齋圖錫賚有差〔右翼旗〕札薩克多羅達爾漢岱青貝勒游牧遜杜棱叔父棟岱青崇德元年編所部佐領授札薩克掌右翼賜多羅多

爾漢岱青號。世襲罔替。次子素塞順治十一年。封固山貝子。十八年。追敘棟岱青功。晉多羅貝勒。佐領三十八。額布穀萬九千七百十九石六斗。牧地在熱河圍場東北。老哈河南岸。東至博爾和。百二十里接敖漢界。旗東十五里有烏蘭布通山。南距多倫諾爾二百里。康熙二十九年六月。噶爾丹內犯。破卡倫。東趨越烏蘭布通而南。距京師七百里。七月。撫遠大將軍裕親王福全師出古北口。追及之。八月初一日。賊騎十萬陳山下。依林阻水。縛駝足臥地。背加箱垜。蒙以溼氊。環列如柵。號曰駝城。士卒於柵隙注矢發銃。兼施鉤矛。以撓我師。我領侍衛內大臣佟國綱帥左翼兵循河而進。猝為賊銃所中。歿於陣。國綱。孝康章皇后之兄也。國綱弟國維分帥左翼兵由山腰捲入壘之陳。斷為二。大兵乘之。噶爾丹大敗。踰頂威靈。佛稽首。誓不復內犯。是此山矣。　國史格斯泰傳。大兵征噶爾丹。格斯泰隨征。師至烏蘭布通。噶爾丹於隔岸樹林中。驅臥駝為營。伏兵其後。格斯泰直入賊營。左右衝擊。賊莫敢當。出而復入者再。諸將士由山腰繞賊後擊之，潰遁。格斯泰乘勝窮追，爲河岸淖泥所阻，賊衆掩至，格斯泰力戰，歿於陳。初大兵出征時，上賜護軍參領等人一馬，前鋒參領未豫，格斯泰請之，命自往上駟院選擇。馬有白鼻者，格斯泰願得之，或言此馬固雄駿，然白鼻自古所忌，恐不宜用。格斯泰曰：效命疆場，吾夙願也，何忌焉。遂乘馬行。至是，裕親王奏言：與賊戰時，親見一將乘白鼻馬，三入敵陳，衆皆識爲格斯泰也。旗東三十里又有烏蘭峯，蒙古謂山峯曰哈達。乾隆十三年，理藩院議准：札薩克蒙古與同知通判等地方，彼此袒護所屬之人，辦理公事，不無掣肘，應於翁牛特王旗下烏蘭哈達地方，遣司官一人駐劄，令其將喀喇沁、翁牛特二王，喀喇沁札薩克一旗，及翁牛特貝子、巴林、阿嚕科爾沁等處，凡有蒙古內地民人交涉事件，一併管理。四十里有夏屋山，蒙古名伊克布祜圖爾。五十里有巴哈布祜圖爾山。七十里有白鹿山，蒙古名布祜圖。九十里有大華山，蒙古名布當華。九十里有鬼名山，蒙古名札喇。百二十里有屋狐山，蒙古名烏納格圖。南至吐靈格爾嶺，八十里接喀喇沁右翼界。

旗南爲遼松山州地。遼史地理志：松江檔岞州，勝安軍，領松江檔岞縣，地邊松漠，商賈會衝，開泰二年置熱河志案松山州松山縣之里至武經總要未詳方輿紀要松州城在大甯衛西北松山州金降爲縣改隸高州必與高州相接元一統志松州東至高州西至興州元松州即遼松山州知爲今翁牛特右翼境正當中京之西北元一統志又謂松州東南二十里有遮蓋山攷遮蓋山在今翁牛特右翼旗南三十里松山州當在其北　旗南二十里有古爾班陀羅海山三十餘里有遮蓋山亦曰阿圭山蒙古名阿惠喀喇入山十餘里有千佛洞洞口徑丈有八尺高丈有二尺土人稱爲大碾子洞中有石佛像一旁列阿難迦葉二像循洞入少折而西路漸窄高廣不盈丈又折而東亦如之洞內石壁兩厓俱鑿成佛像洞外有金皇統三年劉子初撰遮蓋山靈峯院千佛洞碑蓋石洞爲遼天台法師所開洞中千佛則金皇統中僧遵說嗣成之也元一統志遮蓋山在松州東南二十里有古寺石洞石佛熱河志遮蓋山在今翁牛特南境小烏珠穆沁廢城南二十里千佛洞碑銘云縣之東南有山孤嵐名曰遮蓋雲影毿毿金有松山縣無松山州所稱縣之東南殆即指松山縣也元一統志福田寺在松州南關有古佛大像廣濟寺在松州南關外有塔二座望京山寺在松州東八

十里望京山有古石佛像香臺山寺在松州南八十里香臺山有石井石峯山寺在松州西南九十里五峯山有古寺 旗南八十里有畢齊克圖嶺 旗南四十五里有哈爾吉河八十里有錫伯河源出喀喇沁右翼西之察罕陀羅海山東東流逕右翼南又東北入旗境會錫爾哈河入英金河 西至鄂拉泰阿瑪百二十里接圍場界 旗西四十里有大黑山蒙古名巴顏喀喇熱河志大黑山在承德府治北百八十餘里當張三營西北高二十餘丈周百餘里複嶂緜亙煙嵐蒸鬱遙望黝然伊遜河自北來流經其足承德府志按此卽古陰山分支也陰山自河套西北蜿蜒東走經承德府全境之北其正幹為興安嶺是山在承德府北境形勢雄峻附屬興安自是而北直接圍場內諸山蓋陰山遠脈經行旁絡之處凡附屬迤北諸山原於此七十里有圖古爾喀喇山八十里有奴克爾山百里有博都克圖山百五里有柞山蒙古名鄂爾哲有烏魯蘇圖山百十里有真庫納山有舍爾圖山有溫都爾華山有巴爾圖山百十五里有慶雲山蒙古名墨爾根百二十里有得博僧山有杈枒山蒙古名畢頭舍爾 旗西七十五里有雕窠嶺蒙古名岳洛圖百十里有烏拉岱

谷百五十里有哈瑪爾峯　旗西百十五里有巴倫撒拉河源出噶爾齊老東北東南流經巴爾圖山折東北會烏拉岱河八十里有車爾伯呼河源出努克都呼爾山東南流會獐河　旗西八十里有白鹿泉蒙古名布祜圖源出努克都呼爾山南流入烏拉岱河九十五里有博都克圖泉百里有百月泉蒙古名準薩喇源出溫都爾華山南流會烏拉岱河

北至溫達爾華八十里接克什克騰界　旗北三十里有塔本呼圖克山五十里有烏得呼華山六十里有馬鞍山蒙古名錫喇得博僧八十里有海他罕山　旗北八十里有拜拉河源出海他罕山南流會英金河有落馬河蒙古名白爾格源出海他罕山之西北東南流經布爾克爾圖山入老河金史地理志三韓縣松山縣有落馬河元一統志落馬河在松州北八十里發源州界鑼鍋嶺下流入高州境一百里入塗河

東南至烏蘭察墨九十里接敖漢界　旗東南四十里有華和博圖山八十里有阿里袞察克察罕陀羅海山百里有棗山蒙古名齊巴噶

西南至賀爾蘇圖嶺六十里接喀喇沁右翼界　旗西南四十五里有馬囊噶山山東麓有一塔百十里有巴倫桑噶蘇

台山，百二十里有大黑山，有額類蘇圖山，有松山，蒙古名納喇蘇台。旗西南百里有錫喇諾海烏蘭峯，百十里有梟嶺，蒙古名烏里，百二十里有拜布哈嶺。旗西南有獐河，自喀喇沁流入境，東北流經巴顏喀喇山東北，會英金河，又東經烏蘭峯北，入老河，百五十里有布屯河，西流會宜遜河，南入灤河，百二十里有高涼河，蒙古名拜布哈源，出拜布哈嶺，東南流會布屯河，入宜東遜河，有噶海圖泉，源出大黑山，東北流會烏拉岱河。

北至卓索河源，六十里接左翼界，卓索河源出旗北海他罕山，東流會獐河，入老河。旗東北二十里有方山，蒙古名都爾伯勒津，三十里有羱羊山，蒙古名伊瑪圖，四十里有小黑山，蒙古名巴哈喀喇，四十五里有恩德山，蒙古名拜斯哈勒，五十里有布爾克爾圖山，六十里有繫輪山，蒙古名特克爾忒，六十五里有鄂爾綽克山。旗東北五里有阿魯布拉克泉。

西北至札薩哈喇古勒，百四十里接克什克騰界。旗西北百里有巴延布爾噶蘇台山，百五里有鄂爾查爾巴爾圖，百四十里有黃山，蒙古名洪果爾峩博，又名泥楚渾都爾碧爾山，百六十里有圖莫克山。旗西百二十里有楊木嶺，蒙古名烏里雅蘇台有塞爾和朔嶺百五十里有蝦蟆嶺旗西北百二十里有烏拉岱河源出楊木嶺會諸小水東流出烏拉岱柵折東北流會錫爾哈河百五十里有英金河亦曰穎河源出圍場內都呼岱山會諸小水東南流出英格柵亦名英格河逕都呼岱山入翁牛特境東南流百四十里會錫爾哈河又東流八十里逕察罕陀羅海之東入建昌縣與老河會東流會潢河即古饒樂水也後漢書鮮卑傳季春月大會於饒樂水上魏書太祖紀北征庫莫奚渡弱洛水班賞將士十六國春秋後燕錄慕容寶襲庫莫奚己未北行甲申渡澆洛水距龍城一日程通典庫莫奚理饒樂水北饒樂水一名如洛瓌水遼史地理志中京在饒樂河水之南又高州有樂河熱河志案饒樂水各書稱名雖殊實一水也一統志原本以饒樂水為今潢河之別名攷漢書注但稱饒樂水在營州北而不詳其里至然隋唐諸史皆以潢水為契丹所居而饒樂水別為奚地魏書太祖紀十六國春秋言因襲庫莫奚而渡此水通典亦謂奚理饒樂水北則饒樂水之為奚所居無可疑矣唐書奚契丹傳凡契丹酋長內附者皆封松漠府都督以平地松林在其國也奚酋長內附者皆封饒樂府都督以饒樂水在其國也且舊唐

書於契丹傳曰居黃水之南黃水卽潢水於奚傳曰自營州西北饒樂水以至其國兩名分見知其必非一水而大甯以北之水源遠流長無如英金河者故知爲古饒樂水大甯爲遼中京云在水之南則水在中京北境可知遼史又云高州有樂河高州南至中京一百四十里正當中京之北與今英金河之在平泉州北方位亦合百六十里有努古台河源出圖莫克山東流會英金河百五十里有珠爾河東南流會努古台河英金河亦西北有奇布楚河源出圍場北界海喇甚達巴罕之東初名奇布楚色欽東南流沿圍場之東北界至奇布楚溝栅入英金河又錫爾哈河源出圍場內會諸小水北流出納林錫爾哈栅入喀喇沁右翼境東北流逕翁牛特右翼境又東北入英金河北百十里有溫泉北流入英金河

旗西札薩克駐哈齊特呼朗會典作居庫里雅圖一統志作英席爾哈七特呼郎在古北口東北五百二十里隸昭烏達盟貢道由喜峯口

克什克騰部在古北口東北五百七十里至　京師八百

十里。東西距三百三十四里。南北距三百五十七里。東至翁牛特及巴林界。西至浩齊特及察哈爾正藍旗牧廠界。南至翁牛特界。北至烏珠穆沁界。遼上京道地。遼上京有平地松林。太宗嘗幸此觀灤源。金屬北京路。元屬上都路及應昌路地。應昌故城在旗西北捕魚兒海旁。元史薛特禪傳至元七年。斡羅陳請於朝曰。本藩所受農土。在上京東北三百里荅兒海子。實本藩駐夏之地。可建城以居。帝從之。遂名其城爲應昌府。二十三年。改爲應昌路。至正二十七年。順帝北奔駐應昌府。永樂北征記。二十二年六月丙申。次清平鎮。即元之應昌府。明入於蒙古。元太祖十六世孫鄂齊博羅特。再傳至沙喇勒達稱墨爾根諾顏。元史忙哥撒兒傳。祖搠阿。精騎射。太祖愛之。號爲默爾傑。華言善射之尤者也。今譯改爲默爾根。號所部曰克什克騰。舊作克西克騰。又作克式克剌。口北三廳志。木

右峽在多倫諾爾東北克什克騰境內皆產木之山克什克騰華言半箇也山甚陡峻遠望如坡故名傍多榆檜松柳及佳山水案即古之平地松林矣

一旗札薩克一等台吉游牧墨爾根諾顏子達爾瑪有子三長索諾木一統志作蘇墨爾戴青初服屬於察哈爾天聰八年林丹汗走死率屬來歸順治九年編所部佐領授札薩克一等台吉世襲罔替佐領十額存穀千三十六石七斗牧地在圍場北當潢河之源潢河在旗西百有五里大遼水之西一源也蒙古名西喇木倫又作什拉磨楞源出百爾赫賀爾洪遼太宗幸平地松林觀潢源即此東北流會諸水經旗北又東流入巴林界康熙二十九年我兵既大敗額魯特衆於烏蘭布通噶爾丹迫於追襲遂由此載木橫渡大磧山遁走剛阿腦兒所過皆燒荒以絕追騎剛阿腦兒者即與達爾諾爾相連之剛噶諾爾也東至畢勒固圖和碩百六十三里接巴林及翁牛特界旗東四十五里有蜘蛛山蒙古

名阿爾札五十里有三金山八十一里有高淀山蒙古名音納哈喀喇八十五里有拜察默爾哲峯**南至布圖坤**三十七里接翁牛特右翼界旗南三十九里有巴爾嶺四十里有高柳谷蒙古名伊克布爾哈蘇台**西至克勒特格伊場**百七十一里接察哈爾正藍旗界康熙三十四年九月諭大學士伊桑阿等著於四十九旗蒙古每佐領挑選三四名人給馬三匹甲冑弓矢全副月人給銀一兩喀爾喀兵亦選三千名遣我內地章京操練聯屯於察哈爾正藍旗界上以至哈爾哈河噶爾丹倘有舉動該王貝勒貝子公台吉等即率此軍而行旗西四十里有烏蘇圖杜爾賓山九十里有大黑山蒙古名巴顏喀喇旗西四十里有薩里克河源出烏蘇圖杜爾賓山東北流入潢河六十里有伊里庫窩圖河源出烏蘇圖杜爾賓山東北流入潢河百六十里有柳林淀蒙古名木錫夏源出興安嶺東南流會哈爾達蘇台河百五十里有蒿賚庫勒泊克爾特黑庫勒泊三十里有烏蘇圖庫勒泊**北至烏蘇池**三百二十三里接浩齊特界旗北百三十里有黃山蒙古名巴顏洪果爾二百五里有布倫山二百四十里有雙山蒙古名

屯圖爾二百七十三里有木葉山蒙古名濟吉恩都爾旗北百十里有墨爾哲峯二百里有色爾蚌峯 旗北五十里有白河蒙古名阿魯察罕源出岳碧爾山西流會塔里齊河二百六十里有土河蒙古名西巴爾台源出木葉山東流會木錫夏河黑河哈爾達蘇台河東南入潢河百六十里有木錫夏河源出興安山東南流會哈爾達蘇台河百九十里有哈爾達蘇台河源出溫泉東流入巴林界會黑河三百二十里有馬蹄蒙古名阿克塔烏爾格呼百八十里有噶爾達哈爾渾泊百九十里有溫泉東南至陀墨達昆兌河五十一里接翁牛特左翼界 旗東南二十五里有窩楚渾杜爾賓山五十一里有伯里克哈馬爾峯 旗東南二十里有韋里河源出興安山東北流會高涼河四十一里有春得布河源出窩楚渾杜爾賓山東流入翁牛特界入老河西南至卓克都爾河四十里接察哈爾正藍旗界 旗西南三十一里有恩都爾華山四十三里有漠海恩都爾山八十二里有烏蘭布通峯 旗西南十五里有巴哈布爾哈蘇台谷 旗西南五十里有高涼河蒙古名拜察源出拜察泊東北流入潢河又有四道河口北三廳志四道河

在多倫諾爾東北九十餘里。察哈爾正藍旗與克什克騰交界之境中産細鱗魚。極肥美。旗西南三十四里有達爾漢漠多林。初名道圖喀喇漠多。聖祖賜今名。東北至洋圖喀喇和碩。旗東北六百五十四里接巴林及烏珠穆沁右翼界。旗東北六十里有岳碧恩都爾山。百四十五里有馬尾山。蒙古名蒐濟。旗東北四十里有寨當拉虎峯。百里有烏蘭峯。旗東北六十里有釜河。蒙古名托灰。源出岳碧爾山。北流入黑河。百五十里有哈爾漢河。源出漠海恩都爾山。西流至烏蘭布通峯。又東入潢河。五十里有額伯里察罕河。源出寨當拉庫峯。東南流會拜察河。三百十里有阿爾達圖河。源出興安山。西北流入烏珠穆沁界。北流會呼魯谷爾河。西北至蘇巴爾噶潤霍果里。二百十里接阿巴噶右翼界。旗西北六十里有巴哈伊薩里山。百里有伊克伊薩里山。百十五里有博羅阿吉爾汗山。百七十五里有博爾多克山。二百十里有牛心山。蒙古名巴顏朱爾克。旗西北三十五里有碧齊克圖峯。旗西北六十五里有依爾都黑河。源出烏蘇圖杜爾賓山。西流入薩里克河。五十里有塔里齊河。源出烏蘇圖杜爾賓山。東流入潢河百三十五里有格類河源出興安山東南流入潢河百五十里有碧落河源出興安山東南流會格類河入潢河百九十里有野豬河蒙古名樹爾哈源出永安岡東北流入捕魚兒海二百二十里有公姑爾河源出巴顏朱爾克山西南流入捕魚兒海二百四十里有錫林河源出俄倫泊西流入阿巴噶左翼界二百八十三里有吉林河源出撒爾巴山東北流入浩齊特界旗西北百六十二里有岡噶泊百六十八里有達漢泊百七十里有捕魚兒海蒙古名達爾公姑野豬等四河流入其中周數十里元史薛特禪傳上都東北三百里有荅兒海子即此也

札薩克駐吉拉巴斯峯會典作空格爾河

隸昭烏達盟

貢道由獨石口所部札薩克每年八月進活羊二十隻十二月進湯羊二十隻

喀爾喀左翼部

喀爾喀左翼部在喜峯口東北八百四十里東西距百二十五里南北距二百三十里東至科爾沁界西至奈曼界南至土默特界北至札嚕特及翁牛特界古鮮卑地

唐屬營州都督府後入奚遼爲上京道南境金屬北京路明爲喀爾喀所據元太祖十六世孫格哷森札札賚爾琿台吉居杭愛山始號喀爾喀有子七部族蕃衍分東西中三路其長子阿什海達爾漢諾顏生子二長巴延達喇爲西路札薩克圖汗祖次圖們達喇岱青子碩壘烏巴什琿台吉生子三皆爲喀爾喀西路台吉康熙三年碩壘烏巴什琿台吉第三子袞布伊勒登因其汗爲同族台吉所戕部衆潰越瀚海來歸先是土謝圖汗部台吉本塔爾內附駐牧張家口外至是
詔袞布伊勒登牧喜峯口外所居地分東西故本塔爾稱喀

爾喀右翼衮布伊勒登稱喀爾喀左翼自國初以來喀爾喀相繼歸誠名凡三曰舊喀爾喀內面最早後編入八旗附牧察哈爾界曰內喀爾喀即此隸內札薩克之左右翼二部及附牧土默特一旗曰外喀爾喀即今隸外札薩克之土謝圖汗車臣汗札薩克圖汗賽音諾顏四部也又有附牧青海之喀爾喀一旗與青海額魯特同盟一旗札薩克多羅貝勒游牧康熙三年授衮布伊勒登爵世襲罔替佐領一牧地當養息牧河源養息牧河在旗東南蒙古名虎吉爾源出旗南三十里東北流經喀海陀羅海山又東南會庫崑河經養息牧牧場之東流入彰武臺邊門西至廣甯縣地又東南流入遼河東至霍吉爾河七十五里接希勒革圖營界旗東六十里有喀海陀羅海山七十里有虎蘇博羅溫都爾岡南至當道斯河百里接土默特左翼界旗南四十里有達祿陀羅海山有巴哈哈伯他海山五十里有伊克哈伯他海山百里有黎谷山蒙古名阿里馬圖喀喇旗南六十里有庫崑河源出五會山東流入土默特界

又東流入養息牧河。三十里有達綠泉。西至博羅霍吉爾池。五十里接柰曼界。北至濆河。百三十里接札嚕特界。濆河自翁牛特界東流入境。又東流入科爾沁界。東南至黑水濼。蒙古名喀喇烏蘇。百四十里接土默特左翼界。旗東南七十五里有他木虎岡。百里有土嚕齊和爾和哈達圖山。西南至巴爾呼之博羅溫都爾山。一統志作吉山。百三十里接土默特右翼及柰曼界。旗西南六十里有五會山。蒙古名烏尼蘇台。七十五里有巴顏喀喇山。旗西南四十里有白水濼。蒙古名察罕烏蘇。東北至訥勒圖。百四十里接柰曼界。旗東北百里有烏默黑察罕岡。西北至歌格爾墨林。百三十里接柰曼界。旗西北百三十里老哈河自柰曼流入境。東北流會濆河。旗西北爲遼永州地。一統志。案遼時永州當在老河會濆河處。遼史地理志永州永昌軍。太祖於此置南樓。乾亨三年置州於皇子韓八墓側。東濆河。南土河。二水合流。故號永州。今老河即古土河。永州疑置於此。札薩克駐察罕和碩圖。隸昭烏達盟。理藩院則例載。每三年。查閱各盟。以秋兵丁一次。哲哩木。卓索圖。昭烏達。爲一班派大臣一員司員一員乘驛前往會同該盟長至各札薩克處。案旗查閱。
貢道由喜峯口。

蒙古游牧記卷之三

道州何慶涵覆校

蒙古游牧記卷之四

平定張穆撰
光澤何秋濤校

内蒙古錫林郭勒盟游牧所在 烏珠穆沁 浩齊特 蘇尼特 阿巴噶 阿巴哈納爾

烏珠穆沁部在古北口東北九百二十三里至京師千一百六十三里東西距三百六十里南北距四百二十五里東至索倫界西至浩齊特界南至巴林界北至瀚海遼上京道北境金屬北京路元屬上都路明入於蒙古元太祖十六世孫圖嚕博羅特由杭愛山徙牧瀚海

南子博第阿喇克繼之其第三子翁袞都喇爾號所部曰烏珠穆沁舊作烏珠秦　康熙二十六年七月　命內大臣津進等往卡倫偵探噶爾丹情形津進等奏臣等於十八日至烏珠穆秦中察汗鄂波之綽諾果兒河相視形勝之地率二旗兵爲兩營二十九年七月　駕出邊牆亦駐營部境烏蘭布通捷書至遂自此回鑾矣二旗右翼

旗札薩克和碩車臣親王游牧翁袞都喇爾少子多爾濟號車臣濟農初服屬察哈爾林丹汗不道偕兄子色稜徙牧瀚海北依喀爾喀天聰九年大軍收察哈爾偕車臣汗浩齊特蘇尼特諸部通貢崇德二年率屬由喀爾倫來歸六年封札薩克和碩親王留車臣號世襲罔替佐領二十一牧地有音札哈河流入於沙音札哈河源出阿嚕科爾沁西

北二百三十里之庫爾黙特山東北流入境經左翼東南百五十里西北流入於沙水道提綱按圖有因卽漢河出沙地西北流二百餘里涸當卽音札哈河康熙二十九年七月裕親王等奏言臣等偵得噶爾丹於十一日在音札哈河上流十二日至和爾洪河距我軍所駐濟爾河有二日程十三日沿河而下幾百里往岳洛巖視其所向將往達爾腦兒之地有胡盧古爾河豬於阿達克諾爾胡盧古爾河又名禿河有二源一出布祜圖山西麓曰古爾圖河其一南出克什克騰部東北哈爾哈那太山北麓曰阿爾達圖河俱西北流而合又西北二百里經游牧北流豬為阿達克池康熙二十九年七月丙申 命內大臣阿密達等候大軍於克勒阿密達等奏言阿爾尼吉爾他布與翁牛特杜棱王巴林阿拉卜灘俱率兵駐胡蘆谷爾河噶爾丹離舊戰地五日程至厄勒冷矣東至達賴蘇圖諾爾烏蘭哈達百五十里接左翼界旗東三十五里有瑞鹿山蒙古名布祜圖南至博果圖哈喇山二十里接巴林界旗南二十里有布里都泊西至額爾起納克登二百十里接浩

蒙古游牧記四 烏珠穆沁 二

齊特左翼旗界。旗西五里有大黃鷹山。蒙古名伊克錫喇石寶台。十八里有小黃鷹山。蒙古名巴哈錫喇石寶台。六十里有喀喇圖山。旗西百九十里有鄂倫錫布爾泊。北至庫爾楚克額勒蘇百九十里接車臣汗部中右旗界。旗北八十六里有博羅爾濟圖泊。百五十二里有錫喇布里都泊。百九十里有得勒蘇圖泊。東南至根吉根陀羅海。四十二里接阿嚕科爾沁界。旗東南百十五里有和爾洪河源出噶木爾站。西流入鄂爾琥水。百六十里有庫爾圖泊。西南至洋圖哈喇和碩四十五里接巴林及克什克騰界。旗西南三十五里有固爾班泊。產鹽。東北至溫都陀羅海。百五十里接左翼界。旗東北百里有賽音恩都爾山。百五十里有布哈碧老山。旗東北五十里有固爾班泉。西北至括布奇畢期克二百九十里接浩齊特左翼界。旗西北百八十里有雙山。蒙古名賀岳爾鄂特。百九十里有烏里雅台山。二百里有方山。蒙古名和爾和。旗西北百里有錫喇布里都泊。百七十里有噶老圖泊。札薩克駐巴克蘇爾哈台山。

會典作巴顏鄂博圖在古北口東北九百二十三里左翼旗札薩克多羅額爾德尼貝勒游牧。多爾濟從子色稜父綽克圖號巴圖爾諾顏翁袞都喇爾之長子也。色稜號額爾德尼台吉。崇德二年來歸。順治三年封札薩克多羅貝勒。留額爾德尼號世襲罔替。佐領九

牧地當索岳爾濟山之西。有鄂爾虎河繞其游牧。滙於和里圖諾爾。水道提綱蘆河土名烏爾虎河源出索岳爾濟山南流隨山麓曲曲而西南三百里許經烏珠穆秦左翼東六十里折而西流北合色野爾濟河南合音札哈河賀爾洪河入右翼界至克勒河朔之地。淵按圖有賀魯渾河在音札哈河西七十里亦出沙地。西北流經三漢溫都爾山北麓又北三百餘里。淵當即賀爾洪河與烏爾虎河不相通。豈一統志據發水時流盛或合併乎。烏爾虎圖作尖兒灰穆案方畧康熙二十六年。喀爾喀洪俄爾代由青台吉奏言。聞噶爾丹來掠達賴台吉。我等

震驚挈裝而行進吳兒會河度噶爾丹已至枯倫貝爾地方二十九年六月土謝圖親王沙津奏遇烏珠穆秦人名墨爾根者言十四日厄魯特自烏爾會河東北兩路而來我台吉巴郎沖諾和等各率所屬百許人甲而迎之又烏珠穆秦額爾德尼貝勒博木布奏言厄魯特至烏爾會河東烏闌之地又阿爾尼聞噶爾丹駐兵索約爾濟河連夜往襲至則噶爾丹已從濟達齊牢之東向烏爾會河去徐行溯水上流游牧又罕篤叛阿南達屬被掠遣兵由烏勒輝河迎郎中阿必達同追緝之三十四年侍讀學士伊道踏探厄魯特聲自喀魯倫回至烏珠穆秦其地名吳爾揮譯音無定字吳兒灰吳兒會烏勒輝吳爾揮一也据圖吳兒灰乃今之和里河西南入鄂爾虎河魏源曰烏爾會河疑即烏爾匝河在克魯倫河之北下流入鄂羅斯境殊爲舛誤鄂爾虎兩源西源曰不丹不拉河東源曰色也兒即河色也兒即乃齊侍郎所云色野爾濟實即索岳爾濟河也然則不丹不拉即音札哈河矣兩河既會今圖統名曰鄂爾虎也賀爾渾即和爾洪噶爾丹於二十九年七月沿此河而下也

東至霍尼雅爾哈賴圖六十一里接索倫界旗東百五十里有哈爾站烏蘭峰

南至庫冽圖六十三里接札嚕特界。西至達賴蘇圖一百十五里接右翼界。北至額里引什里百五十二里接車臣汗部左翼前旗界。康熙二十年以所部牧鄰喀爾喀互竊駝馬王大臣等議邊汛形勝處各屯兵百許按旗設哨。旗北九十四里有色爾蚌峯。旗北七十里有錫喇賀賴河流四十餘里涸。東南至博羅霍吉爾百五十里接巴林界。西南至烏蘭哈達七十三里接右翼界。東北至蘇魯博羅勒台七十里接車臣汗左翼前旗界。旗東北七十里有色野爾濟河源出噶老圖泊西南流入鄂爾虎河。西北至溫都陀羅海百六十三里接右翼界。札薩克駐鄂爾虎河之側奎蘇陀羅海在古北口東北千一百六十里所部與浩齊特蘇尼特阿巴噶阿巴哈納爾諸部統盟於錫林郭勒。盟地在阿巴噶左翼阿巴哈納爾左翼兩旗界內。貢道由獨石口所部親王每年八月進活羊三十六隻十月進活羊十六隻羊片十四片。十二月，進湯羊五十五隻。乾隆五十四年奏定，內札薩克各鎮台吉等每年進貢湯羊、乳油、熏豬等物，湯羊於烏珠穆沁旗分每十人內收二隻，其餘旗分每十人內收一隻，共收湯羊五百隻，奶油五十肚，熏豬二十口。

浩齊特部在獨石口東北六百八十五里，至京師千一百八十五里。浩齊特總傳作千八百一十五里，誤。東西距百七十里，南北距三百七十五里。東至烏珠穆沁界，西至阿巴噶界，南至克什克騰界，北至烏珠穆沁界。遼上京道西境，金屬北京路，元屬上都路，明入於蒙古。元太祖十六世孫圖嚕博羅特再傳至庫登汗，號所部曰浩齊特。舊作蒿齊忒。二旗。右翼旗札薩克多羅郡王游牧。庫登汗長孫奇塔特札幹杜棱土謝圖早卒子二長噶爾瑪色旺其母圖奎以避察哈爾率二子依喀爾喀車臣汗碩壘遂爲所屬順治八年噶爾瑪色旺率弟班第墨爾根楚琥爾及其屬千三百餘人棄喀爾喀來歸十年封札薩克多羅郡王掌右翼世襲罔替佐領五牧地當錫林河下游北猪爲達母鄂謨錫林河源出克什克騰部之俄倫泊西北流三百餘里至是流入於沙詳見阿巴噶左翼牧地下齊侍郎云池不甚大案所部及阿巴噶阿巴哈納爾雖地濱沙磧水草尚饒泉泊鄂模之箸於圖冊者不下數十名故康熙三十五年有獎賚鑾井弁兵之詔五十四年所部歉收又遣官往教之漁云東至布爾勒吉山三十五里接左翼界旗東二十里有白濼蒙古名柴達木南至札哈蘇台池百六十四里接克什克騰界一統志大魚濼在右翼東南一百五十三里蒙古

名札哈蘇台郎此　旗南十五里有伊爾伯都山六十一里有布當圖山　旗南百六十四里有松子泉蒙古名和爾多**西至布爾色克陀羅海**四十里接阿巴噶阿巴哈納爾兩左翼界**北至哈魯勒陀羅海**二百十一里接車臣汗右翼後旗界旗北百六十里有蘇門峯百七十里有胡呂山蒙古名阿喇忒二百十一里有犢山蒙古名賀岳爾屯圖虎爾**東南至瑪齋泉烏蘭哈達**百四十二里接左翼界　旗東南六十五里有固爾班和老圖山百十三里有固爾班鄂特山百四十里有老虎山蒙古名巴爾圖**西南至墨壘哈達圖**六十五里接阿巴噶及阿巴哈納爾界**東北至達勒布勒克**六十五里接左翼及車臣汗部右翼後旗界　旗東北三十五里有綽克恩都爾山**西北至烏齊克圖陀羅海**九十二里接阿巴噶及阿巴哈納爾兩左翼界　旗西北三十一里有阿珀達賴圖山百三十里有烏蘭峯　旗西北百二十里有察得爾泉百七十里有坤都倫泉

札薩克駐烏默黑寨里在獨石口東北六百八十五里康熙二十

六年七月。命內大臣津進等。往卡倫地方。偵噶爾丹情形。津進等奏。臣等於初八日。自京起程。十三日。到蒿齊忒旗下吳納黑地方。卽此會典作駐巴顏恩克鄂勒虎陀落。

左翼旗

札薩克多羅額爾德尼郡王游牧。庫登汗次孫奇塔特昆杜棱額爾德尼車臣楚琥爾。子博羅特。號額爾德尼諾木齊。初以避察哈爾。依車臣汗碩壘。崇德二年。自喀爾喀來歸。順治三年。封札薩克多羅貝勒。留額爾德尼號。七年。晉郡王。世襲罔替。五佐領。牧地濱大小吉里河。大吉里河源出阿巴哈納爾左翼東北流。小吉里河。出旗界。西流。合西北流。經右翼界豬於沙案吉里河。一作吉林河。又作雞林河。水道提綱雞林河源出克什克騰部之撒爾巴山。曰查克馬爾河。北流。會南來之碧里克圖河。東北流入浩齊特界。又北會東來二小水。經薩爾巴爾山西麓。又北百餘里。而東南出喀喇蘇伯嶺之小雞林河。西北流來會。又西北二百里而涸東至額爾起納克登十五里接烏珠穆沁右翼界南至小吉里河源百二十里接克什克騰界北至奇塔特哈覃陀羅海百九十里接車臣汗部右翼後旗界旗北五十里有蔥山蒙古名松吉納百二十里有杜蘭喀喇山旗北九十里有沖和爾泊產鹽齊侍郎云在達母鄂模東沙地中池頗大東南至哈喇圖山九十里接烏珠穆沁右翼及克什克騰界旗東南二十里有薩爾巴爾山旗東南三十里有天鵞濼蒙古名渾圖五十里有舒圖泊西南至瑪齊布勒克烏蘭哈達八十里接克什克騰及右翼界東北至阿古斯奇陀羅海六十里接車臣汗部右翼後旗界西北至達賴布拉克烏蘭陀羅海二百里接車臣汗部右翼後旗界旗西北四十里有野狐山蒙古名納格忒百二十里有獨石山百九十里有孟納爾山旗西北百六十五里有庫魯爾圖泉有哈達圖泉百六十五里有和老圖泉二百八里有布哈泉札薩克駐特古力克呼圖克湖欽在獨

石口東北六百九十里會典作駐吉里河東岸曰噶亥隸錫林郭勒盟貢道由獨石口

蘇尼特部在張家口北五百五十里至 京師九百六十里東西距四百有六里南北距五百八十里東至阿巴噶界西至四子部落界南至察哈爾正藍旗牧廠界北至瀚海漢上谷及代郡北境後漢烏桓鮮卑居之晉爲拓跋氏地隋及唐初爲突厥所據遼置撫州金因之屬西京路元爲興和路地明入於蒙古元太祖十六世孫圖嚕博羅特再傳至庫克齊圖墨爾根台吉號所部曰蘇尼特齊侍郎曰內地自松花諾尼以西外藩地自克嚕倫以西地多沙土即少經流然猶山川相閒

也若科爾沁之右翼前後及左翼共四旗札嚕特二旗烏珠穆秦二旗阿祿科爾沁一旗南有山嶺盤紆與巴林相接以諸水皆南會潢水故部鮮通川至浩齊特二旗阿巴噶二旗阿巴哈納爾二旗則已居磧首羣山皆空瀰漫無際至蘇尼特二旗竟在大漠中矣雍正九年上都達布遜諾爾馬羣總管五十四奏請遷移駝馬牧廠以蘇尼特之南諾渾魯努西南之布倫呼查西邊之薩木布拉克西北之塞爾北邊之桑圖東邊之郭爾拜爾爲界地方寬敞便於牧放倘蒙古等游牧之地窄狹令其往外開展

上嚴斥不准行

乾隆五十六年普福奏蘇尼特連年被旱自蒙

恩振濟以來並獲雨澤牲畜肥腯卽野外楚拉啟勒亦滋生甚多頗滋口食謹案

高宗純皇帝御製詩注楚拉啟勒卽沙蓬米生蒙古沙地荒年采以充食

一統志蘇尼特西北楊林戍爲度漠處自興和而北經小伯顏山荅魯城至龍沙甸卽阿蘭腦兒又經清水源鳴穀鎮歸化甸至楊林戍又北爲禽狐山香泉戍哈喇莽來歸遠塞皆磧口之要路永樂中北征所經也二旗

【右】翼旗札薩克多羅杜棱郡王游牧庫克齊圖長子布延

暉台吉子綽爾袞居蘇尼特西路服屬於察哈爾以林丹汗不道徙牧瀚海北依喀爾喀崇德三年綽爾袞子素塞率屬來歸七年授札薩克多羅郡王掌右翼世襲罔替佐領十三牧地金史昌州有日月山大定二年更名抹白山國言日捏里塞山元史憲宗紀四年祭天於日月山口北三廳志按山當在今蘇尼特郡王境內東至額爾蘇霍吉爾百三十里接左翼界南至烏科爾齊老百二十里接察哈爾鑲黃旗界旗南五十里有布爾色克山八十里有福山蒙古名克什克有察罕波托科山九十里有和爾和山旗南六十里有泥濼蒙古名西巴爾台金史撫州豐利縣有泥濼長春眞人西游記北過撫州十五日東北過蓋里泊盡邱垤鹹鹵地始見人烟二十餘家南有鹽池迤邐東北去自此無河鑿沙井以汲南北數千里亦無大山馬行五日出明昌界沈君子惇釋曰張德輝紀行北過撫州惟荒城在焉北入昌州居民僅百家有廨舍乃國王所建也亦有倉廩隸州

之鹽司州之東有鹽池周廣可百里土人謂之狗泊以其形似也按紀行於撫州下言北入昌州而不言過蓋里泊記言過蓋里泊而不言過昌州就記言攷之蓋里泊在撫州東北金志蓋里泊屬撫州豐利縣縣以泥濼置則蓋里泊當在泥濼側近方輿紀要云金昌州在興和西北又云威甯廢縣北有昌州城按威甯金亦屬撫州故城在察哈爾正黃旗西南八十餘里地在撫州之西昌州在威甯之北則在撫州西北而蓋里泊在撫州東北然則張參議出撫州西北行故經昌州而不經蓋里泊眞人出撫州東北行故經蓋里泊而不經昌州而度漠則皆至魚兒濼也蘇尼特右翼有占木土鹽泊在東南七十里西喇布祿泊在西三十五里不知孰爲蓋里泊矣若昌州之狗泊則竟不知所在也

西至特莫格圖百十六里接四子部落界 旗西百十六里有德林山 旗西三十五里有錫喇布祿泊九十里有長水詳見左翼牧地下

北至吉魯格百八十里接土謝圖汗部左翼中旗界

東南至杭吹泉百三十里接察哈爾正白旗界 旗東南五十里有雙金山蒙古名和爾波金百里有諾渾山 旗東南七十里有占木土鹽泊

西南

至托克托瓦陀羅海百五十里接四子部落界旗西南五十里有牛心山蒙古名烏克爾朱爾克有俄爾綽克山東北至烏蘭哈達百八十里接左翼界旗東北七十里有巴倫明安陀羅海山八十里有準明安陀羅海山百四十里有哈爾巴和山百五十里有鬼明山蒙古名札喇西北至額爾柯圖百七十里接土謝圖汗部左翼中旗界札薩克駐薩敏錫勒山在張家口北五百五十里會典作阿勒塔圖

左翼旗札薩克多羅郡王游牧布延暉台吉少子布爾海楚琥爾子塔巴爾達爾漢和碩齊居蘇尼特東路初服屬於察哈爾後亦北徙依車臣汗崇德四年塔巴海子騰機思一統志作騰夷思號墨爾根台吉率屬自喀爾喀來歸五年尚郡主授和碩額駙六年封札薩克多羅郡王留墨爾根號世襲罔替順

治三年以叛削定鼎後騰機思因與攝政王不協車臣掖公主北走我師追之敗土謝圖汗車臣汗兩部兵五萬於諤特克山迎公主還騰機思走色楞格河初喀爾喀欲害公主騰機思哭曰太宗皇帝仁育萬國奈何背恩害公主耶喀爾喀乃止五年悔罪乞降比至死詔宥前罪以其弟騰機特一統志作騰夷泰襲除墨爾根號其爵自騰機特後仍騰機思子孫承襲二十佐領牧地有固爾班烏斯克河案圖旗界有兔園水蒙古名努克黑忒有長水蒙古名烏爾圖固爾班烏斯克則其總名也水道提綱呼爾泊在左翼東南六十五里土名庫爾察罕鄂模在沙漠中橫長數十里其源有二自東南來曰努克黑忒河從正藍旗察哈爾北流入境經右翼南八十里克什克山之北入泊自南來曰烏爾圖河源出和爾和山北流合三水來注之案烏爾圖即固爾班之譌蒙古謂三數曰固爾班此河總合三水因納斯稱矣齊侍郎又曰此湖之南為大磧北為大漠西北為杜蘭喀喇山

爲察罕七老碑。又西北爲翁文卓托魯可山。又西北爲才里剛阿山。皆自古絶漠所必經之道。雖水泉亦難得矣。**東至庫庫勒山**。六十里接阿巴噶右翼界。**南至察罕池**。百三十里接察哈爾鑲白旗界。旗南四十里有滾泊。余寀塞程別紀。由噶爾圖又四十八里至滾諾爾。滾猶言深。諾爾大不過數畝。奇在深。凡物墮其中。不覺有少影響。過者雖甚渴。不敢於此飲馬。更奇者。有物夜呼震地。筆帖式某爲余言之。南百三十里有固爾班貴魯蘇圖坡。**西至色柯爾山**。百里接右翼界。旗西三十五里有固爾班馬潭泊。百里有貴魯蘇台岡。**北至阿爾噶里山**。百七十里接土謝圖汗部左翼中旗界。旗北三十里有博雒陀羅海山。百里有祥古山。蒙古名拜音陀羅海。百四十里有福山。蒙古名拜里有和錫摩克山。旗北七十里有固爾班噶順坡。百七十里有華鄂博圖坡。旗北八十里有珠爾噶圖泉。東**南至恩柯爾圖什喇札拉噶圖**。百三十里接阿巴噶右翼界。旗東南百里有羖攊山。蒙古名巴延特克。旗東南八十里有登坡。百十里有努倫坡。旗東南九十里有兎園水。蒙古名努克黑忒自察哈爾正藍旗流入境經福山北流入呼爾泊。旗東南六十五里有呼爾泊。**西南至杭吹泉**百二十里接察哈爾正白旗界。旗西南九十里有阿嚕特克山。有葦澁蒙古名呼魯蘇台。有黑山灤蒙古名喀喇烏蘇。**東北至哈喇得勒**。百六十里接達爾岡愛馬場界。案此馬場在瀚海北。因諾爾得名也。康熙三十六年。諭車棱札布曰達里岡愛爲我軍牧馬地可攜爾屬衆赴彼安居卽爲督理牧務。雍正九年。大軍剿噶爾丹策凌詔所部選兵駐防於此。馬場外又設羊羣牧場。置年無攷。每年定例。內廷用羊三千五百隻。悉數給焉。設總司牧寬蘭達一員。委署寬蘭達一員。什羣長十一員。領催二十二名。牧丁二百二十名。旗東北四十里有寒山。蒙古名奎騰。七十里有姑渾陀羅海山。**西北至烏蘭哈達**。百七十里接右翼界。旗西北九十里有札喇齊老峯。百七十里有喀爾他和碩山。旗西北七十里有色爾伊克坡。**札薩克駐和林圖察伯台岡**。在張家口北五百七十里。會典作駐察漢諾爾巴彥諾爾。案和林圖亦作鄂林圖。康熙二十九年。噶爾丹與土謝圖汗察琿多爾濟尋仇自克魯倫河還掠土拉河土謝圖汗悉衆由尼列圖至鄂羅會諾爾鏖戰三日衆潰遂踰瀚海籲請內附聖祖仁皇帝命入居蘇尼特界內鄂林圖是此地也又察琿多爾濟之弟西第什里賜牧阿嚕額埒蘇台從弟巴朗岱青諾顏洪果爾賜牧烏納齊皆所在部境內隸錫林郭勒盟

貢道由張家口

阿巴噶部在張家口東北五百九十里至京師千里東西距二百里南北距三百十里東至阿巴哈納爾界西至蘇尼特界南至察哈爾正藍旗牧廠界北至瀚海晉爲拓跋氏地隋及唐初爲突厥所據遼爲上京道西境金屬北京路元屬上京路明入於蒙古元太祖弟布格博勒格圖布格傳勒格圖元祕史作別勒古台元史太祖紀及本傳作別里古台又作孛羅古䚟太

宗紀作孛魯古帶憲宗紀作別里古帶地理志作孛魯古歹今譯改作伯勒格台太宗紀地理志文譯改作布爾古特蓋不知其即一人也太祖異母季弟以勇力佐太祖取天下本傳云嘗立爲國相又長札魯火赤別授之印賜以蒙古百姓三千戶又以斡難怯魯連之地建營以居十七傳至巴雅思瑚布爾古特長子塔爾尼庫同號所部曰阿巴噶舊作阿霸垓二旗左翼旗札薩克多羅卓里克圖郡王游牧塔爾尼庫同曾孫多爾濟號額齊格諾顏初服屬察哈爾避林丹汗虐徙牧瀚海北克魯倫河界依喀爾喀崇德四年率屬來歸六年授札薩克卓里克圖郡王世襲罔替佐領十一牧地環錫林河源出克什克騰部海爾七克山之俄倫泊西流百里折而西北徑阿爾察圖站之東又西北折而北流二百數十里爲達母鄂模其河在阿巴噶駐處之西阿巴哈納爾駐處之東東至

巴爾啟台之哈喇鄂博噶圖。三十七里接浩齊特右翼界。南至烏蘇圖土魯格池。百五十里接克什克騰界。南八十五里有哈斯胡雅斯坡。旗西至什爾登山。八十九里接阿巴哈納爾界。北至哈布塔噶陀羅海。三十二里接達里岡愛馬塲界。東南至哈達圖柯勒莫圖。百五十里接浩齊特右翼界。旗東南二十里有哈爾塔爾山。六十五里有馬鞍山。蒙古名喀喇得伯僧。七十七里又有馬鞍山。蒙古名錫喇得伯僧。八十五里有邵隆山。百四十里有永安山。蒙古名脫克脫爾。旗東南百三十五里有鶴壘斗勒泊。西南至索克蘇台。百六十六里接克什克騰界。旗西南二十五里有武歷山。蒙古名哲爾吉倫。八十里有察里爾圖山。旗西南五十里有錫喇布里都泊。東北至濟爾哈朗圖。五十五里接浩齊特右翼界。西北至阿古拉布爾圖。百三十里接達里岡愛馬塲界。札薩克駐巴顏額倫。在獨石口東北五百五十里。會典作駐錫林河西日塔布桑山。又案兩翼駐地據皇輿表及一統志載之總傳互異右翼旗札薩克多羅郡王游牧多爾濟額齊格諾顏從孫都思噶爾祖額爾德尼圖們號札薩克圖諾顏塔爾尼庫同之長孫也父布達什哩號車臣札薩克圖都思噶爾初號巴圖爾濟農亦避察哈爾北徙順治八年來歸封札薩克多羅郡王世襲罔替佐領十一牧地有庫爾察罕諾爾固爾班烏斯克河豬焉庫爾察罕諾爾即呼爾泊在右翼西南三十里東至哈畢喇噶泉三十里接阿巴哈納爾右翼界旗東三十五里有朱爾克額勒蘇圖泉南至伊柯什噶百三十里接察哈爾正藍旗界旗南七十里有朱爾哈爾陀羅海山旗南三十里有察罕泊土名白海子亦曰長水海子四望白沙故納察罕之稱康熙三十五年西路大軍告捷上諭于成龍供應兩路大兵餘賸之米察罕腦爾地方前歲會耕田築

室貯糧。有此現成房屋，可派隨行人員運往存貯。倘房舍不敷，就近擇地收貯。勿使雨水霑濡。卽交附近札薩克小心看守。元察罕腦兒在今上都牧場西南，與此別。百二十里有噶爾圖泊。余宋塞程別紀：由哈什馬哥四十里至噶爾圖。

西至庫庫勒山。五十五里接蘇尼特左翼界。旗西四十里有門綽克岡奔巴圖博羅恩都爾岡。

北至華陀博。百八十里接達里岡愛馬場界。旗北八十里有阿珀濟哈山。百里有鬼伯山。蒙古名札喇陀羅海。百二十里有巴哈噶札爾山。百二十五里有霸特山。蒙古名克色克陀羅海。百五十里有羖羊山。旗北二十里有金河泊。蒙古名錫喇烏蘇。三十里有赤泉。

東南至畢奇克圖博羅溫達爾。百二十五里接阿巴哈納爾右翼界。旗東南六十里有色吉庫山。東南四十里有郭和蘇台河。自阿巴哈納爾流入境。經色吉庫山。西流入白海子。百五十里有奎騰河。自卓索圖站流入界。旗東南百十里有渾圖泊。

西南至額魯遜恩柯爾圖池。百二十里接察哈爾正藍旗界。旗西南百二十里有鴛鴦濼。蒙古名昂吉爾圖。余宋塞程別紀：由枯崙諾爾二十里至三岔口。本名西喇諾爾。其水甚清。路分古北獨石張家口。故曰三岔。又二十五里至六臺。本名和爾博諾爾海。用二十餘里。色如米汁。是役也。糧道由古北大兵出獨石。五十里外。尚設官置遞。日臺臺相去五六七八十里不等。就水草之便也。先是總憲于公駐此。督運。後遂進次十入臺。其地自此以北。皆積沙如山。大兵糧車出沒其間。動輒入沙尺許。公留官命治道。凡積沙最厚所在伐細柳。顛倒束而鋪之。遂便馳輓至 鑾輿凱旋之日。加之以新柳。仍覆以沙。柳枝葉略露。兩端斬斬然葱鬱平軟如漏地綠紗䌷。各運文武官留屯餘糧者。多於三岔編柳為門戶。比鄰夾道。儼然成市。又三十里至昂吉爾兔。四周積沙如山者。千堆萬壘。此獨寬曠。饒水草。 鑾輿往返。皆駐蹕於此。其東東南十餘里外諾爾周五六十里。多魚鳥。水味鹹。產鹽。如陜中花馬池。能自長落。似乎有潮信者。穆家枯崙諾爾即多倫諾爾。和爾博諾爾。康熙圖作活爾波鄂模。昂吉爾兔。康熙圖一有昂衣爾兔鄂模。即其地。所謂鴛鴦濼者是也。地當西度北極出地四十三度。處東南十餘里外所見諾爾。則元之察汗腦兒矣。

東北至溫都爾瑪尼圖。百七十里。接阿巴哈納爾右翼界。旗東北四十里有蟠羊山蒙古名喀喇特克七十里有哈碧爾漢泉西北至哈喇得勒百五十里接蘇尼特右翼界旗西北九十里有瑪尼圖陀羅海山察罕齊老圖山札薩克駐科布爾泉在張家口東北五百九十里會典作駐孟古勒陀羅海隸錫林郭勒盟貢道左翼由獨石口右翼由張家口

阿巴哈納爾部在張家口東北六百四十里至京師千五十里東西距百八十里南北距四百三十六里東至浩齊特界西至阿巴噶界南至察哈爾正藍旗界北至瀚海漢上谷郡北境晉為拓跋氏地隋及唐初為突厥所據遼為上京道西境金為北京路西北境元屬上都路明入於蒙古元太祖弟布格博勒格圖十七傳至巴

雅思瑚布爾古特次子諾密特默克圖號所部曰阿巴哈納爾舊作阿霸哈納爾今作阿巴哈那爾二旗右翼旗札薩克多羅貝勒游牧諾爾特默克圖曾孫色棱墨爾根初依喀爾喀駐牧克魯倫河界康熙初慕化越瀚海南牧綽諾陀羅海近內汛遣之弗去五年遂攜衆千三百餘至阿巴噶右翼牧地乞歸誠詔允六年封札薩克多羅貝勒世襲罔替佐領七牧地康熙六年詔以阿巴噶牧地賜之遣官視浩齊特蘇尼特界外水草豐美地指給阿巴噶移牧有達里岡愛諾爾案達里諾爾即達爾泊蒙古名捕魚兒海子元之荅兒海子也岡愛亦作岡噶岡垓與達爾諾爾相聯太宗崇德二年二月閏札薩克圖汗謀掠我歸化城親征過興安嶺駐營達勒諾爾已復行獵達勒諾爾西即此康熙二十九年

六月遣敖漢柰曼諸部兵備達爾腦兒七月裕親王等奏言噶爾丹十二日至和爾洪河十三日沿河而下幾百里往岳洛巖視其所向將往達爾腦兒之地距岳洛巖約六日程亦謂此矣多倫諾爾同知清查冊日多倫諾爾正北三百五十餘里有池二處河三道其最大者名達爾諾爾周廣二百餘里中有島嶼爲水禽聚集之所東南四十里曰岡噶諾爾廣四五十里中有細流與達爾諾爾相通西北爲蒿賴河東北爲公古爾河西南爲舒爾噶河四處之水分流入達爾諾爾產魚最盛諾爾之利蓋克什克騰阿巴噶阿巴哈納爾三部蒙古共享之所產滑子魚每三四月間自達里諾爾湖流而進塡塞河渠殆無空隙人馬皆不能渡內地及喀喇沁翁牛特等處種地民人覬其利往往偷捕池魚於所部哈雅諾爾地方造房過冬雍正乾隆間屢次禁示民貪其利弗從也乾隆六年直隸總督孫嘉淦奏請聽民網取諸札薩克以爲言旋禁止之嗣經方觀承奏定凡出口民人有攜帶魚網者即行攔阻進口之人有載運滑子魚者無論民人蒙古一體查拏治罪并於可通魚池之蘇家店子森吉圖溝口撥兵輪宗移咨理藩院行文各札薩克嚴禁屬下拉魚進口飭克什克騰札薩

克在於必里漢溝口實力巡防勿令透漏**東至希爾當山**三十里接左翼界旗東八里有特爾墨山三十里有錫喇峯**南至博羅溫都爾岡**百七十里接察哈爾正藍旗界旗南四十五里有哈爾海圖泉五十里有息雞淀蒙古名哈雅諾爾內地偷捕池魚者卒聚於此宋皇祐二年遼重熙十九年三月以翰林學士趙槩為遼國信使遼主駐息雞淀嘗因會獵令槩賦信誓如山河詩詩成侑以玉盃即是處也又胡嶠陷北記曰塞外有息雞艸尤美而本大馬食不過十本而飽淀或因艸得名歟酉陽雜俎席萁一名塞蘆生胡地古詩有千里席萁艸之句王建詠席萁簾句云單于不向南牧馬席萁徧滿天山下然則息雞又席萁之譌轉也七十里有郭和蘇台河土名韭河自察哈爾正藍旗界流入境經博羅溫都爾岡西北流入阿巴噶界經索濟庫山西流入白海子康熙三十五年　上親征噶爾丹牧馬郭和蘇台　詔所部偕阿巴噶浩齊特蘇尼特諸部長董牧務凱還并蒙　優賚余寀塞程別紀由滾諾爾又四十五里至果谿蘇台即十臺師旋以後露貯餘米於此并五臺所貯約共萬餘石裹以布袋覆以油單貫繩束版壓之儼如峯

起其地勢則漸平坦由沙磧而入瀚海矣又四十五里至胡魯蘇台案果谿即郭和譯字之變也西至哈喇堂三十里接阿巴噶右翼界北至華陀羅海百四十里接達里岡愛馬場界案此馬場因諾爾得名詳見蘇尼特左翼東北下旗北二十里有僧機圖山二十五里有橫山蒙古名布色五十里有瓜山八十里有緣狐山蒙古名烏納格百里有哈納峯旗北六里有葛都爾庫泉七十里有和吉葛爾泉八十里有和爾和泉百二十里有他奇喇泉東南至那魯蘇台百七十里接左翼界旗東南三十五里有大熊山蒙古名巴賴都爾五十里有黃山蒙古名色爾騰洪果爾山七十里有察罕阿魯克山百十里有喀喇阿魯克山旗東南九十里有奎騰河土名陰涼河源出卓索圖站西北自阿巴噶界流入境經察罕阿魯克山西流會郭和蘇台河入息雞淀五代史奚當唐末居陰涼川即此旗東南八十里有赤泉有葦淀蒙古名呼魯蘇台布祿都余宋記由果谿蘇台四十五里至胡魯蘇台謂此也西南至博羅溫都爾百五十里接阿巴噶右翼界旗西南百四十里有袞勒泊東北至華

陀羅海。百三十里接達里岡愛馬場界。旗東北八十里有牀山。蒙古名席勒。百三十里有俄奇特庫爾格特山。西北至溫都爾瑪尼圖。百二十里接阿巴噶右翼界。旗西北五十里有雙山。蒙古名和岳爾察罕陀羅海。八十里有方山。蒙古名和爾和。百二十里有蛇山。蒙古名漠灰圖。旗西北二十里有鯀布祿都泊。札薩克駐昌圖山。漢名永安山。在張家口東北六百四十里。會典作孟克烏達山。

左翼旗札薩克固山貝子。與阿巴噶左翼旗同游牧。一統志作阿巴哈納爾左翼。東至浩齊特界三十一里。西至右翼界八十九里。南至阿巴噶界三十二里。北至浩齊特界二百八十六里。東南至浩齊特界五十里。西南至右翼界一百三十六里。東北至浩齊特界五十五里。西北至右翼界一百五十二里。色棱墨爾根弟棟伊思喇布。康熙四年。攜眾二千餘來歸。授札薩克固山貝子。世襲罔替。佐領九。駐烏勒扈陀羅海。在獨石口東北五百八十二里。會典作阿爾噶靈圖山。旗南二十三里有巴爾達木山西二百十里有色爾騰洪果爾山西北三十五里有布爾漢山六十五里有觸寶山百十六里有塔兒布喀合坡百二十里有覆舟山蒙古名呼里翁和沖二百里有靑羊山有達蘭圖里泉北七十里有黑錫泊隸錫林郭勒盟貢道右翼由張家口左翼由獨石口。

蒙古游牧記卷之四

壽陽祁世長覆校

蒙古游牧記卷之五

平定張　穆撰
光澤何秋濤校

內蒙古烏蘭察布盟游牧所在 四子部落　茂明安　烏喇特　喀爾喀

右翼

四子部落在張家口西北五百五十里至　京師九百六十里東西距二百三十五里南北距二百四十里東至蘇尼特界西至歸化城土默特界南至察哈爾鑲紅旗牧廠界北至蘇尼特界漢雁門郡及定襄郡北境晉爲拓跋氏地唐爲振武軍地遼爲豐州地屬西京道金屬

西京路元屬大同路明入於蒙古元太祖弟哈布圖哈薩爾十五世孫諾延泰與兄昆都倫岱青同游牧呼倫貝爾昆都倫岱青阿嚕科爾沁部祖也有子四長僧格號墨爾根和碩齊次索諾木號達爾漢台吉次鄂木布號布庫台吉次伊爾札布號墨爾根台吉四子分牧而處後遂爲所部稱一統志後分與諸子號曰對因駒子一旗札薩克多羅達爾漢卓里克圖郡王游牧天聰間四子相繼朝貢從征有功崇德元年授鄂木布札薩克

賜號達爾漢卓里克圖俾統所部順治六年封多羅郡王世襲罔替佐領二十牧地天聰八年定諸藩牧地四子部落與鑲紅旗蒙古以杜穆達都騰格里克沃都爾台爲界理藩院則例載奏定四子

部落與土默特兩旗界阯自托速圖山起向南至東巴彥封堆設封堆一自巴彥封堆向西南至土默特所屬之烏蘭察布六札薩克會盟處又至烏蘭察布泉源各設封堆其泉源封堆迆東爲四子部王旗界迆西爲土默特旗界又大青山後毗連蒙古游牧定於四子部落郡王邊界添設卡倫四處達爾漢貝勒邊界添設卡倫二處茂明安札薩克邊界添設卡倫一處烏喇特公邊界添設卡倫三處

有錫喇察漢諾爾錫喇木倫河豬焉所部當陰山之北臨沙漠有水自北麓流出當旗西北五十里曰錫喇木倫河漢言黃水河也源出得兒嶺之南翁袞鄂博岡之西南谷中東北流百里許出山折而正北凡三百餘里而豬爲錫喇察漢諾爾齊侍郎曰此水南經河灘阻隔重山當河套折而南流之正北也

張文端漠北日記二十一日出歸化城行九里入祁連山十五里踰峻嶺方言都倫大壩五里下坂石溝崎嶇溪壑幽深六十里駐昆都勒必納峽行棄駝自此始二十三日折而東向踰平嶺四十里有水草之地喇麻穹廬而居飾新涼棚其前又二十里駐席喃莫洛有清河一道足人馬汲飲兩山亦堪芻牧北征錄云蒙古地勢遠望似高阜至即

又平矣此景今來塞外乃親見之二十五日向北行平地三十里駐烏蘇禿有河水繞流艸色青葱二十六日行五里有廢城基趾可七里許平原回合氣勢攸聚昔人城此亦知地利者也自此山澗有水之地蒙古零星而處二十里次察汗卓魯有泉源可汲惜艸少耳二十七日踰平阜七十九里次西臘木倫沿塗蒙古居者絡繹未至營三十里有黑泥河一道艸亦稍有此處河水稍清而艸則不及云云案席喃莫洛西臘木倫皆即錫喇木倫之譯變文端蓋自源泝委而行所踰峻嶺平嶺皆指翁衮山嶺所見蒙古即四子部落種人也　方略雍正九年九月　上諭歸化城北翁衮地方係八旗察哈爾西界四子部落茂明安烏喇特東界於適中形勝之處調度二面亦屬容易著行文大將軍馬爾賽令伊帶領漢軍兵四千會同喀喇沁兵一千往翁衮地方環山有樹木水艸處駐劄　東至什吉圖山百三十里接蘇尼特右翼界　旗東六十里有博濟蘇克山　南至伊柯塞爾拜山百四十里接察哈爾鑲紅旗界　旗南八十里有新婦山蒙古名白爾白冝百十里有鄂爾多斯山百三十里有喀喇和碩山　旗南百四十里有噶爾哈圖

泉。西至巴顏鄂博。土名富峪。百五里接歸化城土默特界。旗西四十里有希巴爾台泉。七十里有雅遜哈拍齊爾泉。北至沙巴克圖。百里接土謝圖汗部左翼中旗界。東北至額爾柯圖鄂博。百六十里接土謝圖汗部左翼中旗界。旗東北二十五里有陽山。蒙古名杜蘭郎齊。侍郎所謂杜蘭喀喇矣。百三十里有鵲山。蒙古名沙齊哈圖。百六十里有察罕濟里敏坡。漠北日記。二十八日。行平道四十三里。次哈納烏蘇河。水盡牛溲。臭不堪飲。童阜沙磧。止產得勒蘇草。間襍嫩艸。牧馬駝以此深慮不足。二十九日。行平沙中一望無際。寸艸不生。馬前惟見沙推纍纍。古人所謂大漠也。出此三十里。忽有青艸百畝。肥脆茂盛。停驂牧馬。殆有神助。過此復平沙六十里。駐阿爾七金地。而乾涸。有蘆葦。勉強牧馬。下溼處掘地三寸餘得水。有土氣。三十日。出軍門。滿地矮樹紛披。狀如小柏。生采爲薪。即能然。踰平岡六十里。亭午渴甚。無水可求。下岡二十一里。駐喀倫。平阜夾岸。怪石槎枒。地勢低凹。掘三尺餘。水鹹黄。羊烹茶變黑色。令人腹疼。地枯無艸。無薪。軍中拾馬矢供爨。西北至查爾山。百二十里接土謝圖汗部左翼

蒙古游牧記五　四子部落　三

中旗界　旗西北五十里有羖羊山蒙古名阿爾哈林圖有獨牛山蒙古名烏克爾圖魯百二十里有拜圖華坡　旗西北有廢淨州城金史地理志淨州刺史大定六年以天山縣升為豐州支郡刺史兼權識察北至界八十里縣一天山舊為權場大定十八年置為倚郭元史地理志淨州路領天山一縣一統志案故淨州在昌州之西豐州之北其地當在旗西北與喀爾喀接界處

東南至托克托瓦陀羅海百八十里接察哈爾正黃旗界　旗東南七十里有邵隆峯百五十里有察罕峯有烏蘭峯有陰山蒙古名色爾貝漠北日記七月十七日入噶祿次塔布泰哈不七兒計程四十四里二十三日行二十里次阿達金呼都克二十四日行淺沙四十里次張郭圖呼都克二十五日行三十五里度平嶺至達布蘇台有水艸供一旗之需二十六日西刻載水以行薄暮揀有艸處駐軍計程十四里二十七日四十里次擢羅有水艸足用二十八日行三十里次荒沙有艸無水二十九日行四十六里次何拖有水乏艸三十日踰平嶺四十里至薩瑪布納阜下有泉掘坎盛水足飲溝有葦子艸八月初一日行四十三里次布而思納艸少有井二所不足汲飲初

二日行四十七里駐噶墊舊井四所水鹹汲飲立涸初三日踰平嶺六十六里駐至喜環壘皆山茂艸盈野遠望青翠錯目自噶祿至此爲色紐紐地色紐爵玉爲本朝屬國四十八旗之一其地沙磧漸少產朱瑪納哈形似黃鼠而身短足矮可食初四日行三十里入山溝又三十里次毛布納爲察汗爾地案文端歸程蓋仍由四子部落境但出由歸化城驛路在旗西歸入張家口驛路在旗東耳色紐四十八旗中更無此名其時四子部落王爲達木巴琫素疑色紐卽巴琫素傳鈔之譌西南至察罕和碩二百里接察哈爾鑲藍旗界旗西南百里有阿嚕蘇門峯百二十里有阿嚕蘇門峯百四十里有納札海山二百里有窰柳坡蒙古名博多克布爾哈蘇旗西南百里有德本得泉有青城泉蒙古名博羅琥濟爾札薩克駐烏蘭額爾濟坡會典作鄂勒哲滿達賴所部與茂明安烏喇特喀爾喀右翼諸部統盟於烏蘭察布盟地在所部境內一統志有五藍叉拍山在歸化城南百二十里卽此烏蘭察布也貢道由張家口

茂明安部在張家口西北八百里至　京師千二百四十里東西距百里南北距百九十里東至喀爾喀右翼界西至烏喇特界南至歸化城土默特界北至瀚海漢五原郡地後魏懷朔鎮地唐振武軍地遼東勝州地屬西京道金因之元屬大同路明初設衛戍守後入於蒙古元太祖弟哈布圖哈薩爾十四世孫錫喇奇塔特號土謝圖汗有子三游牧呼倫貝爾其長多爾濟號布顏圖汗子車根嗣號所部曰茂明安舊作毛明安一旗札薩克一等台吉游牧天聰七年車根率其族攜戶千餘來歸子僧格康熙三年授札薩克一等台吉世襲罔替佐領四牧

地理藩院則例載奏定茂明安與土默特兩旗界阯自白衡果爾山所設封堆起迆東至大小兩毫賚設封堆二轉東北至哈達圖河之南北二山山頂設封堆二迆北至烏蘭和碩設封堆一又北至克抽鄂博所設封堆定為茂明安達爾漢貝勒土默特三旗交界自克抽封堆西北之副都統衙門徵租官房西所設封堆二起迆西為茂明安旗界迆東為土默特旗界又達爾漢貝勒與土默特兩旗界阯自克抽封堆起至向東北之山頂設封堆一迆東於哈拉圖溫都爾茂蓋圖庫謝齊洛薩查鄂博磨棟鄂博哈達瑪勒河源奔礎圖哈拉鄂博霍拉保山托速圖山各設封堆以托速圖山定為達爾漢貝勒土默特西子部落王三旗交界山迆北為達爾漢貝勒旗界山迆南為土默特旗界又達爾漢貝勒土默特兩旗以哈達瑪勒河源為正中交界又土默特茂明安兩旗搭界之德勒格爾共對賽爾呼土克等處耕種居民分清地界界東租交土默特界西租交茂明安案達爾漢貝勒者僧格叔父固穆巴圖魯子孫所襲爵也

當愛布哈河源

愛布哈河源出旗西北刻勒峯東流經旗東東北之固爾班喀喇山入喀爾喀右翼界水道提綱愛必合河於河套為東北角陰山之

北源出沙土中西南流百數十里有塔尼渾河自東南來會經察罕和邵西麓亦洛圖山東麓又西南折而南流至察罕七老圖岐爲二小池而涸會典圖說愛布哈河出茂明安旗東北流南納塔爾渾河又東北經喀爾喀右翼旗豬爲阿勒坦托輝泊東至黃烏爾四十里接烏喇特界旗東四十里有伊克哈達圖泊南至固爾班哈喇陀羅海八十里接歸化城土默特界旗南八十里有墨突鄂博岡旗南十五里有拜星圖泉源出哈拉海圖山西南流會坤都倫河六十里有坤都倫河源出和岳爾白爾克山西流經官山入烏喇特旗界西至哈喇達噶六十里接烏喇特界旗西六十里有羖羊山北至伊克爾德阿濟爾噶百十里接瀚海界旗北五十里有方山蒙古名和爾和東南至魏邁烏蘭和碩七十里接歸化城土默特界旗東南五里有和岳爾伯爾克山四十里有察罕鄂博山七十里有喀喇陀羅海山西南至吉蘭陀羅海八十五里接烏喇特界旗西南十五里有哈拉海圖山四十里有褪諾克山七十里有官山明一統志在大同府

城北五百餘里山上有東北至蘇朗界百二十里接瀚海
九十九泉流爲黑河　旗東北五里
有固爾班喀喇山百二十里有鄂岳會察罕齊老山
旗東北四十里有布嚕爾托海河源出伊克哈達圖山
北流會愛西北至土勒札圖鄂博百四十里接瀚海界
布哈河　旗西北百四十里
有齊齊哈爾察罕齊老山　旗西北七十里有刻勒峯
四十里有浩齊鄂博闌　旗西北百三十里有呼呼泊
札薩克駐徹特塞里一統志作駐車突泉會典作駐巴顏察罕鄂博隸烏蘭察
布盟貢道由張家口

烏喇特部在歸化城西三百六十里至京師千五百二
十里東西距二百十五里南北距三百里東至茂明安
及歸化城土默特界西及南皆至鄂爾多斯界北至喀
爾喀右翼界秦九原郡地漢更名五原漢末郡廢後魏

置懷朔鎮。唐中西受降城地。遼置雲內州。屬西京道。金因之。元屬大同路。明爲蒙古所據。元太祖弟哈布圖哈薩爾十五世孫布爾海。游牧呼倫貝爾。號所部曰烏喇特。舊作吳喇忒 三旗。中旗札薩克鎮國公。今襲輔國公 前旗札薩克鎮國公。後旗札薩克輔國公。後襲鎮國公 同游牧。布爾海後分所部爲三。長子賴噶孫鄂木布。幼子巴爾賽孫圖巴。曾孫色稜。領其衆。天聰七年。率屬來歸。順治五年。敘從征功。以圖巴掌中旗。封鎮國公。鄂木布子諤班掌前旗。封鎮國公。色棱子巴克巴海掌後旗。封輔國公。各授札薩克。世襲罔替。中旗佐領十六。前旗佐領十二。後旗佐領六。 牧地。當河套北岸。黃河在旗南五十里。其南岸即鄂爾多斯界。自鄂爾多斯西北境流入。東流經旗南。又東流折而南。又東南流入歸化城土默特界。水經注。河水東逕高闕南。自臨河縣東逕陽山南。又東逕馬陰山西。又東流逕朔方故城東北。自朔方東轉逕渠搜縣故城北。又東逕西安陽縣故城南。又東逕成宜縣故城南。又東逕宜梁縣故城南。又東過臨沃縣南。又東枝津出焉。又東流石門水南注之。又東逕稒陽縣故城南。又東逕塞泉城南而東注。又東逕雲中楨陵縣東。榆林志。黃河自甯夏橫城堡西。折而北。逕三受降城南。至廢東勝州。折而南。

噶札爾山之南。一統志。陰山。蒙古名噶札爾。在旗西北二百四十里。史記秦始皇本紀。三十三年。自榆林並河以東。屬之陰山。以爲三十四縣。注。徐廣曰。在五原北。漢書匈奴傳。侯應曰。北邊塞外有陰山。東西千餘里。艸木茂盛。多禽獸。本冒頓單于依阻其中。治作弓矢。來去爲寇。是其苑囿也。至孝武出師征伐。斥奪此地。攘之於幕北。建塞徼。起亭隧。築外城。設屯戍以守之。匈奴來寇少所隱蔽。從塞以南。徑深山谷。往來差難。邊長老言。匈奴失陰山之後。過之未嘗不哭也。後漢郡國志。五原郡西安陽北有陰山。水經河水注。又南經馬陰山注漢書音義曰陽山在河北陰山在河南謂是山也而實不在河南舊唐書地理志安北府北至陰山七十里九邊攷陰山在中受降城東北自陰山而北皆大磧按自烏喇特之西北迤邐而東以至歸化城東北雖土名不一實皆古陰山也

東至黃烏爾九十里接茂明安界旗東三十五里有居延山蒙古名昆都倫四十里有狼山蒙古名綽農陀羅海九十里有牛頭朝那山蒙名名吉蘭陀羅海有老虎山蒙古名巴爾圖九邊攷自老虎山而西為長流水蒲艸泉等險魏太武皇始元年春大蒐於定襄之虎山疑卽此也百十里有宿嵬山蒙古名札拉一統志按遼史西夏傳冠後垂紅纓自號嵬名以嵬為纓蓋本諸此旗東三十里有甜水井蒙古名賽因四十里有昆都倫河源出烏孫吐嚕之地西南流入黃河

南至黃河五十里接鄂爾多斯界

西至拜塞墨突百二十里接鄂爾多斯界旗西西黃河北北岸有唐張仁愿所築中受降城舊唐書張仁愿傳河北岸有拂雲堆祠突厥每入寇必先詣祠祭酹求福因牧馬料兵而後渡河仁愿築三受降城以拂雲堆為中城元和志中受降城東至東受降城三百里西北至天德軍二百里南至

麟州四百里。北至磧口三百里。新唐書地理志。中受降城有拂雲堆祠。接靈州境有關。元和九年置。一統志。按旗西北一百九十里有地蒙古名烏朱爾插漢。或疑此爲拂雲堆也李益拂雲堆詩曰。漢將新從虜地來旌旗半上拂雲堆。單于每向沙場獵南望陰山哭始回。有唐安北都護府。本燕然都護府龍朔三年。爲瀚海都督府。總章二年。更名開元二年。治中受降城十年徙置豐勝二州之境十二年徙治天德軍。一統志按通典安北都護府。東至榆林二百五十里西至九原三百五十里南至朔方八百里北至回紇界七百里東南至新秦四百里。舊唐書志。安北大都護府。北至陰山七十里。至回紇七百里。舊領陰山一縣去京師二千七百里。在黃河北蓋唐時都護府。遷徙不常。通典元和志唐書詳畧不同大約易名者六。而天德軍爲最著。遷治者十。而在大同川爲最久且阨要也　旗西有木納山。西四十五里有哈珀察齊泉九十五里有烏蘭泉百十五里有杜窩勒泊。北至伊克爾德阿濟爾噶。二百五十里接喀爾喀右翼界。　旗北有古九原城

史記趙世家武靈王攘地西至雲中九原秦始皇本紀三十五年。除道道九原抵雲陽塹山堙谷直通之漢書

武帝紀元朔二年置五原郡地理志五原郡治九原縣後漢書光武帝紀建武二十年省五原郡徙其吏人置河東二十六年南單于遣子入侍於是雲中五原朔方北地定襄鴈門上郡代郡八郡民歸於本土魏志建安二十年省五原郡水經注河水東逕河陰縣故城北又東逕九原縣故城南秦始皇置九原郡治此漢武帝更名五原也其城南面長河北背連山通典勝州榆林縣西有漢五原城元和志敬本故城在中受降城北四十里鄭虔軍錄曰時人以張仁愿河外築三城自古未有今敬本城周一萬八百七十二步壕塹深峻亦古之望守賈耽古今述曰以地理求之前代九原郡城也一統志按九原故城在漢朔方之東北雲中之西今套北黃河東流之處也唐勝州在套內東北九原直其西北通典以爲在西疑脫北字其北即陰山又北爲光祿塞西即北假秦漢時號爲絕塞隨唐豐州雖亦名九原五原乃漢朔方郡地也括地志謂勝州連谷縣本秦九原郡明統志謂在陝西神木縣皆誤有五原城在故九原城西漢置縣屬五原郡後漢末省水經注九原縣西北接對一城蓋五原縣之故城也有臨沃故城在故九原城東漢置縣屬五原郡後漢末省水經河水東過臨沃縣

南注石門水自石門障東南流逕臨沃城東是也有宜梁故城在九原城西漢置屬五原郡後漢末省水經注河水東逕宜梁縣故城南闞駰曰五原西南六里今世謂之石崖城有成宜故城在九原城西漢書地理志五原郡成宜中部都尉治原亭西部都尉治田辟有鹽官後漢書南匈奴傳建武二十六年遣中郎將段郴副校尉王都使南單于其庭去五原西部塞八十里水經注河水自西安陽東逕田辟城南又東逕成宜縣故城南又東逕原亭故城是也有西安陽故城在九原城西陰山南漢置屬五原郡後漢末省水經注河水逕朔方縣東北屈南過五原西安陽縣南有河目故城在九原城西漢置屬五原郡後漢末省水經注河水自陽山南南屈過河目縣左括地志漢五原郡河目縣在北假中一統志按河目故城當在陽山南高闕東南北河之間又如五原所屬曼柏縣亦在黃河北岸惟河陰一縣在河南耳有稒陽故城在九原城東北史記魏世家惠王十九年築長城塞固陽正義按魏築長城自鄭濱洛北達銀州至勝州固陽縣爲塞也漢書地理志五原郡東部都尉治稒陽又稒陽縣北出石門障得光祿城又西北得支就城又西北得頭曼城又西北得虖河城又西北

得宿虜城。後漢書和帝紀。永元元年。度遼將軍鄧鴻出稒陽塞。與匈奴戰於稽落山。大破之。魏書太祖紀。登國六年。衛辰遣子直力鞮出稒陽塞。侵及黑城。帝襲五原。屠之。收其積穀。還紐垤川。於稒陽塞北樹碑紀功。水經河水東逕稒陽縣故城南。又東逕塞泉城南而東注。一統志。按稒陽在五原郡東北。近雲中郡。有漢受降城。在九原北塞外。漢書武帝紀。太初元年。遣因杅將軍公孫敖築塞外受降城。又匈奴傳。呼韓邪單于自請願留居光祿塞下。有急保漢受降城。一統志。按後魏太平眞君九年。北討至受降城。積糧城內。留守而還。蓋即漢城也。有古長城。史記秦始皇本紀。三十三年。西北斥逐匈奴。自榆中並河以東。屬之陰山。以爲三十四縣。城河上爲塞。遼史地理志。天德軍有秦長城。此也。有光祿塞。在古稒陽縣北。漢書地理志。稒陽北出石門障。得光祿城。匈奴傳。太初三年。光祿勳徐自爲出五原塞數百里。遠者千里。築城障列亭。至盧朐。甘露三年。呼韓邪單于朝漢。自請願留居光祿塞下。注。師古曰。徐自爲所築者也。水經注。石門水出石門山。西北趨光祿城。有高闕塞。在陰山西。史記匈奴傳。趙武靈王自代並陰山。至高闕爲塞。注。徐廣曰。在朔方。正義曰。地理志云。朔方臨戎縣北有連山險於長城其山中斷兩峯俱峻土俗名爲高闕也又秦始皇本紀三十三年使蒙恬渡河取高闕陶山北假漢書武帝紀元朔二年遣將軍衞青出雲中西至高闕注師古曰高闕山名一曰塞名也在朔方之北水經河水屈而東流爲北河東過高闕南注陰山下有長城長城之際連山刺天其山中斷望若闕焉故有高闕之名也自闕出荒中闕口有城跨山經屬謂之高闕戍上古及今常置重捍以防塞道通典高闕在陰山之西榆林舊志高闕北去大磧凡三百里旗北四十里有河套山九十里有雪山蒙古名察蘇台百三十里有伊克鄂博山百八十里有帷山蒙古名額古特二百里有麥垜山產精鐵利五兵 旗北八十里有舍特河源出敖西喜山西流經大青山入黃河九十里有蘇爾哲河源出雪山西流會舍特河百里有烏爾圖河源出雪山西南流入黃河百二十里有伊克鄂博河源出伊克鄂博山西流會齊齊爾哈納河百五十里有齊齊爾哈納河自茂明安界流入境西南經白石山會黑河百七十里有帷山河蒙古名額古特源出帷山西南流會黑河百八十里有席勒河源出席勒山西南流會哈柳圖河百八十五里有阿爾柴河源出阿爾柴山西南流會席勒

河有東哈柳圖河源出麥垜山西南流經連山東又西南經東德爾山西德爾山南拜星圖北爲席汗河又西南入黃河二百里有黑河蒙古名喀喇木倫自茂明安部流入境西南流入黃河舊說謂赫連勃勃營都城於黑水之南卽此黑河非也**東南至黃河**百二十里接鄂爾多斯界旗東南六十里有漠惠圖坡百二十里有五達河源出布當圖山西南流入黃河**西南至黃河**百里接阿拉善及鄂爾多斯界旗西南五十里有章武台泊**東北至蘇朗**百四十五里接喀爾喀左翼界　旗東北有後魏懷朔鎮城太武破蠕蠕列置降人於漠南東至濡源西暨五原陰山竟三千里分爲六鎮曰懷朔武川撫冥懷荒柔元禦夷惟懷朔最西孝昌中改置朔州後廢魏書高祖紀太和十八年八月癸丑幸懷朔鎮己未幸武川鎮辛酉幸撫冥鎮壬子幸柔元鎮胡三省通鑑注此六鎮自西徂東之次第也地形志朔州本漢五原郡延和二年置鎮後改懷朔孝昌中改爲州後陷水經注光祿城東北卽懷朔鎮城也元和志光祿城東北有古懷朔城在今中受降城界　旗東北五十里有敖西喜山百五十里有察罕齊老圖山**西北至塔起勒**

克圖鄂博。二百八十里。接喀爾喀右翼界。旗西北爲古北假地。史記。秦使蒙恬將十萬衆北擊胡。渡河。取高闕。據陽山北假中。注。北假。北方田官。主以田假與貧人。故云北假。水經注。北假地名。自高闕以東。夾山帶河。陽山以西。皆北假也。有唐西受降城在黃河北岸。新唐書地理志。豐州有西受降城。開元十年。總管張說於城東別置新城。北三百里有鸊鵜泉。唐景龍二年張仁愿築。元和志。西受降城在豐州西北八十里。蓋漢朔方郡臨河縣故理處。開元初爲河水所壞。至開元十年。總管張說於故城東別置新城。其後城西南隅又爲河水所壞。正東微南至天德軍一百八十里。東南渡河至豐州八十里。西南至定遠城七百里。北至磧口三百里。先是朔方軍北與突厥以河爲界。河北岸有拂雲堆祠。突厥將入寇。必詣祠祭酹。因牧馬料兵而後渡河。張仁愿爲總管時。突厥默啜盡衆西擊突騎施波葛。仁愿請乘虛奪取漠南之地。於河北築三受降城。首尾相應。以絕其南寇之路。中宗從之。六旬而三城俱就。以拂雲祠爲中城。與東西兩城相去各四百餘里。北拓地三百餘里。於牛頭朝那山之北。置烽堠一千八百所。自是突厥不得度山放牧。朔方無復寇掠。唐文粹載有呂溫三受降城碑銘李華三城韓公廟碑序又李益鹽州過胡兒飲馬泉詩首二句云綠楊著水艸如煙舊是胡兒飲馬泉自注鸊鵜泉在豐州城北胡人飲馬於此度破訥沙詩曰破訥沙頭雁正飛鸊鵜川上戰初歸平明日出東南地滿磧寒光生鐵衣暖川詩曰胡風凍合鸊鵜泉牧馬千羣逐暖川塞外征行無盡日年年移帳雪中天有天德軍城在中受降城西北二百里唐天寶中置元和志天德軍舊理在西受降城權置軍馬於永清柵（清疑濟譌）元和九年詔移理舊城本安北都護貞觀二十一年於今西受降城東北四十里置燕然都護以瀚海等六都督皋蘭等七州並隸焉龍朔二年移於磧北回鶻本部仍改名瀚海都護總章二年又改名安北都護尋移於甘州東北一千一十八里隋故大同鎮垂拱元年置同城鎮其都護權移理刪丹縣西南九十九里安西城景龍二年又移理西受降城開元十年又移理中受降城天寶八年張齊邱又於可敦城置橫塞軍於大同川西築城名曰天安軍移理焉乾元後改爲天德軍緣居人較少西南移三里權居永清柵其理所又移在西受降城自後頻爲河水所侵至元和八年黃河泛溢城南面毀壞轉多李吉甫請脩天德舊城以安軍鎮詔從之

於是復移天德軍理所於舊城焉西南渡河至豐州二百里西北至橫塞軍城二百里西至西受降城一百八十里西南至新宥州一百里東南至中受降城二百里遼史地理志西京道天德軍本中受降城唐乾元中改置天德軍移永濟柵今治是也太祖平黨項遂破天德盡掠其民以東後置招討司以國族爲天德軍節度使有黃河黑山峪盧城威塞軍秦長城唐長城又有牟那山鉗耳嘴城在其北有故大同城在天德軍城西南三里隋時所築隋書長孫晟傳開皇十九年染干因晟奏雍閭作具欲攻大同城詔發六總管分道出塞討之唐書地理志天德軍乾元後徙屯永濟柵故大同城也有故雲內州城遼史地理志西京道雲內州開遠軍本中受降城地遼初置代北雲朔招討司改雲內州清甯初升有威塞軍古可敦城大同州天安軍永濟柵安樂戍拂雲堆領柔服甯人二縣舊志金雲內州領柔服一縣大定後省甯人縣入之增領雲川縣元初省柔服雲川二縣仍爲雲內州屬大同路明初廢宣德初置設官兵戍守正統中遷代州應渾等處有蘇武廟在故雲內州北

旗西北七十里有大青山蒙古名漠喀喇百里有赤城山蒙古名烏蘭拜星百二十里有東德爾山百三

十里有西德爾山百六十里有鄂博圖喀喇山百七十里有莫墫鄂博圖喀喇山百八十里有牀山蒙古名席勒百九十里有阿爾柴山有連山蒙古名和岳爾喀喇鄂博有馬神山蒙古名翁衮二百四十里有巴爾喀山山高大東西百餘里二百八十里有碧柳圖山旗西北百里有魚海蒙古名札哈蘇台亦名魚兒海又謂之魚海子唐岑參詩洗兵魚海雲迎陣是也二百里有柳河蒙古名布爾哈圖源出陽山東平地西南流會敖泉入黃河有哈柳圖河源出席勒山北平地南流會席勒河經馬神山又西南折入黃河旗西北四十里有合泉五十五里有察罕泉六十五里有克布爾泉九十里有烏蘭拜星泉九十五里有布琳泉百五十里有冷泉蒙古名奎騰二百里有深井蒙古名敖泉百八十里有托博克蘇海泊三札薩克同駐哈達瑪爾一統志鐵柱谷蒙古名哈達瑪爾谷南有鐵柱泉隸烏蘭察布盟貢道由殺虎口所部三旗歲貢如鄂爾多斯

喀爾喀右翼部在張家口西北七百十里至 京師千一

百三十里東西距百二十里南北距百三十里東至四子部落界西至茂明安界南至歸化城土默特界北至瀚海漢定襄雲中二郡北境唐振武軍地遼爲豐州地屬西京道金因之元屬大同路明入於蒙古元太祖第十六世孫格埒森札札賚爾琿台吉第三子諾諾和偉徵諾顏有子二長阿巴泰號鄂齊賴賽因汗爲中路土謝圖汗祖次阿布瑚號墨爾根諾顏子喇瑚里號達賴諾顏有子五長本塔爾一統志作本達爾伊世爲喀爾喀中路台吉順治十年本塔爾以與土謝圖汗隙率其弟巴什希札木素額璘沁及從弟袞布攜戶千餘來歸本塔爾弟四人其仲

色爾濟獨留喀爾喀至其孫禮塔爾始來歸見土謝圖汗部賜牧塔爾渾河是爲喀爾喀右翼一旗札薩克多羅達爾漢貝勒游牧初本塔爾來歸封札薩克和碩達爾漢親王世襲罔替本塔爾卒子訥內襲訥內卒子詹達固密降襲多羅貝勒一統志固譌因又云康熙九年降封多羅達爾漢郡王亦誤佐領四牧地有愛布哈河塔爾渾河合流豬爲阿勒坦托輝諾爾愛布哈河舊作愛畢哈在旗西北六十里自茂明安界流入境經旗北三十里白雲山及旗東北七十里察罕鄂博之間東流出卡倫邊塔爾渾河舊作他魯渾源出旗西南三十里之辱孤山東北平地北流會愛布哈河又東北出邊豬爲阿勒坦托輝泊東至額古爾圖華六十五里接四子部落界東六十五里有拜音陀羅海山旗南至哈達滿勒河源七十里接歸化城土默特界西至烏蘭戶特圖克

五十五里接茂明安界。旗西三十里有噶順泊。五十五里有西巴爾圖鄂博岡。**北至岳索山。**六十里接土謝圖汗部左翼中旗界。旗北三十里有白雲山。蒙古名察罕和碩。五十里有雅布哈鄂博岡。六十里有喀喇鄂博岡。**東南至陀索圖鄂博。**九十里接四子部落界。旗東南五十里有西神山。蒙古名巴林翁袞。有烏蘭鄂博岡。九十里有翁袞鄂博岡。旗西二十里有鹽池。蒙古名達布遜泊。**西南至魏邁烏蘭和碩。**百里接茂明安界。旗西南三十里有屋孤山。蒙古名巴爾加。五十里有哈達圖山。百里有罽嶺。蒙古名毛德爾。**東北至察爾山。**七十里接土謝圖汗左翼中旗界。旗東北四十五里有摩禮圖鄂博岡。**西北至塔起爾克圖鄂博。**六十里接烏喇特界。旗西北十里有車爾泉。四十五里有布祿魯泉。**札薩克駐塔爾渾河。**會典作駐巴彥鄂博河。**隸烏蘭察布盟。貢道由張家口。**

蒙古游牧記卷之五

邵武楊樞孫覆校

蒙古游牧記卷之六

平定張　穆撰

光澤何秋濤校

內蒙古伊克昭盟游牧所在 鄂爾多斯

鄂爾多斯部在歸化城西二百八十五里河套內至京師千一百里東西北三面距黃河黃河自甯夏府寶豐縣界北流出邊經右翼中旗東納伯穆泊西納騰格里泊分數道折東流經右翼後旗界復合又東南納布爾哈蘇台河喀喇河西都爾呼河又經左翼後旗北納博托河蘇爾哲河南納哈拉奔那河折東南流其東岸爲圖爾根河口烏蘭木倫河口接歸化城界又經左翼前旗入邊爲榆林府界通典河水自靈武郡西南便北流凡千餘里過九原郡乃東流自靈武以北漢人謂之西河自九原以東謂之北河元和志勝州榆林縣榆林關在縣東三十里東北

臨河又河濱縣黃河在縣東一十五步濶一里不通舟楫榆林志黃河在榆林衛北千里自甯夏橫城堡西折而北逕三受降城南至廢東勝州西折而南入府谷縣皇甫川東九里其中謂之河套周回數千里一統志鄂爾多斯三面皆距黃河自山西偏頭關至陝西甯夏衞延長二千里有奇東至歸化城土默特界世系詳卷二十土默特部後歸化城在殺虎口北二百里蒙古名庫庫河屯周圍二里高三丈南北門各一外郭東西南三面三門明俺荅歸順改賜今名太宗崇德三年三月追喀爾喀札薩克圖汗至此諭古祿格及右翼都統杭高日爾等所守城小壕狹勢難禦敵宜於城外建築城垣以資捍禦垣如城然高一丈五尺濶稱之俾可屯兵其上垣四面置四門門置甕城四隅各置望樓垣外環以深壕工竣之日內城外垣嚴加防守敵自不敢窺伺爾等其善為之於是命王貝勒以下梅勒章京以上各出銀赴歸化城貿易康熙三十五年　聖祖仁皇帝親征噶爾丹自白塔駐蹕於此受厄魯特俘犒西路凱旋之師焉城西南三十四里爲渾津村村南十里外有渾津巴爾哈孫舊城基址城北有黑河向西流城西南百四十里

舊有托托城在黃河東岸即河灘河朔地今設托克托理事同知廳綏遠城在歸化城東北五里周囘二千丈高二丈四尺門四乾隆四年建移右衞建威將軍駐其內有碑記云城在歸化城之東北五里許大青之山擁其後伊克土爾根巴哈土爾根之水抱其前喀爾沁之水帶其左紅山口之水會其右地勢寬平山林拱向實當翁公嶺喀爾沁口軍營之衝西至喀爾喀界南至陝西長城界西南至甘肅長城界北至烏喇特界本秦新秦中地史記始皇本紀三十二年使將軍蒙恬將兵三十萬人略取河南地漢書食貨志徙貧民充朔方以南新秦中漢初爲匈奴所有武帝元朔二年置朔方郡漢書武帝紀元朔二年遣將軍衞青李息收河南地屬并州朔方郡領縣十三封朔方脩都置朔方五原郡臨河呼遒窳渾渠搜沃壄廣牧臨戎後漢末廢晉永嘉後歷爲前後趙前後秦地義熙中赫連勃勃據此都黑水南號統萬城詳見穆所譔延昌地形志夏州下宋李燾長編太宗時

以夏州深在沙漠本好雄竊據之地欲墮其城遷民於銀綏間問宰相呂蒙正對曰自赫連築城以來頗與關右爲患若遂廢毀萬世之利也李繼隆聞朝議欲墮夏州遣其弟苑洛使繼和與監軍秦翰等入奏以爲朔方古鎮賊所窺覦之地存之可依以破賊幷請於銀夏兩州南界山中增置堡戍以遏其衝且爲內屬番部之蔽而斷賊糧運不報淳化五年詔墮夏州故城一統志夏州故城在懷遠縣西本漢奢延縣地　道光二十五年榆林府知府徐松檄懷遠縣知縣何丙勳確查夏統萬城故址丙勳於是攜南鍼紙筆隨步定向從縣城外之圁水西渡出邊牆又西渡磨姑河又西渡黑水河又西渡無定河地勢邐而高曼陀二里許至舊相傳之白土城細加相度在懷遠城正西九十七里黑水河在無定河東距縣城五十里與所謂城在黑水之南者不合惟去白土城北五十里有淳泥河東入無定河之下流疑淳泥河爲古黑水其地有土城周圍三重俱用土築渡無定河西行二里許進頭道城又西半里許進二道城又西數十武進三道城頭二道城內但餘瓦礫三道城內南面西隅鐘樓東隅鼓樓鼓樓僅存基址堅築白土墩高五六丈無級可乘鐘樓尚堪登眺高約十餘丈白

土築成雞籠頂式大廈一間半已圮其半懸鐘屋頂形迹宛然周圍飛欄八層插椽孔穴歷歷可數尚有三四孔餘松椽半橛問椽之長出者悉爲韃韃綵升拔而薪之矣南面列土墩七堅硬如石似係臺樓之基北頭有白土城似係宮殿之基北城東西兩角亦有土墩當即俗所謂轉角樓者內城東西不及一里南北約一里有餘土人云每朔望昧爽時空中輒現城闕之形城南無定河自西西南來斜絡城南轉抱東城而東北流丙勳徧訊土人僉稱此城之外懷遠草地別無故城基阯查縣西八十里無定河之北黑水之南亦并無堪建都會地勢疑此即所謂故統萬城也後魏爲統萬鎮地後爲夏州北境隔於其地東置勝州其地在套內東北瀕黃河屈南流處與遼金東勝州相近但隔河耳唐勝州在豐州東西置豐州大業初改勝州爲榆林郡豐州爲五原郡後廢唐貞觀中復置勝豐二州天寶元年改勝州爲榆林郡豐州爲九原郡乾元元年俱復故名其南境又

有宥州俱屬關內道唐末拓跋思恭鎮此思恭以討黃巢有功賜姓李有銀夏綏宥靜五州之地見宋史西夏傳五代至宋金皆爲西夏所有元滅夏立西夏中興等路後廢其地東屬東勝雲內二州及延安甯夏等路明初城東勝等州並立屯戍耕牧其內明史韃靼傳河套自甯夏至偏頭關延袤二千里饒水草外爲東勝衞東勝而外土平衍敵來一騎不能隱明初守之天順間蒙古酋長阿羅出與毛里孩始入河套乩加斯蘭復糾合滿都護倚爲巢穴宏治間火篩復入其中延綏志明初王保保據河套洪武中追逐之築東勝等城並立屯戍天順六年毛里孩阿羅出孛羅忽三部始入河套成化四年阿羅出爲其黨乩加斯蘭所殺併其衆而結元裔滿都魯居河套九年總督王越率兵擊敗之乃渡河北去宏治八年北部復入河套未幾火篩據之總制楊一淸上言河套當復會劉瑾用事

尋得罪去其後遂屢入寇嘉靖中無歲不擾總督曾銑請復河套嚴嵩譖殺銑自後無敢議者案阿羅出諸部以蒙古源流考之所謂毛里孩者翁里郭特之摩里海王也蒙古摩倫汗初育於其家及汗嗣位乃復弒之事在景泰天順間所謂乩加斯蘭者永謝布之伊巴里台吉也滿都護者鄂爾多斯之滿都賚阿都勒呼也初達延汗議以次子烏嚕斯博羅特為右翼三萬人濟農伊巴里及滿都賚諸人惎之遂治兵相攻其情事尚約畧可尋獨所謂火篩者不可攷耳

元太祖十六世孫巴爾蘇博羅特達延汗之第三子也始命為管領右翼三萬人濟農蒙古源流達延汗因伊巴里滿都賚無故加害烏嚕斯博囉特遂令阿巴噶科爾沁等帶領左翼三萬人前往征之鄂爾多斯之兵大半死焉右翼內或有投降者其餘被達延汗驅至青海將三萬人盡行收服於河津柴木達之上將鄂爾多斯之滿都賚阿固勒呼殺死永謝布之伊巴哩太師隻身走入白帽之哈密城被其人所殺達延汗遂收服右翼平定六萬兵民大衆於君汗之八白室前稱汗號令巴爾斯博囉特為管領右翼三萬人濟農併授賽

音阿拉克案此事在正德七年壬申此後鄂爾多斯遂永為達延汗子孫所據不應更有擊破火篩之事疑明人記述有舛長子袞弼哩克圖墨爾根明史謂之吉囊嗣爲濟農案吉囊即濟農譯音之變博明西齋偶得曰吉囊者濟農也譯為郡王居河套者為鄂爾多斯是也惟明人不知其為號而以為名至袞弼哩克圖卒子諾延達喇嗣為濟農明人疑父子不應同名則曰吉囊子吉能更不究其名義為可笑耳號車臣可汗嘉靖中擊破火篩居之是爲鄂爾多斯有子九分牧而處案蒙古源流達延汗初命次子巴爾斯博羅特統率右翼三萬人長子袞必里克墨爾根濟農丙寅年生祉[illegible]占據鄂爾多斯萬人而居生子九長諾顏達喇濟農壬午年生占據四營次拜桑固爾癸未年生占據右翼扣克特錫包沁烏喇特圖伯特次衛達爾瑪癸未年生占據右翼達喇特杭錦墨爾格特巴罕次諾木塔爾尼甲申年生占據右翼巴蘇特衛新次布揚古賚丙戌年生占據右翼伯特金哈里郭沁次班札喇戊子年生占據左翼浩齊特克哩野斯次巴特瑪繖巴斡庚寅

年生占據左翼察哈特明阿特科爾沁之二十四處次阿穆爾達喇辛卯年生占據右翼四鄂托克衛郭爾沁次鄂克拉罕癸巳年生占據右翼三鄂托克阿瑪該而居服屬於察哈爾今鄂爾多斯七札薩克皆其裔康熙三十五年聖祖仁皇帝親征噶爾丹至所部界札薩克等率屬渡河朝御營獻馬上手書諭皇太子曰朕至鄂爾多斯地方見其人皆有禮皃不失舊時蒙古規模各旗俱和睦如一體無盜賊駝馬牛羊不必防守生計周全牲畜蕃盛較它蒙古殷富圍獵嫺熟雉兔復多所獻馬皆極馴取馬不用套竿隨手執之水土食物皆甚宜

正中近東爲左翼

中旗本隋唐勝州地札薩克多羅郡王游牧袞弼哩克圖璺爾根曾孫博碩克圖明人謂之卜失兔萬厤三十五年總督徐三畏言河套之部與河東之部不同東部事統於一約誓定厤三十年不變套部分四十二枝各相雄長卜失兔徒建空名於上林丹汗惡之奪濟農號天聰九年察哈爾滅子額璘

臣來歸

賜復濟農號順治六年來朝封多羅郡王世襲罔替佐領十七牧地有納瑪帶泊喀錫拉克河出旗界東北流豬焉東至袞額爾吉廟六十五里接左翼前旗界旗東二十五里有紫河蒙古名烏蘭木倫源出臺石坡西平地西南流入邊城五十八里有喀楚爾河源出喀楚爾坡西平地西南流會紫河入神木縣為屈野河六十二里有鯀額爾吉河源出鯀額爾吉坡南平地西南流會喀楚爾河南至神木營二百里接邊城界理藩院則例載湖灘和碩至中衛沿邊鄂爾多斯六旗設辦理蒙古民人事務官一員駐札神木朔漠方略自神木由口外往榆林之路五十里至俄爾几和泉為一宿六十里至商所爾河為一宿六十里至伊克博東泉為一宿八十里至楚兒哈齊井為一宿又七十餘里至榆林俱沙路自邊關外至寧夏之正路無人知之但由神木過貝勒汪舒克所居阿都海之地接擺站大道有一路若從此往則自神木五十里至俄爾几和泉為一宿四十里至塔拉泉為一宿七十里至摩都圖湖為一宿八十里至俄欽湖為一宿七十

里至俄都海爲一宿七十里至大路察漢札達海五十家驛爲一宿七十里至貝勒宋喇卜所居西拉布里都爲一宿六十里至博羅札喇克井爲一宿六十里至賽馱井爲一宿六十里至沙克舒爾井爲一宿六十里至拜都井爲一宿五十里至祁乞特泉爲一宿四十里至横城口爲一宿又三十餘里至甯夏城自神木邊至察罕札達海五十家驛路中水草柴薪無誤行道沙多自察罕札達海至横城口路平水略少　旗南有古白土故城漢置屬上郡後漢因之晉省水經注圁水出白土縣圁谷東逕其縣南括地志白土故城在鹽池東北三百九十里一統志案其地近今神木縣北西至察漢額爾吉五十里接右北翼前旗界至喀賴泉百二十里接右翼後旗界東南至賀岳爾門綽克百八十里接邊城界　旗東南有美稷故城漢置屬西河郡後漢因之晉省水經注湳水出西河郡美稷縣是也西南至額勒蘇特烏蘭陀羅海六十里接邊城界　旗西南三百五十里有清湖亦名青山湖近榆林甯塞堡北蒙古名佟哈拉克諾爾清水河注其內又有彬艸湖在甯塞堡西北莜麥湖在噂井堡

邊外。又明沙湖。在鹽場堡北邊外赤木屯之西。東北至噶該陀羅海。九十里接左翼後旗界。西北至喀喇札喇。九十里接右翼後旗界。札薩克駐鄂錫喜峯。一統志。平地中突起一峯。正西近南。為右翼中旗。本漢朔方郡南境。隋唐置豐州。元和中移置宥州於此。札薩克多羅貝勒游牧。領璘臣族子善丹。崇德十六年來朝。順治七年。封札薩克多羅貝勒。世襲罔替。子索諾木。孫松喇布。俱以經理驛站功。晉封多羅郡王。後仍襲貝勒。佐領八十四。牧地當騰格里泊。案即古屠申澤也。漢書地理志。朔方郡窳渾。屠申澤在東。水經注。河水又北逕臨戎縣故城西。元朔五年立。舊朔方郡治。又北有枝渠東出。謂之銅口。東逕沃野縣故城南。又北屈而為南河出焉。又北迤西溢於窳渾縣故城東。元朔二年開朔方郡治。其水積而為屠申澤。澤東西一百二十里。闞駰謂之渾澤。屈從縣北流又屈而東流爲北河東逕高闕南又東逕臨河縣故城北至河目縣西南屈逕河目縣左北假中又南合南河一統志案黃河北流經古朔方城之西行五百餘里一支分爲二岐東注水經所謂南河也其北河流至套外之阿爾布坦山南迤西溢爲大泊土名騰格里腦兒自此屈而東流過古高闕南行二百里許稍東南又折而西南與南河合水經所謂北河南屈逕河目縣左又南合南河是也水道提綱黃河北經阿布山塞爾旺喀喇山西麓至白塔之東一東北稍曲折北流岐爲二派一東北流經後旗西北境一北流注騰格里鄂模即古窳渾之屠申澤也池東西甚長其西北有水名哈爾哈納河南流入焉池自西南迤而東北周百餘里又從池東北出會北來之阿爾坦河 又東至察罕札達海東北爲庫庫鄂模始折而東北流

泊七十里接右翼後旗界 南至賀通圖山俗名回回墓三百七十里接右翼前旗界 旗南三百六十里有蘇海阿魯山康熙二十二年松喇布以牧地狹請移蘇海阿嚕 遣侍郎阿喇尼勘奏距定邊興武營邊或五六十里或百里非邊內可耕地應允其移牧 旗南二百九十里有銀盤水蒙古名西

黑爾三百九十里有淸水河蒙古名佟哈拉克源西至
出邊內北流入佟哈拉克池百十里有特墨圖池
察罕托輝二百五十里接賽因諾顏左翼右旗界康熙
三十一年松喇布奏察漢托輝外地多獸乞
免獵禁幷請由黃河造船渡允之五十二年
詔定其部牧界先是郡王松喇布請暫牧察罕托
輝尚書穆和倫等往勘議於柳墊剛柳墊房墊西墊四
臺外暫令駐牧至是甯夏總兵范時捷奏察罕托輝係
版圖內地蒙古游牧與居民樵採混不便請令仍以黃
河爲界乾隆四十九年陝甘總督福康安奏稱鄂爾多
斯黃河改向西流原在河西民人反在河東該處蒙古
貪利濫以現行黃河爲界謂民人占據伊等游牧地方
呈控派侍郎賽音博爾濟圖前往履勘仍照從
前所定黃河舊流之地爲界釘椿立碑辦理完結方
略雍正四年二月議開察罕托輝河渠公舅舅隆科多
等奏言臣等到甯夏阿拉善山前相視自察罕托輝至
石觜子一百里其野廣平土脈肥潤籽種易生其地性
較暖可引水如西河六羊河並古渠大溝黑龍口倒流
河新河黃泥河董家河悉前人引水分水故道以年久
多淤塞然形跡尙存今若更修建渠壩及放水閘其兩

岸可以墾田萬頃又據甘肅巡撫石文焯等奏言甯夏東北五十里曰察罕托輝其地南北延袤百餘里東西廣四五十里或二三十里東界黃河西界西河地平衍可開墾自鄂爾多斯遷後十餘年民間有私墾者若令開渠通水築堤建閘以時啟閉用資灌溉則曠土可盡爲沃壤今相度地勢自雙廟埠至六羊河可百餘里請倣漢唐諸渠法開渠一道建正閘一攔水閘稍閘各一退水湃一又六羊河口近黃河處亦建正閘攔水閘稍閘各一以資蓄洩又自上泗埠至六羊河岸東距黃河五里許築堤一道約長百里可以永禦黃水墾田六十餘萬畝議政王大臣等議覆曰察罕托輝至漢及唐爲靈州地當時廣置屯田元至正間置屯田萬戶所明時套夷渡河而西侵據內地葫蘆河之東居民不得耕種實始棄之我朝德化廣被諸番臣服鄂爾多斯移歸套內以河爲界察罕托輝地入隸版圖案甯夏衞志漢唐二渠之支流有百家艮由滿達拉等渠舊在察罕托輝左右若倣其遺跡開渠建閘甚善但隆科多石文焯所言建閘築堤處情狀各異臣等不能懸定方今總督岳鍾琪赴布隆吉爾相視地勢請以奏摺地圖令大理寺卿通智齎往同岳鍾琪至察罕托輝等處照圖驗實

具奏從之臣等謹案世宗憲皇帝特命
大臣賫地圖到阿拉善山前相度泉流求復故道爰發
帑金於河西牧場之地經理挑濬開惠農及昌潤二渠
溉田數十萬頃遂爲萬世永賴　旗西百三十里有色
爾騰山旗西五十里有巴哈托蘇圖河源出巴歡泉
西北流會伊克托蘇圖河入黃河二百二十里有博木
池大小折蘇圖河合
注入之又西入黃河
北至馬陰山
百十里接右翼後旗
界山北平地西喇木
倫河出北流入
鄂爾吉虎諾爾
東南至庫克陀羅海
百里接右
翼前旗界
西南至
橫城口
三百三十里接邊城界案橫城堡在甯夏東北
西當長城斷處其東南即清水營及興武營花
馬池邊內地康熙三十六年松喇布奏向市橫城距牧
遠乞近市定邊花馬池平羅城又邊內民有願出邊赴
車林塔拉蘇海阿噜諸地耕者乞勿禁從之朔
漠方略自安邊由口外至橫城之路自蘇海阿噜八十
里至巴顏和碩有井二口七十里至班土庫木有井二
口一小水泊水鹹七十里至伊克什克爾湖水鹹有井
三口七十里至庫克叙岔有井二口六十里至哈畢圖
興武營有井四口七十里至科爾格大湖六十里至[illegible]

城共四百八十里此路水少而艸亦惡又安邊八十里外定邊相近有一泉自定邊至花馬池六十里邊外有一泉自花馬池至清水營一百七十里外有一大湖除此三處之水外其餘當宿之地無水邊外不可行旗西南三百三十里有庫葛爾黑河源出庫葛爾黑泉南流入邊又西折出邊入黃河明統志黑水河在甯夏衛城東番名喀喇禿速西流注黃河

東北至鄂蘭拜百二十里接右翼後旗界旗東北四十二里有達蘭土魯池

西北至阿爾布坦山舊名省鬼山二百二十里接賽音諾顏部界寰宇通志山踰黃河因省鬼城而名黃河東有省鬼口為防禦要地其下有城西夏所築也穆案鄂爾多斯盟名伊克昭蒙古謂大曰伊克廟曰昭夫此大廟之名曷起乎理藩院則例載伊克昭境內有青吉斯汗園寢鄂爾多斯七旗向設有看守園寢承辦祭祀之達爾哈特五百戶每年共出銀五百兩以供祭祀修理之用於該盟內奏派賢能札薩克一員專司經理然則伊克昭之名為因青吉斯汗園寢得名矣而園寢所在無的處史稱元世諸帝自太祖以下皆葬起輦谷起輦谷何在於名家譔述亦無徵也案蒙古源流卷四載青吉斯汗於

歲次丁亥七月十二日歿於圖爾默格依城於是以輦奉柩至所卜久安之地因不能請出金身遂造長陵共仰庇護於彼處立白屋八間在阿勒坦山陰哈岱山陽之大謨特克地方建立陵寢號爲索多博克達大明青吉斯汗自後元裔之襲汗號者率即位於八白室前卷六載達延汗降旨云鄂爾多斯者乃爲汗守禦八白室之八屬大有福者阿勒坦山即此右翼中旗西北之阿爾布坦山康熙圖載阿爾坦山在河套外騰格里泊西北五十里許與喀爾喀接界是善巴再從弟丹津額爾德尼之祖畢瑪哩吉哩諦牧地也方略康熙十九年噶爾丹屬私掠內札薩克烏喇特部界畢瑪哩吉哩諦以所居哈魯特山距烏喇特六日程處還掠　詔設汛防禦一統志稱丹津額爾德尼駐牧地北至阿爾泰山陰然則哈岱山即畢瑪哩吉哩諦所居之哈魯特山矣又土默特德貝子號知蒙古掌故徐君松述其語云元太祖葬地在榆林邊外極西北地名察罕額爾格察罕白也額爾格帳房也貝子此語與八白室義合然則額爾格即謨特克譯字之變大謨特克地方即史所稱起輦谷其地在今寶因諾顏左翼右旗與鄂爾多斯右翼中旗兩界之交無疑也又案葉子奇草木子元諸帝

陵皆在起輦谷其國制不起墳壠葬畢以萬騎蹂之使平殺駱駝子於上以千騎守之來歲春艸既生則移帳散去彌望平衍人莫知也欲祭時則以所殺駱駝之母爲導視其躑躅悲鳴之處則知葬所矣故易世之久子孫亦不能識也而世遂訛以元陵爲在歸化城西北祁連山中張文端漠北日記云出歸化城行九里入祁連山此山亦名祁連非甘伊以西之祁連也遠望石峯疊翠入其中則平阜蜿蜒相傳元世帝后俱瘞居此山而不立陵墓云云徐蘭謁元世祖陵詩注陵無封樹獵者或踐其地輒有風雷之異詩云聞昔朱明修祀典曾命禮臣巡禹甸伏羲下逮宋理宗三十六陵皆祭徧祁連因未入提封欲齎香帛無由從埽階席屋順天府春秋遥望青芙蓉芙蓉青青亂雲宿中有三間老瓦屋征人遥望綠琉璃知是元家起輦谷沿誤與文端同至龔之鑰後出塞錄稱起輦谷在房山縣又因順天府望祭之說而誤所謂岐中之岐也惟我 朝既於伊克昭盟特設有祭祀修理之札薩克而禮部則例載祭歷代帝王各於其陵元太祖世祖則遥祭於順天府清河北仍沿明制殊爲岐互此又祀典之必當刊正者 旗西北百十里有黃艸山蒙古名庫勒爾齊百二十里有哈伯察

齊山鄂蘭喀喇陀羅海山百二十五里有郡隆山二百四十里有色爾蚌喀喇山旗西北百里有伊克托蘇圖河源出布海札喇克之地西流會黃河札薩克駐錫喇布里多諾爾直甯夏東北三百五十餘里鄂蘭河東流滔賴河北流合而豬焉東南為左翼前旗本古榆林塞史記趙世家武靈王二十年西略地至榆中林胡王獻馬歸正義曰勝州北河北岸也漢書韓安國傳王恢曰蒙恬為秦侵胡辟數千里以河為竟累石為城樹榆為塞又衛青傳青度西河以至高闕遂西定河南地按榆谿舊塞絕梓嶺梁北河師古曰上郡之北有諸次山諸次水出焉東經榆林塞為榆谿言軍尋此塞而行也水經注諸次水東逕榆谿塞世又謂之榆林山即漢書所謂榆谿舊塞者也自谿西去悉榆林之藪矣緣歷沙陵屆龜茲縣西去故謂廣長榆也王恢云樹榆為塞謂此也通典榆林塞在勝州榆林郡南界元和志榆林縣地北近榆林即漢之榆谿塞九邊圖說秦榆谿舊塞西屬朔方東為河西西南有上郡而黃河三面環之漢歷隋唐皆為邊鎮宋沒於西夏後為章孔興所據明初定陝西設綏德衛於發兵屯道榆林西略豐州築城

東勝以統領套內自正統末盡爲吉囊父子所據都督王楨遷築榆林城於上郡僅足蔽延安綏德而已隋置榆林郡唐屬勝州置河濱縣元和志河濱縣本漢沙城縣地隋爲榆林縣地貞觀三年於此置河濱縣東臨河岸因以爲名改雲州爲威州八年廢威州以縣屬勝州河濱關在縣東北貞觀七年置寰宇記縣在勝州南一百九十里五代時與州俱廢一統志按此在黃河西岸爲唐時勝州之河濱若遼置東勝州亦領榆林河濱二縣其地在黃河東岸非隋唐舊地也宋爲西夏所據明初榆林左衛地札薩克固山貝子游牧額璘臣從子色稜順治六年封札薩克固山貝子世襲罔替康熙十五年卒十六年追敘復神木城功子袞布喇什晉多羅貝勒袞布喇什卒子根都什轄布仍襲貝子佐領四十二牧地東至湖灘河朔百四十五里接歸化城土默特界案古君子津當在此間

水經注河水於楨陵桐過二縣間濟有君子之名魏書昭成帝建國二十五年南巡至君子津世祖始光四年詔執金吾桓貸造橋於君子津元和志勝州河濱縣黃河在縣東一十五步渡處名君子津　朔漠方略康熙三十五年十一月　諭皇太子曰二十七日駐蹕麗蘇邨二十八日駐湖灘河朔漢人稱此爲脫脫城此即黃河之岸波流甚緩非南方黃河之比較天津入海狹河尤狹二十九日朕詣河干將河測量其闊五十三丈仰射而過五十餘步於是登舟逆流舉棹以試水勢船猶可行自歸化城至黃河岸一百七十里又自湖灘河朔起至甯夏止安十三塘布顏努坐烏蘭巴爾哈孫金鉉坐呼蘇臺馬之德坐哈什拉克劉世隆坐額冷烏黑禮陸芝秀坐白塔巴圖坐察罕齊老圖陳世安坐鄂爾濟圖蘇麥覺羅明玉坐達布素諾爾宜思孝坐托索圖果兒蘇達坐穆色吳興祚坐尚索爾祖興邦坐拜圖劉思炎坐祁它特布拉克自祁它特布拉克至横城驛三十里安塘畢　高士奇扈從集六師冰渡黃河詩注湖灘河朔在歸化城西北三百里即黃河上源河西北二千餘里即河套今爲鄂爾多斯地十月二十八日至河岸河流甚駛色不甚黃次早即流凌難渡十一月初

五日上源氷合人馬在水上行岸南一土城大十餘里名日脫脫城相傳爲脫脫所築城內荒蕪今惟築倉廒貯糧即向年所運者旗東五里有克丑河源出噶克叙昌頓東平地東南流會芹河二十五里有芹河蒙古名伊克錫喇爾吉台源出都爾伯忒拜坡東平地南流入邊城爲府谷縣界之清水川五十五里有小芹河蒙古名巴哈錫喇爾吉台源出得勒蘇台坡南平地西南流會芹河七十里有塔爾奇爾河源出噶克叙墨頓東流入黃河入十里有布林河源出察木哈克泉東南流入黃河又旗東七十里大昆兌河入黃河處爲娘娘灘蒙古名伊克昆兌八十五里小昆兌河入黃河處爲太子灘蒙古名巴哈坤兌**南至清水營**百十里接邊城界旗南三十里有西河源出科爾几東流會芹河四十里有葦爾圖河源出古爾板多博坡南平地南入邊城**西至鯀額爾吉廟**百里接左翼中旗界旗西三十四里有布喀河源出博羅巴爾哈孫東平地西南流會紫河六十里有陀索圖河源出得勒蘇台坡西平地南流會布哈河八十里有蘇桂河源出翁袞坡南平地南流會布哈河**北至賀陀羅海**百里接左翼後旗界旗北四

十里有巴哈得石峯東南至喀喇和碩八十五里接邊城界旗東南六十里有夾山蒙古名和岳爾喀喇陀羅海遼天祚失國東遁入夾山疑即此也旗東南八十里有小昆兌河東南流入黃河八十五里有哈岱河源出賀岳爾博金坡南平地東南流入黃河西南至額勒默圖百里接邊城界旗西南百四十里有博羅哈爾吉圖河源出平地南流入邊城一統志按此河及漳河即府谷縣界之九股水也東北至黃河百三十里接歸化城土默特界旗東北百三十里有東四海泉西北至可退坡八十里接左翼後旗界旗西北六十里有得石峯札薩克駐札拉谷東北為左翼後旗本漢沙南縣地屬雲中郡故城在今府谷縣東北隋唐勝州榆林郡治隋書地理志榆林郡開皇二十年置勝州大業初置郡元和志勝州戰國時為晉趙地始皇時為雲中郡漢末匈奴侵邊其地遂空晉末屬赫連氏後魏迄周往往置鎮不立郡縣隋開皇三年於此置榆林關七年又置榆林縣屬雲州二十年割雲州之榆林富昌金河三縣置勝州大業五

年以勝州爲榆林郡十五年郡人郭子和以城入突厥武德四年子和歸國其地又陷梁師都貞觀二年平師都三年仍隋舊理置勝州以決勝爲名西南至麟州四百里至夏州九百里南至銀州七百里北至豐州七百里又榆林縣郭下本漢沙南縣地北近榆林即漢之榆溪塞因名屬雲州二十年改屬勝州榆林關在縣東三十里開皇三年置寰宇記勝州西北至河十里正東至河四十里陝西通志勝州城在榆林衛東北四百五十里一統志按隋唐勝州在套內東北瀕黃河屈南流處與遼金東勝州相近但隔河耳又按唐勝州在豐州東不在南元和志於豐州下既云東至勝州五百三十里此又云北至豐州七百里疑誤

札薩克固山貝子游牧額璘臣從弟沙克札崇德六年來朝順治七年封札薩克固山貝子世襲罔替佐領四十牧地東至黃河冒帶津百五十里接歸化城土默特界旗東十二里有坎台河源出布木巴泉東北流入黃河五十里有喀錫拉克河源出色泊呼勒泉東北流入柰馬代泊百十里有瀕河蒙古名折葛蘇台源出托諾克

陀羅海山東北流入捕魚池百四十里有蒲河蒙古名呼魯蘇台源出察罕陀羅海岡東北流入蒲池　旗東四十三里有柰馬代泊百十里有捕魚池蒙古名折葛蘇台漁河注入其中百三十里有蒲池蒙古名呼魯蘇台蒲河注入其中百四十里有黑水池蒙古名喀喇烏蘇南至賀陀羅海百兓十里接左翼前旗界　旗南四十里有伊克翁袞岡巴哈翁袞岡西至察罕額爾吉百三十五里接左翼中旗界　旗西二十五里有錫都喇扈河源出吳烈泉東北流入黃河五十里有喀賴河源出朱爾罕呼圖克北流入黃河百十里有柳河蒙古名布爾哈蘇台源出察罕陀羅海岡北流入黃河百二十里有兔毛河蒙古名滔賚昆兌源出敖柴達木西北流入黃河二百四十里有小黑河東流入黃河北至黑水泊二十里接烏喇特界東南至阿魯得勒蘇百九十里接左翼前旗界　旗東南百四十五里有退諾克陀羅海山其西日拜圖陀羅海百三十里有察漢陀羅海岡西南至哈錫拉克陀羅海百四十里接左翼中旗界東北至台碩額勒蘇八十五里接歸化城土默

特界西北至綽和爾末里圖三百七十里接烏喇特界旗西北二百五十里有黑河蒙古名伊克土爾根源出呼呼冒頓之地東流至烏拉遜鄉入黃河三百十里有烏爾巴齊河源出平地東流入黃河三百七十里有車倫木根河源出撒爾奇喇之地東流入黃河又旗西二百四十里巴哈土爾根河入黃河處土名遮遮渡札薩克駐巴爾哈遜湖西南爲右翼前旗隋唐夏勝二州地札薩克固山貝子游牧額璘臣從子額璘沁順治六年封札薩克固山貝子世襲罔替佐領四十二

牧地東至察罕額爾吉五十里接左翼中旗界旗東五十里有大鹽濼蒙古名特黑圖察罕池南至榆林衞二百三十里接邊城界朔漠方略自榆林往甯夏正道八十里至馬齊圖孔達海爲一站有小泊一方八十里至海流圖爲一站有大河水六十里至拖河圖爲一站有小泊一方井一口六十里至納林河爲一站有小河水八十里至古壘一站有井一口八十里至阿兒灘噶達素一站有井一

口九十里至烏喇素一站有井一口七十里至察漢陀羅海一站有井一口五十里至哈沙圖一站有井一口八十里至橫城口一站此路分爲九宿第十站至橫城共七百三十餘里水甚少路亦大沙又有沿邊外至安邊一路自榆林七十里至他喇泉一站有泉水八十里至海流圖河一站有大河水八十里至什喇泉一站有泉水七十里至札哈泉一站有泉水五十里至哈達俄羅木一站有河水六十里至蘇海阿魯一站有河水六十里至安邊爲一站此路自榆林起七宿到安邊共四百七十餘里路雖小有沙而水艸足用 旗南二百二十里有恩多爾拜山 旗南九十里有席伯爾河源出莽格圖呼爾呼之地南流會錫克丑河入邊城爲榆林之榆溪西河上源百七十里有阿爾塞河源出恩多爾拜山南平地西南流會席伯爾河 旗南三十五里有長鹽池蒙古名達布蘇圖 西至摩多圖察罕泊百三十里接右翼中旗界 旗西三十五里有越沒濼蒙古名鄂爾吉虛 東南至察罕鄂博二百里接邊城界 旗東南百四十里有總柴山蒙古名摩多圖 西南至介喀圖瑚拉琥三百里接邊城界 旗西南有故者

延城漢置屬上郡後漢因之晉省水經注奢延水出奢延縣西南赤沙阜東北流逕其縣故城南是也有廢宥州城宥州有新舊二州俱唐置元和志廢宥州在鹽州東北三百里夏州西北三百里開元十六年置寶應以後廢新宥州在夏州西北三百二十里廢宥州東北三百里東南取夏州路至上都一千三百里東至麟州六百里西南至靈州六百五十里北至天德軍六百里東北至中受降城五百六十里南至鹽州六百里初調露元年於靈州南界置魯麗含塞依契等六州以處突厥降戶時人謂之六胡州長安四年併為匡長二州神龍三年復置蘭池都督府在鹽州白池縣北八十里仍分六州各為一縣以隸之開元十一年康大賓叛亂克定後遷其人於河南江淮諸州二十六年還其餘黨遂於此置宥州以寬宥為名也後為甯朔郡領縣三懷德延恩歸仁天寶中宥州寄理經略軍寶應以後因循遂廢由是昆夷屢來寇擾黨項元和八年冬回鶻南過磧取西城柳谷路討吐蕃西城防禦使周懷義表至朝廷大恐以為回鶻聲言討吐蕃意是為寇惟中書侍郎平章事李吉甫以為回鶻入寇且當斷絕和事不應便來犯邊今之多士居平則橫生異議深沮邊計及聞邊警又

承虛聲以洶朝廷冀因幾危搖動時事但當設備不足爲慮因請自夏州至天德軍復置廢館一十一所以通急驛又請夏州騎士五百人營於經略故城應援驛使兼護黨項部落上悉從之又上言國家舊置六胡州在靈州界內開元中廢六州置宥州以領諸降戶天寶末宥州寄理於經略軍蓋以爲居中可以總統蕃部北接天德南據夏州今經略軍遠離靈武通路乖越又不置軍鎮非舊制也請置宥州理經略軍至九年五月詔復於經略軍城置宥州仍爲上州於州郭下置延恩縣爲上縣改隷夏綏銀觀察使取鄜城神策行營兵馬使鄭杲下兵士并家九千人以實經略軍又置州之日版築之下掘得釜二百五十四口悉甚京鉦識者以爲暗合前賢之規模亦足以彰元化之所感也其釜并散給諸營以資軍用又頃年每有回鶻消息常須經太原取驛路至闕下及奏報至已失事宜今自新宥州北至天德置新館十一所從天德取夏州乘傳奏事四日餘便至京師舊唐書地理志宥州天寶元年爲甯朔郡至德二年改爲懷德都督府乾元元年復爲宥州元和十五年移治長澤縣爲吐蕃所破長慶四年夏州節度使李祐復置

旗西南三百十里有巴音山三百九十里有

錫屏山蒙古名巖靈旗西南百八十里有哈柳圖河源出瑚拉琥之地東南流合細河金河二水入榆林邊至波羅營會西來之額圖渾河爲無定河一統志按此卽榆河無定河之別源古黑水也亦名吃那河元朱思本河源記吃那河源自古宥州東南流過綏德州凡七百里與黃河合二百十里有細河蒙古名納林河源出橐里泉南流會哈柳圖河二百九十里有金河蒙古名錫喇烏蘇源出磨瑚拉琥之地南流會哈柳圖河三百六十里有石窯川河蒙古名額圖渾古奢延水也源出賀佟圖山山北平地東南流合數小水入懷遠縣邊爲恍忽都河又折東北至波羅營會哈柳圖河爲無定河

旗西南三百里有紅鹽池蒙古名烏楞諾爾明史韃靼傳滿魯都入河套稱可汗亂加思蘭爲太師成化九年滿魯都等與孛羅忽并寇韋州王越偵知敵盡行其老弱巢紅鹽池率輕騎晝夜急馳至大擊破之復邀擊於韋州滿魯都等敗歸則孳畜廬帳已蕩盡妻孥喪亡乃相顧悲哭去自是不復居河套邊患少弭

東北至哈達圖泊三十里接左翼後旗界

西北至察罕札達海華名苦水池六十五里接右翼中旗界

札薩克駐巴

哈諾爾。直榆林府北二百三十里。西北爲右翼後旗。漢朔方郡地。史記匈奴傳。秦始皇使蒙恬將十萬衆。北擊胡。悉收河南地。因河爲塞。築四十四縣臨河。十餘年。諸侯叛秦。匈奴復稍渡河南。與中國界於故塞。後冒頓南并樓煩白羊河南王。悉復入秦使蒙恬所奪匈奴地。與漢關故河南塞。至朝那膚施。漢書衛青傳。元朔元年。青爲車騎將軍。明年。出雲中以西至高闕。走白羊樓煩王。遂以河南地爲朔方郡。使蘇建築朔方城。後漢書順帝記。永和五年。徙朔方居五原。魏志。建安二十年。省朔方郡。水經注。河水東北逕三封縣故城東。漢武帝元狩三年置。十三州志日在臨戎縣西一百四十里。又北逕臨戎縣故城西。元朔五年立。舊朔方郡治。又北有枝渠東出。謂之銅口。東逕沃野故城南。元狩三年立。又北屈而爲南河出焉。河水又北迆西溢於窳渾縣故城東。元朔二年開朔方郡治。又有西部都尉治。有道自縣西北出雞鹿塞。其水積而爲屠申澤。河水又屈而東流爲北河。東逕高塞南。又東逕臨河縣故城北。又南合南河。又南逕馬陰山西。又東南逕朔方縣故城東北。詩所謂城彼朔方也。漢元朔二年。大將軍衛青取河南地爲朔方郡。使校尉蘇建築朔方城即此城也元和志夏州朔方縣本漢舊縣今縣理北什賁故城是也漢末荒廢後魏更置巖綠縣隋因之貞觀二年改爲朔方縣自漢至今常爲關中根本什賁之號蓋蕃語也穆案據酈注前一說漢朔方郡當治臨戎縣縣屬班志第十據後一說郡當治朔方縣縣屬班志第二元和志蓋用第二說故云即縣北什賁故城然漢朔方縣在旗界黃河東岸臨戎縣在朔方縣西黃河向北流之東岸地界毘連不甚相遠酈李之說本無不合惟元和志於豐州下忽又謂朔方郡治三封既自相矛盾而地志家多因之則緣三封爲班志第一縣誤以郡國志例爲班志例耳潛亚劄記獨明其不然可謂精確矣然如窳渾爲初開朔方時郡治後徙郡治臨戎而窳渾專爲西部都尉治核以紀年顯然明白潛亚乃不仍臨戎酈註而引窳渾亦稍誤也又案臨河在朔方城西北渠搜在朔方城東廣牧在朔方城西臨戎在朔方城西河向北流之東岸一統志按三封故城在套外黃河西岸沃壄故城在套外河水北流一曲之西窳渾故城則在今阿爾坦山之南騰格里湖之側朔方一郡惟此三縣在套外耳

隋唐爲豐州九原郡治隋書地理志五原郡開皇五年置豐州仁

壽元年置總管府大業元年府廢治九原縣元和志豐州秦上郡之北境秦末没胡漢置朔方郡靈帝末羌胡擾亂城邑皆空永嘉後匈奴衛辰父子新居其地後魏又為夏州北境周武帝於今永豐縣置永豐鎮隋開皇三年於鎮置豐州後廢貞觀四年突厥降附又權於此置豐州都督府不領縣惟領蕃戶以史大柰為都督十一年大柰死復廢府以地屬靈州二十二年又分置豐州天寶元年改為九原郡乾元元年復為豐州東至勝州五百三十里西南至靈州九百里東南至夏州七百五十里西北至河西城八十里又九原縣本漢之廣牧舊地永徽四年重置縣其城周隋閒俗謂之甘草城唐書唐休璟傳永淳中突厥圍豐州朝廷議棄豐保靈夏休璟上疏曰豐州控河遏寇號為襟帶自秦漢以來常郡縣之土田良美宜耕牧隋季喪亂不能堅守乃遷就靈慶戎羯得以乘利而交侵始以靈夏為邊唐初募人實之西北一隅得以完固今而廢之則河防地復為賊有而靈夏亦不足自安非國家利也高宗從之城北有鸊鵜泉李益詩綠楊著水草如煙舊是胡兒飲馬泉自注鸊鵜泉在豐州城北胡人飲馬於此一統志按豐州至宋慶歷中陷於西夏嘉祐七年復以府州羅泊川置

豐州地在今河套東南府谷縣之北非此隋唐所置豐州也札薩克固山貝子游牧

額璘臣從子小札木素所部有大札木素故語小以別之順治六年大

札木素叛小札木素不附遜　詔封札薩克鎮國

公世襲罔替孫都稜康熙三十七年敘從征噶爾丹督

護糧運功晉固山貝子都稜孫齊旺班珠爾乾隆十九年議剿達瓦齊獻駝馬牛羊贍軍晉多羅貝勒　賞三眼孔雀翎卒子喇什達爾濟仍降襲貝子佐領三十六牧地東至兎

毛河四十里接左翼後旗界　旗東十二里有巴哈朱爾格泉七十里有苦水池蒙古名察罕札達海

南至喀喇札喇克百四十里接左翼中旗界　旗南百二十里有滔賚河百五里有錫賚泉

西至噶札爾山百四十里接右翼中旗界　旗西百四十里有馬陰山蒙古名阿克塔和碩旗西百三十里有赤沙河源出赤沙泉東北流入鍋底池百二十里有兎河　旗西六十里有固爾班稻圖池

共有三池故名九十里有鍋底池周圍二十餘里產鹽兔河赤沙河二水注入其中即漢朔方縣鹽澤唐名胡洛鹽池者也今土人名喀喇莽柰腦兒漢地理志朔方郡朔方金連鹽澤青鹽澤皆在南水經注魏土地記曰朔方縣有大鹽池其鹽大而青白色名曰青鹽又名戎鹽入藥分漢置典官鹽池去平城宮千二百里在新秦之中唐書食貨志安北都護府有胡洛池歲得鹽萬四千斛以給振武天德元和志胡洛鹽池在長澤縣北五百里周回三十里亦謂之獨洛池聲相近也一統志按漢時朔方鹽池有二至後魏時止言一池即唐之胡洛鹽池今喀喇莽柰大鹽池也金連鹽澤今不可攷水道提綱套中產鹽池以喀喇莽尼為大即古金連鹽澤及青鹽澤唐時名胡洛鹽池者百五十里有紅水池

北至塞特勒赫墨克二十里接烏喇特界東南至巴彥泉百五十里接左翼後旗界旗東南九十里有烏列鄂博陀羅海岡西南至達爾巴哈岡百五十里接右翼中旗界旗西南百四十里有黃水河蒙古名錫喇木倫源出馬陰山北平地東北流入固爾班河東北至拜塞墨克四十里接烏喇特界西

北至哈洛爾博羅。百八十里接烏喇特界。札薩克駐鄂爾吉虎諾爾。直榆林府正北少西四百餘里。依右翼前旗爲右翼前末旗札薩克一等台吉游牧。會典作閒散輔國公誤。額璘臣從曾孫定咱喇什曾祖烏巴什。號都噶爾岱青。順治六年。以不從大札木素叛。授二等台吉。康熙十四年。從大軍剿平花馬池定邊城諸賊。晉一等台吉。尋卒。子索諾木多爾濟。孫桑忠多爾濟。皆襲三等台吉。定咱喇什郎桑忠多爾濟長子。雍正九年。敘屢次從軍斬馘功。晉一等台吉。乾隆元年。議族屬繁。增旗一。授札薩克四十九年。詔世襲罔替。佐領十三。所部七旗同牧。自爲一盟曰伊克昭。貢道由殺虎口所部歲貢康熙十三年題准共進九九計羊八十一隻乳酒八十一瓶乾隆元年裁與哲里木卓索圖昭烏達錫林郭勒烏蘭察布五盟同列內札薩克內蒙古驛凡五道喜峯口一道除喜峯口寬城內地所設二站外設蒙古站十六曰和齊台品郭勒曰喀斯瑚曰託和圖曰伯爾克曰黃華圖曰錫喇諾爾曰庫呼車曰三音哈格曰錫喇郭勒曰奎素布托曰博羅阿布齊曰諾木齊曰哈沙圖曰哈拉塔克洛素特曰珠特曰哈達罕以達於喀喇沁土默特喀爾喀左翼敖漢柰曼札魯特科爾沁郭爾羅斯札賚特杜爾伯特諸部古北口一道除古北口至坡賴村內地所設五站外設蒙古站十曰默爾濟曰錫爾哈曰阿木濟曰卓索曰徹圖巴曰賴三呼都克曰錫喇木倫曰噶察克曰海拉察克曰阿魯噶穆爾以達於翁牛特札魯特巴林阿魯科爾沁烏珠穆沁諸部獨石口一道除獨石口內地所設一站外設蒙古站其第一站奎屯布拉克在察哈爾境內入蒙古境者五站曰額楞曰額墨根曰卓索圖曰錫林郭勒曰瑚魯圖以達於克什克騰阿巴噶阿巴哈納爾浩齊特諸部張家口一道除張家口內地所

設一站外設蒙古站是為阿爾泰軍臺其第一站察漢陀羅海以及第九站沁岱皆在察哈爾境內至第十九站奇拉伊木呼爾以下已接喀爾喀境內在內蒙古境者九站曰烏蘭哈達曰奔巴圖曰錫喇哈達曰布魯圖曰烏蘭呼都克曰察漢呼都克曰錫喇木倫曰鄂蘭呼都克曰吉斯洪果爾以達於四子部落蘇尼特喀爾喀右翼茂明安諸部殺虎口一道除殺虎口內地所設一站外設蒙古站十一北路四站曰八十家站曰二十家站曰薩拉齊曰歸化城皆在土默特境其烏喇特三旗即由歸化城達之西路七站曰杜爾格曰東素海曰吉格素特曰巴彥布拉克曰阿魯烏爾圖曰巴爾素海曰察漢陀羅海以達於鄂爾多斯部康熙三十一年理藩院議准各蒙古地方安設驛站每驛相去百里除土默特奈曼喀爾喀左翼科爾沁由山海關邊外行走郭爾羅斯杜爾伯特在黑龍江大路不另置驛自喜峯口至札賚特為一路計程千六百餘里現有管城二驛應設十四驛自古北口至烏珠穆沁為一路計程九百餘里有鞍子村江鄉十八里臺諸驛應設六驛自獨石口至浩齊特為一路計程六百餘里應設六驛自張家口至四子部落為一路計程五百餘里應設五驛自殺虎口

至烏喇特爲一路。計程九百餘里。現有二驛應設七驛自歸化城至鄂爾多斯八百餘里。應設八驛。仍爲殺虎口一路。各驛站。均於水泉形勝處安設。

蒙古游牧記卷之六

受業歙縣徐景軾覆校

蒙古游牧記卷之七

平定張　穆撰
光澤何秋濤校

外蒙古喀爾喀四部總敘

喀爾喀四部八十六旗東至黑龍江呼倫貝爾城界南至瀚海西至阿爾台山文作阿爾泰今作阿勒坦與新疆伊犂東路界北至俄羅斯界東西延袤五千里南北三千里古北狄地唐虞則山戎夏則獯鬻周則玁狁據之玁亦作獫案古止作嚴允號季子伯盤可證俞君正燮曰玁狁古無此字說文詩用毛氏亦無之今毛詩玁狁不知何時寫本漢書匈奴傳作獫允韋元成傳則有狁字案獫允漢時北狄在周則西戎也詩采薇玁允序以爲文王時漢匈奴傳以爲

懿王時。殆魯詩師說。皆雍州事。序言西有昆夷之患。北有玁允之難者。以出車言往城于方城彼朔方。又言薄伐西戎。故分言之。實則皆西戎。特玁允在昆夷北耳。秦漢曰匈奴。杜佑曰。山海經已有匈奴。周書又曰。正北匈奴以橐駝為獻。當時猶微也。漢初冒頓并有漠南。衛青霍去病連攘卻之。乃復北徙。後漢仍為北匈奴地。後魏曰蠕蠕。本名柔然。魏太武改名。其境西則焉耆之地。東則朝鮮之地。北則渡沙漠窮瀚海。南則臨大磧。其主社崘始號可汗。猶言皇帝。蠕蠕滅而突厥興。盡有西北之域。其境東至遼海以西。西至西海萬餘里。南至沙漠北至北海五六千里。唐初李靖擊滅突厥。回紇及薛延陀並稱强。李勣滅薛延陀。回紇遂并有其地。貞觀四年。回紇來朝。以其地為瀚海燕然金微幽陵龜林盧山六都督府。又置皋蘭高闕雞田榆溪雞鹿蹛林寘顏等七州。以部長為都督刺史長史司馬。皆隸燕然都護府。其後并有九姓諸部。盡得匈奴故地。回紇益强。此為回紇地。又東爲室韋地。五代至宋回紇始衰與室韋嫗厥律諸部散居其地羈屬於遼金大安初蒙古始盛案舊說契丹建國號曰遼譯言鑌鐵蓋即爾雅白金美者謂之鐐之鐐故女眞抗遼則名其國曰金達達抗金則名其國曰蒙古蒙古銀也博明西齋偶得曰遼爲契丹金爲女直契丹本音乃契塔特女直係由女眞女眞由朱里眞迭改其本音乃朱里扯特見元秘史蒙古文今蒙古人猶以是呼之又曰蒙古呼漢人爲契塔特蓋蒙古初爲忙古部越在大漠北至後五代時始通中夏惟時燕雲十六州皆屬契丹故以遼國名稱之較其世次尚在朱里眞未以金號其國之前

蒙古太宗七年建都和林沈君垚曰元地理志太祖十五年建都和林按十五年太祖在西域春三月帝克蒲華城夏五月克尋思干城駐蹕也石的石河秋克斡脫羅兒城駕未中回安得有建都城之事又十五年歲次庚辰正長春眞人由燕京往德興之歲西遊記云師聞行宮漸西春秋已高欲待駕回朝謁則自前年征西域後駕實未嘗中回也且太祖所居之見於紀者六年春帝居怯綠連河十一年春居

盧朐河行宮十九年由西域班師二十年春正月還行宮秋七月崩於薩里川哈老圖之行宮本紀不見有和林之名安得謂和林爲太祖所建太宗元年秋八月諸王百官大會於怯綠連河曲雕阿蘭之地以太祖遺詔卽皇帝位於庫鐵烏阿剌里亦不言和林二年春帝與拖雷獵於斡兒寒河夏避暑於塔密爾河則始在和林左右斡爾寒卽斡爾汗也嗣是六年春會諸王燕射於斡爾寒河而七年春遂城和林作萬安宮和林建都實始太宗非由太祖矣耶律鑄雙溪醉隱集取和林詩注和林城苾伽可汗之故地也歲乙未聖朝太宗皇帝城此起萬安宮城西北七十里有苾伽可汗宮城遺址城東北七十里有唐明皇開元壬申御製御書闕特勤碑按唐史突厥傳闕特勤骨咄祿可汗之子苾伽可汗之弟也名闕可汗之子弟謂之特勤開元十九年闕特勤卒詔金吾將軍張去逸都官郎中呂向齎璽書使北弔祭並爲立碑上自爲文別立祠廟刻石爲像其像迄今存焉其碑額及碑文特勤皆是殷勤之勤字唐新舊史凡書特勤皆作銜勒之勒字誤也諸突厥部之遺俗猶呼其可汗之子弟爲特勤特謹字也則與碑文符矣碑云特勤苾伽可汗之令弟也可汗猶朕之子也唐新舊

史並作毗伽可汗勤茲二字當以碑文爲正又涿邪山詩注南鄰處月之郊和林城唐碑文也未曉處月之言有問及余者因爲之說云處月之言磧鹵地也史記漢復使因杅將軍公孫敖出西河與强弩都尉路博德會涿涂山注音邪前漢書因杅將軍出西河與强弩都尉會涿邪山後漢書祭彤傳出高闕塞九百餘里得小山妄言以爲涿邪山竇憲傳鄧鴻與後諸軍會涿邪山臯林溫禺犢王于涿邪山聞漢兵來悉度漠去班固燕然山銘經磧鹵絕大漠踰涿邪涿邪山者其山在涿邪中也涿邪後聲轉爲朱邪又聲轉爲處月按唐史沙陀處月種也莊宗紀其先本號朱邪後自號沙陀而以朱邪爲姓者是也南部新書北人三十輩於大山中見一小兒遂收而遞養之長求姓衆云人共育得大遂以諸邪爲姓朱邪者譌也此說可笑朱邪即涿邪也諸邪二字俱是華言遐荒殊俗隔絕中華焉知華言以爲族望處月部居金娑山之陽蒲類海之東皆沙漠磧鹵地也西漢書注辥瓚曰沙土曰膜其說得之卽今華夏猶呼沙漠爲沙陀突厥諸部遺俗至今亦呼其磧鹵爲朱邪又聲轉爲處月今又語訛聲轉而爲川闕皆從鞮鞢及所書之人鄉音輕重緩急而致然爾外國語元無本字取

其聲音之近似不可取其訓故訓者釋所言之理音者通其指義所記之語既無本字豈有所言之理所通指義者哉初立元昌路後改轉運和林使司前後五朝都焉世祖遷都大興於和林置都元帥府大德十一年立和林等處行中書省統和林總管府皇慶元年改嶺北等處行中書省改和林路為和甯路明初順帝太子阿裕錫哩達賴汗明史作愛猷識理達臘依王保保於此初王保保在和林明太祖屢招之不報洪武五年命徐達李文忠馮勝三路討之勝軍至亦集乃路元岐王朶兒只班遁去文忠進兵臚朐河兼程急趨敗元將蠻子哈剌章於土剌河追至阿魯渾河元兵益眾文忠力戰窮追至稱海元眾敗去明年達文忠復遣將追敗之荅剌海口明年王保保死順帝孫脫古思帖木兒駐捕魚兒海為藍玉所敗遁至土剌河為其臣也速迭兒所弒其族兀納失里大王收散亡居和林之西哈梅里復為明都督劉真等所破自脫

古思死後七傳至本雅失里淇國公邱福征之五將軍俱沒文帝親征至斡難河擊破之本雅失里以七騎絕河遁去遂爲瓦剌瑪哈木所弒時阿魯台強盛與瓦剌相攻元裔益微有脫脫不花者爲瓦剌脫歡所立居漠北脫歡子也先疑其與中國通攻殺之也先自稱可汗尋亦爲其下所殺諸部共立脫歡不花之子號小王子

案蒙古源流特古斯特穆爾汗卽脫古思帖木兒洪武二十一年卒子恩克卓哩克圖汗嗣洪武二十五年卒弟額勒伯克尼古埒蘇克齊汗嗣建文元年爲衞拉特烏格齊哈什哈所弒子琨特穆爾汗嗣建文四年卒弟諤勒哲依特穆爾汗嗣永樂八年卒子德勒伯克汗嗣永樂十三年卒烏格齊之子額色庫篡立洪熙元年額色庫死宣德元年科爾沁阿岱台吉占據蒙古餘衆嗣爲汗正統三年爲脫歡太師所弒脫歡旋亦死脫歡子額森篡立卽所謂也先也其時嗣蒙古汗統者爲特古思特穆爾第三子哈爾古楚克都古楞特穆爾鴻台吉之孫阿寨台吉之子號岱總汗卽此所謂小王子也明人傳聞疑有誤岱總汗景泰三年爲郭爾羅斯徹卜登所弒子蒙古勒克哷靑吉斯汗嗣明人謂之馬古可兒吉思旋爲多倫土默特之多郭朗台吉所害岱總汗初娶徹卜

登女生子摩倫汗嗣明人謂之孛來旋又爲摩里海王所弑俄總汗弟滿都古勒汗天順七年嗣成化三年卒統緒又絶阿寨次子阿噶巴爾濟生哈爾固楚克額森壻也哈爾固楚克生巴延蒙克明人謂之麻兒可兒巴延蒙克生巴圖蒙克成化六年年七歲嗣號達延汗明人譯爲大元大可汗大元即達延之譌也察哈爾世系作跋圖拖克代音汗此明史正嘉以後所稱小王子也後其裔達延車臣汗太祖十五世孫也子圖魯博囉特巴爾蘇博羅特阿爾楚博羅特鄂齊爾博羅特等由瀚海南徙近邊爲內札薩克敖漢奈曼巴林札魯特克什克騰烏珠穆沁浩齊特蘇尼特鄂爾多斯九旗祖案明史韃靼傳嘉靖時小王子最富强控弦十餘萬多畜貨貝稍厭兵乃徙幕東方謂之土蠻所分諸部落在西北邊者甚衆而日吉囊曰俺荅者於王子爲從父行據河套雄黠喜兵爲諸部長今以蒙古源流及蒙古王公總傳覈之所謂土蠻者圖們之譌也又王子曾孫達賚遜始

駐牧宣塞外後復徙帳於遼此徙幕東方之始子圖們嗣號札薩克圖汗即明人所謂土蠻故李成梁傳云插汗部長土蠻也其所分諸部落即敖漢奈曼等九部明人不得其部落名而統以土蠻概之遂牽混不明矣又此時所謂小王子達延車臣汗也吉囊俺荅皆達延汗之孫巴爾斯博羅特之子也達延汗最老壽在位七十四年年八十乃卒時嘉靖二十二年也長子圖魯博羅特先卒孫博迪阿拉克汗嗣嘉靖二十六年博迪汗卒子達賚遜庫登汗嗣明人所謂打來孫也此云於小王子爲從父行當指打來孫言渾舉後事說之耳圖們札薩克圖汗萬歷二十年卒子布延徹辰汗嗣萬歷三十一年卒子莽和克早亡孫陵丹巴圖爾庫圖克圖汗嗣明人所謂虎燉兔也天聰八年甲戌兵敗走死獨其季格埒森札札賚爾琿台吉留故土號所部曰喀爾喀析衆萬餘爲七旗授子七人領之分左右翼有三汗曰土謝圖汗舊作圖舍圖今作圖什業圖曰車臣汗車臣即徹辰亦作赤城曰札薩克圖汗崇德三年三汗

並遣使來朝定歲貢三汗各貢白馬八白駝一謂之九白之貢歲以爲常順治十二年三汗及賽音諾顏部長丹津喇嘛各遣子弟來朝冬復遣使乞盟　賜盟宗人府設八札薩克朔漠方略土謝圖汗車臣汗丹津喇嘛墨爾根諾顏畢希勒爾圖汗羅卜藏諾顏車臣濟農昆都倫陀音爲八札薩克仍分左右翼其國西接額魯特每與搆兵及康熙二十七年噶爾丹興兵攻破之七旗舉族款塞內附文清公松筠綏服紀略圖詩注康熙二十七年喀爾喀衆議就近投入俄羅斯因請決於哲布尊丹巴呼圖克圖呼圖克圖曰俄羅斯素不奉佛俗尚不同我輩異言異服殊非久安之計莫若全部內徙投誠　大皇帝可邀萬年之福衆欣然羅拜議遂決余在庫倫時有頭等台吉格齊多爾濟者乃額駙惇多布多爾濟之孫年近八十廣記故實此事乃其所述云　平定準噶爾方略雍正元年正月丙申上親弔哲布尊丹巴胡土克圖遣使

護其喪歸國。先是理藩院奏曰。哲布尊丹巴胡土克圖
黃教中第一流人也。數世行善。垂九十年。當噶爾丹叛
時。率七族喀爾喀等來歸。最有功。其家世喀爾喀汗之
子。土謝圖汗之弟。遭逢 聖朝。疊膺 殊遇。前年
聖祖仁皇帝面諭之曰。歲癸卯朕年七十。爾
九十。是年爾必來無食言。胡土克圖承 旨還。今
遵 諭來京。謁見 梓宮。志願已遂。泊然示
寂。請如達賴喇嘛班禪額爾德尼例。賜以名號印冊。既
而 上且臨弔。喀爾喀土謝圖汗等請勿往。
諭曰。胡土克圖極蒙 皇考軫念。禮遇加隆。
皇考升遐。係甲午日。今胡土克圖圓寂。亦係甲午
日。佛果 聖因。證明不昧。胡土克圖非尋常僧人
比。朕親往懸帛供茶。以盡朕心。將此旨傳與喀爾喀汗
額駙及胡土克圖屬人等知之。至是理藩院以龕座還
國。請派大臣護行。 上特命敦郡王允䄉世子
弘晟齎賜印冊奠儀。散秩大臣尚崇祺等。護龕座行。三
十年四月。 聖祖仁皇帝親巡邊外。受其朝。大會
於多倫諾爾。朔漠方略。理藩院議應於上都河額爾屯
河兩間。七溪之地會閱。口北三廳志。七星

潭一名多倫泊土人呼為多倫諾爾多倫華言七諾爾
華言河泊也其水清冽中產魚蛤之類在上都牧廠東
北衆蒙古請於此建寺　賜名彙宗令各部落居
一僧住持一統志上都牧廠在獨石口東北一百四十
五里博　編審旗分安輯其衆於喀倫邊內惟留汗號其
羅城
諸顏濟農等授王貝勒貝子公台吉有差令與內札薩
克同列　諭曰爾等以兄弟之親自相侵奪啟釁
召侮致全部潰散其時若令四十九旗札薩克
將爾人衆收取爾部早已散亡朕好生之心出於天性
不忍視爾滅亡置附界內給與贍養自古以來未有如
朕拯救愛養如此者也用是親臨教誨普加賞賚會同
之時見爾等傾心感戴特沛恩施俾與四十九旗同列
以示一體撫育罔分中外爾等其知朕意會典康熙三
十年　聖祖仁皇帝以喀爾喀新附數十萬衆必
訓以法度俾知禮儀　特命行會閱禮於上都多
倫諾爾之地前期　命理藩院調集新附之喀爾
喀兩翼部落并傳知科爾沁等四十九旗之王台吉皆
豫屯於會閱之地百里以外　聖駕發京師上三

旗官兵隨行由張家口出下五旗官兵由獨石口出軍臨多倫諾爾布營設哨三旗護軍爲一營居中屯劄八旗前鋒二營五旗護軍十營火器四營共十六營環御營屯劄八旗前鋒爲四汛八旗護軍爲二十四汛各設廬帳繞營而屯傳　諭蒙古喀爾喀等前屯於百里外者移附　御營五十里屯劄不得入哨內議定喀爾喀賞格九等坐次七行進見燕會禮儀悉照四十九旗例居期設　帳殿於網城南門前中設御榻旁設武備院行帳幕次各二前張黃幕設反站列尊壘設　騎駕鹵薄於帳殿前　聖駕出入作樂設燕筵於各班次衆畢集　聖祖出御營乘馬臨帳殿　升座理藩院大臣鴻臚寺官員引導喀爾喀汗濟農諾顏台吉等排班奏樂鳴贊官傳贊行三跪九叩禮畢樂止理藩院大臣官員引內外王貝勒貝子公台吉等列於左喀爾喀汗等列於右各於本位一叩坐進　御筵奏樂進茶衆喀爾喀皆叩首進茶畢乃進酒進酒大臣出班跪衆皆跪奏樂各於其位行一叩禮進酒畢坐執事者酌金巵立　賜進酒大臣大臣跪受一叩飲畢復一叩興入班坐乃進燕次第演舞奏樂衆技畢陳有　旨召喀爾喀汗濟

農諾顏大台吉等近御榻前親賜以酒其餘台
吉等令侍衛於坐處各賜酒畢徹筵王台吉及眾喀爾
喀行一跪三叩禮謝恩仍按翼序立禮部大臣奏
禮成駕還行宮次日八旗滿洲及漢軍火器營
綠旗營官兵排列火礮聖祖躬擐甲冑大閱畢
宣訓諭敕書於眾喀爾喀先是土謝圖汗以舊
怨殺札薩克圖汗沙喇及其台吉德克德赫從此起釁
構兵馴至失其游牧聖祖洞鑒兩翼喀爾喀交
惡之原委情事之曲直先傳諭哲布尊丹巴呼
圖克圖及土謝圖汗等令其具疏請罪於是集眾會盟之
特頒恩旨免土謝圖汗之罪繼札薩克圖汗王
後使兩翼喀爾喀相好如初去其濟農諾顏名號汗王
以下依次授以封爵其台吉亦分四等視四十九旗又
按品級從優恩賚冠服銀幣等物其四十九旗
亦按品級賜冠服銀幣有差頒賞訖均
於網城南門前聽鳴贊官傳贊謝恩行三跪九
叩禮會閱禮成
回鑾三十五年聖祖再駕親征至克
魯倫河噶爾丹駭遁西路大兵復邀擊之盡殲其眾明

年噶爾丹竄死朔漠平喀爾喀諸部復還舊牧編三部爲五十五旗理藩院則例圖什業圖汗車臣汗二部落四十三旗台吉內由青吉斯汗子孫衍派者爲族中台吉由青吉斯汗之弟布戈柏勒格特依等之子孫衍派者爲所屬台吉缺出除族中台吉照例辦理外其所屬台吉如經該札薩克查明譜系相聯俟年至十八歲後遇比丁之年報院一體題請授職該旗作爲另檔雍正三年以固倫額駙策凌擊準噶爾功

詔率近族十九札薩克別爲一部以其祖圖蒙肯賽音諾顏號冠之積前凡四部七十四旗平定準噶爾方略雍正三年喀爾喀副將軍多羅郡王和碩額駙策凌等奏言喀爾喀三部兵舊分隸八旗今蒙

恩許隸上三旗乞下工部令製鑲黃旗纛六十桿腰旗六百桿給丹津多爾濟軍正黃旗纛四十二桿腰旗四百桿給策凌軍正白旗纛三十桿腰旗三百桿給博貝軍乾隆中增至八十三旗附輝特一旗額

會特二旗統稱外札薩克龔之鑰後出塞錄喀爾喀諸部落甚眾統以三汗曰赤城汗曰札薩兔汗曰兔舍汗其威儀服制稟然中土五六品之員皆與抗禮或有罪愆僅需小校一人齎詔而往斥革縶縛歸於司寇不敢少忤近日以超勇親王策凌有平虜功於三汗之外分列一國共為四大部落

高其倬喀爾喀部書所見詩曰額手溫綸正拜嘉款賓解煮尚方茶海西盡奉諸侯職漠北兼無可汗牙艸瘠艸肥占歲事雁回雁去記年華牛羊繪絮相酬酢中外於今正一家

外蒙古喀爾喀汗阿林盟游牧所在　土謝圖汗部

喀爾喀後路土謝圖汗部

康熙三十一年改喀爾喀左右翼為三路土謝圖汗稱北路繼又稱中路此雍正三年所定也直大同邊外漠北至　京師二千八百餘里東界車臣汗部南界瀚海西界翁金河接賽音諾顏部北界楚庫河接俄羅斯界東南踰瀚海

接蘇尼特右翼四子部落喀爾喀右翼諸部西北接烏里雅蘇台所屬唐努烏梁海所部初編佐領積三十七旗以分設賽音諾顏部析二十一旗隸之并附牧之額魯特二旗數之後增四旗凡二十旗

斡齊賚巴圖土謝圖汗游牧

初喀爾喀無汗號案漠北蒙古惟順帝至陵丹一枝世稱汗格埒森札爲達延汗季子始號所部爲喀爾喀故無汗號然蒙古本有小汗號如阿勒坦汗是也蒙古源流載其事云達賚遜庫登汗於八白室前稱汗號與右翼三萬人相會而旋阿拉克第二子阿勒坦來迎向汗求賜號云今統治已平原有護衛汗治索多汗小汗之號祈將此號賜我我情願護衛大統汗然之遂與以索多汗之號格埒森札第三子諾諾和掌左翼號偉徵諾顏子五長阿巴岱赴唐古特謁達賴喇嘛迎經典歸爲衆所服始稱汗號斡齊賚

巴圖。按巴圖舊作賚音。今從理藩院則例改。朔漠方略康熙二十六年。土謝圖汗奏請敕印表曰。國中向無佛教。自我曾祖往謁達賴喇嘛。得蒙優禮。加以瓦察喇賚音汗之號。於是我地佛法炳如日星。案瓦察喇賚音。即斡齊爾賚。因博明西齊偶得曰。瓦剌即今之厄魯特。其始祖爲託歡太師。而未詳其意。按朔漠方略博碩圖汗之稱號則首冠以瓦赤剌。喀爾喀汗。其初亦有此三字。今達賴喇嘛封號亦有之。葢唐古特文之美稱也。子額列克。嗣號墨爾根汗。額列克子三。長袞布。始號土謝圖汗。與其族車臣汗碩壘。札薩克圖汗素巴第。同時稱三汗。康熙二十七年。袞布子察琿多爾濟與噶爾丹戰敗。率屬來歸。命入居蘇尼特界內鄂琳圖。三十年。詔仍留土謝圖汗號。三十六年。還舊牧。三十八年卒。御賜祭文曰。朕君臨萬邦。罔有內外遠邇。視若一家。嘗拯其厄而救其潰。俾長守藩維不失舊物生存顯號歿錫寵章爾越在外服通貢有年噶爾丹不道日尋干戈乃去國來歸傾心內附朕不忍爾部衆之阽於死亡優加撫納處之水艸之地贍以食㐭牛羊降結婚姻示垂永好爾歷年朝請恭謹有加狡寇既平謂爾得保有富貴逸樂以圖長久詎焉徂逝深用惻傷嗚呼夭榍方殷忽促桑榆之景節終無替永增泉壤之光牲醴往頒靈其歆格孫惇多布多爾濟襲乾隆四十六年

詔世襲罔替佐領一乾隆四十六年詔喀爾喀世爵視內札薩克四十九旗例理藩院遵旨議首以上謝圖汗請

諭曰土謝圖汗始祖察琿多爾濟來歸時仍留汗號嗣是子孫承襲將及百年著加恩世襲罔替

牧地在杭愛山東山在西十四度北極出地四十六度鄂爾昆河源之北直陜西甯夏北二千里許翁金河西西北五百餘里其山最爲高大山脈自西西北阿爾泰山來東趨踰鄂爾坤土喇諸水爲大興安嶺特諸山又自山西庫庫嶺北折環繞色楞格河上流諸水發源之處抵俄羅斯界千餘里鄂爾坤塔米爾諸河皆發源於此杭愛譯言橐駝也山形似之一統志按當即古

之燕然 方觀承松漠艸詩注頳靄爲喀爾喀境內名山松多泉美其最高峯曰鄂託渾騰格里譯言少天也山陽溫泉數處泉有魚產黃石如琥珀蒙古名胡巴製爲器物瑩透可愛頳靄綿延千里或斷或續蒙古人以其所產木石辨之或連數山或相閒數百里皆確知某山爲正脈也又曰頳靄阿爾泰山陰盛產松榆山陽濯濯無寸木又曰畢赤克圖有字之謂也山在頳靄之南石壁如削鐫度人經用古梵書塡以黃金傍有畢赤圖霸四偕字道整徑尺蓋元時遺蹟也 沈君垚曰水道提綱據康熙輿圖以色楞格河北源所出之山爲杭愛山頂以塔米爾河南源鄂爾坤河北源所出之山爲杭愛山尾而齊老圖諸水所出之山皆爲杭愛頂南行支阜近圖移杭愛山於鄂勒坤河之東土謝圖汗旗之西則在故和林之東與舊圖異細繹元史杭愛當即杭海音之轉元史惟太祖紀作沆海山土土哈傳作杭海嶺餘皆作杭海今且以武宗撫軍北邊事攷之武宗紀大德四年八月與海都戰於闊別列之地敗之十二月軍至按台山五年海都人犯與戰於迭怯里古又大戰於合剌合塔據姚燧撰乞台普濟先德碑言寇出金山南闊別列即闊別列在金山之南據康里脫脫傳大德五

年叛王海都犯邊脫脫從武宗討之師次杭海進擊海都大破其衆知武宗於大德五年破海都於杭海又據乞台普濟碑大德五年八月寇大至乞台普濟教吾軍表紅衣於甲以自別俾閧不迷自是寇望紅衣軍則退不戰碑又云大德五年寇舉國至又戰於哈刺台乞台普濟子也兒吉尼以數十騎出入其陳數四所當披靡莫之與敵寇大駭卻皇上乘之遂大潰斬馘不可級計哈刺台即合刺合塔曰大至曰舉國至皆舉衆深入之謂深入而敗無一語及和林則戰地實在和林之西又據牀兀兒傳大德五年海都兵越金山而南牀兀兒急引兵敗之知海都兵又擾金山之南又據乞台傳乞台子哈贊赤大德五年從戰杭海從武宗親征哈刺阿荅復從牀兀兒征不別八憐八憐之地據牀兀兒傳在金山之南哈刺阿荅即合刺合塔牀兀兒即牀兀兒據是傳次第知海都兵犯杭海戰敗而西走合刺合塔又戰敗而西踰金山至不別八憐也然則杭海在合刺合塔之東和林之西矣又案武宗駐冬之按台山當即乃蠻之按台太祖之征乃蠻也乃蠻部長太陽罕至自案台營於沆海山帝與大戰擒殺太陽罕帝即位復征乃蠻時卜魯欲罕獵于兀魯塔山擒之以歸太陽罕子屈出

律奔也兒的石河上兀魯塔林兀兒傳作兀兒禿今日阿爾泰皆音之轉即金山也卜魯欲罕獵於兀魯塔山則金山實乃蠻部落所在案台必在金山側近而也兒的石河又在金山西南矣穆案也兒的石河即新疆北界之額爾齊斯河徐文星伯云太陽罕自案台至沆海山實自西而東武宗於四年八月戰於金山之南十二月軍至案台山則已踰金山而東想五年必由案臺東歸故海都大舉入犯而遂戰杭海也今齊老圖塔米爾鄂勒昆諸源之山由北而南環繞和林之西實和林西面門戶為海都東寇必爭之地海都大德五年之寇和林尚未被兵則謂此諸山為杭海實於形勢相合杭愛即杭海音之轉水道提綱之言實是不誤若移於鄂勒昆河之東則海都兵未至和林不應寇從西來而康里脫脫哈贊赤諸人反東出若海都兵已越和林而東則和林要地不應諸傳概未之見而牀兀兒轉在金山之南準之情事義證顯然矣穆案元秘史載太祖征乃蠻事曰鼠兒年四月成吉思祭了旗纛去征乃蠻逆著客魯漣河行了頭哨至撒阿里克額兒地面遇著乃蠻在康合兒合山頭哨望的太祖多設疑兵令人各燒火五處哨望的果自山頭看見去對塔陽說達達軍馬已塞滿了撒阿里客額兒地面了

塔陽正在康孩地面的合池兒水邊遂順塔米兒河渡斡兒豁水至納忽山前緣山立住案本紀稱太陽罕自按台營於沆海沆海即秘史所云康孩合池兒水即今塔米爾河東北所滙之台魯勒倭黑池塔陽初營康孩地面爲其子古出魯克所激遂順塔米爾河東來足證杭愛山實在塔米爾之西子惇之言是也塔陽渡斡爾豁河至納忽山崖東邊蓋已踰今圖之杭愛至錫兒克袞諸山之側而斡兒豁水即鄂爾坤河乃鑾哨望達達軍來之康合兒合山疑即今圖所謂杭愛也太祖逆客魯漣河西來至撒阿里克額兒地面殆已踰土拉喀魯哈二河而陳平

喀里雅爾山南山在西十度北極出地四十九度處**額爾德尼招東北**廟在西十三度北極出地四十六度西爾哈阿濟爾罕山之西麓蒙古謂佛寺曰招蓋大喇嘛寺之在鄂爾坤河側者康熙二十六年哲布尊丹巴胡圖克圖告急表曰聞丹津溫卜丹濟拉杜噶爾阿喇布坦等率兵來取額爾德尼招之地其地距我所駐祇二日程是也哲布尊丹巴者本土謝圖汗察琿多爾濟之弟西第什里也初駐牧於此雍正間乃移駐恰克圖而以其胡畢勒罕世掌漠北黃教云雍正十年額駙策凌赴本

博圖山準噶爾賊小策凌惇多卜潛師寇杭愛山掠哲布尊丹巴牧值其從帳多倫諾爾空無所得乃襲策凌牧於塔米爾河盡據有其子女玉帛置酒高會策凌中途聞報斷髮及所乘馬尾誓必滅賊反旆急馳繞間道出山背黎明自天而下壓擊之轉戰二日大敗之於額爾德尼招札薩克一等台吉朋素克喇布坦傳大策凌惇多卜掠喀爾喀牧至額爾德尼招朋素克喇布坦方督所部廟工聞之亟引兵會大軍往剿俘斬甚衆方觀承松漠艸從軍襍紀詩注曰厄爾得尼招在喀爾喀王策令部內厄爾得尼寶也招乃招提省文地產金銀故稱寶寺寺前有元至正年梵書碑文猶可辨雍正壬子六月準噶爾寇邊至吉爾馬泰距厄爾得尼招已近虜據南山我兵列長陣與山對分兵繞至虜後礮發半山虜陣大亂山盡處卽鄂爾昆河時方屯種堰水益深多墜河死索倫精兵萬箭齊發殺人數千餘皆夜遁

跨鄂爾坤喀魯哈二河鄂爾坤亦作鄂勒昆自附牧賽音諾顏部之額魯特旗界東北經章鄂山東麓又經西爾哈阿濟爾罕山西麓又東北出出流百七十里折而西北流二百餘里有濟爾瑪台河自南來會方觀承從軍襍紀詩注綠旗兵屯種於吉爾

馬泰傍近鄂爾昆河元太祖嘗墾種於此田鼠曰吉爾馬有日泰月令田鼠化爲鴽鶉之屬也又西北五十里有鄂歸池水自東南來會又西北塔米爾河自西南合數水東北流來會又西北折東流有衣蘭喀勒奇拉河自西來注之又東北循庫庫齊老圖山西麓百里經西里布里都地之蘇都池東折而東北循西北麓有濟蘭崇古魯克河自西北賽堪山東南來注之又東經納鄰庫勒墨地南又東北至山麓有額魯墨河北自額魯墨得衣山池水南流來注之又東經都蘭哈喇地出山有哈爾渾木克河自東南來會又東流稍北曲曲四百里有哈噶思賽因杜魯河西北自布昆沙勒山東南流合一水來會又東土喇河自南合喀魯哈河北流來會圖麗琛異域錄鄂爾渾河環流哲布尊丹巴胡圖克圖所居之布隆汗山及土謝圖汗游牧地方向西北流入色楞格河是也康熙五十四年廷議屯田鄂爾坤圖拉裕軍食　詔土謝圖汗勘履所部可耕地奏言附近鄂爾坤圖拉之蘇呼圖喀剌烏蘇明愛察罕格爾庫爾奇呼札布堪河察罕廋爾布拉罕口烏蘭固木及額爾德尼招十餘處俱可耕　命公傅爾丹選善耕一人往屯種雍正二年四月振武將軍穆克登奏鄂爾坤

帶尚有昔人耕種處及故渠灌田蹤跡圖拉等處現有大麥小麥非不可墾之地但霜降早晚不一樹穀宜否不齊請於屯長中擇十餘人於明年三月遣往耕俟秋收後具奏五年十月軍營効力行走原任大同總兵官馬覿伯奏言鄂爾坤圖拉為極邊初墾地近產瑞麥一莖十五穗上端殊祥希代罕覯　報聞六年十二月振武將軍宗室巴賽疏報鄂爾昆濟爾瑪台圖拉等處屯田收穫青稞麥糜凡二千八百四十石有奇七年十二月振武將軍順承郡王錫保奏鄂爾昆濟爾瑪台圖拉三處屯田收穫大麥小麥糜子共七千五百五十石有奇八年十一月順承郡王奏報鄂爾昆圖拉濟爾瑪台等處屯田收穫大麥小麥糜子凡六千六百五十石有奇九年奏鄂爾昆等處屯田收穫麥糜一萬六百三十石有奇此　兩朝屯田收穫之太略也雍正十三年定邊大將軍平郡王福彭奏臣等於六月二十二日卒官兵自烏里雅蘇台啟行七月十二日至鄂爾昆謹擇二十日於鄂爾坤河額爾德尼招迤北興工建城共撥滿洲蒙古綠旗兵五千七百六十八名城周一千八十丈基厚一丈三尺上廣一丈高一丈四尺築土九尺垛高三尺寬四尺垛間相去各二尺五寸四面共

開三門建樓三其西南無樓處蓋屋三間角樓四三面設甕城城外四面濬壕城中亦如之引鄂爾昆河水以爲池南門之内兩旁設銀庫米倉收貯軍器等房及兵丁鋪房共二百五十八間北門之内向南十二丈設土臺一高一丈六尺寬十丈長五丈乾隆元年正月總管五十四等奏言自張家口至鄂爾昆大站二十九腰站十六每大站留四十戶披甲者二十名設章京驍騎校領催各一員每腰站留二十戶披甲者十名設驍騎校領催各一員仍以參領四員分管此又鄂爾昆建城設站之大略也喀魯哈河源出翁金河北土剌鄂爾坤二河間平地西北流百里許轉東北流三百餘里入土剌河鄂爾坤既會土剌河又東北經吉拉哈吉圖布拉克地南有西拉索博太河北自布龍山南支阜台三水南流來注之又東北經喀里雅拉山西南麓中有大洲又北流有伊奔河自西北布龍山東南阜合三水東南流來注又東北循山有哈拉河自東南合數水北流來會又東北有衣魯河自東南合三水來注之又正北流至布龍山東北支阜而色楞格河自西來會明洪武三年李文忠敗蠻子哈剌章於土剌河接追及阿魯渾河即鄂爾坤河也

東至薩拉噶山梁中

左旗及中右旗界南至察罕烏蘇接軍臺及後旗界西至博羅哈布齊勒河接賽音諾顏部特魯特旗界北至得爾素圖多奎接左翼前旗界東北至察罕齊老圖接左翼前鋒旗界　長春西游記文四程西北渡河乃平野其旁山川皆秀麗水艸且豐美東西有故城基址若新街衢巷陌可辨制作類中州歲月無碑刻可攷或云契丹所建旣而地中得古瓦上有契丹字蓋遼亾士馬不降者西行所建城邑也沈君垚釋曰按張參議紀行過河而西行一驛有契丹所築故城城方三里背山面水自是水北流矣又經一驛過大澤泊泊之正西有小故城亦契丹所築也按過兔兒河而西又行一驛然後至契丹故城則城當在喀魯哈河之西土謝圖汗本旗之東北所渡河當是鄂爾昆河云山川秀麗故城地中得古瓦有契丹字則已在和林側近而不言和林者是時實未建都故無和林之目也又曰契丹故城疑是遼鎮州諸城按遼史蕭撻凜傳撻凜以阻卜諸部叛服不常上表乞建三城以絕邊患從之聖宗紀統和十二年秋八月詔皇太妃領西北路烏古等部兵及永興宮分軍撫定西邊以蕭撻

凜督其軍事二十二年以可惇城爲鎮州軍曰建安開泰二年春正月達旦國兵圍鎮州州軍堅守三月耶律化哥以西北路略平留兵戍鎮州赴行在地理志鎮州本古可惇城東南至上京三千餘里皇太妃奏置統防維二州又河董城本回鶻可惇城語譌爲河董城東南至上京一千七百里靜邊城東南至上京一千五百里皮被河城地控北邊南至上京一千五百里皮被河出回紇北經羽厥入臚朐河沿河董城北東流合沱漉河按地理志敘鎮州以下諸城自西而東鎮州東南至上京三千餘里以道里校之實與記所指西故城相合蕭撻凜傳不言三城之名可惇當即其一後改爲鎮州耳契丹西故城其即鎮州所在乎耶律撻不也傳鎮州西南有沙磧或其地尚在記所指西故城之西疑未能定矣天祚紀大石不自安遂殺蕭乙薛坡里括自立爲王率鐵騎二百宵遁北行三日過黑水見白達達詳穩牀古兒牀古兒獻馬四百駝二十西至可惇城是大石西行駐軍於可惇城故紀以契丹城爲遼亾土馬不降者西行所建城邑矣亦可證是城之當即鎮州也記言東西有故城城東故城即紀紀行過河而西行一驛之契丹故城西故城即紀行腦兒正西之小故城蓋東西之言所

兼頗廣山川秀麗之云實兼指今鄂爾坤河東西兩岸矣西北至翁奎諾爾鄂博接賽音諾顏部額魯特前旗界東南至錫勒袞烏蘭陀羅海接左翼左末旗及軍臺界西南至諾昆陀羅海接右翼右旗界有西庫倫在界內又汗旗所屬有古羅格沁打牲人居喀倫附近

右翼左旗札薩克和碩親王游牧察琿多爾濟從子車木楚克納木札勒康熙三十年授札薩克一等台吉三十五年晉輔國公雍正元年敘捡額魯特逃賊功封多羅貝勒烏梁海人羅卜藏錫喇布初隸額魯特和託輝特貝勒博貝捡降之置阿汗林後徙置察哈爾授佐領至是攜眾逃爲所捡九年以力疾戰歿大軍剿準噶爾車木楚克納木札勒奉檄赴科布多軍中道病足恐失期以兵授子成袞札布自引餘騎扶病歸值額魯特種人奇爾吉斯叛梗道力疾擊之巾銃陳歿乾隆三年追封郡王二十一年孫齊巴

克雅喇木丕勒復以功晉和碩親王二十年大軍定伊犁丕勒由烏蘭呼濟爾運軍糧諜阿睦爾撒納叛賊黨克什木等擾伊犁馳援班第力戰被執不屈二十一年克什木等就擒齊巴克雅喇木丕勒自伊犁還四十六年詔世襲罔替佐領七有半

牧地跨色楞格河色楞格河自賽音諾顏部東北流入界有厄赫河自西北東大山東南流合翁佳河諸水來會水勢始盛稍東有市呼圖河自南合三水來注之又東北受北來一水又東北有一河自西西南沙昆沙拉之北東北流合東南一水北來注之又東受西南一小水又東經布龍山北麓山脈西南自巴顏濟魯克山賽堪山綿亙而東北為厄魯墨得衣山又東為西拉克山為布昆沙拉山又東北為此山蜿蜒至兩河合處為色楞格鄂爾坤界色楞格河自山北麓又東東北數百里而鄂爾坤河自南合土喇諸河之水東北流來會水勢愈盛土喇河於是合於鄂爾坤河土喇河東南來至中左旗西左翼左後旗東南而喀魯哈河自西南來會又東北折而正北流三百里而鄂爾坤河自西西來會當西

十一度北極出地四十九度處東至布爾噶勒台河接右翼右末次旗界南至達什爾嶺北溫都爾鄂博接左翼左後旗界西至茂蓋河山梁接賽音諾顏部中末旗界北至罕台山接邊喀界東北至綽勒呼爾察罕庫圖勒接右翼右末次旗界西北至達爾沁圖哈爾噶那山梁接邊喀界東南至庫克車格勒沙博羅圖接右翼右末次旗及右翼左末旗界西南至烏噶爾札接賽音諾顏部中末旗界中右旗札薩克多羅郡王游牧察琿多爾濟弟西第什哩初號巴圖爾台吉康熙二十五年赴庫倫伯勒齊爾盟土謝圖札薩克圖二汗交惡聖祖遣尚書阿喇尼齎敕與達賴喇嘛使噶爾旦西勒圖赴庫倫和解之設盟於伯勒齊爾授札薩克二十七年來歸命游牧蘇尼特界內阿魯額埒蘇

台三十年。封多羅貝勒。仍兼札薩克。四十五年卒。次子
丹津多爾濟襲。雍正元年。晉郡王。
諭曰。自西北兩路出師以來。貝勒
丹津多爾濟。歇歷戎行。奮勉效力。聖祖仁
皇帝深愛其材。著加恩晉封多羅郡王。以示獎勵。十一
年。以罪降郡王。初額駙策凌遇賊克爾森齊老。丹津多
爾濟奉檄往援。行未十里。駐兵不前。及
額爾德尼昭之役。賊由杭愛山陰敗遁。丹津多爾濟不
追。遷延杭愛山陽。已復冒功妄奏。以大敗賊告。
賜智勇號及黃帶。又 特封長子貝子多爾濟色
布騰爲世子。至是追論。順承郡王防禦不力。罪事連丹
津多爾濟。
並行撤黜。乾隆元年。復封親王。三年卒。孫桑齋多爾濟
丹津多爾濟長子多爾濟色布騰。尚和碩和惠公主。先
卒。乾隆三年。 上念桑齋多爾濟幼孤。詔
隨和惠公主來 京。教養 內廷。嗣尚郡主。授多羅額
駙。和碩和惠公主冊文曰。鸞書光賁。彰淑範以揚徽。象
服寵膺。篤懿親而衍慶。聿稽茂典。用渙恩綸。咨爾和惠
公主。乃和碩怡親王之女也。銀潢毓秀。玉葉分輝。因其

聰慧特垂撫育佩宮幃之箴訓度協柔嘉習圖史之規
型性成婉順宜登顯秩以表令儀是用封爾爲和惠和
碩公主錫之金册譽傳雍肅荷車服之殊榮德懋敬勤
修藩垣之內職受茲錫命永迓鴻釐欽哉又御
賜壙志公主生於康熙五十三年十月初十日
寅時薨於雍正九年十月初三日戌時年十八襲郡王
二十年晉親王正月桑齋多爾濟隨定北將軍班第進
剿達瓦齊七月達瓦齊就擒桑齋多爾
濟攜索倫札哈沁兵千還途聞阿睦爾撒納叛親王額
林沁多爾濟與同隊不能制馳赴額爾齊斯追收阿逆
定邊左副將軍印捡賊黨阿喀察定進等檄沿途汛兵
護軍需并防新降額魯特衆得旨褒嘉加恩晉
襲其祖親三十年以私與俄羅斯互市削爵尋復封郡
王原爵
玉桑齋多爾濟妻吳氏生子雲丹多爾濟嘉慶中封吳
氏多羅福晉册文曰錄勳舊於藩封克昌厥後美柔
嘉於壼範無忝所生崇褒予逾格之榮錫類重推恩之
典咨爾喀爾喀郡王雲丹多爾濟之母吳氏醇和秉性
淑愼持躬勸內治於王閨閫外紀宣勞之久昭懿輝於
子舍邊陲勗供職之勤旣順正之克嫺宜寵渥之曲逮

是用封爾爲多羅福晉錫之册命於戲肅雍表德體允重於屏翰溫惠揚休誥用光夫綸綍祇承殊眷益著徽音編修蔣祥墀詞也四十六年詔世襲罔替佐領三牧地當

土喇河曲處土喇河循都蘭喀拉折而西北流曲曲四百餘里有喀魯哈河自西南來會也長春西游記西南驛路又行十日夏至量日影三尺六七寸漸見大山峭拔從此以西漸有山阜人煙頗衆亦皆以黑車白帳爲家其俗牧且獵衣以韋毳食以肉酪男子結髮垂兩耳婦人冠以樺皮高二尺許往往以皂褐籠之富者以紅綃其末如鵞鴨名曰故故俗無文籍或約之以言或刻木爲契有上古之遺風焉陽湖董君祐誠釋曰古人揆日皆以八尺表是地夏至日影三尺六七寸日晷約高六十六度北極出地約四十六七度蓋當土拉河之南喀魯哈河之東近今喀爾喀土謝圖汗中右旗地沈君垚曰大山峭拔者即土喇河南岸喀魯哈河東岸之山也東至拜圖接中右末旗界南至巴彥哈拉接軍臺及左翼右末旗界西至烏蘇圖接土謝圖汗旗及左翼左中末旗界北至哈拉尼惇接右翼左後旗

界。東北至達什隆山。接右翼左後旗及中右末旗界。西北至沁陀羅海。接中左旗及左翼前旗界。東南至布蘊奎。接中右末旗及軍臺界。西南至珠爾奇台。接左翼左中末旗及軍臺界。

左翼中旗札薩克多羅郡王游牧。諾諾和次子阿布和孫昂噶海曾孫索諾木世駐牧庫庫博羅圖號墨爾根諾顏掌喀爾喀左翼一旗為八札薩克之一。康熙二十七年。索諾木子固魯什喜率族屬來歸。賜牧四子部落界外洪果爾。二十八年。由諾顏授為濟農。居三汗之次。三十年。封多羅郡王。仍兼札薩克。乾隆四十六年。詔世襲罔替。佐領十四。牧地當阿爾泰軍臺所經。漠北日記。六月初一日。入喀爾喀界。石阜怪狀。如齒牙劍戟。地盡沙石相磔艸木不生行五十里次哈呢哈達山童艸枯牧馬無處掘地數尺不得水復求之山阿得泉眼人馬汲飲立涸初二日平阜起伏始見草色青青行九十里次克勒孫掘地二尺餘得甜水僅足人馬汲飲是日路有流沙二十餘里陷沙一處馬誤行其中陷不得出喀爾喀人身長者多衣布袍領袖鑲皮腰閒細摺初四日行七十里次科尺赤掘地不得水祇喀爾喀人自飲泉眼二處軍士得潤渴腸初五日行阿爾哈爾蘇巴掘地得水有土氣牧馬亦無艸初六日行五十五里次噶爾拜果必案果必即戈壁遂爾回卜納有小河一道紫泥臭濁獨茂艸盈尺馬爭食之初七日行七十一里次屋蘭忒門東邊山阜下有舊井水可就飲其處掘水亦足飲馬獨枯地無草耳此上數日俱有小木如松而葉圓長可采爲薪是日有軟沙五十里初八日行三十里入山溝有溪水嫩草復行七里駐克勒阿祭拉漢初九日行百里次查哈馬克圖掘地無水寸草不生初十日還軍克勒阿祭拉漢十一日十二日仍駐軍喀爾喀遺卒布滿山谷行五晝夜不絕道旁見台吉三人其形較眾少潔衣綵服皆戴銀麟牌佩劍飾珠寶頗精工一耳貫大金圈寶石銜其口云是喇嘛保命者方有此是日鵬翩牧人李

之旺於石峯頭得古錢篆文曰五行大布云云案文端行程蓋由今土謝圖汗部左翼中旗界北行五百五十餘里而返殆已入車臣汗部境達喀魯倫河之南岸矣故初九日酉刻行文附近車臣台吉詢喀爾喀情形並阿尚書音信而初十日酉刻遂得車臣台吉回報也日記又曰十三日復北行五十里次腺達舊營掘地得水黃濁而味甘足八馬飲十四日行七十里次克布祿亦無艸掘地得水黑不可飲岡上得舊井五水濁而腥十五日行五十八里次古爾半圖案古爾半即古爾班譯言三也路無水無艸得舊井三處尚不足軍士汲飲十六日行二十里次烏奴蘇台濁泉微細掘坎得水如礬色而味鹹亦無艸十七日行三十三里石山磊落參差連壤奇峯聳拔競勢爭高振衣登巔遙望白雲孤飛徘徊久之復策馬行三十里次拏拉克帶臾郎必拉抵中國之八十里駐軍十日二十八日復還駐烏奴蘇台自此皆向東南行云云案文端初出喀倫北行五十餘里還軍克勒阿祭拉漢已復北行百二十里次克布祿已踰前次所駐之查哈馬克圖二十里克布祿疑即喀魯倫之譯變未渡河而北故不言河也復行百三十餘里而見石山聳拔蓋又越東庫倫而西石山殆巴彥集魯克阿布達藹台

諸山矣自此復北行百一十里遂還軍而南綜其行程葢東未踰喀魯倫西未抵土喇故時時以乏水艸爲言日記又曰二十九日行七十八里駐克布祿抵中國之百里七月初一日駐衣勒呼郎朦達舊營也初二日過克勒阿祭拉漢至哈喇布喇駐軍郎山溝口也乾澗傍掘三尺得水頗甘初三日次屋蘭忒門登山眺望山多粗石積纍間有美石如瑪瑙水晶其光瑩然初四日至噶爾拜果必（拜果二字舊本爾處皆誤倒）遂爾回不納初八日行二十里揀有艸處駐軍掘地丈五尺不得水初九日次阿爾喀爾爾蘇巴前所掘井半已坍塌距此八里青蒿中見白色頹然者艸已枯矣初十日駐蔥嶺以偏嶺皆蔥故名非焞煌西之蔥嶺也計程三十四里乾澗側有二舊井從旁掘地七八尺得水甘洌可煮茗字之曰塞外第一泉十二日次科尼赤十三日揀雨集水處駐節十四日次克勒孫十五日行軟沙七十里見有舊井二所因駐節水鹹炊飯變黃色十六日過哈喇哈達五里入山溝夾澗而營澗側有古井四所淡而不濁掘其傍亦得水兩山石壘亂疊多產金雀木皮色如金可飾弓箭器具葉如天冬有芃正夏開黃花塞外嘉値也折不孫丹巴喇麻由禿喇必納道此十七日入噶祿案噶祿即喀倫

日記又作喀龍今作卡倫折不孫丹巴喇麻卽哲布尊丹巴胡圖克圖禿喇必納卽土喇河據此亦足證文端未抵土喇而返矣。東至固爾班哲格爾得接達里岡愛牧馬場界。南至巴彥布拉克接四子部落旗界圖麗琛異域錄出張家口於六月初二日越興安嶺至正黃旗察哈爾穆虎哈地方自此處將內地所乘驛馬并護送綠旗兵丁俱發回又行十餘日至喀爾喀阿拉布坦王所屬巴顏布拉克地方喀爾喀官兵豫備駝馬并供給羊隻迎接此處係興安之上有一帶石山產金桃皮樹又行二日至西拉布里度地方有十餘里沙岡十七日至瀚海適中朱爾輝地方此處產各色小石有查克樹叢生有流泉二三處聚成小澤水清而甘有水禽翔集其中覩此忩爲瀚海也案阿拉布坦王者圖魯什喜之長子多爾濟阿拉布坦也於康熙四十四年襲爵圖麗琛以五十一年經其游牧也。西至西尼察罕鄂博接左翼後旗界。北至巴噶哈台接左翼後旗及左翼中左旗界。東北至札爾噶山接車臣汗部右翼中旗界。西北至哈坦烏蘇接左翼後旗及左翼中左旗界。

東南至額固得，接蘇尼特左旗界。西南至和博塔勒，接烏喇特後旗界。

（中旗）札薩克固山貝子游牧察琿多爾濟長子噶勒丹多爾濟，康熙二十五年，隨父赴庫倫伯勒齊爾盟，授札薩克。二十七年來歸。三十年，封多羅郡王。子惇多布多爾濟，尚和碩恪靖公主。册文曰：典崇釐降，帝女戒以欽哉；詩美肅雝，王姬詠其禮矣。既嫺內治，宜被殊榮。咨爾和碩公主，乃朕之女，敬愼居心，柔嘉維則，母儀克奉，教夙稟於在宮，婦德無違，譽尤彰於築館。出銀潢之貴派，作配高閎，備玉牒之懿親，共襄宗國。鳳占允協，象服攸宜，是用封爾爲恪靖公主，錫之金册。謙以持盈，益篤興門之祜；貴而能儉，永垂宜室之聲。勿替令儀，尚綏厚祿，欽哉。三十九年，晉和碩親王。察琿多爾濟卒。詔襲土謝圖汗。四十一年，以溺職降襲郡王原爵。四十六年，上由喀喇河屯巡視蒙古諸部，駐蹕德爾濟庫本都和洛。惇多布多爾濟偕公主來迎。駕幸其第。雍正元年。復封親王。是年晉封和碩恪靖公主為固倫公主。冊文曰。鑾書申錫。恩必厚於本支。象服增崇。誼每殷於同氣。載稽令典。用賁殊榮。咨爾恪靖公主。乃聖祖仁皇帝第六女也。毓秀紫微。分輝銀漢。承深宮之至訓。無怠遵循。緬女史之芳規。宜懷黽勉。朕纘承大寶。仰體鴻慈。聿宏錫類之仁。特沛絲綸之命。是用封爾為恪靖固倫公主。錫之金冊。謙以持盈。爾勵敬恭之節。貴而能儉。尚昭柔順之風。克樹令儀。永膺多福。欽哉。檢討陸奎勳詞也。次子額璘沁多爾濟襲。乾隆二十年。以罪誅。削爵。達瓦齊就俘時。阿睦爾撒納叛迹已著。班第遣額璘沁多爾濟監護阿逆入覲。行至烏隆古。阿逆以定邊左副將軍印授額璘沁多爾濟。詭稱歸牧治裝。遂由額爾齊斯遁。詔賜額璘沁多爾濟自盡。二十二年。恩復世爵。改為札薩克固山貝子。以惇多布多爾濟長子根札布多爾濟襲。四十六年。

詔世襲罔替。四佐領牧地在肎特山西南。齊氏召南曰肎特山高大為漠北羣山東至大海之祖山之西阜曰即龍嶺又西曰特勒爾濟嶺凡諸嶺以南水皆流入克魯倫河以北水皆流入敖嫩河敖嫩河源在克魯倫河源西北三百餘里實小肎特山土人呼為阿即格肎山山南為喀爾喀地山北為俄羅斯邊界嶺之北麓水即楚庫河源源北流入色楞格河者嶺之南幹山西南麓水即土拉河源西南流折而西西北會鄂爾坤河入色楞河者此嶺為漠北一大分水嶺也自小特肎山東北行為大興安山包絡黑龍江諸水之北而東入海一支折而南分為二幹一東南為大肎特山起頂又東南為必爾喀嶺諸山為北黑龍南喀魯倫諸水之界綿亘千餘里至會合處一西南為圖拉源山又南為噶拉泰嶺折而西南為興安嶺為東克魯倫西土拉諸水又西南而西北至土拉會鄂爾坤河處自此而西北羣山皆以阿爾泰山為祖若論漠北大分水之處一東至東海一北至北海則莫高於肎特山矣一統志肎特山在敖嫩河源之南即克魯倫河發源處小肎特山在西北與特勒爾濟嶺相近土拉河發源源於此理藩院則例喀爾喀肎特依罕山

每年春秋二季由太常寺頒發香帛致祭

汗山峙其境當土喇河源

汗山亦曰憨山在興安嶺北土喇河南岸元秘史謂之不兒罕山太祖微時爲三種蔑兒乞人所困全家避難此山蔑兒乞人繞山三徧搜之不獲旣脫難椎匈告天曰我得性命被不兒罕山遮救了這山久後時常祭祀我的子子孫孫也一般祭祀向日將繫腰挂在項上帽子挂在手上跪了九跪將馬奶子灑奠了謂是山也龔之鑰後出塞錄天山在圖拉河之西約出長城三千里山不甚高藩名汗河嶺有明太宗勒石在焉圖拉即土喇發源故嫩河名源之西南數十里許特勒爾濟嶺之西曰土喇色欽色欽蒙古語河源也徐文靖志寧堂稿詩注土喇河在凌霄山南巴顏烏喇西南凌霄殆即汗山譯義之變然云河在山南則傎也沈君垚曰張參議紀行自黑山之陽西南行九驛復抵一河深廣加翁陸連三之一魚之大若水之甃捕法亦如之其水始西西流深急不可涉北語云渾獨剌漢言兔兒也按渾獨剌今曰土剌河太祖紀帝於土兀剌河上尊汪罕爲父洪茶邱傳從丞相伯顏北征至脫喇河土土哈傳至元十四年追脫脫木至禿兀剌河三宿而後反土兀剌脫剌禿兀剌皆即渾獨剌

譯音之轉土喇河東喀魯倫河西有東庫倫其地曰昭
莫多譯言有林木也蓋卽元秘史所云土兀剌河邊黑
林子爲客列亦惕種姓王罕所卓帳矣康熙三十五年
五月　聖祖親征噶爾丹西路大軍擊敗賊衆於
此朔漠方略議政大臣等奏噶爾丹目下窮困已極應
令主事諾爾布等從　御駕前行之路西蒿齊特
邊哨敘達木哈喇俄博由伊克札喇之西抄過伊札爾
額爾奇納克踰阿爾噶蘇台嶺到特勒爾濟口整飭軍
士以備剿滅國史富善傳康熙三十五年四月
駕駐西巴爾台離噶爾丹所居之克魯倫河計程五日
議者謂宜俟西路兵會剿富善奏言西路兵至尚遲時
日恐賊聞風逃竄卽以中路兵剿賊尤爲不足宜乘其
不備速遣精兵擊之奏入稱　旨會噶爾丹知
上親征盡棄其廬帳器械潰竄　上密諭費
揚古等絕其歸路先整兵特勒爾濟口以待陣擊三千
餘級噶爾丹僅以身免案先是　聖駕至拖凌遣
使噶爾丹明告以六師親涖并以所獲之額魯特俄齊
爾偕往噶爾丹初不信謂　中華皇帝不在京城
享安樂陟此窮荒何爲乎及俄齊爾爲述黃幄幔城等
物乃大驚潛上孟納爾山望見我軍士馬精强不復敢

戰遂乘夜西遁至特勒爾濟山口我西路前鋒佯北以致之賊乘勝轉鬥而前遂大敗其衆於昭莫多殷化行北征紀略曰五月初四日雨雪暮抵土拉河御營所期與大將軍會兵地也十三日戊辰曉發食時已哨得賊滿漢兵皆嚴陣以待久之賊不至大將軍遂令整陣前行可二十里過淖至昭磨多其北大山千仞矗立如屏不見所盡處大山之下平川廣數里林木森立有河流其間曲折環繞其南出差多於北漸坦而下有小山似馬鞍橫焉戰地也小山右連南山可二十仞自西折三崖如階乃至顛其東復一崖乃坦下其左右崖如削山根水繞之卽土拉河也前鋒過賊於特勒爾濟口佯北余兵因隔小山未知賊所在會副都統阿公領前鋒兵橫過而南問之揚鞭指曰此山過卽賊也登視之遇孫將軍方至余言宜急據此山大將軍曰君卽移兵上守之余馳回揮兵上山方至嶺而賊亦登山半矣見我師先據山顛遂止東崖下以崖爲蔽舉銃上擊時大將軍以余言麾全軍上山布陣令河西綠營兵居中而京師右衛西安滿洲兵分左右兩翼及戰又令余領甯夏兵千三百居左唐總兵領涼肅兵千人居右皆據山爲陣大同兵之後至者皆在山下沿河繞西向北

以防林中伏賊蒙古兵又分張列滿兵之左右會賊爭小山沖中堅故河西兵迎其鋒時日將中賊氛甚熾遂令士卒皆下馬以一卒併牽五馬餘兵皆出步戰發子母礮轟擊之而噶爾丹及其妻阿努娘子等亦皆冒礮矢舍騎而鬬鋒甚銳不可敗擊傷相當余急使告大將軍曰河邊兵宜令其依柳林左出衝其脇又望賊陣後人馬甚盛而不前助戰必其駝畜婦女也宜遣軍繞南右出以刦之大將軍皆從之余望見兩軍將薄賊麾兵大呼而進上下夾擊聲震天地賊遂披靡其墜崖下者河溝皆滿棄如蓬麻戴星月追三十餘里回視追兵僅三數百人耳大將軍傳令收軍乃整旅回營已凌晨矣

翁方綱題宋大業北圖詩曰色波呼嶺繞長河克勒倫到昭木多自注閣學北征日記西路破賊於昭木多其地距克勒倫河四百里魏源

聖武記昭莫多之役費揚古遵

上所授方略各兵皆下馬步戰約聞角聲始上馬每進輒以拒馬木列前自固日暮費揚古鳴角沿河伏騎一橫衝入陣一襲其後輜重賊始敗潰並殪其哈屯阿奴案朔漠方略西師既大敗噶爾丹捷奏未至閒侍讀學士喇錫以降人丹巴哈什哈等來

上親問之丹巴哈什哈奏十三日於特勒爾濟地

方突遇西路大兵見西路兵先據高阜已得地利我厄魯特就一小坡徒步拒敵與殷化行所云爭據罕山之言合丹巴哈什哈又言大兵發鎗礮甚整且暇不知在前者爲何物擁木而進又以圓且紅之物蔽身直前既到十步內矢下如雨與魏源所云矢銃迭發籐牌繼之每進輒以拒馬木列前自固者合魏源又辯曰趙氏謂拒馬木擁於後示必死按拒馬木皆列於前所以制敵騎之衝突卽衞青武剛車自環之意準夷强敵非此不能過之所謂先爲不可勝以待敵之可勝也兵入敵境不患不致死無擁於後之理其辯甚精惟云阿奴哈屯頎晳敢戰披銅甲佩弓矢騎異獸似駝非駝精銳悉隸麾下既屬影附戲劇又代老胡杜撰歌詞以壯聽聞尤覺不經可笑耳　聖祖御筆勒銘莫多曰天心洪佑翦逆推凶困獸西竄犄我軍鋒一鼓而殲漠庭遂空磨崖刻石丕振武功圖麗琛異域錄七月初三日自鄂什欣布里地方下與安嶺北界至汗山東邊估爾布里度地方其東南二十里許卽剿滅逆賊噶爾丹之召磨多地方在大路旁俱平坂小山谷中樹木叢生有小溪沿山麓川谷紆回而流初五日至土拉河岸因連朝陰雨河水泛漲既無舟楫艱於北渡駐三日於駐宿無事

之暇往釣河濱獲樺魚魯魚十數尾皆二尺許烹以飼衆極其肥美又遣噶札爾圖往汗山銃斃大鹿一併分食之旅飯龍荒割鮮飽啗信異聞矣土喇河自源西南流六十里與北源之出嶺北小肎特山南餘百餘里曰喀拉圖魯河會西南流九十里有哈溪河自西北合東來喀拉鄂模水西北來空烏魯河東南流來會又南五十里有噶爾泰河自東南大山西流來會又西南經敵拉薩山西麓又西南有阿拉克他河自北來注之又西南有特勒爾濟河自西北大山合東古河二水東南流又合東北奎羅河來注之朔漠方略噶爾丹旣敗朋素克格隆初以諭降噶爾丹被留至是還至特勒爾濟諜厄魯特數百人竄伏河畔煙起犬吠盡俘之還又喇錫奏報噶爾丹情形曰臣等在特勒爾濟河上下汗山四圍山谷林莽之中據厄魯特所委棄之人七月二十一日至土拉駐札烏列台河上臣等前所遣正藍旗佐領恩格森等歸言我等於十六日到色楞格河之古爾班古庫兒對岸沿河上下蹤覓新舊蹤跡噶爾丹未嘗往俄爾洪土拉總路去葢湖特勒爾濟而上至札克埠地方後渡土拉河向西南去矣西北大山卽肎特山之西南大榦也又南經興安嶺西支阜曲折西流經厄圖克

山南麓其南岸即昭莫多地在興安嶺西百里河岸平
處其西曰巴顏朱拉克山也折西北曲曲流又折而西
經汗山東北麓有坤河自南來入土喇河又西有烏里
雅思台河自北大山來注之又西有色勒彌河自北來
注之即色勒彌嶺東北麓水也又西入中右末旗境
又案汗山乾隆中初登秩祀祝曰雄臨四部翰藩連嶺
北之遥秀拔千尋襟帶重漠南之鎭顯祜既彰夫有赫
明禋宜秩於無文惟神位鞏坤維德符艮止控金微而
列障內屏興安盤翠巄以干霄近縈圖喇昔　聖
祖鑾輿三駕銘崖欽謨烈之垂迨朕躬幬覆一家披奏
識懷柔之應惟七十四旗之疊埒耕牧胥恬總五千餘
里之提封和甘式協克效靈於丕冒爰肇錫以維馨典
備宸懸仲月永垂諸命祀忱通肸蠁初筵特遣夫司存
神其益懋聰明彌昭順祐和林舊壤助余福善之施瀚
海全疆慰彼抒誠之請尚其鑒格勿替歆承修撰黃軒
筆也春秋祝文曰惟神秉安惇功參平在據昭莫多
之右壤勒銘而朔漠勳垂對色勒彌之崇巖作鎭而北
庭覘錫五千里廣輪袤亙襟帶賚雄七四旗收養殷蕃
懷柔顯應朕福敷有極禮秩無文駿奔嘉衆部之誠藎
載等一家之庇升馨舉典溥惠澤以彌周錫卣馳忱永

報祈於勿替茲以禶伸特展明龔
禋神其鑒焉編修平恕筆也汗山之北是爲庫倫之
鑰後出塞錄自黑龍江西行三千五百餘里至圖拉必
喇已在歸化城之正北再逾一嶺往北數十里郎苦另
山山甚峻上有番僧奉大佛寺及諸商賈俱集於此皆
與鄂羅斯國貿易者下苦另山郎鄂羅斯國望之皆坦
途且有池塘溪菴大小舟航絡繹其間芳草長堤桃柳
掩映宛然中華風致非復黃沙白草之地也案苦另郎
庫倫也會典俄羅斯互市設庫倫辦事大臣二人一由
在京滿洲蒙古大臣內　簡放一由喀爾喀札薩克
內　特派所屬庫倫理藩院司官一人筆帖式二人
恰克圖理藩院司官一人轄卡倫會哨之各札薩克以
理邊務凡行文俄羅斯薩那特衙門皆用庫倫辦事大
臣印文其東黑龍江境內由黑龍江將軍呼倫貝爾副
都統經理其西至近吉里克以西由定邊左副將軍科
布多參贊大臣經理皆與庫倫辦事大臣會同酌辦康
熙二十八年議准俄羅斯邊境以流入黑龍江之綽羅
那阿倫穆河相近格爾必齊河爲界自大興安嶺以至
於海山之陽爲內地山之陰爲俄羅斯地雍正五年議
准俄羅斯人所居近山河者以山河爲界無山河之空

地設立鄂博爲界自東邊之額爾古納河岸至哈魯哈當蘇阿魯奇都勒齊克泰奇蘭等處以相對之楚庫河爲界自此以西沿布爾古特山以博木沙畢鼐嶺爲界各定立界石親王策凌傳雍正五年偕內大臣四格等赴楚庫河與俄羅斯使薩瓦立石定界徐氏松曰楚庫者卽庫倫所屬之恰克圖也徐繼畬瀛環志略峩羅斯國西伯利部亞細亞之北境也地分八部莪爾德斯科在痾慕斯科之東地極廣大出銀鉛鑛兼產皮貨南境抵外興安嶺與喀爾喀蒙古土謝圖汗車臣汗兩部接壤南界有甲他城卽內地所稱恰克圖中國與峩人互市於此庫倫辦事大臣司其事彼以皮來我以茶往亞古德斯科在莪爾古德之東南境抵外興安嶺與黑龍江接壤康熙年閒議定疆界立爲界碑其地寒甚冰雪之消融者每歲止三四月人戶稀少射獵之外無生計峩人取其所得之皮以當賦稅　高宗純皇帝御製慶甯寺碑記惟天眷佑我淸丕冒萬國日月所照雨露所濡罔不服從當　太祖　太宗時西方達賴喇嘛班禪額爾德尼景慕　聖德率先輸忱

世祖章皇帝定鼎燕京達賴喇嘛萬里入覲貢獻勿絕逮　聖祖仁皇帝親統六師平定朔漠則

有澤卜尊丹巴胡土克圖率七旗喀爾喀之衆朝
行在所特封爲大喇嘛俾掌黃教康熙六十一年冬來
朝明年示寂於京師　皇考世宗憲皇帝遣使護
歸其國　恩禮有加雍正五年　命大臣齎
帑金十萬兩卽故所居庫倫地剏構大刹延及徒衆講
經行法如達賴喇嘛班禪額爾濟尼在西域時故事乾
隆元年工竣欽定寺名曰慶甯御題福祐恒沙以賜復
允董役諸臣請伐石刻詞俾紀其事朕惟天生蒸民若
有恒性性無弗善不以形體而睽不以疆域而隔因其
同善之情而利導之此帝王之教所以立也黃教行於
西北諸藩無貴賤無不奔走信嚮要其爲說主於戒惡
從善今使蒙古之衆誦習其文皈依佛諦其興起於善
也必易人人樂趣於善將見邊方赤子同植善緣疆域
乂安中外禔福蒙被慶澤永永無斁我　祖宗綏
懷藩服錫福寰區萬國咸甯民生康阜主斯寺者惟有
勸導羣生擴乃善性一心嚮化安享我國家太平之福
庶無負　皇考嘉惠諸藩之德意也夫編修萬承
蒼所撰進也穆舊讀文清公松筠綏服紀略圖詩注著
俄羅斯事補輯略曰其與中國通市之所曰恰克圖距
俄斯國都莫斯克瓦西北數千里爲喀爾喀四部適中

之區池東二十八卡倫土謝圖車臣兩部設池西十九卡倫札薩克圖賽音諾顏部設商民於此建立木城俄羅斯亦於對面建設市圈萬貨雲屯居然一都會也　欽差大臣駐劄庫倫以控制之庫倫蒙古語城圈也地有哲布尊丹巴胡圖克圖所駐之喇嘛木柵如城故名距恰克圖八百里有奇庫倫南十餘里有山曰汗阿林緜亙高聳艸樹如畫恰克圖池東車臣汗部屬十四卡倫沙甸平坦池西多山林木蓊鬱往來以色楞河爲津要連岡而東池南至衮圖達霸罕其閒俠溝叢樹阸隘天成足資控禦也　世宗憲皇帝登極因俄羅斯毘連喀爾喀應與定界以杜爭端而於在邊貿易者約束亦便雍正五年　欽派大臣察畢那特古忒圖麗琛三人前往勘定設卡倫五十九所極東十二卡倫就近屬黑龍江將軍統轄輪派索倫兵戍守池西四十七卡倫以喀爾喀四部屬下蒙古按其游牧遠近每卡設章京一員率兵攜眷戍守俄羅斯於對面一體安設兩界適中隙地蒙古語曰薩布薩布處所皆立鄂博閒遇叢林鄂博難立卽削大樹椏識時庫倫尚未派駐防大臣凡此卡倫總令喀爾喀王丹津多爾濟統轄先是民夷交市無定所畫界既正相度得恰克圖地設立

市集，派理藩院司員，三年一換，駐劄總理，此開關通市之始也。丹津多爾濟卒，其孫宰桑多爾濟嗣先職，整頓卡倫益完善，繼以夷務繁，乾隆二十七年，欽差大臣同宰桑多爾濟協辦，此庫倫駐劄之始矣。東至烘郭爾陀羅海，接車臣汗部右翼中前旗界。南至巴彥哈達，接車臣汗部右翼中旗界。西至多木達烏爾察克，接軍臺及中右末旗界。北至達喇爾札河源山梁，接右翼右末旗及右翼左末旗界。東北至哈台，接車臣汗部中右後旗界。西北至哈麻爾嶺，接中右末旗及右翼右末旗界。東南至布庫都爾哈喇烏蘇，接車臣汗部右翼中右旗界。西南至達什隆山，接左翼右末旗界。

左翼後旗札薩克鎮國公游牧。察琿多爾濟族子禮塔爾，曾祖喇瑚里子五，長本塔爾。順治十年，率族面內，駐牧張家口外，是爲喀爾喀右翼部。本塔爾弟色爾濟留居杭愛號達賴岱青子敖巴號額爾克阿海即禮塔爾父也初隸賽音諾顏善巴旗康熙二十七年來歸以喀爾喀右翼親王諾內於已爲從父兄弟附牧部內二十八年授札薩克二十九年選兵赴土喇從屬劫驛騎

上宥不治三十一年大封喀爾喀敖巴以罪不封三十二年卒禮塔爾入

覲謝罪授札薩克一等台吉孫達什丕勒乾隆十九年以護視杜爾伯特游牧功封輔國公二十一年晉固山貝子復以捐駝馬助軍

賜貝勒品級尋晉郡王品級卒子德沁喇木丕勒降襲貝勒四十六年

詔世襲罔替五十七年

降鎮國公四佐領牧地當阿爾泰軍臺所經翁金河至是豬於胡爾哈鄂倫諾爾諾爾直漠南河套可八百里許舊作呼拉喀五郎鄂模周二十餘里諾爾東北五十里有哈喇哈達山又東北有徹徹山又東北有上凱山山皆沙海中孤嶼也翁金水源西十三度三分極四十六度九分諾爾西九度四分極四十五度二分自西北而東南行大漠中近千里也齊氏召南曰自杭亦哈馬勒山而北水皆北流至俄羅斯國入北海此山之南則翁金河最著也東至溫都爾西里接軍臺及左翼右末旗界南至巴彥哈喇接烏喇特中旗界西至尼楚渾布拉克接賽音諾顏部中前旗界北至額爾德尼陀羅海接右翼右旗及軍臺界東北至察漢烏蘇接土謝圖汗旗及左翼右末旗界西北至博爾濟吉特接右翼左末旗及賽音諾顏部中前旗界東南至西尼察漢鄂博接左翼中旗界西南至珠奇斯庫札接烏喇特中旗界

中右末旗札薩

克輔國公游牧西第什哩長子辰丕勒多爾濟康熙四十五年弟丹津多爾濟襲父爵辰丕勒多爾濟協理旗務五十八年隨哲布尊丹巴胡圖克圖入　覲請編所屬別爲一旗授札薩克一等台吉子三都布多爾濟乾隆二十四年以戎績卓著封輔國公乾隆十九年三都布多爾濟隨參贊大臣努三等赴阿勒和碩偵烏梁海宰桑赤倫遁吹河由喀喇莽奈直抵所居降其屬四百四十五戶解送特斯鄂其琿安置之二十年督辦軍需駐烏里雅蘇台聞阿逆叛馳赴札布堪捦其孥及其黨班珠爾札木禪等時固爾班和卓等賊眾千餘戶潛通烏梁海誘同逃大軍猝與遇三都布多爾濟督兵追斬盡誅之青衮咱卜就捦其子齊蘇隆多爾濟等竄哲布尊丹巴胡土克圖所三都布多爾濟縛送京師二十三年定邊右副將軍親王車布登札布進兵哈薩克奏請三都布多爾濟隨征至和落霍斯偵賊據高岡夾擊之賊棄岡

遁追剿至昭達里克賊衆盡降。四十六年。詔世襲罔替。佐領一。牧地跨土喇河。土喇河自中旗汗山北麓會色勒弼河又西至色勒弼嶺南麓曲曲西南二百數十里至杜蘭喀喇山之北山南即大漠西十度極四十七度五分南徑甯夏九度徑套北陰山六度河隨山折而西北流入中右旗境南岸即杜蘭支阜緜亙北岸即色勒弼嶺支阜又北行為查木勒山東至烏克庫木爾。接中旗及軍臺界。南至布蘊奎。接軍臺及左翼右末旗界。西至拜圖。接中右旗界。北至車根察罕諾爾。接右翼左後旗界。東北至阿爾噶棱。接右翼右末旗及軍臺界。西北至達什隆山。接右翼左後旗及中右旗界。東南至多木達烏爾察克。接軍臺及中旗界。西南至塔本陀羅海。接中右旗界。輔國公巴木丕勒多爾濟傳。雍正八年。由額爾德尼昭運屯田穀貯於塔本陀羅海。

左翼左中末旗札薩克輔國公游牧。察琿多爾濟第四子車凌巴勒初授一等台吉康熙五十年駕幸避暑山莊來朝上追念其父來歸之誠封札薩克輔國公析其從子札薩克台吉班珠爾多爾濟五佐領隸之乾隆四十六年詔世襲罔替一佐領牧地當喀魯哈河源喀魯哈河流出平地在翁金河之北二百里鄂爾坤河北折之東四百里西十二度極四十六度七分有二泉西北流而合又西北百餘里有一水西南自科洛爾昆山東北流百里來會山在額爾德尼昭之東南九十里又北流經昆庫勒山西折東北經科克內山西又北流折而東北曲曲數百里與土喇河會水口東即查木勒山西麓也此水源流長七百餘里東至哈勒占接中右旗界南至哈坦烏蘇接土謝圖汗旗界西至達賚得額沁烏蘇接土謝圖汗旗界北至布爾噶蘇台鄂博爾商達接土謝圖汗旗界東北至烏蘇圖

接土謝圖汗旗及中右旗界。西北至薩爾丹，接土謝圖汗旗界。東南至珠爾奇台，接軍臺及左翼右末旗界。西南至達爾瑪，接土謝圖汗旗界。

右翼右旗

札薩克輔國公游牧。察琿多爾濟第三子班第達額爾德尼納木札勒來歸，授札薩克。尋卒，子班珠爾多爾濟，康熙三十年授一等台吉，襲其父所遺札薩克。子琳丕勒多爾濟，乾隆二十年以功封輔國公。伊犂初平，隨同部郡王額璘沁多爾濟由尼哀楚軍營護送阿睦爾撒納入覲，行抵烏隆古，阿逆詭稱歸收治裝，額璘沁多爾濟遣琳丕勒多爾濟送之，從二十餘騎至察罕郭勒，阿逆麾兵返攻，琳丕勒多爾濟被圍，拔矢環射，奮勇奪路歸，遇其後隊邀擊之，獲阿逆所用旗纛甲胄。詔獎其勇，晉今爵。四十六年，詔世襲罔替。佐領一。牧地東至錫伯格圖，接土謝圖汗旗界。南至諾昆陀羅海（接軍臺及左翼後旗界）西至烏遜珠爾東山（接賽音諾顏部中前旗界）北至齊克達噶圖嶺（接土謝圖汗旗界）東北至莫霍爾布拉克（接土謝圖汗旗界）西北至圖隆奎山陽（接土謝圖汗旗界）東南至鄂伯爾珠爾奇台（接土謝圖汗旗界）西南至額爾德尼陀羅海（接賽音諾顏部中前旗界）

左翼前旗札薩克輔國公游牧察罕多爾濟從弟巴朗父喇布塔爾號達爾漢諾顏早通朝貢順治初以不附逆蒙獎賚（蘇尼特騰機思叛逃喀爾喀土謝圖汗袞布車臣汗碩壘皆遣兵迎獨喇布塔爾與從弟額爾克岱青持不可且遣送前使至諭曰爾等自通好以來忱悃甚摯今復不肎舉兵助逆忠順如此朕豈有不報之理邪嗣是朝貢不絕錫賚便蕃）康熙二十七年巴朗攜屬來歸賜牧蘇尼特界內烏訥齊

三十年。授札薩克一等台吉。子旺布。乾隆三年。敘前後防剿準噶爾功。晉輔國公。四十六年。詔世襲罔替。佐領三。牧地。跨喀魯哈河。東至布爾胡庫克阿薩克圖。接右翼左後旗界。南至得爾素圖多奎。接土謝圖汗旗界。西至額爾得尼陀羅海。接賽音諾顏部額魯特前旗界。北至巴顏額爾克圖。接右翼左旗界。東北至達什察勒。接右翼左旗及右翼左後旗界。西北至烏鶮勒札山。接賽音諾顏部額魯特前旗界。東南至沁陀羅海。接中左旗及中右旗界。西南至翁奎諾爾鄂博。接土謝圖汗旗界。

右翼右末旗。札薩克輔國公游牧。貝子錫布推哈坦巴圖魯長子巴海。康熙四十五年。弟車布登襲父爵。巴海協理旗務。雍正九年。以功封札薩克一等台吉十年晉輔國公大軍剿噶爾丹策凌偵賊酋大策凌敦多卜擁兵據蘇克阿勒達呼超勇親王列陣鄂登楚勒謀誘擊之巴海以兵六百夜入賊營掩三人還賊將貢楚克札布喀喇巴圖魯率三千騎來追伏發敗之嗣復擊小策凌敦多卜於額爾德尼昭斬馘甚衆乾隆四十六年詔世襲罔替一佐領牧地當哈拉河源

哈拉河源出土喇河北與汗山相對之色勒弼嶺異域錄土拉河北岸有色爾畢爾谷口三處谷內之艸暢茂野卉爛漫鋪地如畫鮮耀奪目山之陰皆叢林有杉松楊樺樹極其森茂是也水出嶺北麓曰揆河二澗合而北有那林河自西南來會又北有布勒哈太二河自西來會又北有阿達海河自東南松納拉河自東來會又北有通勒河東北至阿郎冐特山之西麓合三源一西南流來會流百五十餘里又北折西北流百餘里有一河自東北合數水來會又西經陀羅什山北哈達圖爾山南有博羅河自南來會又西北有查克都勒河自西南來會又西北折正北流百餘里經都拉遜那拉酥查克丹地之東大松林也又北經喀里雅喇山東麓又北入

鄂爾坤河源委六百餘里。一統志。哈拉河大於土拉。小於色楞格。與色楞格並環繞諸山中。水清流急。兩岸榆柳藂薁叢生。其間夏多蚊虻。中有魚。其入色楞格河處。北與俄羅斯接壤。南則土謝圖汗游牧之處也。 東至恰克圖山梁。接右翼左末旗界。 南至烏里雅呼嶺。接中旗及軍臺界。 西至阿爾噶稜。接右翼左後旗及中右末旗界。 北至諾木圖布拉克山梁。接右翼左末旗界。 東北至曼達勒鄂博爾。接右翼左末旗界。 西北至索甯杭愛。接右翼左後旗界。 東南至達喇勒濟山梁。接中旗界。 西南至哈瑪爾嶺。接中旗及中右末旗界。

〔中左旗〕札薩克公品級一等台吉游牧。親王丹津多爾濟第三子三達克多爾濟。初授一等台吉。乾隆三年。兄子桑齋多爾濟襲爵。幼。以三達克多爾濟代理旗務。 賜公品級。十八年。封輔國公。三十年。晉貝子品級。二十三年。桑齋多爾濟請析所屬隸三達克多爾濟別爲一旗。詔授札薩克。四十六年。理藩院議缺出請旨。五十三年。孫薩蘭多爾濟降襲公品級一等台吉。佐領一。牧地東至察奇爾哈喇。接中右旗界。南至善達勒。接中右旗界。西至阿爾噶稜。接土謝圖汗旗界。北至阿魯哈朗。接右翼前旗界。東北至沁陀羅海。接中右旗及右翼左後旗界。西北至察罕齊老圖。接土謝圖汗旗界。東南至茂碧柳圖。接中右旗界。西南至薩勒噶山梁。接土謝圖汗旗及中右旗界。

左翼右末旗札薩克一等台吉游牧郡王固魯什喜從子開木楚克。康熙二十七年。率屬來歸。以與固嚕什喜不睦三十六年。命編所屬別爲一旗。授札薩克一等台吉。乾隆四十六年。詔世襲罔替。佐領五。牧地當阿爾泰軍臺之東。達庫倫之驛。於是分道。東至伊克噶褀爾阿齊圖烏拉罕。接車臣汗部右翼中旗界。南至什硼陀羅海。接左翼末旗界。西至布拉翰搜吉。接左翼後旗界。北至布蘊奎。接中右旗及中右末旗界。東北至桑錦達賚。接中旗及車臣汗部右翼中旗界。西北至哈坦烏蘇。接左翼左中末旗界。西南至庫圖勒多倫。接單臺及左翼末旗界。

左翼末旗。札薩克一等台吉游牧。因噶什喜從弟車稜號墨爾根岱青。康熙二十七年來歸。三十年。授札薩克一等台吉。乾隆四十六年。詔世襲罔替。佐領一。牧地當阿爾泰軍臺之東東至卓克烏蘇接左翼中旗界南至哈沙圖接左翼中旗界西至珠格布里接軍臺及左翼中左旗界北至什磞陀羅海接左翼右末旗界北至巴噶哈台接左翼中旗界西北至庫圖勒多倫接軍臺及左翼右末旗界東南至察罕哈達接左翼中旗界西南至哈札布齊接軍臺及左翼中左旗界左翼中左旗札薩克一等台吉游牧固嚕什喜從子遜篤布初授協理台吉隸從子郡王敏珠爾多爾濟旗雍正十年以功授札薩克一等台吉超勇親王敗準噶爾於額爾德尼昭賊沿鄂爾坤上流竄推河遜篤布以兵千掩擊偵走西爾哈昭隨參贊大臣馬蘭泰馳逐斬獲無算乾隆二十一年　賜公品級青袞咱卜造僞符撤汛兵遜篤布與車臣汗部札薩克台吉成袞札布察其詐督兵嚴守各汛誓死作事聞有　詔褒嘉二十二年因私

赴烏梁海購馬削公品級子三等克多爾濟襲四十六年。詔世襲罔替。佐領一。牧地當阿爾泰軍臺之西。東至札拉噶圖。接軍臺及左翼末旗界。南至察布齊爾。接左翼中旗界。西至烏拉罕齊奇烏蘇。接左翼後旗界。北至達奇勒噶圖溫都爾。接左翼後旗界。東北至札克烏蘇。接軍臺及左翼末旗界。西北至那林布拉克。接左翼後旗界。東南至哈札布齊。接軍臺及左翼中旗界。西南至哈坦烏蘇。接左翼後旗及左翼中旗界。

中次旗札薩克一等台吉游牧。固魯什喜次子成袞札布。初授協理台吉。隸兄郡王多爾濟阿拉布坦旗。康熙五十八年。其母請析多爾濟阿喇布坦人戶。別為一旗。令成袞札布轄之。授札薩克一等台吉。乾隆四十六年。詔世襲罔替。佐領一。牧地當左翼中旗之東。圖出一小游牧。東至西雅博克。南至烏蘭商達。西至額爾沁烏蘇。北至庫克尼屯。東北至額固得。西北至哈喇鄂得。西南至哈勒占鄂博。皆接左翼中旗界。東南至格札格噶順。接蘇尼特右旗界。

〔右翼右末次旗〕札薩克一等台吉游牧。貝子錫布推哈坦巴圖魯弟青多爾濟。康熙三十年來歸。三十五年。從征噶爾丹有功。授札薩克一等台吉。析錫布推哈坦巴圖魯屬。別爲一旗。令轄之。乾隆四十六年。詔世襲罔替。佐領一有半。牧地跨鄂爾坤河。色楞格河。西十度北極出地五十度强。東至薩爾金河。接中左翼末旗界。南至賽爾額沁。接右翼左末旗界。西至塔里雅那台河。接右翼左旗界。北至札勒圖爾河。接邊喀界。東北至桑喀勒圖河。接中左翼末旗及邊喀界。西北至罕台阿嚕布拉克。接邊喀及右翼左旗界。東南至札克圖勒河。接右翼左末旗及軍臺界。西南至庫克車格勒。接右翼左旗界。

右翼左後旗。札薩克一等台吉游牧。郡王車木楚克納木札勒弟朋素克喇布坦。初授協理台吉。雍正八年。

上以其材超衆且諳蒙古務。命析車木楚克納木札勒二佐領。令轄之。別爲一旗。授札薩克一等台吉。乾隆四十六年。詔世襲罔替。佐領一。牧地土喇河喀魯哈河。於是合流。西十度。極出地四十八度五分強。東至薩喇博羅圖。接右翼左末旗界。南至達什隆山。接中右旗及中右末旗界。西至珠格楞嶺。接左翼前旗界。北至那林茂海溫都爾。接右翼左旗界。東北至達罕得勒圖嚕勒錦。接右翼左旗界。西北至烏拉罕什巴爾額沁溫都爾。接右翼左旗界。東南至阿爾噶棱。接右翼右末旗及中右末旗界。西南至滿達勒。接左翼前旗界。

中左翼末旗札薩克一等台吉游牧。貝子錫布推哈坦巴圖魯從子車稜札布。康熙二十七年。避噶爾丹掠。率所屬徙牧俄羅斯境。三十二年。集屬六百來歸。聞錫布推哈坦巴圖魯駐牧巴顏烏蘭。乞往附。允之。三十三年。上念其父達什爲喀爾喀舊札薩克。授車稜札布一等台吉。仍兼札薩克三十四年移牧俄儂界乾隆四十六年詔世襲罔替佐領四牧地當鄂爾坤河色楞河合流處異域錄又行十日至喀爾喀之北界車麥札布部長之邊界博拉地方兩傍皆山鄂爾坤河自東南向西流入色楞格河色楞格河來自西南環繞山北向東北流過俄羅斯之楚庫柏興又向北流入柏梅兒湖東至烏雅勒噶河接邊喀界南至邦吉山梁接右翼左末旗界西至薩爾金河接右翼右末次旗界北至察罕烏蘇河接邊喀界東北至博拉河接恰克圖軍臺及邊喀界自庫倫有驛經右翼右末旗右翼左末旗至是達於恰克圖為通俄羅斯互市之道異域錄博拉地方皆艸塿甚泥濘瀦水成澤其東南林木森密望之鬱然多蚊虻賴嚮導指引而行又行一日至兩國接壤之蘇布克圖地方兩傍皆山林谷中有溪河北山之上有泉其水甘而涼谷內之艸暢茂蚊虻甚多揮之不暇又越二宿於二十三日至楚庫柏興相近色楞格河之南岸駐札又曰楚庫柏興係俄羅斯國界相隔我國喀爾

喀部長台吉車稜札布之邊界博拉地方二百餘里其閒皆山不甚大沿塗皆林藪惟有杉松樺樹而已色楞格河寬四五十丈不等水清溜急自西南向東北而流格楚庫河水自東南流至柏興之南十里外歸入色楞河沿岸皆叢柳櫻榆 案魏書序紀宣皇帝推寅南遷大澤方千餘里厥土昏冥沮洳謀更南徙未行而崩獻皇帝鄰時有神人言於國曰此土荒遐未足以建都邑宜復徙居帝時年衰老乃以位授子聖武皇帝詰汾獻帝命南移山谷高深九難八阻於是欲止有神獸其形似馬其聲類牛先行導引歷年乃出始居匈奴之故地云云案以圖麗琛所記證之匈奴故地今喀爾喀四部地也喀爾喀接壤俄羅斯國俄羅斯自元以來漸著載籍又經四五百年之開鑿至康熙末年尚稱沮洳泥濘山高林密賴嚮導指引而行則元魏以前之蒞昧榛柸可知自非有神人異獸何由轉徙而南乎然則元魏之先乃俄羅斯產所謂山谷高深九難八阻必由俄羅斯出自喀爾喀之道殆即今楚庫喀倫以北圖麗琛諸人所徑行矣序紀遠溯黃帝適形其誕若此南遷之績則其祖宗以來相傳國史不同架空誣揑矣紀傳之言有歷數千百載而始契諮確鑿者謂非讀書攷古之奇快

乎　又案世祖紀眞君四年三月壬戌烏洛侯國遣使
朝貢四夷傳勿吉在高句麗北失韋在勿吉北千里地
豆干在失韋西千餘里烏洛侯在地豆干之北去代都
四千五百餘里西北二十日行有于已尼大水所謂北
海也世祖眞君四年來朝稱其國西北有國家先帝舊
墟石室南北九十步東西四十步高七十步室有神靈
民多祈請世祖遣中書侍郎李敞告祭焉刊祝文于室
之壁而還靈徵志魏先之居幽都也鑿石爲祖宗之廟
於烏洛侯國西北自後南遷其地隔遠眞君中烏洛侯
國遣使朝獻云石廟如故民常祈請有神驗焉其歲遣
中書侍郎李敞詣石室告祭天地以皇祖先妣配敞等
既祭斬樺木立之以置牲體而還後所立樺木生長成
林其民益神奉之石室南距代京可四千餘里云云案
以里到方位攷之烏洛侯爲今俄羅斯地無可疑者然
則元魏之爲俄羅斯本書自有明文尤可據者靈徵
志言斬樺木以置牲體後所立樺木生長成林而異域
錄所紀俄羅斯物產亦惟松樺爲多艾儒略職方外紀
漠北有烏洛侯　皇朝通考四裔考因之且言侯乃俟
之形譌斯則俟之聲轉直以烏洛侯爲俄羅斯非鑿空
也俞君理初但檢魏書本紀而不覈傳志因疑俄羅斯

時尙未起侯必非侯譌舊唐書唐會要烏羅渾國並云葢後魏烏洛侯今亦謂之烏羅護是侯護渾同一對音字不應就中國字形嬗改爲侯復轉其音爲侯以就西夷向壁之論竊謂侯字即非侯譌其地北去代都四千五百餘里亦必爲俄羅斯地無疑況如漢之屯氏至隨而屯譌爲毛因於其地立毛州安知此渾護之音不因侯字既譌侯而移謬若此乎寰宇記云烏羅渾國亦謂之烏護乃言譌也總緣譯無定字展轉梏訛攷者但以里到山川覈之證其沿革可矣俞君之言非通議也

右翼左末旗

札薩克一等台吉游牧察琿多爾濟從弟錫布推哈坦巴圖魯斡齊爾賚因汗阿巴岱之曾孫也祖錫布固泰號鄂爾齊圖琿台吉父睦車號烏巴什琿台吉錫布推哈坦巴圖魯初與弟青多爾濟等駐牧巴顏烏蘭康熙二十七年避噶爾丹掠走避喀魯倫河三十年來歸封札薩克輔國公

仍歸巴顏烏蘭游牧。尋徙土喇河。三十四年。走陰山北。冬徙色楞格河。三十八年。敘追捡巴爾呼逃衆功。晉固山貝子。次子車布登初降襲鎮國公。雍正元年。晉多羅貝勒。居察哈爾之額魯特降人羅卜藏錫拉布等叛逃 車布登追緝之射斃其衆阿玉什額博墨等。敘功晉爵貝勒。乾隆二十一年。以附青袞咱卜罪削爵宥死。子齊旺多爾濟降襲輔國公。孫齊素嚨多爾濟復降襲一等台吉。仍兼札薩克。四十六年。 詔世襲罔替。一佐領

牧地有溫泉。水道提綱。鄂爾坤河又東經都蘭哈喇地北。出山。即庫庫齊老圖山之麓。此山自南而北。折而東。長二百數十里。當鄂爾坤河南岸。其東有溫泉。 哈拉河。前見。 伊遜河。異域錄。土拉河北岸諸山。有色爾畢谷口三處。及松吉納山嶺三處。其間自各山發源流入土喇鄂爾坤色楞格河之小

河則有博羅哈拉席喇伊魯爾伊邦等河其水淸而溜急兩岸皆叢柳產樺魯鯉鯽鱓鯛等魚案伊遜河卽異域錄之伊魯爾河又作衣魯河水道提綱鄂爾坤河旣與哈拉河會又東北有衣魯河自東南合三水來注之又正北流至布龍山東北支阜而色楞格河自西來會案自東南所合之三水又卽異域錄所稱伊邦等河也

東至拜察哈達接車臣汗部中右後旗界南至阿勒坦鄂羅格依接中旗界西至薩喇博羅圖接右翼左後旗界北至邦吉山梁接中左翼末旗及軍臺界東北至敏吉河接邊喀界西北至札克都勒河接右翼右末次旗界東南至哈台山接中旗界西南至諾木圖布拉克接右翼右末旗界統盟於汗阿林卽汗山也蒙古謂山曰阿林理藩院則例圖什業圖汗等十七旗兵丁於烏克推濟爾哈朗圖地方查驗又在圖什業圖汗部落內伊琫地方種地民人領有嘉慶八年執照者准其在彼居住種地應用長工人數遵照內地稽查保甲之例設立門牌詳注姓名籍貫令該札薩克按月稽查

蒙古游牧記卷之七

受業青陽吳式訓覆校

蒙古游牧記卷之八

平定張　穆撰

光澤何秋濤校

外蒙古喀爾喀齊齊爾里克盟游牧所在喀爾喀賽音諾顏部

喀爾喀中路賽音諾顏部至　京師三千餘里東界博羅布爾哈蘇多歡接土謝圖汗部南界齊齊爾里克踰瀚海接烏喇特阿拉善額濟納諸部西界庫勒薩雅孛郭圖額金嶺北界齊老圖河皆接札薩克圖汗部東北至唐努烏梁海所部十九旗後增三旗附額魯特二旗凡二十四旗賽音諾顏旗札薩克和碩親王游牧初喀爾

喀有所謂紅教者與黃教爭偉徵諾顏諾諾和第四子圖蒙肎尊黃教爲之護持唐古特達賴喇嘛賢之授賽音諾顏號（賽音唐古特語好也諾顏蒙古語官長也賽音亦作賽因三音諾顏亦作諾延諾彥）令所部奉之視三汗圖蒙肎次子丹津喇嘛復受諾們罕號於達賴喇嘛順治十二年遣子弟來朝　詔丹津喇嘛領左翼札薩克之一歲貢九白如三汗例十八年　賜遵文順義號鑄印給之康熙三年復

賜丹津喇嘛孫善巴信順額爾克岱青號二十七年善巴率族屬來歸附牧烏喇特界外和勒博津三十年編所屬佐領隸土謝圖汗部善巴封札薩克多羅郡王

三十五年晉和碩親王先是喀爾喀分設中路時但以賽音諾顏名其部以示別於三汗未議襲號乾隆三十一年親王成袞札布奏所部來歸初善巴爲同族長又世掌丹津喇嘛所遺印請視三汗例以善巴曾孫諾爾布札布襲賽音諾顏號 詔允其請俾與土謝圖汗車臣汗札薩克圖汗均世襲罔替佐領四有半牧地一統志和碩親王善巴駐牧地方東至伊克敖來西至它哈緯河南至克爾齊圖北至夯安穆落當鄂爾坤河源鄂爾坤河出旗境二水合東流北合一水經右翼中右旗右翼左末旗中前旗額魯特旗折北流入土謝圖汗部界水道提綱鄂爾坤河亦曰鄂勒昆河舊名阿魯渾河源有二一出杭愛山尾南麓東南流曰姑落河曲曲二百里而南源自西來會南源出鄂爾吉圖都蘭喀喇山亦作威者伊圖都蘭喀喇即大黑山也在

杭愛之南八十餘里。又有二源。一自北麓東南流。曰阿木勒稽烏林塔河。西十四度六分。極四十六度八分。一自東麓東流百里而合。又東百餘里。與姑洛河會。始曰鄂爾坤河。

東至額魯克台。接右翼中左旗界。**南至薩音接吉。**接左翼右翼界。**西至塔楚河。**接額爾德尼班第達呼圖克圖界。河出旗東北境。數水合西南流。豬為錫拉布里都諾爾。水道提綱。塔楚河源出都蘭喀喇山東南大幹南麓。二水南流而合。東南流百餘里。會東北來三水。折而西南。曲曲流三百餘里。豬為鄂模。周三十里。池南踰漠二十里。至大山。三十里至塔奇驛。西南至山。郎阿勒察圖山也。**北至鄂爾坤河。**接右翼中右旗。**東北至鄂博爾呼濟爾圖。**接右翼中左旗界。**西北至庫爾布拉克灰圖山梁。**接中右翼末旗界。**東南至薩音圖固里克。**接軍臺及左翼右旗界。**西南至鄂羅素圖。**接軍臺及左翼右旗界。

〔中左末旗〕札薩克和碩親王游牧。善巴再從弟策凌祖丹津。號班珠爾圖蒙肎第八子也生子納木札勒號約蘇圖偉徵阿海子二長即策凌次恭格喇布坦案恭格喇布坦亦尚郡主授和碩額駙雍正元年封多羅貝勒遣赴軍營隨兄効力未至卒於塗子佛保降襲固山貝子康熙三十一年丹津妻格楚勒哈屯攜二孫自塔米爾來歸詔授策凌三等輕車都尉賜居京師教養內廷編所屬佐領附察哈爾鑲黃旗駐牧四十五年尚和碩純慤公主授和碩額駙御賜公主壙志和碩純慤公主朕之女也生於康熙二十四年二月十六日午時薨於康熙四十九年三月二十四日丑時年二十有六卜以某年某月某日窆於某山嗚呼惟爾柔嘉秉質和順居衷自幼嚴訓是遵允嫻內則于歸令儀益茂式著賢聲敬以持身聿成勤儉之德慈能逮下克推仁孝之思方冀永年忽傷奄逝特撫遺孤於京邸眷念彌深兼命卜葬於近郊恩

施弗替彝章載孜窀穸有交勒諸貞珉用志生薨之年月惟靈其永安於是焉雍正九年追贈固倫長公主尋　賜貝子品級攜屬歸塔米爾六十年授札薩克雍正元年以從征奮勉封多羅郡王軍用正黃旗纛魏源聖武記策凌連年從軍習漠北山川險易憤喀爾喀爲準夷陵籍銳自磨厲練猛士千隸帳下爲親兵又以準夷恃馳突而喀爾喀無紀律節制每游獵及止營皆以陣法部勒萬衆森嚴如對壘由是賽音諾顏一軍雄漠北九年晉和碩親王授喀爾喀大札薩克十年以破賊額爾德尼昭功　賜號超勇六月準噶爾小策凌惇多卜糾衆三萬由奇蘭至額爾德尼必拉色欽策凌借將軍塔爾岱禦之於本博圖山未至賊潛襲策凌帳於塔米爾掠其子女牲畜策凌返旆馳救幷急報順承郡王請師夾攻而自率蒙古兵二萬夜半繞間道出山背遲明自山頂大呼壓下賊倉皇奔潰追擊於克爾森齊老賊大敗而西路援師不至轉戰十餘次八月賊遂趨額爾德

尼昭據杭愛山麓逼鄂爾坤河而陣策凌麾衆乘暮薄險蹴之斬馘萬餘獲畜械無算以無兵夾攻小策凌停多卜自推河竄而西捷聞 諭曰額駙親王策凌爲國輸誠忠勇超絶其特賜黃帶以旌異之此次軍功非尋常勞績可比隨征官兵著從優議敘其隨策凌在克爾森齊老擊賊者並加倍議敘 案趙翼武功紀盛書此事語多疏舛魏源征額魯特記知辨其繆馬爾賽自歸化城邀擊之誤而乃影撰硨克渾鄉導事尤爲無根失實茲故參會方略及超勇親王傳覈實書之晉授固倫額駙 案阿克敦德蔭堂集準噶爾稱額駙策凌曰撒辰王撒辰亦作徹辰即車臣蒙古語聰明也方略作車臣汗 乾隆十五年薨 詔配享 太廟崇祀賢良祠 御賜入賢良祠祭文曰名標竹帛書崇元祀之文績著邊陲禮紀大烝之典執干戈以衛社稷夙寄股肱有凡筵而薦馨香式彰忠藎爾定邊左副將軍固倫額駙和碩超勇襄親王策凌稟性樸誠賦質沈毅貴爲懿戚 兩朝之寵遇彌隆勇冠諸藩一代之鴻猷克壯圖丹青於麟閣倚重長城靖烽燧於龍庭威行絶塞英姿颯爽授

旌鉞以猶新大樹蕭森歎弓刀之倏謝爰奉褒崇之禮時邀配食之榮異數頻加用示酬庸於勳舊明禋與享更隆秩祀於崇祠勳勞垂百世之型俎豆賁千秋之色於戲緬屏翰之遺模精誠如揭承春秋之絜祀盛烈丕昭靈爽有知尚其歆格 定謚曰襄 尚主令名聞絕塞宣猷建偉勳 御製長律悼之曰丁年不必讀書知大義每於臨陣冠三軍老成凋謝余憂爾要寄疇咨子克云重惜賢藩敎侑 廟報功兼以勸忠勤第六句注命世子成袞札布嗣爲札薩長盟長將來亦克勝定邊左副將軍之任云 御製往清河賜奠詩曰靈輿肅肅駐河濱歸殯佳城別塞雲郎此始終懷大義果然卓犖軼前聞中年自是傷哀樂此日何堪哭戚勳見說漠陲將發引猶教血淚灑三軍第三句注額駙在日曾奏聞 皇考願於身歿後仍歸京師合葬大長公主園寢今其子奏請朕既允奏并命一切喪儀皆如宗室親王之例官爲經理云 御賜碑文曰朕惟國家賜卹之恩典彌隆於勳戚朝亡酬庸之制禮尤備於哀榮其有秉圭組以列屏藩執干戈而固疆圉存效馳驅之力歿邀俎豆之馨則核行以易名期信今而傳後凡以宣揚國憲獎勵臣勞也惟定邊左

副將軍固倫額附和碩超勇襄親王策凌賦才勇毅秉性忠勤裔本名藩貴爲懿戚荷兩朝之寵遇建一代之壯猷矢精白於寸心誠傾葵藿揚威武於絕塞淨埽欃槍逮事朕躬益虔侯度譽標宿將師中紀律之嚴望重長城閫外金湯之衛方深倚畀忽痛淪徂嗟過隙之莫留撫凌煙而永歎贈金以葬俾栖神於貴主之園命祀有加獲侑食於廟廷之廡異數獨踰於五等崇祠用享於千秋鐫彝鼎以銘功載懷往績咨秩宗而考行表示來茲賜謚曰襄聿彰乃烈於戲駿業長垂於邊徼松楸縣日月之光鴻名勿替於初終琬玉煥幽潛之采垂諸奕世不亦休歟編修湯大紳詞也子成袞札布襲札薩克和碩親王成袞札布世子拉旺多爾濟尚固倫和靜公主成婚賜宴御製長律賜之藩屏世澤效臣襄重見秦臺引鳳皇畏侮和親鄙婁敬費奢暱愛笑同昌結褵戒勿恃尊貴就邸勉教孝舅嫜嘉宴聊因循典則無須蘭省賦催妝四十六年詔世襲罔替佐領四牧地當塔米爾哈綏齊老圖三河源塔米爾亦曰他米勒又作塔密爾有南北兩源南源

出杭愛山北麓在鄂爾坤源之西者曰阿索郭特河西北流百里許又在其西五十里者兩澗北流而合又在其西南九十里者三澗合而東北流有西北來二水皆會又東北始曰塔米爾河又北而會阿索郭特河皆杭愛以北水也又東北會東南來一水其東即蘇巴勒干山又北經特里布拉克地東受西北來一小水又東北受西北來之朝木多河又東北經布拉干地南受西北來一小水稍東有齊齊爾里克河自南來會又東北受西北一小水又東北折而北流有一河合四水自西來注之又東北與北源會北源出枯庫嶺東麓在杭愛山西北三百里有二澗東北流而合又北會東南來一水又東北而三澗自西北合而東流稍北來會又東北會西北來一水又東會南來一水又東北會西北一水始曰塔米爾河北岸連山即哈瑞河諸源也又東流受北一水又東有一河西南自哈龍恩格勒山東北流合二水來會又東豬為台魯勒倭黑池廣數十里中有一山又東流有察罕烏倫河自西北來會其南岸即布拉干北山也又東北百數十里而南源自西南來會又東曲曲百里折而東北百里會鄂爾坤河此水兩源俱五百餘里始合又二百里入鄂爾坤自杭愛山以北枯庫嶺

以東諸泉皆會焉北藩穹廬氈帳逐山艸徙牧初策麥
來歸 聖祖賜第京師及雍正十年 世宗
憫其游牧被掠 詔城塔米爾河陽建瓦屋居之
如京師 賜第乾隆六年復因策凌年老
諭移軍營於此 恩沐三朝寵冠四部二百年來
藩王無此榮賚矣哈綏河亦曰哈瑞河出杭愛西南榦
山在齊老圖源之南隔山三百餘里塔米爾河源隔山
百餘里西十六度三分極四十七度七分東北流百里
合西南一水又東會西一水又東會南一水折而北會
西一水又東北有一水自西北大榦山東流合北來伊
遜都蘭喀喇地山南二水而南流來會又東北百數十
里有一河合二水自南來會始曰哈綏河又東北曲曲
三百里有朱薩蘭河自西合二水東流來會又東北循
呼普蘇古兒山之南又東有瑚伊努河舊作呼納衣河
自西南來會又東北百餘里入色楞格河此河源流長
九百里齊老圖河源出杭愛西界山下之額爾哲伊圖
察罕泊泊周六十里在鄂勒白稽山之南榦百餘里大
山下西西北徑隔山之桑錦達賚泊百餘里西十六度八
分極四十八度七分河自泊東北流出經烏爾圖烏雅
山南麓稍東會西北來一水又東百餘里有二水自西

南合而來會始曰齊老圖河一長春西游記六月十三日至長松嶺後宿松栝森森干雲蔽日多生山陰澗道間十四日過山渡淺河天極寒十七日宿嶺西河水有澌冷如嚴冬師易其名曰大寒嶺山路盤曲西北且百餘里既而復西北始見平地有石河長五十餘里岸深十餘丈其水淸冷可愛聲如鳴玉峭壁之間有大葱高三四尺澗上有松皆十餘丈西山連延上有喬松鬱然山行五六日峯回路轉林巒秀茂下有溪水注焉平地皆松樺樸木若有人煙狀尋登高嶺勢若長虹壁立千仞俯視海子淵深恐人程春盧氏曰所謂長松嶺盛夏有冰雪踰嶺百餘里有石河長五十里者即今鄂爾坤河東流將會喀拉河處河經山峽故曰石河雍正中西北拒準噶爾其時黑龍江至鄂爾坤軍營者過汗山即西北渡土拉河西北行踰喀里呀拉山乃濟鄂爾坤河以長春行程推之當亦經此長松嶺或即喀里呀拉山已在北極出地四十九度處是以寒甚歟然則先自西南濼驛路四程西北渡河者土拉河也過山渡淺河者博羅河也其曰西山連延者乃鄂爾坤河以西之山長春於此渡河可見山行五六日峯回路轉嶺勢若長虹壁立千仞俯視海子淵深恐人則已在厄墨勒河之側

矣沈君子惇曰據眞人所行多山路又有海子淵深之語疑在今賽音諾顏中左旗之南中左末旗之西北齊老圖河側近以其所渡之水東北流也若踰山而西水皆西南流矣穆案子惇所攷是也蒙古語謂石曰齊老謂有曰圖長春所經石河即今齊老圖河無疑也

東至庫爾鄂博爾布拉克接札牙班第達呼圖克圖界南至素溫都爾接額爾德尼班第達呼圖克圖界西至灰圖塔米爾額沁接清素珠克圖諾們罕界方略乾隆二十年九月上諭喀爾喀喇嘛諾顏綽爾濟在阿睦爾撒納游牧誦經聞阿睦爾撒納之喇嘛楚魯木班珠爾以理阻止阿逆部衆不使逃竄諾顏綽爾濟即給予楚魯木班珠爾衣服以示獎勵并令其安撫衆人深知大義著加恩賞給清蘇朱克圖諾們汗之號鑄給印信北至伊克沙巴爾山梁接中左旗界東北至綽嚨山梁接札牙班第達呼圖克圖界西北至翰克嶺接中左旗界東南至桑金陀羅海接額爾德尼班第達呼圖克圖界乾隆六年命參贊大臣副都統慶泰閱所部防

秋兵於桑錦陀羅海以右翼右後旗車木楚克扎布中後旗達木布多爾濟軍容嚴整並獎賚之即是地也西南至庫克嶺接右翼右後旗界

【右翼右後旗】扎薩克多羅郡王游牧圖蒙冒長子卓特巴號車臣諾顏有子三第三子索諾木和碩齊子二長烏巴達次托多額爾德尼康熙二十七年來歸附牧烏喇特界三十年授托多額爾德尼扎薩克鎮國公先是噶爾丹自杭愛山越圖拉轉掠克魯倫所部多潰走托多額爾德尼獨拒戰殺傷略相當賊衆稍衰有兩人共一騎及削木以爲杖者二十九年三月偵噶爾丹居巴顏烏蘭偕同族素泰伊勒登以兵三千隨侍郎溫達赴圖拉遏噶爾丹歸路三十一年卒詔烏巴達襲初托多額爾德尼無子以從兄子策旺諾爾布爲嗣授侍衛擢內大臣上駟院卿康熙五十一

年烏巴達子巴穆卒　命仍以策旺諾爾布襲雍正二年因進藏功晉封固山貝子車木楚克札布乾隆十九年　賜貝勒品級二十一年青袞咱卜叛車木楚克札布督兵接續驛站軍書乃達封多羅貝勒尋復以招降烏梁海善於撫納晉多羅郡王四十六年
詔世襲罔替佐領二牧地一統志固山貝子托和厄爾得尼駐牧地東至和牧爾圖西至翁金河南至阿爾古哈納北至吉哈馬爾當拜塔里克河源拜塔里克舊作貝德勒克亦作拜達里克源出枯庫嶺南麓其北麓隔山郎塔米爾河源也三水南流合而西南百餘里有查克河自北山合五水南流三百餘里來會經庫倫伯勒齊爾之地初土謝圖汗察琿多爾濟與札薩克圖汗成袞交惡康熙二十五年詔理藩院尚書阿喇尼賚敕與達賴喇嘛使人噶爾旦勒西圖赴喀爾

喀諭二汗和為盟於庫倫伯勒齊爾察琿多爾濟不至
使弟哲布尊丹巴呼圖克圖往受盟又康熙三十五年
九月阿拉布坦下降人奏噶爾丹率其黨羽踰杭愛山
由庫冷白兒齊爾趨塔米爾色欽向正西而去皆是地
也又南二百里有察罕帖睦爾河東北自索阿都依嶺
合二水西南流二百數十里來會又南出兩山間西南
流平地中百數十里有西彌河自南合東南一水北流
來會又西南百餘里豬為察罕泊源流八百餘里雍正
九年八月超勇親王策凌既敗小策凌惇多卜於額爾
德尼昭賊突圍遁推河棄其輜重牲畜塞滿山谷以阻
我師策凌急檄馬爾賽於拜達里克河邀賊歸路時拜
達里克城中屯兵萬三千副將軍達爾濟整隊待發馬
爾賽不許副都統傅鼐至跪求出兵亦不許軍士登城
望見賊騎由城下過如亂鴉投林紛襍無行列一邀擊
可盡俘也翼日將士不稟命自出追之小策零惇多卜
已從前隊過僅截其零騎擊斬千計事聞 詔斬
馬爾賽及附和阻撓之都統李杕以徇馬爾賽者文襄
公圖海之子也準噶爾勢由是遂衰不復敢擾邊十一
月 命副都統衛馬哈達原任巡撫圖理琛往札
克拜達里克處修築城垣十年順承郡王錫保奏報鄂

爾昆札克拜達里克等處屯田收穫大小麥蘼子九千四百石有奇東至鞥克嶺接清素珠克圖諾們罕界南至扣波爾接右翼中末旗界西至特及格爾噶什袞接左翼左旗界北至札克額沁山梁接中左旗界東北西北同東南至察罕諾爾接右翼中末旗界西南至哈沓布齊額沁接左翼左旗界

〈中右旗〉札薩克多羅郡王游牧超勇襄親王策凌次子車布登札布初授一等台吉雍正十年以擊賊額爾德尼昭被創封輔國公乾隆十七年兄成袞札布請析所屬令車布登札布自爲一旗　詔允授札薩克十九年敘剿撫烏梁海功　賜貝子品級二十年從班第平伊犁封多羅貝勒二十一年晉郡王阿睦爾撒納謀逆同事者多不之察獨車

布登札布發其奸師旋 命招降烏梁海部衆卽令轄之有固爾班和卓者奇爾吉斯宰桑也攜千餘戶潛赴烏梁海謀遁附阿逆車布登札布麾兵擊捡之因進兵哈薩克界由伊什勒諾爾剿賊至汗札爾會斬獲無算 上嘉其功因有是 命二十三年復 賚金黃帶以其父超勇號 賜之二十五年圖形紫光閣 御製贊曰拍馬彎弓無敵所向不曾讀書如古名將和落霍斯少勝衆彼超勇親王額駙之子三十九年年七十 賜無量壽佛及珊瑚朝珠四團龍服四十四年授議政大臣 上追念其和落霍斯功 命繢圖 賜之

四十六年 詔世襲罔替佐領一 牧地當推河源推河亦曰顏河舊作拖衣

河源出杭愛山尾南麓西南流會南來小水二折南流會東來小水一又西南有烏可克河西北自烏可克嶺合三水東南流來會嶺在杭愛山西南百餘里索阿都衣嶺之東南二百里嶺南水入推河嶺北水爲塔米爾河南源推河又南有雅馬圖河自東北合三水西流來會卽鄂爾吉圖都蘭喀喇山西水也又南有庫塞楞圖

河自西來會稍南有一水自東合二澗來會又南經兩山間有額勒屯圖河自東合三水來會皆都蘭喀喇山西南麓水也又南出山曲曲流平地中百八十里經博濟和碩驛東又南折西南流百餘里西豬為鄂洛克泊形東西長四十里西十五度五分極四十五度六分源流五百餘里此水東三百里為塔楚河康熙三十五年二月 上親征噶爾丹 詔費揚古領西路師自歸化城西北至推河抵阿爾泰之地遠近隨地名置三十餘驛曰昆都倫曰克楚曰愛畢哈曰齊吉爾罕曰特睦爾曰布爾哈蘇台曰烏浪額魯古曰固爾班哈沙圖察罕曰蝦蟆爾曰烏尼圖曰波羅蘇海曰察罕額爾吉曰馬尼圖曰鄂什喜曰家哈曰巴爾哈遜曰搜吉曰察布雀爾曰格得爾固曰郭多理曰奔巴圖曰額爾伊圖曰奎騰曰巴札爾曰泥楚滾曰庫爾奇勒曰圖格里克達察曰哈喇尼屯曰烏納格烏蘇曰昏鄂曰空兀勒曰塔奇曰西拉布里都曰阿爾博爾濟曰博濟和碩至推河計二千餘里雍正九年十一月 命副參領桑吉拉等往推河地方修築城垣龔之鑰後出塞錄推河昔為元氏苑囿其地甚煖土性宜於耕種今建城設戍且以刺配之徒入伍開墾每歲收穫頗豐方觀承

松漠草詩注推河種瓜蔬六月中旬王瓜長半尺軍中矜爲奇味又曰過推河以北冬月人多喘急葢天高風勁氣不能敵耳高其倬推河曉發詩曰水邊細路千回曲雨外晴山一崦明沙艸枯來新露白米囊空後舊莖輕窮荒行色曲意形容可謂高致獨標興象無圎矣東至推河接額爾德尼班第達呼圖克圖界東南同西至哈喇尼屯呼都克接右翼中末旗界北至庫勒賽牙接中左末旗界東北至薩拉噶額沁接額爾德尼班第達呼圖克圖界西北至庫克嶺接中左末旗界西南至莫勒楚克接右翼中末旗界

中前旗札薩克多羅貝勒游牧圖蒙肎弟巴賫之曾孫素泰伊勒登初隸土謝圖汗部駐牧翁金布爾哈台康熙二十七年來歸附牧四子部落界外察罕博托輝三十年授札薩克鎮國公孫阿努哩雍正九年晉固山貝子準噶爾賊由阿濟入

掠驛斷阿努哩自牧所聞之以兵迎逹軍書且給驛糧詔嘉之有是命阿努哩之孫羅卜藏車璘乾隆二十年大軍剿逹瓦齊督理烏蘭烏蘇及烏魯木齊驛務會阿逆叛劫驛羅卜藏車璘拒戰死襃晉貝勒四十六年詔世襲罔替佐領一

牧地一統志固山貝子阿努禮駐牧地東至呼爾屯噶爾哈親西至郭察烏蘇圖南至哈套多博北至達爾馬察克跨濟爾瑪台河鄂爾昆河翁金河濟爾瑪台河見右翼中右旗下鄂爾坤河自與姑洛河會東南流兩山間百里折而東北入額魯特旗境北岸山即杭愛東南支阜南岸即西自都蘭哈喇縣互而東之杭亦哈馬勒山隔山而南即翁金河也東至鄂爾昆河接土謝圖汗部右翼右旗界南至布爾察克接軍臺及土謝圖汗部左翼後旗界東南同西至烏拉罕諾爾接右翼左末旗界北至濟爾瑪台接額魯特旗界東北至

巴延溫都爾接額魯特旗界西北至奎屯嶺接右翼中右旗界西南至哲楞諾爾接土謝圖汗左翼後旗界

中左旗札薩克多羅貝勒游牧

圖蒙肎第十三子袞布號昆都倫博碩克圖康熙元年右翼札薩克圖汗旺舒克爲羅卜藏台吉額琳沁所戕袞布率左翼兵擊走額琳沁土謝圖汗察琿多爾濟嘉其勇授此號也二十五年赴庫倫伯勒齊爾盟授札薩克二十七年集衆來歸二十九年尚書阿喇尼統大軍禦噶爾丹諜袞布居額爾古納河謀內徙遣郎中馬迪往迎渡克魯倫河而南時噶爾丹居阿爾坦額默爾在克魯倫河北由烏爾順喀爾喀二河來追袞布敗走阿喇尼援之噶爾丹遁袞布移牧內汛三十年封多羅郡王子額琳沁降襲貝勒康熙四十九年諭曰貝勒額琳沁於喀爾喀部爲尊行人甚老成昭莫多之捷從征亦甚奮勉伊父本係郡王著加恩晉襲原爵出缺時仍襲貝勒乾隆四十六年詔

世襲罔替。佐領三。牧地一統志多羅貝勒額林陳駐牧地東至布爾庫西喇石堡台。西至懋士里野禿山。南至喀喇忒納河。北至鄂爾坤河。有特爾克河伊第爾河合於齊老圖河。爲色楞格河。伊第爾舊作厄得勒。亦作依得爾色楞格河南源有四。稍北者曰厄得勒河。源出喀爾喀西界鄂勒伯稽山。共合七水。行四百餘里。而齊老圖河合諸源水自西南來會。又東北。受南來一水。疑即特爾克河也。又東北。循山麓流百餘里而烏里雅台河自西南來會。又東北三十里。而阿濟勒克河自南來會始曰色楞格河東至齊老圖河。接中後末旗界。南至依克沙巴爾。接中左末旗界。西至特克什布音圖。接右末旗界。北至察罕索郭圖。接右翼後旗界。東北至伊第爾河。接右翼末旗界。西北至色楞格河。接札薩克圖汗部中右翼末旗界。東南至依克沙巴爾札滾山梁。接中左末旗界。西南至達爾奇山梁。接中後旗界。

中末旗札薩克鎮國公

游牧。善巴從子阿哩雅。曾祖錫納喇克沙特。爲圖蒙肎第十子。號車台吉。領所部札薩克。長子齊巴克塔爾。號車臣諾顏。以附噶爾丹。爲和託輝特貝勒根惇所執。子布尼。早歿。遺子一。卽阿哩雅。康熙三十一年。來歸。授一等台吉。兼札薩克。初阿哩雅幼。叔祖薩木濟特虐之。有阿爾薩蘭衛宰桑者。齊巴克塔爾舊屬也。翼阿哩雅。與薩木濟特異居。三十一年。攜衆來歸。時薩木濟特已嗣札薩克。阿哩雅屬不願隸之。故別所屬自爲一旗。弁　命阿爾薩蘭衛宰桑協理旗務。子格木丕勒。以擊準噶爾功。雍正十年。封輔國公。九年。隨大軍擊賊於蘇克阿勒達呼。十年。隨超勇親王擊賊克爾森齊老。力戰被創。歸察罕搜爾營。療稍愈。仍請擊賊。順承郡王壯其勇。授兵三千。由喀喇阿濟爾罕。追餘賊越阿爾吉。至畢濟嶺。斬獲甚衆。乾隆二年。晉鎮國公。四十六年。

詔世襲罔替。佐領一。牧地。初錫納喇克沙特居克魯倫。康熙三十二年阿哩雅移牧鄂爾坤及土喇界。雍正三年。格木丕勒偕札薩克圖汗部公品級敏珠爾。告所屬牧產損。生計艱。請展游牧至諾克圖。超勇親王代奏。上因與準噶爾議界未定。弗允。一統志。鎮國公格木聘爾駐牧地。東至綽爾古爾西至他喇布喇克南至哈哈薩泉。北至色楞格河。哈綏河至是合於色楞格河。東至庫圖勒布拉克。接土謝圖汗部右翼左旗界。南至那棱圖勒布爾。接左翼中旗界。西至庫布色固勒。接右翼後旗界。西南同。北至巴勒齊爾山。接札薩克圖汗部中左翼末旗界。西北至海蘭台。接邊喀界。西北至巴噶鄂多斯。接札薩克圖汗部中左翼末旗界。東南至哈喇托噶。接土謝圖汗部右翼左旗界。

右翼中左旗札薩克輔國公游牧。善巴次子車棱達什。康熙四十六年。析其兄親王達什惇多布屬別為一旗令轄之授札薩克一等台吉尋以協濟軍需功晉輔國公乾隆四十六年詔世襲罔替。佐領四。牧地一統志輔國公徹麥達什駐牧地東至翁金河西至博羅圖南至博李特布錫北至巴顏几祿克當翁金河源。翁金亦作翁吉又作甕金兩源出鄂爾吉圖都藍喀喇山東行大穌山中其西隔山即塔楚河源也其北隔山即鄂爾坤河東南流出平地合焉又東南會西南來一水又東會北來一水又東南百餘里經杭亦哈馬勒山前去山八九十里許山即都藍喀喇之東大穌山也受北來小水一又東南有一水北自杭亦哈馬勒山之南麓東南流來會又東南曲曲流八百餘里於大漠豬爲呼拉喀烏淚諾爾周二十餘里康熙三十五年 聖祖親征噶爾丹詔西路大軍由甕金進而 上出北路度磧抵喀魯倫河駐蹕拖陵山賊不得越喀魯倫而南則折而北竄故費揚古之師獨與賊遇也國子監祭酒孫岳頒奏請勒石太學疏曰遏寇西奔 天戈東指諸軍會合環而擊之背水阻山捷斬殆盡搗其巢穴沙磧一空可謂鋪揚偉烈善須不諛矣方略雍正九年十一月命原任將軍來文等往翁吉地方修築城垣十年二月原任巡撫布蘭泰奏稱翁金地方並無樹木土少沙多不能修城東至察罕廬圖勒接右翼左末旗界南至阿哈爾山接軍臺及土謝圖汗部左翼後旗界西至額魯克台接賽音諾顏旗界北至鄂波爾呼吉爾圖接賽音諾顏旗界東北至垓察罕莫多接中前旗界西北至鄂布圖河接賽音諾顏旗界東南至布爾吉格特接軍臺及土謝圖汗部左翼後旗界西南至特布什接左翼右旗界

右翼末旗札薩克輔國公游牧鎮國公托多額爾德尼從子圖巴父本塔爾號岱青楚琥爾諾顏駐牧庫倫伯勒齊爾詳前拜塔里克河源下康熙二十七年來歸附牧四子部落界外察罕博托輝三十年本塔爾卒授圖巴札薩克一

等台吉。孫齊旺。雍正十年。以擊賊額爾德尼昭功。封輔國公。準噶爾賊掠克爾森齊老。喀爾喀衆。札薩克懼不敵。或棄軍歸牧。獨齊旺隨超勇親王督兵至額爾德尼昭。據險奮擊之。斬獲甚衆。乾隆四十六年。詔世襲罔替。佐領二。牧地墨特河至是合於拜塔里克河。案以圖校之。墨特河疑即水道提綱之察罕帖睦爾河也。詳見右翼右後旗拜塔里克河源下。東至莫霍爾特里。接右翼中末旗界。南至綳察罕諾爾。接軍臺及瀚海界。諾爾廣二十餘里。其北三十里有濟爾哈朗圖池。廣十里許。又東北百數十里。有伊洛河。北自山麓克庫池南流二百里。經哈拉圖科山西麓。又南數十里。溷哈拉圖科山南百五十里。有鄂洛克池。山東百里。即推河也。西至喀喇沙爾。接濤素珠克圖諾們罕界。北至札木圖嶺。接中左末旗界。西北同。東北至庫圖庫爾嶺。接中右旗界。東南至綳察罕諾爾。接軍臺及右翼中末旗界。西南至綳察漢諾爾。接右翼右後旗界。右翼前旗札薩克輔國公游牧。圖蒙肯第五子濟雅克號偉徵諾顏子阿玉什。康熙二十七年。來歸。三十年。授札薩克一等台吉。三十五年。以遣屬鄉導大軍功。封輔國公。乾隆四十六年。詔世襲罔替。一佐領。牧地。一統志輔國公阿玉駐牧地東至土拉河西至布爾庫西喇石保台南至土拉河北至鄂爾坤河。胡努伊河至是合於哈綏河。胡努伊舊作呼納衣又作庫諾衣源自西南山中。東北四百里。經賽坎山北麓又東北百餘里。入哈綏河賽坎山甚高大。郎巴顏濟魯克山之北行正幹又折而東東北爲厄勒黑圖諸山者。東至薩哈勒圖。接額魯特前旗界。南至親格勒圖。接左翼左末旗界。西至達郎圖陀羅海。接札牙班第達呼圖克圖界。北至卓賚布拉克。接左翼中旗界。東北至沙爾噶諾爾。拉左翼中旗界。西北至額勒素圖。接右翼後旗界。東南至庫克和碩。接額魯特前旗界。西南至庫諾依鄂博爾。接札牙班第達呼圖克圖界。

中後旗札薩克輔國公游牧。鎮國公巴穆長子諾爾布札布。康熙五十一年。授札薩克一等台吉。乾隆元年。敘擊準噶爾功。晉輔國公。四十六年。詔世襲罔替。佐領一。牧地。一統志。輔國公那爾布札卜駐牧地。東至伯爾克阿祿庫布爾。西至上諾沙拉博羅岱。南至西喇烏倫河。北至鄂倫哈爾哈土。星野圖。有布爾噶蘇台河。合於札布噶河。布爾噶蘇台河出旗北馬喇噶山。山脈自阿爾泰頂南行。分一幹東行。為烏蘇郭瑪山。又東連峯相接。東南數百里。為伯勒奇那克科克伊山。又東三百里。為昂奇山。又東北行百餘里。為馬喇噶山。此水源即馬喇噶山東北將折東南之南麓也。出山南流。會東來二水。西北來一水。又南有烏海河。西北自昂奇山。兩源合東南流來會。又南流百數十里與西喇河會。二源既合。西南流經巴彥山北麓。曰札布噶河。**東至哈喇烏蘇。**接左翼左旗界。**南至布音圖河。**接那魯班禪呼圖克圖及軍臺界。**西至賽林塔拉。**接那魯班禪呼圖克圖界。長春西遊記七月九日同宣使西南行五六日。屢見山上有雪。又三二日。歷一高峯。如削松杉鬱茂。而有海子。南出大峽。則一水西流。雜木叢映於水之陽。韭茂如芳艸。夾道連數十里。沈君子惇稺曰。案高峯大峽雖不可悉知。而覈其程途。一水西流。疑即今之烏里雅蘇台河。蓋在今三音諾顏中後旗西矣。**北至布音圖河源。**接中左旗界。**東北至奔巴圖。**接中左旗界。**西北至巴彥布拉克。**接烏里雅蘇台軍營城。定邊左副將軍治總統喀爾喀四部兵馬。兼理札薩克圖汗賽音諾顏兩部事務。有參贊大臣二員。一用四部藩爵。一由京員。簡放。協理其事。四部藩爵內。各有特授副將軍一員。每年四季輪流同札薩克台吉前赴軍營城駐班。聽候將軍調遣。自中前旗迤邐而西北。歷右翼左末旗。右翼中左旗。賽音諾顏旗。額爾德尼呼圖克圖游牧中右旗。右翼中末旗。右翼末旗。青素珠克圖

諸們罕游牧右翼右後旗右翼左旗中後旗皆阿爾泰
軍臺所經也雍正十一年四月靖邊大將軍順承親王
錫保等奏言察罕廋爾當阿爾台諸路要道建城駐兵
歷有年所以柴艸不足移駐阿勒達爾托羅海其後柴
艸亦不足用去年又移軍至烏里雅蘇台此外尚有額
得爾齊得爾特爾敵塔米爾等處地亦寬闊並在杭愛
山陽與內地近至特斯等處僻在迤北若賊人由南路
來犯邀截堵禦呼應不靈並不便駐劄大軍今已於烏
里雅蘇台山頭右建礮臺其左近並令滿洲蒙古兵駐
劄且特斯台西里各有駐兵萬人賊人不敢逼近應請
即於烏里雅蘇台內植木中實以土建築城垣城中設
置倉庫明歲青艸發生時調集官駝以察罕廋爾所貯
錢糧米石軍裝火藥等物陸續運送報　可乾隆
二十九年四月定邊左副將軍成袞札布奏烏里雅蘇
台舊城圮應增修十一月復奏烏里雅蘇台土浮難興
版築舊城在齊格爾蘇臺烏里雅蘇臺二河閒應照舊
造木城增高丈六尺厚一丈周圍共五百丈內外排木
柵中實土東西南各置門北迎河掘溝引水環之郎以
溝土築城襲之鑰後出塞錄自烏里雅素臺一千五百
餘里至圖庫里克軍行所駐四面崇岡疊嶂實爲賊衝

出沒之地自此可由閒道直達查克拜達是以防守甚嚴過此又二百餘里地名科卜多東南至額埒素台接左翼左旗界西南至德勒格爾布隆接那魯班禪呼圖克圖界

左翼左旗札薩克輔國公游牧善巴從子旺舒克父德克德赫號墨爾根阿海以隨札薩克圖汗沙喇迎噶爾丹爲土謝圖汗察琿多爾濟所殺札薩克圖汗成袞以額琳沁之亂屬衆潰多往依土謝圖汗察琿多爾濟成袞屢索不獲與搆釁成袞卒噶爾丹謀掠喀爾喀誘成袞子沙喇攻察琿多爾濟沙喇因會噶爾丹於固爾班赫赫格爾德克德赫等從往察琿多爾濟惡之追殺沙喇及德克德赫乾隆三十一年旺舒克來歸授札薩克輔國公四十六年詔世襲罔替佐領二牧地一統志旺叔克駐牧地東至土喇河西至伊木諾木古爾南至奇喇蘇台博羅克親北至伯爾克博羅圖喀喇忒納河當札布噶河源札布噶舊

作查巴哈。又作札布堪。札卜罕。札布韓。源有二。最東者曰西喇河。出庫倫伯勒齊爾西北大山。凡四水。南流。并爲二支。又西南百餘里合焉。又西南受北來一水。又南受東來之西喇河。又西受北來一水。又西南二百里。而布爾噶蘇台河自北來會。即西源也。出北馬喇噶山南麓。南流會東來二水。西北來一水。又南有烏海河。西北自昂奇山。兩源合東南流來會。又南流百數十里。與西喇河會。二源既合。經巴顏山北麓曰札布噶河。又南入札薩克圖汗旗南界。康熙三十四年六月。喀爾喀貝勒根惇岱青偵得噶爾丹行裝已至札布堪河。即是水矣。方觀承松漠艸詩注。喀爾喀兵之戍札布韓河者。資河魚爲糧。多病閉。札布韓譯曰流泄。

東至烘烏拉。接右翼右後旗界。**南至莫霍爾噶順。**接軍臺及右翼右後旗界。**西至膏林塔。**接中後旗界。**北至哈喇烏蘇。**接中左旗界。**東北至哈查布齊額沁。**接右翼右後旗界。**西北至賽爾依爾。**接中後旗界。**東南至奎屯陀羅海。**接右翼右後旗及軍臺界。**西南至烏斯奇。**接那魯班禪呼圖克圖及軍臺界。

左

翼中旗）札薩克公品級一等台吉游牧親王德沁札布次子齊旺多爾濟，初授一等台吉，乾隆十九年，請從征達瓦齊，賜公品級，二十二年，晉貝子品級，二十四年，德沁札布奏本旗丁戶滋衆，請增編佐領，授齊旺多爾濟轄，別爲一旗，詔從其請，授札薩克，三十八年，以罪革爵，先是齊旺多爾濟陵其兄親王諾爾布札布，爲定邊左副將軍車布登札布所斥，憾之，因訐其牟利，命大臣往勘，罷車布登札布左副將軍職，繼鞫齊旺多爾濟陵兄事，堅不服，詔削爵，交理藩院嚴加鈐束，勿令歸牧滋事，仍恩授其子三都布多爾濟札薩克一等台吉，降襲公品級，缺出請旨，佐領一

牧地跨哈綏河，東至濟爾哈朗圖，接土謝圖汗部南右翼左旗界

至霍里木圖。接右翼前旗界。西至珠賚布拉克。接右翼後旗界。北至巴勒奇爾。接中末旗界。東北至色楞格河。接中末旗界。西北至桑圖。接右翼後旗界。東南至西埒木台。接右翼前旗界。西南至珠賚布拉克源。接右翼前旗界。

〔左翼右旗〕札薩克一等台吉游牧。善巴再從弟丹津額爾德尼。祖畢瑪里吉哩諦。圖蒙肎第九子也。號巴圖爾額爾德尼諾顏。父弼齊噶岱號額爾克岱青世爲所部札薩克。康熙二十七年。丹津額爾德尼隨善巴來歸。三十年。授札薩克一等台吉。乾隆四十六年。

詔世襲罔替。佐領三。牧地。康熙十九年。噶爾丹屬額爾德尼和碩齊私掠內札薩克烏喇特部界。畢瑪里吉哩諦以所居哈魯特山。距烏喇特六日程。慮還掠。偵額爾德尼和碩齊竄處額濟納河以聞。 詔設汛防禦。二十七年。 詔丹津額爾德尼仍駐牧哈魯特山。三十年。以額魯特和囉理居阿拉善。與巳牧地毗連。多被竊。訴於朝。遣官詰責和囉理。且令徙牧界內。和囉理懼遁。 詔即收其人畜。畀丹津額爾德尼。一統志。一等台吉丹津額爾德尼駐牧地。東至上海山。西至古爾板賽堪。西尉且牙。北至阿爾泰山陰。北極出地四十四度。南至噶爾昭綽。東至諾木斡。接土謝圖汗部左翼後旗界。南至霍爾朔特。接烏喇特前旗界。西至依薩賚。接額爾德尼班第達呼圖克圖界。北至額勒素台。接賽音諾顏旗界。東北至特布什。接土謝圖汗部左翼後旗界。西北至額勒素台依爾。接額爾德尼班第達呼圖克圖界。東南至札克查奇。接土謝圖汗部左翼後旗界。西南至達噶查。接瀚海。

左翼左末旗札薩克一等台吉游牧。圖蒙肎曾孫納木札勒。祖察斯喜布號昆都稜。圖蒙肎第七子也。父圖巴察斯喜布第三子也納木札勒康熙三十五年以隨西路大軍擊賊功納木札勒隨西路大軍至額布爾谷阿達克遇賊衆奮擊之大將軍費揚古表其功封札薩克一等台吉乾隆四十六年

詔世襲罔替佐領

一牧地一統志一等台吉諾木札爾駐牧地東至達漢得爾烏蘇圖山陰西至鄂爾木庫代山南至桑稽爾達賴北至磨木爾土魯庫跨塔米爾河胡努伊河東至噶齊固接阿魯特前旗界南至哈喇諾爾接札牙班第達呼圖克圖界西至哈什隆接札牙班第達呼圖克圖界北至伊克沙巴爾台接右翼前旗界東北至伊瑪爾台接右翼前旗界東南至巴噶諾爾接額魯特前旗界西南至胡努伊河接札牙班第達呼圖克圖界

右翼中末旗札薩克一等台吉游牧善巴從弟多爾濟祖丹津喇嘛父瑪哈達瓦多爾濟

號偉徵阿海以噶爾丹掠所部避走青海朔漠平喇嘛商南多爾濟奏請徙歸喀爾喀許之授閒散台吉附善巴旗康熙五十一年編所屬丁戶自爲一旗授札薩克一等台吉乾隆四十六年詔世襲罔替佐領一

牧地一統志一等台吉多爾濟駐牧地東至和洛爾袞賽音沙達西至鄂爾齊圖士古魯克南至插漢庫騰扚璞弍格里北至鄂爾齊圖河拜塔里克河之東支至是豬於察罕諾爾其西支在青素珠克圖諾們罕游牧諾爾當西十度北極出地四十五度七分庫倫伯勒齊爾地南界形如瓜周百里東西長諾爾東十餘里有呼里圖克白爾池廣十餘里又東十餘里爲西彌河源又東爲一小河又東百里爲綳察罕諾爾東至莫霍爾特里接中右旗界南至察罕諾爾接軍臺及瀚海界西至哈喇陀羅海接右翼末旗界北至察罕

諾爾齊特呼拉。接右翼末旗界。東北至庫克。接中右旗界。西北至莫霍爾特里山梁。接右翼末旗界。東南至薩音呼圖克。接瀚海界。西南至綳察罕諾爾。接右翼右後旗及札薩克圖汗部左翼後旗界。

〔右翼左末旗〕札薩克一等台吉游牧善巴從弟素達尼祖丹津喇嘛。父羅卜藏。號額爾德尼伊拉古克三陀音。舊爲所部札薩克素達尼舊隷善巴旗任協理台吉。康熙三十六年。隨西路大軍擊賊汗阿林。善巴疏請編所屬別爲一旗。令轄之。授札薩克一等台吉。乾隆四十六年。詔世襲罔替。佐領一。

牧地。一統志。一等台吉蘇達尼駐牧地。東至奎蘇博羅拖古里克。西至尼楚袞山陰。南至戴吉里鄂博。北至西哈璞察哈。跨翁金河。東至圖魯根山。接中前旗界。

南至博爾查克，接土謝圖汗部左翼後旗界。西至伊克布拉克，接右翼中左旗界。北至烏拉克圖，接右翼中左旗界。東北至沙喇塔拉，接中前旗界。西北至察罕庫圖勒，接右翼中左旗界。東南至哲爾固勒，接中前旗界。西南至薩布固勒，接右翼中左旗界。

右末旗札薩克一等台吉游牧。郡王袞布曾孫額墨根祖都噶爾札布，號岱青阿海，父喇布坦號永圖台吉。額墨根初授協理台吉，隸貝勒吹札木三旗。袞布孫。乾隆三年，授一等台吉。二年，以定準噶爾牧界往諭噶爾丹策凌，十一月使還，隨超勇親王入覲。三年三月，復齎敕往，十二月還。界定，四年，以奉使勞，授札薩克。四十六年，詔世襲罔替。佐領一。牧地當伊第爾河源，伊第爾河出鄂勒白稽山，即杭愛山頂之西南大榦也。隔山西即桑錦達賚泊。西十六度九分。北極出地四十九度。兩水自山麓東流而合。又東會西南來一水。又東會西北來一水。又東會南一水。又東稍北會北來一水。及西南來二水之合而東北者。又東北。一水自西北來注之。共合七水。又東名伊第爾河。又東北會齊老圖河。以入於色楞格河。東至呼雅克圖。接中左旗界。南至雪山。接中後旗界。西至烏遜珠爾。接札薩克圖汗部中右翼末次旗界。北至桑圖陀羅海。接札薩克圖汗部中右翼末次旗界。東北至哲滾諾爾。接中左旗界。西北至索郭圖嶺。接札薩克圖汗部中右翼末次旗界。東南至察罕賽爾。接中左旗界。西南至呼濟爾。接烏里雅蘇臺軍營城界。

右翼中右旗札薩克一等台吉游牧。善巴再從弟沙魯伊勒都齊。祖桑噶爾札。號伊勒登和碩齊。圖蒙肯第十一子也。生都噶爾。隸善巴旗。子即沙魯伊勒都齊。康熙三十五年以隨西路大軍剿賊功授札薩克一等台吉乾隆四十六年詔世襲罔替佐領無牧地一統志一等台吉沙祿伊爾都齊駐牧地東至上海山陰西至鄂納圖南至和几爾突北至和屯多當濟爾瑪台河源濟爾馬台舊作朱勒馬台水道提綱朱爾馬台河源出額黑銕木兒山南麓東南流繞布庫銕木兒山足三面東北流曲曲二百餘里豬爲池曰察罕鄂模廣數十里又東北流百里有布勒哈爾台河南自達爾湖喀喇巴令孫地之池水東北流來會又東北入鄂爾坤河康熙三十四年六月費揚古遣士默特參領塞冷特爾至塔米爾等處哨探歸告曰職等行三十一日至塔米爾以南四十里所有濟拉馬台山之南遇厄魯特二十許人云云然則河又因山以納稱也元和林城在鄂模西南長春西游記二十八日泊窩里朵之東宣使往奏稟皇后奉旨請師渡河其水東北流瀰漫没軸絶流以濟入營駐車南岸車帳千百中伏帳房無蠅窩里朵漢語行宮也其車輿亭帳望之儼然古之大單于未有若此之盛也桐鄉程春廬氏曰於時皇后窩里朵當在和

林必先審和林所在然後可以稽程之所經歐陽圭齋高昌偰氏家傳和林有三水焉一並城南山東北流曰斡耳汗一經城西北流曰和林河一發西北東流曰偰輦傑河元人指述和林未有如圭齋之明晳者斡耳汗今鄂爾坤河也忽爾班達彌爾今塔米爾河也偰輦傑今色楞格河也然則和林在色楞格河以南明矣其經和林城西而北流者正今之哈瑞河也當爲元時和林河哈綏河入色楞格河其合流處當在和林北三十里非三水俱合流也若鄂爾坤合於色楞格薈在和林東北千餘里矣記云泊窩里朵之東宣使往奏稟皇后奉旨請師渡河其水東北流瀰漫没軸絕流以濟此水乃今呼納伊河及哈綏河支流也沈君垚釋曰按張參議紀行曰由故城西北行三驛過畢爾紇都乃工匠積養之地又經一驛過大澤泊周廣約六七十里水極澂徹北語謂吾悞竭腦兒自泊之南而西分道入和林城相去約百餘里按水道提綱朱爾馬台河云云布勒哈爾台與畢兒紇都音相近察罕池東北流百里與布勒哈爾台河會與紀行過畢兒紇都又經一驛過大澤泊之言合又自布勒哈爾台河東至喀魯哈河里數與紀行行三驛之言亦合然則吾悞竭腦兒即今察罕池池西

南百餘里實元和林城所在矣太宗紀九年春獵於揭揭察哈之澤夏四月築埽鄰城作迦堅茶寒殿地理志迦堅茶寒殿在和林北七十餘里錢大昕謂迦堅茶寒即揭揭察哈譯音有輕重爾揭揭察哈憲宗紀又作怯蹇叉罕然則殿以澤得名殿在和林城北七十餘里澤亦當相近察罕池之即揭揭察哈澤無可疑矣紀行曰泊之正西有小故城亦契丹所築也由城四望地甚平曠可百里外皆有山山之陰多松林瀕水則青楊叢柳而已中即和林川也歐陽元高昌偰氏家傳曰云云按忽爾班達彌爾即今塔米爾河水道提綱塔米爾河南北二源會合之後又東北二百里入鄂爾坤計自和林城東北百餘里至察罕池又東北百里至布勒哈爾台又東至至鄂爾坤實二百數十里而鄂爾坤河自東南趨西北塔米爾河南源自西南趨東北以道里覈之南源實在故和林城西則即和林川矣北源乃塔米爾河耳斡爾汗即鄂勒昆也或者南北二源俱爲塔米爾河則入察罕池之朱爾馬台河當是古之和林川三水會合之地計去和林城約有三百里而偰氏家傳云三十里傳寫誤耳以水道提綱所載攷之張與歐陽之言一一宛合然則和林城在今賽音諾顏右翼中右旗之東

北額魯特旗之西北也一統志和甯路其地在杭愛山東鄂爾坤塔米爾河之間斯言得之元遺山劉氏先塋神道碑城和林起萬安之閣耶律鑄雙溪醉隱集凱樂歌詞取和林注和林城苾伽可汗之故地也歲乙未聖朝太宗皇帝城此起萬安宮城西北七十里有苾伽可汗宮城遺址詳總敍卷七侍宴萬安閣詩注和林城萬安宮閣名也太宗嘗號萬安宮爲蓮宮騎吹曲白霞詩注白霞在和林西金蓮花甸詩注和林西百餘里有金蓮花甸金河界其中東滙爲龍渦陰岸千尺松石蹇疊俯擁龍渦環繞平野是僕平時往來漁獵游息之地也紅叱撥詩注余避暑所川野無非金蓮金蓮川由此得名龍和宮賦注金蓮川即山北避暑宮瓊島即山南避暑宮後騎吹曲處月詩陳兵闊里黃蘆淀轉戰斜車白艸堝飛騎星颿穿處月追亡逐北入沙陀注我軍敗敵于處月闊里嶺名臨處月黃蘆淀斜車山名在闊里南大漠又去斜車西南數百里大獵詩注禁地圍場自和林南越沙地皆浚以塹上羅以繩名曰札什實古之虎落也比歲大獵特詔先殄除虎狼後凱歌崲崙詩注崲崙地名在和林之南伯哩行詩注伯哩山名也遜多伯哩者即此遜多亦是山名皆在和林西南崲崙又在

其南丁丑冬弄邊者軍敗之地也寬甸有感詩序和林城有遼碑號和林北河外一舍地爲寬甸廣輪可數十百里列聖春夏游幸所也達蘭河詩注河名也在和林北百餘里戊申己酉北中大風詩富貢城西畔珍珠河北邊注和林東北有斜連河河有古城唐賈耽地志所謂仙娥河富貴城者是也仙娥河今聲轉爲錫蘭河烏孫所治赤山城西北三十里有珍珠河下龍庭詩注東漢書燕然銘逡高闕下雞鹿經磧鹵絕大漠踰涿邪跨安侯乘燕然至龍庭以前後諸傳事蹟攷之又以出塞三千餘里校之龍庭和林西北地也又遼實錄詩注諸軍緣蜀道搏熊豹捷狨猱輪之和林送甯朔詩注漢武名烏孫馬爲西極馬時弄兵者由烏孫故地而東款和林北境又和林春日書事詩東徹池塘百艸茅斷鴻低雪怨凝笳晴窗一曲春風詠開偏滿山桃杏花長春芍藥詩注和林芍藥夏至前後始盛又有三月和林道中未見艸萌詩和林西園月臺懷人詩和林春舍敘西園前宴招一二友生重飲詩其餘語涉和林者尚如干篇許有壬至正集敕賜興元閣碑太祖聖武皇帝之十五年歲在庚辰定都和林太宗皇帝始建宮闕梵宇基而未屋憲宗繼述歲丙辰作大浮屠覆以傑閣閣五級高

三百尺。其下四面爲屋各七間。環列諸佛。具如經旨。至正壬午。皇上敕怯怜府同知今武備卿普達失理。暨嶺北行中書省右丞今宣政院使月魯帖木兒專督重修。周塔塗金。晃朗奪目。閣中邊頂踵若城平。髹堊靡不堅麗。賜名曰興元之閣。東至奎屯嶺。接中前旗界。南至呼濟爾圖。接賽音諾顏旗界。西至察罕蘇木。接中右翼末旗界。北至齊齊爾里克河。接札牙班第達呼圖克圖界。東北至奎屯嶺。接札牙班第達呼圖克圖界。西北至哈爾哈齊老圖。接札牙班第達呼圖克圖界。東南至鄂爾坤河。接賽音諾顏旗界。西南至鄂爾坤河山梁。接賽音諾顏旗界。

〔右翼後旗〕札薩克一等台吉游牧。札薩克台吉阿哩雅叔祖薩木濟特。父錫納喇克薩特。號車台吉。世爲所部札薩克薩木濟特嗣。號昆都倫墨爾根岱青。康熙三十一年來歸。授一等台吉。仍兼札薩克。乾隆四十六年。詔世襲罔替。（佐領一。）

牧地。（一統志。一等台吉薩木濟特駐牧地。東至青達哈岱山。西至阿楚特博羅圖。南至達罕得爾。北至札喇誥。）當哈綏河北岸。色楞格河南岸。東至庫布色固勒。（接左翼中旗界。）南至額勒素圖。（接札牙班第達呼圖克圖界。）西至畢勒齊爾。（接中後末旗界。）北至色楞格河。（接札薩克圖汗部中左翼右旗界。）東北至特莫爾圖。（接中末旗界。）西北至察罕索霍圖。（接中左旗界。）東南至珠賚布拉克源。（接右翼前旗界。）西南至諾勒瑪圖。（接中後末旗界。）

〔中後末旗

札薩克一等台吉游牧善巴再從弟濟納彌達祖扣肎。號巴札爾圖蒙肎第十二子也。父車登號綽克圖。濟納彌達舊隸善巴旗。康熙四十八年。授札薩克一等台吉。

別爲一旗乾隆四十六年詔世襲罔替佐領牧地一統志一等台吉積納爾達駐牧地東至薩奇爾西至哈爾占自他克山陰南至鄂爾坤河北至布爾漢山陽跨齊老圖河東至布林灰圖山梁接右翼後旗界南至達噶山梁接中左末旗界西至海蘭接中左旗界北至達噶阿達克接中左旗及右翼後旗界東北至阿濟爾噶接右翼後旗界西北至諾羅莫圖灰圖山梁接中左旗界東南至珠素圖哈察布齊接札牙班第達呼圖克圖界西南至齊老圖河接中左旗界沈君垚曰張參議紀行和林川人多事耕稼悉引水灌之間亦有蔬圃時孟秋下旬糜麥皆槁問之田者云已三霜矣由川之西北行一驛過馬頭山居者云上有大馬首故名之自馬頭山之陰轉而復西南行過忽闌赤斤乃奉部曲民匠種藝之所有水曰塌米河注之東北又經一驛過石堠石堠在驛道旁高五尺許下開四十餘步正方而隅巍然特立於平地形甚峭峻遥望之

若太嵰然由是名焉自嵰之西南行三驛過一河曰唐古以其源出於西夏故也按自和林川西北行五驛而抵唐古河則地當在今賽音諾顏中後末旗之西南近哈綏河發源處唐古疑卽哈綏河此水尚去西夏甚遠而以爲源自西夏傳聞之譌耳

中右翼末旗

札薩克一等台吉游牧善巴再從弟伊達木與中左翼左末旗同祖父札木延號琿台吉舊爲所部札薩克察斯喜布之長子也伊達木號墨爾根台吉康熙二十七年來歸隸善巴旗三十五年以剿賊昭莫多功授札薩克一等台吉別爲一旗乾隆四十六年詔世襲罔替佐領無牧地一統志一等台吉伊達木駐牧地東至布楞岱西至哈璞察朗郭南至格爾得格北至和屯多當塔米爾河南岸東至哈喇齊老圖接右翼中右旗界南至鄂爾坤河接賽音諾顏旗界

西至滿達勒，接札牙班第達呼圖克圖界。北至桑錦陀羅海，接札牙班第達呼圖克圖界。東北至烏爾圖特莫爾河，接札牙班第達呼圖克圖界。西北至哈喇齊老圖，接札牙班第達呼圖克圖界。東南至鄂爾坤河，接賽音諾顏旗界。西南至鄂爾坤河源，接賽音諾顏旗界。

附額魯特部二旗

額魯特旗札薩克固山貝子游牧。準噶爾祖額斯墨特達漢諾顏九世孫丹濟拉，父溫春台吉，噶爾丹弟也。與兄同游牧阿爾泰，早卒。丹濟拉依噶爾丹，特見信用。聖祖仁皇帝屢遣使招之。康熙三十六年，噶爾丹歿，乃降，授內大臣。丹濟拉之降也，哈密達爾漢伯克額貝都拉遣子郭帕伯克護至內汛。時上幸塞外，遣官往迎，駐蹕阿汗特穆爾嶺。丹濟拉至，召入行幄，屏左右垂詢，移時始出。

詔以丹濟拉爲内大臣，子多爾濟色布騰爲一等侍衛。皇
丹濟拉出語人曰，我乃叛逆罪人，竊始來歸。
上略不致疑，屏侍臣召入見，且授顯爵，至仁三十七年。
至勇如此，令我誠心感戴，永不敢異志矣。
詔隸察哈爾正黃旗，編佐領，以其子多爾濟色
布騰領之。四十四年，封丹濟拉札薩克輔國公。四十五
年。
諭赴牧推河，偵防準噶爾賊，自是不復隸察
哈爾旗。雍正元年，晉封多爾濟色布騰固山貝子，以駐
防杭
愛，招降準噶爾屬貢
楚克藏布等内附，功。八年，晉多羅貝勒，九年，請内徙歸
化城。
詔游牧錫喇木倫，子三都布，降襲固山貝
子，復自錫喇木倫徙牧喀爾喀河。三都布子貢楚克邦，
復徙推河。乾隆二十六年，始定牧賽音諾顏之烏蘭烏

蘇四十六年。詔世襲罔替。佐領一。牧地跨濟爾瑪台河鄂爾坤河。鄂爾坤河自中前旗境折而東北二百餘里。經西爾哈阿濟爾罕山西麓之額爾德尼昭語見前土謝圖汗旗下。河經其西。及章鄂山之東麓。山亦高大。即杭愛之東支阜也。齊召南疑此即唐時回鶻牙帳西之烏德鞬山。而所謂嗢昆水。即今之鄂爾坤河矣。又東北出山流百七十里。折而西北流二百里。而濟爾瑪台河自西南來會也。東至奎索。接土謝圖汗旗界。南至噶爾噶圖。接中前旗界。西至察汗山。接中前旗界。北至鄂爾坤河。接額魯特前旗界。東北至翁奎諾爾。接額魯特前旗界。西北至巴彥溫都爾。接札牙班第達呼圖克圖界。東南至博勒克山。接軍臺及土謝圖汗部左翼後旗界。西南至鄂爾坤河。接中前旗界。

額魯特前旗札薩克固山貝子游牧。準噶爾祖額斯墨特達爾漢諾顔十世孫阿喇布坦。會祖墨爾根岱青為噶爾丹父巴圖爾琿台吉之弟祖丹津號噶爾瑪岱青和碩齊父都噶爾阿喇布坦其第五子也阿喇布坦以所部台吉多同名故從其祖父稱別之曰丹津阿勒布坦又曰都噶爾阿喇布坦初與噶爾丹聚牧阿爾泰之科布多噶爾丹深倚任之尋與之異康熙四十一年來歸封多羅郡王阿勒布坦挈屬內面策妄阿喇布坦遣大策凌惇多卜羅卜藏琳沁等以兵追之阿喇布坦宰桑洪科爾額爾奇木子車克擊斬羅卜藏琳沁及兵四百餘人會我使往迎大策凌惇多卜遁阿喇布坦率戶七百餘屯茂密察罕搜爾遣洪科爾額爾奇木馳奏

賜諭用冠服未幾入覲

召見

保和殿

諭曰額魯特歸降我朝未有率人如爾之衆者朕所用避風石素珠最利風疾今以賜爾

詔封郡王

賜貂裘鞍馬銀幣其從者諾顏格隆藏布洪科爾額爾奇木皆

賜達爾漢號

諭游牧推河阿喇布坦將行

奏
皇上天高地厚之恩臣此生不能報但期世世子孫捐軀效力而已至臣屬衆志尚未定俟數年後再給以官職編設旗隊

允之四十二年授札薩克子車稜旺布色布騰旺布相繼襲色布騰旺布雍正元年封多羅貝勒四年授札薩克六年兄車稜旺布卒復襲札薩克多羅郡王以貝勒爵予之嗣

詔并兩札薩克爲一授額魯特盟長雍正九年色布騰旺布以族屬有被準噶爾誘叛者請徙牧喀爾喀河附近地

允之有烏梁海者錯處唐努山及克木克木齊克近阿爾泰汛世宗以舊爲喀爾喀及準噶爾屬

詔車稜旺布及喀爾喀貝勒博貝分轄之征其賦每丁納貂五尋以烏梁海乏生計議減二別給牧畜代之乾隆十三年嗣子朋素克降襲固山貝子復自喀爾喀河徙牧推河二十六年始定牧賽音諾顏之烏蘭烏蘇四十六年

詔世襲罔替佐領

一牧地當塔米爾河北岸。東至鄂羅固坦。接土謝圖汗旗界。南至噶爾噶圖。接額魯特旗界。西至噶吉圖。接左翼左末旗界。北至庫克和碩。接右翼前旗界。東北至哈喇齊老圖。接土謝圖汗部右翼左旗界。西北至濟爾瑪台。接右翼前旗界。東南至溫奎諾爾。接土謝圖汗旗界。西南至濟爾瑪台河。接札牙班第達呼圖克圖界。統盟於齊齊爾里克。理藩院則例。三音諾顏部落之十九旗兵丁。於塔密爾地方查驗。道光二十一年新修一統志。賽音諾顏部所屬烏梁海十三佐領。俱南依鄂爾噶汗山。西與科布多所屬阿勒坦淖爾烏梁海二旗接。北與俄羅斯爲界。

蒙古游牧記卷之八

靈石楊晉覆校

蒙古游牧記卷之九

平定張　穆撰

光澤何秋濤校

外蒙古喀爾喀喀魯倫巴爾和屯盟游牧所在車臣汗部

喀爾喀東路車臣汗部，直古北口邊外漠北，至京師三千五百里，東界額爾德尼陀羅海。《龔之鑰後出塞錄》：額爾德尼陀羅海，約計在張家口外西北三十餘里，一山獨聳，亦不甚高，然四面望之，俱無向背，而東西諸山環繞甚遠，下臨科魯倫大河，亦頗有巍巍獨尊之勢。昔元太祖於此起兵，故今稱為寶地之首也。旁有地穴，深不可測，昔人有以二十里長繩係重鐵探之，終不得其底。穴口旋風日夜不息，或不及防，竟有被旋入穴者。案額爾登陀羅海，即額爾德尼陀羅海也。接黑龍江呼倫貝爾城，南界塔爾滾柴達木。案塔

爾滾亦作他爾渾龔之鑰後出塞錄他爾渾之西十餘里道傍有石人甚巨肖介胄之形傍有二碑字皆漫滅不能究其何朝之物也

踰瀚海接浩齊特阿巴噶阿巴哈納爾諸部

一統志明永樂八年成祖北征由萬全興和至臚朐河其度漠之地曰歸化甸楊林戍禽狐山香泉戍廣武鎮高平陸懷遠塞捷勝岡清泠泊雙秀峯威虜鎮紫霞峯元雲谷古梵場長清塞順安鎮至臚朐河 本朝康熙三十五年二月丙辰 駕親征噶爾丹三月丁卯出獨石口時噶爾丹在噶魯倫河 聖祖聞之兼程而進四月戊戌出喀倫邊次蘇德圖己亥次呼魯蘇台插漢腦兒辛丑次喀喇芒鼐哈必爾漢癸卯次席喇布里圖丙午次西巴爾台壬子次察漢布喇克五月丙辰次拖陵布喇克庚申次阿惇齊陸阿魯布喇克辛酉次枯庫車爾壬戌次西巴爾台癸亥抵克魯倫河此瀚海東北征時 御路也朔漠方略 諭 皇太子曰朕所經過之處非大瀚海也西之瀚海較此更闊然亦非平衍之地山阜聯縣沙石間襍自出喀倫未見寸土其沙亦堅硬履之不陷營中軍士鑿井甚易一人可鑿二三十處因水泊中取水嫌遠或於近帳房

處鑿之可掘之地亦易認識有謂之善達者地窪而闊未二尺卽及泉有謂之布里度者乃叢艸積潦水雖有而佳者少有謂之窺布爾者水流地中以手探之泉卽隨出故野騾以蹄抉之而飲風土景況一無所取地盡碎石下馬偶芒立可射之處亦少艸則叢生而土高所以縈絆馬匹又各種野鼠所穿之穴較興安一帶鼢鼠之穴更深殊覺可厭艸名頗多有郁爾呼艸牛羊駝馬食之最宜以此稱佳又有蘇離艸生最高內地蒙古皆不能識後出塞錄瀚海在歸化城西北地無水泉或七八百里或五六百里行人必兼程而過閒值些小泉水方得稍息誠行軍之畏途也海內產石殊佳五色俱備玲瓏明透不異琥珀每晨旭初升遙望大地如鋪錦罽亦異觀也方觀承松漠艸從軍襍紀詩注瀚海中木之似艸者四種一類鍼松莖粗於指屈曲糾盤折之如朽索縷縷零落一結實類蒿紫綠色凌冬不變味鹹名布都魯哈那駝食之如馬得豆一細蕊如蓼色紅味苦稍柔脆馬餓亦食之輒病瀉利其性寒也一叢枝如菊未細莖無葉相去粟許膚輒周斷如刀截者然根與布魯都哈那皆腐黑如出爐餘撥之卽折四木高不踰二尺根荄糾結沙石坌積叢叢纍纍望之無際又注流

沙中生木名查克大者合抱高丈餘杈牙突坳無葉如常枯者然外白中黃若去皮之桑小者細枝蓬蓬如樫柳質堅重而脆斧斤不易入而折蹴之無難折處呈纖孔削之則否蓋沙氣勁恐而質虛陷故所殖如此行人資爲炊薪粥作碗氣土人燒灰療胃病復利女産又注燒查克木成灰擲之鏗然有聲得火即然高焰終夕埋深灰中閱日不耗又注四十臺畢爾格圖道傍白石枚列圓下銳上不相箸附凹處門形儼若壇壝又注得埋蘇艸疑即離艸蘇潔白光韌京師用以織涼冠一冠直數金過瀚海至那林一路產此枯勁徧野馬不食之西界察罕齊老圖一統志插漢七老在張家口北八百餘里近喀倫邊外其地有山東西長二百里許康熙三十五年四月戊戌駕出喀倫邊駐此御筆勒銘曰惟天所覆皆吾赤子綏靖邊陲殄滅蛇豕山澤效靈艸蕃泉旨羽衞斯經貞石用紀案自拖諾山以下由東迄西約五千里皆在瀚海北有水艸之處哈爾哈諸部並游牧其間其在瀚海中者惟插漢七老稍大餘皆平地沙岡非游牧之地北界溫都爾罕接俄羅斯邊喀東南接烏珠穆沁部西與西

南皆接土謝圖汗部。所部初編佐領。置十一旗。後增十二旗。凡二十三旗。格根車臣汗旗。格埒森札札賚爾琿台吉第五子阿敏都喇勒。有子謨囉貝瑪。駐牧喀魯倫河。生子碩壘。始號車臣汗。又號瑪哈薩嘛諦。初喀爾哈服屬於察哈爾。天聰九年。碩壘偕烏珠穆沁蘇尼特諸部長上書通好。貢駝馬。嗣是貢獻不絕。崇德二年。獻所產白獺喜獸。三年。獻馬及甲冑貂皮雕翎俄羅斯鳥鎗回部弓箙鞍轡阿爾瑪斯斧。白鼠裘唐古特元狐裘。詔歲貢九白。它物毋入獻。順治十二年。碩壘子巴布嗣爲汗。命領左翼札薩克之一。康熙二十二年。巴布子諾爾布嗣。二十七年。噶爾丹掠喀爾喀。至喀魯倫河。時諾爾布及長子伊勒登阿喇布坦相繼卒孫烏默客幼台吉納木札勒等攜之來歸凡從衆十餘萬戶　詔烏默客襲汗號統所部衆自是始稱車臣汗部三十六年還舊牧雍正六年　賜烏默客孫車布登班珠爾印文曰格根車臣汗乾隆四十六年　詔世襲罔替二佐領

牧地初伊勒登阿喇布坦嗣稱汗駐牧喀魯倫河北巴顏烏蘭康熙二十七年烏默客來歸　詔附牧烏珠穆沁界外阿爾圖三十二年乞由阿爾圖徙牧伯依爾案伯依爾又作波衣爾即喀爾喀河所豬之貝爾諾爾也康熙三十五年正月鄉導朱爾查哈等至厄折忒圖哈卜七爾地方見有人馬行蹤沿喀魯倫河上流而去侍讀學士伊道奏言厄折忒圖哈卜七爾地方距車臣汗等目下所居波衣爾之地止二日程厄魯特既逼近來前凡我喀倫不可不嚴加防備是年伊勒登阿喇布坦扈　駕旋　賜牧喀魯倫河北溫

都爾多博其地。**跨喀魯倫河**。喀魯倫河自右翼中前旗居巴顏烏蘭東境拖諾山南麓稍折東北流數十里又東北經克勒和碩山北麓又東北百數十里入左翼右旗境。聖祖御製親征朔漠紀略五月初九日行十七里駐驆克魯倫河之曲諭議政諸臣曰若噶爾丹欲相距交戰不應棄河與我今觀其沿河上流倉皇而去其爲潰遁無疑初十日行五十五里於克魯倫河之札各寨相對處駐蹕克魯倫以上自正月無雨旱甚儼然隆冬地無一莖青艸此數日天氣陰雲下營甫畢而雨艸遂怒生十一日行六十五里駐蹕克魯倫之克勒和碩案此克魯倫河曲乃河將東北折歐德哈爾哈之西南岸非拖陵河曲也札各寨舊圖作查克齊塔爾河自西北來於此東南入喀魯倫河朔漠方略上手書諭皇太子曰我師抵克魯倫河河之兩岸皆山山大槪多險峻而少平坦河亦甚小較之南苑中河差大耳甲子上距克魯倫布隆駐蹕十八里地方詔曰克魯倫之克勒和碩地方去此地一百三十里朕作二日程前行到彼所留兵丁著作四日程前行到彼。**東至烏蘭溫都爾山**。接右翼左旗界。**南至阿爾圖山**

接中末右旗界西至塔奇勒噶圖山接左翼中前旗界北至哈喇莽鼐山接右翼前旗界康熙三十五年八月戊申理藩院員外多爾濟奏報噶爾丹情形曰臣至札薩克台吉車陵札卜所居喀倫之外喀喇莽奈地方因侍讀學士喇錫量帶兵丁往滾噶勞臺阿爾哈蘇臺河俟伊蘭他米爾偵探一到即歸是以不往前行東北至色勒格圖山接中後旗界西北至滔圖布拉克接右翼中左旗及右翼前旗界東南至鄂爾楚克山接右翼左旗及左翼右旗界西南至庫特肎額里雅山接中末旗界

左翼中旗

札薩克和碩親王游牧烏默客叔父納木札勒初號額爾德尼台吉康熙二十七年倡議偕烏默客來歸噶爾丹既敗土謝圖汗察琿多爾濟兵由土喇踰喀魯倫謀掠巴顏烏蘭所部聞之懼欲逃納木札勒倡議內附眾始定因白烏默客毋率眾來歸授濟農兼領烏默客眾二十八年授札薩

克三十年封多羅郡王孫巴雅爾什第乾隆二十年以捡賊功晉封和碩親王阿睦爾撒納叛包沁總管阿克珠勒副總管台拉克和濟木呼哩等應之由索勒畢烏拉克沁鑰阿爾台掠首汛侍衛齊徹布台吉達瑪琳等牧產烏里雅蘇台大臣阿蘭泰檄會剿巴雅爾什第偕達爾濟雅馳赴布拉罕路斬台拉克和濟木呼哩捡阿克珠勒以所獲還齊徹布等阿蘭泰上其功有是命四十六年詔世襲罔替佐領二牧地康熙二十七年賜牧烏珠穆沁界外布哈和碩距烏默客居一日程一統志多羅郡王納木占駐金車根布拉克東至百里路克西至阿薩克圖南至郡木大都圖倫北至毛海哈達太哈拉哈諾臺在科勒蘇河之東跨喀魯倫河科勒蘇河出西南大山兩源東北合二水流四百餘里而北入敖嫩河喀魯倫河自車臣汗旗境東北流入旗南界有固爾班博爾龍山三峯並峙在南岸沙中四十里許三百里至庫魯諾爾南入中左旗境敖嫩河又東北百餘里會西來一河又北折東流折而東北二百里有

巴爾濟河合四水自西大山東北流五百餘里來會又東北折正北流百餘里有阿巴楚河合三水自西來會又北稍東百數十里有塔爾巴哈河合五水自西來會又東北三百餘里有圖魯台河他拉巴爾濟河特楞河俄克芍河俄倫河先後自西大山來會又東北百數十里有博落霍吉河自南合五水北流五百里來會又東北百數十里有圖里格河自南合二水北流來會又東北有溫多河自南合五水北流四百里又有昂伊得河自西北大山東北流合六水折而東南流東至下固尼來並會其口如十字自此以下入黑龍江

和碩山（接中左旗界）南至多木達都圖倫（接中左旗及中末右旗界）西至特克瑪爾圖山（接左翼右旗界）北至伊克鳴札爾（接邊喀界）東北至伊克鳴札爾冬圖庫勒（接邊喀界）西北至圖木斯泰山（接中末次旗及左翼右旗界）東南至沙喇哈達（接中左旗界）西南至札們商達（接左翼右旗界）

中右旗札薩克多羅郡王游牧烏默客叔父朋

素克初號伊勒登台吉康熙二十七年來歸授濟農三十八年授札薩克三十年封固山貝子三十五年以從征噶爾丹功晉多羅郡王仍留伊勒登濟農號乾隆四十六年

詔世襲罔替四佐領牧地朋素克來歸駐牧烏珠穆沁界外布哈和碩三十年徙牧呼濟爾圖布嚨三十四年噶爾丹掠巴顏烏蘭朋素克仍徙牧布哈和賴三十五年賜牧烏蘭布拉克一統志多羅郡王盆蘇克駐郭特爾阿魯沙巴爾東至清海西至插漢敖拉南至呼魯斯台北至布爾喀爾喀河於是豬於貝爾諾爾貝爾諾爾舊作布伊爾湖康熙圖作布育里鄂模元之捕魚兒海子也朔漠方略康熙二十九年六月噶爾丹踰枯倫波衣爾深入尚書厄爾尼奏聞厄魯特兵駐札克魯倫之阿爾灘額墨爾地方臣於初五日向波衣爾進發至博洛達卜素地方恐厄魯特兵前進先往據波衣爾遇一喀爾喀自厄魯特所逃來訊之曰厄魯特兵初六日已渡烏爾順河烏

爾順河距喀爾喀河甚近喀爾喀河距喀倫僅一日程臣軍若仍駐波衣爾地慮反出其後以此竟赴波衣爾之南他奔他什海以禦之波衣乃貝字切音即此貝爾諾爾矣喀爾喀河在齊齊哈爾城西八百里源出摩克托里山西北流五百餘里會數水入於貝爾諾爾又自貝爾諾爾之北流出曰鄂爾順河北流入呼倫諾爾舊作枯倫湖古之俱倫泊也元人謂之闊連海子水道提綱喀爾喀河折西南滙爲巨澤曰布伊爾湖形如瓜瓠自東北至西南徑百四五十里東西徑七十里亦俱倫泊之亞也元祕史捕魚兒海子闊連海子兩箇海子中間的河名兀兒失溫又云合勒合河流入捕魚兒海子處有帖爾格等翁吉剌然則合勒合河即今之喀爾喀河兀兒失溫即今之鄂爾順河舊名烏里順河者矣明史韃靼傳藍玉率大軍由大甯至慶州聞脫古思帖木兒在捕魚兒海從間道馳進至百眼井哨不見敵乃穴地而爨一夜馳至捕魚兒海去敵營八十里直前薄之大破其軍是此地也闊連海子明史作闊灤是阿魯台棄輜重馬畜北竄之處矣

東至錫林呼都克接呼倫貝爾界南至什布都爾諾爾接左翼前旗界西至沙喇特

格克接左翼後末旗界北至布隆達爾素接呼倫貝爾界東北至沙喇勒濟河接呼倫貝爾界西北至洪固爾默里接左翼後末旗界西南至固爾班布魯勒濟接烏珠穆沁右翼旗界東南至克里葉和碩接左翼前旗界右翼中旗札薩克多羅貝勒游牧烏默客三從叔父車布登一作札布登祖巴特瑪達什號達賚琿台吉碩壘汗第八子也父丹巴有子二長郎車布登初號額爾克台吉康熙二十七年來歸二十八年授札薩克三十年封多羅貝勒子班札勒雍正元年以追捡額魯特逃賊晉郡王八年因遲誤軍駝削爵九年復授貝勒乾隆四十六年

詔世襲罔替佐領八先是車布登屬車棱楚琥爾偉沁布爾齊噶

爾瑪固英杜喇爾塔布囊等懼噶爾丹掠往依俄羅斯康熙三十年攜戶千餘來歸　命仍轄之三十三年旺札勒襲爵時所屬巴爾呼人散居興安嶺後霍勒烏勒輝科眾肆劫旺札爾幼母博第蘇克遣台吉往緝之不克具以聞　命黑龍江將軍就近招撫之巴爾呼凡數種有稱齊巴齊魯特者其塔布囊等避噶爾丹攜六百戶奔附札薩克阿雅哩所而留五百戶於呼倫貝爾之烏棱地無所依　諭旺札勒白其母收之還

牧地車布登世駐牧克魯倫河之南烏純地康熙三十年來歸以烏純距邊近　遣歸收一統志多羅貝勒車布登駐克魯倫東至俄爾根雅爾哈達西至巴齊克士哈喇克圖南至呼呼得勒蘇北至桑薩爾雅爾哈**東至鄂羅格依**接右翼中右旗界**南至烏蘭陀羅海**接土謝圖部左翼中旗界**西至伊克噶札爾阿齊圖山**接土謝圖汗部左翼右末旗界**北至巴顏哈喇**接土謝圖汗部中旗界**東北至布固得爾哈喇烏蘇**接右翼中前旗及土謝圖汗部中旗界**西北至桑錦達賚**接土謝圖汗部左翼右末旗界

東南至察罕庫圖勒。接中末旗及土謝圖汗部左翼中旗界。西南至烏蘭庫伯爾烏蘇。接土謝圖汗部左翼中旗界。中末旗札薩克固山貝子游牧。烏默客族祖達哩父嘛察哩號伊勒登土謝圖碩壘汗長子也。達哩襲伊勒登號。康熙二十七年來歸。授濟農。三十年。授札薩克固山貝子。尋以老病乞休。子阿海成伯勒襲。三十五年。上親征。遣屬為大軍嚮導。愷旋。隨父綵服謁道左。慰勞之。并授瑪哈杜喇爾達爾漢號。乾隆四十六年。詔世襲罔替。佐領三。牧地達哩世駐牧克魯倫河之南博羅布達。一統志固山貝子達禮駐插漢布拉克東至博羅邊界西至蘇門哈達南至插漢烏素墨爾根台北至他喇布拉克。龔之鑰後出塞錄。科魯倫河源。不知所出。至達賴貝子境內始見沿河駐營月餘計程一千二百餘里至格木爾地方折而往北是河更深廣可以行舟又曰達賴貝子所屬境內有城名巴喇河屯譯言虎城也城內廢寺甚大後殿有二塔一七層一五層二塔壁間所繢諸佛像俱在其七層者內有石臺上供木匣長三尺許貯畫一軸上繢三世佛及文殊普賢并四大天王像殿側有碑記字多剝落間有一二字可識仿彿遼時之物案達賴即達哩也東至察克布拉克接中末右旗界南至溫都爾哈喇陀羅海接土謝圖汗部左翼中旗界西至訥固爾格圖烏蘇接右翼中右旗界北至庫特肯額里雅山接車臣汗旗及右翼中前旗界東北至伊克阿爾圖山接中末右旗及車臣汗旗界西北至額爾克納克山接右翼中右旗界東南至鄂斯奇山接中末右旗及土謝圖汗部左翼中旗界西南至察罕庫圖勒接右翼中旗及土謝圖汗部左翼中旗界

中左旗札薩克固山貝子游牧碩壘汗第十子布

達札布號額爾德尼台吉康熙二十七年來歸二十八年授濟農及札薩克三十年封固山貝子五十年來朝晉多羅貝勒諭曰貝子布達札布於車臣汗部爲尊行年老履艱猶抒誠入覲朕甚念之著加恩晉封多羅貝勒以昭優眷子雲惇琳沁降襲輔國公曾孫達爾濟雅乾隆二十年以擊賊功晉封固山貝子大軍剿達瓦齊軍還阿逆扇包沁總管阿克珠勒等由索勒畢烏拉克沁擾軍汛達爾濟雅等引兵馳擊俘獻阿克珠勒乾隆四十六年詔世襲罔替佐領二有半牧地布達札布初隨母察罕達喇哈屯駐牧喀魯倫河之布色謌埒客面內後命附牧烏珠穆沁界外烏得翁果額埒蘇後還舊牧一統志輔國公布達札卜駐車格爾查碧達克欽東至伊拉蓋圖達爾瑪西至呼圖兒南至哲袞都倫順科爾北至昂奇爾圖東至和爾蓋山接左翼後旗界長春西游記三月朔出沙陀至魚兒濼

始有人煙多以耕釣爲業三月五日起之東北四旁遠有人煙皆黑車白帳隨水艸放牧盡原隰之地無復寸木四遠惟黃雲白艸行不改途又二十餘日方見一沙河西北流入陸局河水濡馬腹傍見叢柳渡河北行三日入小沙陀四月朔至斡辰大王帳下冰始泮艸微萌矣十七日大王以牛馬百數車十乘送行馬首西北二十二日抵陸局河積水成海周數百里風浪漂出大魚蒙古人各得數尾並河南岸西行時有野韭得食沈君垚釋曰張參議紀行自魚兒泊之西北行四驛有長城頹阯望之綿延不盡亦前朝所築外保也自外保行十五驛抵一河深廣約什滹沱之三北語云翕陸連漢言驢駒河也夾岸多叢柳案紀行自魚兒泊至驢駒河行十九驛而記言三月五日自魚兒濼起之東北行二十餘日方見一沙河西北流入陸局河者蓋驢駒河由西南趨東北張參議自魚兒泊西北行故十九驛而至眞人以赴斡辰大王之請自魚兒濼東北行故二十餘日方見入驢駒河之沙河也北人讀陸局音如驢駒故記謂之陸局河矣元史謂之怯綠憐河也元太祖諸弟皆封在東方斡辰大王宗室表作斡赤斤國王據此知斡赤斤營帳在驢朐河南記言水濡馬腹者謂沙河也渡

河北行渡沙河也今輿圖及水道提綱臚朐河之北有沙水南注而南則無有蓋塞外小水隱見不常故不能合矣記言四月朔至斡辰大王帳下十七日大王送行馬首西北二十二日抵陸局河積水成海周數百里計自斡辰大王帳下至臚朐河行五六日則斡辰之帳似在喀爾喀東部車臣汗左翼後旗北境中左旗之東境積水成海周數百里似即水道提綱之杜勒鄂模矣南至摟吉烏蘇接左翼後旗界西至沙喇哈達接左翼中旗界北至伯爾克山接邊喀界東北至囊吉陀羅海接左翼左旗及邊喀界西北至伊克噶札爾接左翼中旗及邊喀界東南至伊克察布接左翼後旗界西南至多木達都圖倫接中末右旗及左翼右旗界

〔中後旗〕札薩克輔國公游牧碩壘汗第七子車布登一統志作車布德音初號車臣濟農康熙二十七年來歸二十八年授札薩克三十年封固山貝子四十年孫車棱

布木降襲鎮國公五十五年曾孫格埒克巴木丕勒降襲輔國公乾隆二十年以督解駝馬遲誤罪削二十一年復爵阿睦爾撒納叛賊黨克什木等擾伊犂格埒克巴木丕勒奮擊被創爲所留明年自伊犂還復爵

命二十五年晉鎮國公子袞布扎布仍降襲輔國公四十六年

詔世襲罔替佐領一有半牧地初車布登游牧喀爾倫河北之巴嚕台三十年移牧喀爾喀河三十四年子阿勒達爾率屬徙牧烏蘭庫博爾一統志輔國公格勒克巴木皮爾駐舊蘇津鄂博東至烏爾札和蘇台西至布爾圖北至和嫩郭爾跨敖嫩河

敖嫩河自大肎特山北麓會北來一水又東百餘里有一河西北自大山合二水東南流來會稍東南有啟查爾河西南自大特肎山折向東南之支阜東北流來會折東北流又折而東百里有巴拉喀河合二水自西南畢爾喀嶺東北流來會又東南流數十里有呼瑪拉堪河自南大山合兩源北流來會又東北流百里有一河

合兩源，西北自大興安山東南流來會。此大興安山土八日阿母巴興安，甚高大。自此緜亙而東，直抵黑龍江入海處。山之南爲喀爾喀界，山之北爲俄羅斯界。又南北二百數十里，有科勒蘇河，自南來會。東至沙巴爾台，接左翼中旗界。南至色勒格圖山，接車臣汗旗界。西至海留鞥克爾，接中右後旗界。北至達喇特河，接邊喀界。東北至莽阿泰河，接邊喀界。西北至察罕鄂博爾，接中右後旗界。東南至額胥布爾圖，接中末右旗界。西南至諾歡居魯呼，接右翼中左旗及中右後旗界。

左翼前旗

札薩克鎮國公游牧。烏默客族叔父車布登祖本巴號巴圖爾達爾漢琿台吉，碩壘汗第四子也。有子三，長噶爾瑪，次洪俄爾岱青，次額爾克阿海。噶爾瑪子二，長即車布登，次罕篤。初洪俄爾岱青嗣父爲琿台吉。康熙二十七年遣使乞內附噶爾丹誘執洪俄爾岱青屬達賴宰桑授之檄令還誘其王洪俄爾岱青弗從遣使乞內附會上幸塞外駐蹕紅川洪俄爾岱青率眾來歸召見行幄諭曰朕所遣兵平定羅刹時爾毋達賴達喇納豫備糗糧牛羊資送大軍今爾又率屬歸誠朕甚嘉之特賜爾御用朝珠以示優獎二十八年授札薩克尋為噶爾丹所掠不獲歸䍐篤代領其眾三十年上追念洪俄爾岱青內附誠封䍐篤鎮國公兼襲所遺札薩克三十四年以額爾克阿海子錫喇布訟其誘奪屬產又會噶爾丹掠巴顏烏蘭諭徙牧喀爾喀內懼叛遁俄羅斯邀車布登與俱車布登弗從追敗其眾於呼拉濟詔卽以䍐篤鎮國公授之仍兼札薩克䍐篤邀車布登同叛車布登不肎泣告曰我等毫無

勞績。主上念我先世職貢有年。恩援爵
秩。今反謀他遁。負聖主恩。辱先人業。將安之。罕
篤弗聽。車布登遣子圖巴馳告納木札勒。而自與貝子
朋素克率兵追之。大敗之於呼拉濟。復遣人往招。以雪
阻弗及。時郎中阿必達偕納木爾札納繳諸札薩克兵
由噶勒伯哩會緝。諜罕篤由博爾濟遁俄儂河。乃還。未
幾。俄羅斯捡獻罕篤伏誅。**乾隆四十六年。詔世襲罔替。**佐領一有
半。**牧地**初洪俄爾岱青駐牧克魯倫河之南木壘和碩
瑪塔特藉界。康熙二十七年。命附牧札
賚特界外。輝圖塔什海。二十九年。詔罕篤攜衆
入科爾沁界。附親王沙津游牧。罕篤縱屬肆劫。復
命遣之出界。三十年。移牧喀爾喀河。罕篤叛。車布登
攜屬由喀爾喀河烏蘭庫博爾附同族貝子阿南達游
牧。一統志。鎮國公車卜登駐哈爾堪。東至蘇玉海。西至
呼呼伊錫格。南至諾和厄勒蘇。北至阿魯烏爾圖津伯
爾車
爾。**當索岳爾濟山北**。注見內蒙古科爾沁右翼前旗
下。康熙四十年。上幸塞
外。駐蹕喀喇烏蘇。烏默客來朝。扈駕幸索約勒
濟山進宴。是此山也。高宗純皇帝御製登興安

大嶺歌曰杭愛阿爾台舒右臂索岳爾濟憑左肩又曰
聖蹟蒼巖間經
皇祖昔年曾一至即今
兩朝潤色荒徼之山遂與岱華爭耀矣

濱喀爾喀河 喀爾喀河有數源最東者出阿魯他拉奇嶺之西麓有池廣數十里西南流出百餘里而南源合三水西北流來會又西南流百餘里有一河自北合三源西南流來會又西分為二支一南流有阿母巴哈爾渾河合三水自南來會又西流與北一支復合又西流有伊蘭塞罕河頗大源自北大山西南流二百餘里來會又有一河自西北合三源亦南注之又西南受南來之哈爾渾河又西有噶爾查布魯克圖河又自東南合噶爾圖思台及噶爾巴哈尼二河北流來會又西有和爾和河自南來會折西北流經喀勒河湖之北其北岸有小山又西北百餘里受東北來之呼魯思太河又西北二百里折而西西流百里許曰喀爾喀河折西南流數十里分支渠西南匯為貝爾諾爾

東至鄂莫克依布拉克 接呼倫貝爾界 **南至索岳爾濟** 接烏珠穆沁左翼旗界 **西至額里彥山梁** 接烏珠穆沁左翼旗右翼旗界 **北至車徹布爾圖** 接中右旗

界東北至克里葉和碩接呼倫貝爾界西北至沙布圖爾諾爾
拉接中左旗界東南至固爾班哈達接呼倫貝爾界西南至莫克爾塔
拉接烏珠穆沁左翼旗界右翼中右旗札薩克輔國公游牧貝勒
車布登從弟表作從子車棱旺布祖巴特瑪達什父齊旺車
棱旺布初授協理台吉隸右翼中旗康熙五十年敘追
緝巴爾呼逃人功授一等台吉五十一年授札薩克雍
正元年剿額魯特逃賊盡殄其衆二年封輔國公乾隆
四十六年詔世襲罔替佐領一有半牧地一統志輔國公策凌
旺布駐達爾漢徹根東至訥卜忒思忒西至鄂魯格南至諾拉尼尼倫格爾北至拖諾東至依札
噶爾山接右翼中前旗及右末旗界南至巴噶額里彥山接右翼中旗及右翼

中前旗界西至鄂羅克依山接右翼中旗界北至拖諾接右翼中前旗界東北至烏蘭華接右翼中前旗界西北至依爾蓋山接右翼中旗界東南至尼固爾素圖烏蘇接中末旗界西南至庫克齊圖庫博爾接右翼中旗界

左翼後旗札薩克一等台吉游牧烏默客族祖車棱達什父綽斯喜布為碩壘汗第六子初所部台吉之得貢九白者皆授札薩克車棱達什其一也號額爾得尼琿台吉康熙二十七年率屬來歸三十年授一等台吉仍兼札薩克三十五年敘功封輔國公上親征噶爾丹車棱達什赴庫爾葉圖什巴爾台設汛防守師旋督解軍需未踰期復獻駝馬助弁兵曾孫成袞乾隆二十一年以駐防烏里雅蘇台私歸游牧削爵子

德木楚克降襲一等台吉。四十六年。詔世襲罔替。佐領二有半。有巴特瑪達什者。車棱達什戚族也。二十七年。率千餘戶偕至。尋秩子朋素克。授一等台吉。命車棱達什並轄之。又三十六年。屬台吉阿密拉等。以饑困乞隸內地。詔改隸察哈爾旗。牧地。一統志。輔國公車齡達錫。駐察漢布爾噶蘇台。東至西喇布爾圖。西至博羅邊界。南至翁袞綽多拉克。北至喀喇碧魯。東至鄂爾布勒山。接左翼後末旗界。南至滾乜溫都爾。接達里岡愛牧場界。西至布哈山梁。接達里岡愛牧場界。北至烏蘭溫都山。接中前旗界。東北至奇喇諾爾。接左翼後末旗。及中前旗界。西北至庫克鄂博。接中左旗及左翼左旗界。東南至托里布拉克。接右翼後旗及右翼後末旗界。西南至布勒格圖山。接達里岡愛牧場界。左翼後末旗札薩克公品級一等台吉游牧輔國公車棱達什弟多爾濟達什。

初授二等台吉食札薩克俸康熙五十年授札薩克一
等台吉乾隆二十一年子成袞札布以嚴守汛地功
奬賜公品級和托輝特逆賊青袞咱卜叛造僞符徹汛兵成袞札卜與土謝圖汗部札薩克台吉遜篤布察其詐督兵嚴守各汛誓死拒　奬明大義有此賜四十六年
詔世襲罔替佐領一有半牧地布一統志一等台吉成袞札布駐烏爾圖東至厄禮音拉克洪和爾默里西至哈麻爾博羅達卜蘇西喇博爾圖南至夯㚇和西渾鄂爾根厄格北至呼呼得爾蘇特息東至沙喇德柯克接中右旗界南至額里彥和碩接中前旗界
西至鄂爾布勒山接左翼後旗界北至哈喇鄂博克圖接中前旗界
東北至朔爾伯克接中前旗及呼倫貝爾界西北至奇拉諾爾接中前旗及左翼後旗界東南至拉克諾爾接烏珠穆沁右翼旗界西南至托里布

拉克接右翼後旗界。

右翼後旗札薩克一等台吉游牧。輔國公車棱達什從子固魯札布。父丹津綽斯喜布之長子也。固魯札布初號額爾德尼台吉。康熙二十七年。隨母達吉納哈屯來歸。三十年。授札薩克一等台吉。乾隆四十六年。詔世襲罔替。佐領三。牧地。固嚕札布初駐牧喀魯倫河之南鄂羅賴。二十七年來歸。命附牧烏珠穆沁界外哈爾吉勒岱喀喇瀚海。其偕至台吉沙克都爾等置阿巴噶界。由巴顏鄂瀧地。三十五年。移牧巴顏濟魯克。一統志。一等台吉古魯札卜駐克里野哈魯蘇台。東至哈爾達爾拉克。西至敖博倫插漢哈達。南至克卜特錫。北至喀喇戈畢。東至哈勒塔爾和碩接烏珠穆沁右翼旗界。南至克布特什接烏珠穆沁右翼旗。及浩齊特左翼旗界。西至阿克索那山接阿巴噶左翼旗。及阿巴哈納爾右翼旗界。東北至額里彥和碩。接左翼後末旗界。西北至滾尼溫都爾。接達里岡愛牧場及左翼後旗界。東南至烏尼格特山。接烏珠穆沁右翼旗界。西南至達賴布拉克。接浩齊特右翼旗界。

中末右旗札薩克一等台吉游牧貝子達哩孫旺札勒札布初授二等台吉。隸中末旗。雍正十三年。襲駝馬助軍。授一等台吉。乾隆十四年。復以捐造軍器協濟口糧。授札薩克。四十六年。

詔世襲罔替。佐領一。

牧地東至特克什烏蘇。接中左旗界。南至多木達哲爾克特山。接達里岡愛牧場界。西至鄂爾和山。接中末旗界。北至庫登圖山。接車臣汗旗界。東北至托克台山。接車臣汗旗界。西北至阿爾圖山。接車臣汗旗及中末旗界。東南至布哈山梁。接左翼後旗及達里岡愛牧場界。西南至烏斯奇山。接土謝圖汗部左翼中旗界。【右翼中左旗】札薩克一等台吉游牧烏默客族叔父吹音珠爾。祖察布哩號額爾德尼台吉。隸中末旗。康熙五十二年。請編屬丁五百。自爲一旗。授札薩克一等台吉。乾隆四十六年。詔世襲罔替。佐領一。牧地。一統志。一等台吉揣音拉爾。駐騰格里克。東至五藍和朔。西至森古爾。南至達卜庫爾禮哲。北至古爾板拜他拉克。東至喀喇諾爾。接右翼前旗界。南至布隆和特。接右翼中前旗界。西至察罕特莫滾山梁。接右翼中前旗界。北至僧庫爾河。接中右後旗界。注見右翼中前旗界。東北至察罕諾爾。接右翼前旗界。西北至布彥布拉克。接中右後旗界。東南西南皆至庫里彥山。接右翼中前旗界。【右翼前旗】札薩克一等台吉游牧烏默客族叔父色棱達什。祖拉布哩號額爾克台吉。碩壘汗第三子也。父諾捫宰桑暉台吉。襲額爾克號。色棱達什於康熙二十七年來歸。三十年授札薩克一等台吉。乾隆四十六年。詔世襲罔替。佐領一有半。牧地。一統志一等台吉色棱達什駐喀喇莽奈東至西喇哈達克林布爾圖西至諾穆罕布爾圖南至諾顏喀喇北至朱爾泰古爾班沙巴爾。東至薩喇克河。接車臣汗旗界。南至喀喇莽鼐。接車臣汗旗界。西至喀喇諾爾。接右翼中右旗界。北至招莫多。接中後旗界。東北至札滾洪格勒濟。接中後旗界。西北至色布素勒山。接中後旗界。東南至畢里克圖。接車臣汗旗界。西南至韜圖布拉克。接車臣汗旗界。右翼左旗。札薩克一等台吉游牧。烏默客叔父根敦。康熙四十五年來朝。上念其爲舊車臣汗諾爾布之子。授札薩克一等台吉。乾隆四十六年。詔世襲罔替。佐領半。牧地。一統志。一等台吉根惇駐領爾得墨。東至特木蘇忒西至厄爾得尼陀羅海。南至哈哈喇漢。北至巴土胡圖克東至鄂博克圖山。接左翼右旗界。南至巴彥溫都爾。接左翼右旗翼西至庫圖勒烏蘇。接車臣汗旗界。北至得勒山。接中後旗及中末次旗界。東北至布爾噶素圖。接中末次旗及左翼右旗界。西北至濟爾噶朗圖布拉克。接車臣汗旗界。東南至伊克哈噶爾噶。接左翼右旗界。西南至鄂爾楚克山。接車臣汗旗及左翼右旗界。中末次旗。札薩克一等台吉。游牧烏默客。從叔父韜賚。父穆彰。號墨木根楚琥爾。舊車臣汗諾爾布伯兄也。康熙三十年。授韜賚閒散台吉隸車臣汗旗三十四年請編屬丁六百自爲一旗授札薩克一等台吉乾隆四十六年詔世襲罔替佐領一有半牧地一統志一等台吉陶賴駐白爾格庫爾濟圖東至哈達台西至巴圖南至插漢鄂博哈北至庫爾濟圖津厄覩布爾圖東至哈爾噶朗圖山接左翼中旗界南至圖木斯圖山接左翼中旗界西至布爾噶素圖接右翼左旗及左翼右旗界北至噶勒齊老接中後旗界東北至博羅陀羅海接左翼中旗及左翼右旗界西北至得勒山接中後旗界東南至塔喇那圖胡都克接左翼中旗界西南至瑪勒胡爾接左翼右旗界左翼右旗札薩克一等台吉游牧烏默客叔父垂札木素康熙四十年來歸上念其爲舊車臣汗諾爾布之子授札薩克一等

台吉乾隆四十六年詔世襲罔替佐領一

牧地一統志一等台吉揣札木蘇駐哲格爾得東至插漢我博哈西至特木蘇忒南至巴爾合特都倫北至庫爾濟圖

跨喀魯倫河喀魯倫河自喀勒和朔北麓又東北百數十里有塔爾河舊名他拉郎兒郎河西北自畢爾喀嶺西南麓合二源東南流沙土中四百餘里隱見不常來注之又東北數十里經厄窩得哈爾哈小山西北麓即北岸厄莫勒山之西南麓也折東流數十里至東南麓兩岸沙漠又東北入左翼中旗境

聖祖仁皇帝御製親征朔漠紀略康熙三十五年四月選擇喀爾喀納木札爾郡王之長史庫郎根理藩院撥什庫納爾布等七人諭以爾等潛往克魯倫河之歐德哈爾哈地方潛蹤渡河伏於北岸溯流盡力前往偵探會聞噶爾丹順河而行今或恐已過我兵駐劄之處伊等回稱遵旨至歐德哈爾哈端看蹤跡知賊未過此處我等渡河溯流而上行五十餘里至塔爾吉而郎地方見一人我等將欲捡拏復旨遂窮追之適遇厄魯特伏賊三十餘人欲圖我等飛騎奔來正當不能走脫之時忽風霾大作從後將我等環蔽彼此不能相見因順風

而出及視所在已至古爾班圖爾漢口厄魯特在塔爾吉而郎地方是實案塔爾吉而郎地方葢在塔爾河東岸舊名他拉郎兒郎河地以水納稱也歐德哈爾哈郎康熙圖之厄窩德哈爾哈小山在喀魯倫河東北折之南岸踰河而北郎厄莫勒山之西南麓其陰有小水曰克勒布里杜也厄窩得哈兒哈之西南有小山曰厄爾得尼拖羅海東南曰煙突山又作顏土山山之北有顏土庫列圖社里小水又南曰枯庫車兒鄂模又南曰察汗布拉克厄勒得尼之西南曰他本托羅海又南曰阿思哈圖山又東南曰阿停齊陸阿魯布拉克阿思哈圖之北曰古土爾布拉克　聖祖自拖諾囘鑾駐蹕於此也湖漠紀略中路大兵以五月初五日前進行五十里駐阿停齊陸之地初六日行六十九里至庫車爾地方朕領視近侍衛行遇西哨科爾沁之巴克席呼爾貝勒喀爾喀車木楚克納木札爾公阿玉璽公論之曰賊哨駐於古爾班圖爾漢地方此當前所見者名阿思哈圖山爾等哨瞭必占此山明日賊必自此山之東來窺大營前鋒追逐爾等可橫截擒之明日辰時果報有厄魯特七人在山東竊窺科爾沁貝勒等迎逐之午聞至顏土庫列圖地方原有水窪皆已枯竭侍衛吳什奏

稱馳過一山坡即得一泉往下流六七里約足供大兵人馬一夕之用是日賊之哨兵與我之哨兵相對而駐因駐劄稍遲朕及諸臣侍衛軍士皆未支帷幄帳房身擐甲冑直至天曉是日行七十六里因近庫烈圖山其地名庫烈圖西巴爾台布喇克初八日天明朕登高阜用遠鏡眺望俯見河流未有人迹東則有厄爾德尼拖羅海山西則有從巴爾台哈直下臨河之山麓於是傳集科爾沁土謝圖親王沙津等諭之曰賊必據河死戰爾等率所屬蒙古兵二千人將西邊從巴爾台哈直下山麓高處據之作大兵全向此往之勢誘之使來賊若知我由此進兵而設一備則奪河先據之又命親近侍衛於厄爾德尼拖羅海一帶偵探見一人從克魯倫疾馳而來乃理藩院撥什庫訥爾布奏云臣等於今早到克魯倫河遇厄魯特七人見我等即往上流遁去朕急至克魯倫河閱視已無賊蹤跡因欲息謂左右曰噶爾丹習於戰鬭西攻回子取千餘城收四部落之厄魯特盡殺其兄弟破七旗之喀爾喀所向無敵乃不據克魯倫河而戰則其庸劣懦怯顯然可見今我軍欲戰不得矣惟以窮追爲至要耳因待後隊兵於河取魚暫坐是日行四十八里駐蹕克魯倫河之布隆地方念深入賊巢

不知四面賊從何而來分布哨兵南則於巴爾台哈一帶安設北則向塔爾吉而卽倫枯爾口安設東則於厄爾德尼拖羅海及河之下流安設西則於河之上流安設薄暮頭隊前鋒拴來厄魯特一人問之彼云皇上所遣使到時我噶爾丹不信聖駕親臨云中華皇帝不在中國安居逸樂乃能飛越過此無水瀚海乎及詳詢放回厄魯特四人所見黃幄布城網城始信爲實今日伊親登北孟納爾山瞭望大兵見軍行隊伍規模云此兵甚嚴整不似烏蘭布通時遂傳示其衆令棄帳房器械連夜逃遁矣東至特格里木圖山接左翼中旗界南至圖倫烏蘭齊老接中末右旗界西至哈噶勒噶山接右翼左旗界北至瑪勒胡爾山接中末後旗界東北至圖木斯圖山接左翼中旗界西北至諾爾哈察勒接右翼左旗界東南至札們商達接左翼中旗界西南至托克特依山接中末右旗界

中右後旗札薩克

一等台吉游牧烏默客從叔父羅卜藏父布達號岱青

琿台吉舊汗諾爾布仲兒也康熙三十年授羅卜藏閒散台吉隸中右旗三十六年敘擊叛賊罕篤功授札薩克一等台吉乾隆四十六年詔世襲罔替佐領半

牧地在肎特山東當喀魯倫敖嫩二河源喀魯倫河即臚朐河北史之怯綠憐河也源出肎特山東南百餘里支峯西南麓兩源西流而合又西數十里有一河東北亦自肎特山南麓西南流而會又西南流經肎特山項之南受北來之衣魯河又西西南受西北自郎龍嶺來之郎龍河又西西南至布塞山之東南麓有撒內河東自畢爾喀嶺之西麓西流合東南一水來會又東南有一河北自忒勒兒吉嶺東南流來會又西南有白勒肎河西北自上喇色欽之東麓東南流來會又西南至噶拉太嶺之東循兩山閒折而東南流經巴顏烏蘭山西麓入右翼中前旗境又東經車臣汗旗左翼右旗左翼中旗中左旗左翼左旗中左前旗中前旗境凡二千數百里東北入枯倫湖康熙三十五年聖祖北征告祭喀魯倫河神

文曰朕統御寰宇懷柔百神遐邇內外罔有殊視凡乘輿巡歷之地必虔告所過名山大川所以昭秩祀也頃因厄魯特噶爾丹悖德逆天俶擾邊境朕躬統大軍遠出聲討以期殄寇安民茲已行次喀魯倫河惟神夙以巨浸名於絕塞溯長源之濬發引千里以深流朕帥師涖止觀臨嘉歎用是備陳牲帛遣官申祭神其丕彰靈應默贊軍威迅蕩滌夫穢氛永澂清乎朔漠異日垂諸史冊蔚有休光惟神鑒焉傲嫩河乃黑龍江上源亦名俄儂河元之斡難河也自肎特山西之忒勒爾吉嶺西北小肎特山東麓東流數十里折東南流又數十里東北來一水又東南經忒勒爾吉嶺北麓有一水自嶺之西北東流來會亦敖嫩一源也又東數十里經郎龍山北麓有一河自北大山合二水南流來會又東數十里經大肎特山北麓有一河自北合二水來會又東入中後旗境

東至得勒格爾罕山接中後旗界南至巴顏烏蘭山接右翼中左旗及右翼中前旗界注見後西至塔尼特河接土謝圖汗部中旗界北至肎圖爾河接土謝圖汗部右翼左末旗界東北至塔喇塔河接邊喀界西北至

罕台山接土謝圖汗部中旗界東南至庫克齊老圖接右翼中左旗界西南至車車克圖諾果接土謝圖汗部中旗界左翼左旗札薩克一等台吉游牧烏默客叔父額爾德尼康熙三十五年從大軍征噶爾丹敘功授一等台吉四十年來朝上念其爲舊汗諾爾布之子授札薩克乾隆四十六年詔世襲罔替佐領一有半牧地一統志一等台吉尼爾得尼駐呼魯蘇台東至喀喇和湖西至莽柰南至朱爾庫珠郭北至那蘇台跨喀魯倫河喀魯倫河自庫魯鄂模南稍東經西拉得克西博格山之陰又東百里中有沙洲日朮爾呼朮東北流百餘里入旗境必拉城南漠北僅有此城隔河而南有乾諸可客蒲山綿亙而東北者百里許卽塔本陀羅海也又東經杜勒鄂模南入中左前旗境東至喀喇陀羅海接中左前旗界南至巴彥罕山接中左旗界西

至鄂喇霍圖山接中左旗界北至溫都爾韓克接邊喀界東北至華陀羅海接中左前旗界西北至囊吉陀羅海接中左旗及邊喀界東南至華和碩接中前旗及左翼後旗界西南至西鄂博克圖接中左旗界

中左前旗札薩克一等台吉游牧貝子阿南達長子貢楚克康熙三十六年弟丹津襲父爵授貢楚克一等台吉兼札薩克乾隆四十六年詔世襲罔替佐領一牧地一統志一等台吉袞楚納達駐巴顏西喇布爾圖東至巴拉恩和灘西至珠爾庫珠郭南至他奔陀羅海北至達巴庫爾喀喇和朔跨喀魯倫河喀魯倫河自杜勒鄂模南入旗境又東河心有沙洲南岸爲塔本陀羅海之北麓折東南流又東入中前旗境東至華陀羅海接中前旗界南至多倫呼都克接中前旗界北至濟伯爾圖和碩接邊喀界東北至

華陀羅海。接中前旗及邊喀界。西北至華陀羅海。接左翼左旗及邊喀界。東南至塔雅溫都爾。接中前旗界。西南至華和碩。接左翼左旗及左翼後旗界。

中前旗札薩克一等台吉游牧碩壘汗第十一子阿南達號達賚台吉。康熙二十七年。率屬來歸。二十八年。授濟農及札薩克。三十年。封固山貝子。三十五年卒。妻蘇嘛達喇。請以第三子丹津襲爵。其札薩克以長子一等台吉貢楚克襲。四十四年。丹津卒。蘇嘛達喇請以第四子齊巴勒阿喇布坦襲。 詔降襲鎮國公。尋兼札薩克。四十五年卒。以丹津子延楚布多爾濟襲。雍正二年。侍蘇嘛達喇來朝。仍封固山貝子。康熙五十一年。上由塞外行圍。延楚克多爾濟隨。其祖母蘇嘛達喇迎覲。賜蘇嘛達喇墨爾根哈屯號。及是。蘇嘛達喇復攜延楚布多爾濟來朝。諭曰。延楚布多爾濟協助軍需。夙蒙聖祖仁皇帝嘉奬。朕猶憶當年隨圍烏喇爾罕時。伊祖母手炊一飯以進。食之甚甘。此雖小節。亦可想見其竭力抒誠矣。著加恩晉封為札薩克固山貝子。乾隆二十二年。子旺沁札布襲。尋以罪削札薩克降授閒散輔國公。封其弟貢素嚨札布一等台吉。兼札薩克。四十六年。詔世襲罔替。佐領五。乾隆二十一年。所屬齊木齊格特人肆劫。延楚布多爾濟不能戢。乞遷居阿巴噶部界。詔喀喇沁貝子瑚圖靈阿會郡王德木楚克等嚴緝。復諭曰。齊木齊格特人所居。與呼倫貝爾甚近。原係延楚布多爾濟屬。因伊不能約束。妄生事端。若不盡行剪除。地方何由寧謐。著傳諭德木楚克等。查出為首倡亂之人。即正典刑。餘亦無庸。交該札薩克管轄即賞給喀爾喀會經效力之人為奴。以示懲儆。

牧地初阿南達駐牧喀魯倫河北索尼河。康熙二十八年。

詔以所攜屬戶分牧錫喇什寶台及烏珠穆沁界內之都什多羅特浩齊特界內之固都哩呼而令阿南達齎牧阿魯科爾沁界內之呼魯蘇台往來防護三十四年同部鎮國公罕篤叛阿南達屬綽內色棱呼森岱鄂齊爾等數十戶被掠因遣兵百餘由烏勒輝河迎郎中阿必達軍同追緝遇綽內色棱子額騰格等攜眾歸由琿圖塔什海至阿魯科爾沁界內烏蘭庫博爾游牧一統志固山貝子阿納達駐巴顏猛克圖協克爾倫郭忒爾東至墨爾根哈麻爾西至松多爾圖南至庫里哲呼呼得勒蘇

跨喀魯倫河

喀魯倫河自塔本陀羅海北麓折東南流又東二百里經南岸小山北麓折東北百數十里至南岸大山東北麓折東南流百數十里其東岸山曰固爾班包霍特折東北流百數十里折向正北數十里又東北流中有沙洲其東南岸外則杜勒鄂模也又東北曲曲三百里注阿勒坦厄莫爾山之東北豬爲枯倫湖自源東北流至此凡二千數百里在黑龍江齊齊哈爾城西千三百餘里也湖自西南而東北長徑二百餘里東西闊百餘里周可五六百里注互見貝爾諾爾下枯倫今作呼倫郎古之具倫泊也

東至札爾噶山

接呼倫貝爾界

南至喀喇鄂博，接左翼後末旗界。西至塔雅溫都爾，接中左前旗界。北至鄂克托木山，接邊喀界。東北至庫克諾爾，接呼倫貝爾及邊喀界。西北至華陀羅海，接中左前旗及邊喀界。東南至阿勒素圖溫都爾，接呼倫貝爾界。西南至華和碩，接左翼後旗及左翼左旗界。右翼中前旗札薩克一等台吉游牧，貝子阿勒達爾中後旗車布登之子孫車棱多岳特，初授二等台吉，乾隆十九年駐防烏里雅蘇台，獻馬五百，晉一等台吉。二十年，大軍勦達瓦齊，復獻馬六百，牛百，羊千，封輔國公，兼札薩克。卒，子車登札布降襲一等台吉。四十六年，詔世襲罔替。佐領一。牧地當喀魯倫河曲處，喀魯倫河自噶拉太嶺之東，西南二百餘里，至兩山間，循山麓，折而東南

流經巴顏烏蘭山西麓至南岸山盡處共二百數十里
梢折東流有儈庫爾河亦作孫克勒河即元祕史所謂
桑古兒河也自北合三源南流沙中隱見不常來注之
喀魯倫河又東南百數十里自沙地經拖諾山南麓入
車臣汗旗境康熙三十五年五月十二日丁卯
聖祖駐蹕拖諾山海綏爾哈圖地方距拖陵約三百里
御筆勒銘曰瀚海蕩蕩臚朐泱泱親御六師我
武維揚震雷霆威讋日月光翦厥兇醜安定遐荒喀魯
倫河經 御碑前山在河北河自會儈庫爾河東
南流前臨沙漠北岸無山者百餘里惟此大山西南與
大漠中之拖拉哈山遙遙相望元祕史初帖木眞九歲
時與德薛禪的女兒孛兒帖兀眞相離了來此時與弟
別勒古台順著客魯連河尋去到扯克徹兒赤忽爾忽
山兩間尋著德薛禪家德薛禪見了帖木眞好生歡喜
將孛兒帖女兒與帖木眞做了妻德薛禪與他妻搠壇
同送帖木眞夫妻回去了到客魯連河兀剌黑撥勒的
邊隅德薛禪回家去了搠壇直送女兒到帖木眞家裏
案喀魯倫河發源自北而南而東太祖順河而行則亦
自北而南而東尋到扯克徹兒赤忽兒忽山兩間當即
拖諾拖拉哈兩山間爲今喀勒和朔側近地方也德薛

禪送到客魯連河兀刺黑啜勒的邊隅則在拖陵山西南岸地界客魯倫河曲處矣太祖從此遂自桑古兒河起了到客魯連河源頭不見吉名字的地岸根前做下營盤住了則在肎特山陽車臣汗部中前旗游牧境西瀕土拉北倚斡難所謂三河源者是也斯爲蒙古發祥之權輿矣朔漠方略康熙三十四年八月費揚古奏所差探聽噶爾丹聲息人還言我等於二十一日至喀魯倫河源巴顏烏蘭處覘之地方皆已蹂躪隨行前進至拖諾山岡遠望有厄魯特大衆蔽地而來並無旗幟我等匿身山坳見頭隊輜重於薄暮時抵拖諾河屯劄首尾絡繹不絕跨河而駐者殆三十里黎明又驅牲畜度拖諾嶺其尾隊至日昃方渡畢皆沿土喇河順流西去徐文靖志甯堂詩注拖林山有中東西三山拖諾山在肎特山之東克魯倫河之西

東至庫里葉山接右翼中左旗界南至庫得根額里雅接中末旗界西至色爾克山梁接右翼中右旗界北至巴顏烏蘭山接中右後旗界喀魯倫河至噶拉太嶺之南兩山閒岸東山卽畢爾喀嶺之西南幹山又南百餘里起頂爲巴顏烏蘭山勢甚高大其岸西山西自

興安嶺來過平地東爲呼商阿山北有呼查不拉河南有噶老台及袞模二池水又東過平地有此山縣亙而東南二百里許康熙二十九年侍郎溫達奏噶爾丹令奈沖鄂木布卜行師不吉因居巴顏烏蘭誦經三日沿喀魯倫河下流而去三十四年厄魯特降人阿木呼郎等奏言噶爾丹向踞和卜多地方於本年二月閒挈家游牧直至八月內至喀魯倫河源處屯聚隨授阿喇卜灘台吉丹濟喇丹津俄木布等兵三千渡克魯倫河掠喀爾喀納木札爾陀音及巴爾虎等沿克魯倫上流而返噶爾丹順流來迎會於巴顏烏蘭遂合家環居其地作度冬計於枯庫得勒蘇一路俄儂巴爾濟一路克魯倫下流一路每路遣三十人安置汛哨費揚古奏巴顏烏蘭距歸化城約二千里皆是地也陳奕禧詩曰科爾輪河漫自東王庭氣暖艸蒙茸巴顏烏蘭中間地水北山南好度冬自注噶爾丹侵喀爾喀奪其巴顏烏喇舊巢其地南有科爾輪河北有山環繞背寒向陽氣暖有水艸可駐牧巴顏烏喇即巴顏烏蘭科爾輪又喀魯倫之譯變矣元史太宗紀元年己丑秋八月己未諸王百官大會於怯緑連河曲逗雕阿蘭之地以太祖遺詔即
皇帝位於庫鐵烏阿剌里聖武親征錄己丑八月二十

四日諸王駙馬百官大會怯綠連河曲逗雕阿闌共冊太宗皇帝登極祕史成吉思既崩鼠兒年（案元本紀親征錄皆云己丑年太宗即位而祕史云鼠兒年蓋以拖雷監國之歲併入太宗故下文有同在內拖雷等之曲筆也）右手大王察阿歹巴禿左手大王斡赤斤同在內拖雷等諸王駙馬弁萬戶千戶等於客魯連河闊迭兀阿喇勒地行（又祕史末行署曰鼠兒年七月於客魯連河闊迭額阿喇勒地面處下時寫畢了）大聚會著依成吉思遺命立斡歌歹做皇帝案三書所紀太宗即位之地皆在今喀魯倫河濱親征錄言雕阿闌而不言庫鐵烏喇阿里祕史言闊迭兀阿喇勒而不言雕阿闌反復尋繹蓋阿闌阿喇同聲庫鐵烏阿剌里即闊迭兀阿喇勒而祕史所言闊迭兀阿喇勒即親征錄所言雕阿闌聲有舒促文有繁約實一地也宋濂併兩書爲一故分百官大會爲一地太宗即位爲一地闊潛北識僞古文武成分牧野商郊爲二與此正相類也又案今官行譯改元史誤以曲字屬下讀故改曲雕阿闌曰齊達勒敖拉今案親征錄之怯綠連河即祕史之客魯連河而祕史闊迭兀三字必非親征錄之曲雕二字其應以怯綠連河曲斷句甚明然則怯綠連河曲即此克魯倫河曲處雕阿闌殆即巴顏烏蘭也歟

東北至特莫克烏珠圖爾接右翼中左旗

界。西北至喀喇烏蘇。接右翼中旗。及土謝圖汗部中旗界。東南至布隆胡都克。接車臣汗旗界。西南至博羅烏訥格特。接中末旗界。長春西游記五月朔亭午。日有食之。既。衆星乃見。須臾復明。時在陸局河南岸。其地朝涼而暮熱。艸多黃花。水流東北。兩岸多高柳。蒙古人取之以造廬帳。行十有六日。河勢繞西北山去。不得窮其源。西南接驛路。沈君子惇釋曰。記言河勢繞西北山去。不得窮其源。蓋在今車臣汗本旗西南。右翼中前旗之南。右翼中右旗之北也。臚朐河至右翼中前旗之西南。折而東南流。水道提綱所謂克魯倫河自源西南流四百數十里。折而東南流者也。亦史所謂怯綠憐河曲矣。紀行曰。臚朐河水東注。甚湍猛。居人云中有魚長可三四尺。春夏及秋捕之。皆不能行。至冬可鑿冰而捕也。瀕河之民。襍以蕃種。梢有屋宇。皆以土冒之。亦頗有種穄麻麥而已。河之北有大山。曰窟速吾。漢言黑山也。自一舍外望之。黯然若有茂林者。迫而視之。皆蒼石也。蓋常有陰靄之氣覆其上焉。按黑山在臚朐河北。當河曲之中。亦斡辰大王分地。撒吉思傳。初爲太祖弟斡真必闍赤。領王傅。斡真薨。子只不干早世。適孫塔察兒幼庶兄脫迭狂恣欲廢適自立撒吉思與火魯和孫馳白皇后乃授塔察兒以皇太弟寶襲爵爲王撒吉思以功與火魯和孫分治黑山以南撒吉思理之其北火魯和孫理之斡眞即斡辰火魯和孫分理黑山以北則斡辰之地跨臚朐河南北西至河曲矣驛路本由魚兒濼西北行徑抵臚朐河曲當黑山之陽參議所行是也眞人以赴斡辰之請改向東北行則非驛路由王帳下西至臚朐河曲方與魚兒濼驛路合故記言西南接魚兒濼驛路也自河曲以

統盟於喀魯倫巴爾和屯龔之鑰後

西與參議行程合矣

出塞錄喀爾素之北有大城郭郭宛然詢之土人名克勒木河屯其地產灰鼠　理藩院則例車臣汗二十二旗兵丁於克魯倫德勒格爾努吉地方查驗後路左翼中札薩克多羅郡王等六旗兵丁於依克噶札爾固爾班察罕布拉克地方查驗

蒙古游牧記卷之九

靈石楊昉覆校

蒙古游牧記卷之十

平定張　穆撰

光澤何秋濤校

外蒙古喀爾喀札克必拉色欽畢都哩雅諾爾盟游牧所在札薩克圖汗部

喀爾喀西路札薩克圖汗部，直甯夏邊外漠北，至京師四千餘里。東界翁錦錫爾哈勒珠特，接賽音諾顏部，西界喀喇烏蘇額埒克諾爾，接科布多界，南界阿爾察喀喇托輝，踰瀚海，接額濟納旗及鎮西府，北界特斯河，接唐努烏梁海。所部初編佐領，分十旗，後增八旗。所部中左翼左旗。中左翼末旗。中右翼末次旗。右翼右末旗。所屬有大和托輝特、小和托輝特、哈柳沁托斯、沓集努特、明阿特，凡六鄂托克。人後明阿特撤出爲科布多屬，其五鄂托克之人仍分隸四旗。　附輝特部一旗。

凡十九旗，額爾德尼弼什哷勒圖札薩克圖汗旗兼管右翼左旗，札薩克多羅郡王游牧。初格哷森札札賚爾琿台吉以七子分掌喀爾喀左右翼，左翼徙牧土拉河界，右翼仍留居杭愛山。長子阿什海達爾漢琿台吉子二，長巴延達喇，子賚瑚爾爲右翼長，所部尊之曰汗。卒，子素巴第始號札薩克圖汗。卒，子諾爾布嗣，稱弼什哷勒圖汗。卒，子旺舒克襲。同部羅卜藏台吉額林沁以私憾殺之。康熙九年，命旺舒克弟成袞襲汗號，輯其衆二十三年成袞卒子沙喇噶爾丹誘會於固爾班赫格爾復爲土謝圖汗察琿多爾濟所殺二十七年噶爾丹掠杭愛所部大潰沙喇弟策旺札布偕同族色棱阿海等相繼來歸三十年 特封策旺札布和碩親王代領部衆始稱札薩克圖汗部四十年 命仍襲汗號雍正四年以從征退縮削爵 詔郡王額爾德尼朋素克喇布坦子格埒克延丕勒朋素克喇布坦格埒森札之六世孫也父薩瑪第號額爾德尼濟農襲汗號兼郡王爵領右翼左旗札薩克事乾隆四十六年 詔世襲罔替三佐領牧地康熙二十七年 命駐牧歸化城北三十六年歸牧杭愛山陽雍正十年格埒克延丕勒遵

旨議防游牧奏洪郭爾鄂隆可駐兵千東南百餘里外圖伯策克可駐二千西什巴爾台河至濟爾噶朗圖可駐三千十三年奏臣游牧舊在察罕搜爾附近崆格地以準噶爾掠內移現居鄂爾坤迤西哈魯納不利畜牧請外徙推河伊克鄂拉甕金等處不惟生計可復且距軍營近效力便詔超勇親王策凌等議尋議所請地爲賽音諾顏部親王德沁札布札薩克台吉阿保吹木丕勒牧錯處不便應令所屬以納壘察罕和賴西伊克鄂拉等處爲界就推河鄂羅克諾爾和爾博爾津阿爾察哈喇托輝東伊克鄂拉山陰搜濟迤西游牧從之乾隆元年議備邊請選內地兵萬駐鄂爾坤三千駐烏里雅蘇台伺賊蹤決進止選西三部兵萬車臣汗部兵五千以三千分駐偉奚特里默及台錫里餘萬二千令副將軍札薩克等訓練備調至札布堪台錫里崆格特斯四地請仍設內汛令蒙古游牧無踰察罕和羅畢爾台齊老圖色楞額上以言多可採示廷臣二年定邊大將軍平郡王福彭奏喀爾喀四部防秋兵皆駐鄂爾坤札薩克圖汗部駐牧札克拜塔里克西南距鄂爾坤尤遠請即令在彼駐防徵調無難即至詔如所請五年諭曰前以軍務方興恐

爾部游牧被賊侵擾悉令內徙今噶爾丹策妄謹遵朕旨奏稱不敢越阿爾台游牧朕亦降旨令爾部游牧毋踰札布堪齊克愼哈薩克圖庫克嶺等處爾等當徧諭所屬永遠遵行五月定所部游牧自鄂爾海取中南以博羅椿濟塔爾喇布喀岱罕納爾黨納爾台圖穆爾哈巴沙喇布魯都奇齊格納阿魯通津鄂倫諾爾達蘭圖魯北以額德爾齊德爾伯勒齊爾準舒瑪勒台桑錦達賚哈喇塔爾阿勒坦噶達蘇為界有博格爾諾爾舊圖作白格爾察罕鄂模在庫克西勒克山之南都忒嶺之東平定朔漠逃略有台吉阿玉奇及額爾克巴圖皆承檄與策妄阿拉布坦會於阿爾台約共捻噶爾丹自效噶爾丹聞之遂向白格爾西去方略雍正九年十月馬爾賽奏言賊人越那木山嶺至白格爾察罕鄂爾格十年二月大學士等遵旨議伯格爾在察罕廋爾西南札克拜達里克正西賊若由阿爾台阿爾穆克圖布拉罕巴爾楚克阿濟必濟等處走額濟內道必出此實為賊人出沒要路請於此駐兵萬人可以阻截北路軍營西南一帶賊人且其地去察罕廋爾札克拜達里克僅三四百里應援亦便又屬古爾班賽堪總口應請令建勳將軍達爾濟以原撥往古爾班賽堪兵

五千人移駐伯格爾皆謂此也東至哈喇陀羅海接輝特旗界南至巴善接賽音諾顏部左翼右旗界西至杭噶圖接右翼前旗界北至烏哈爾和碩接中右翼末旗界東北至克勒特胄察布接輝特旗界西北至布爾罕保台接右翼前旗界東南至札布噶河接那魯班禪呼圖克圖界札布噶河自賽音諾顏部左翼左旗界西南流經巴顏山北麓尼魯班禪喇嘛游牧折西流百餘里而府喇烏蘇河南自阿爾洪山水所滙之大泊來會又西北流三百里而烏里雅蘇台河東來入之德蔭堂集再使準噶爾奏曰今喀爾喀雖在查布堪一帶游牧而家喀倫在哈薩克圖等處汝等今言額克阿拉爾不謂額克阿拉爾之水即流入查布堪其間甚近松漠艸詩注札布韓譯曰流沙喀爾喀戍札布韓之兵貧河魚爲糧又曰札布韓河西北喀拉湖產白蓮莖朶亭亭無異中土惟瓣厚無香葉岐似芡根似藕而無節竅當別是一種西南至達奇勒圖接右翼右旗界中左翼左旗札薩克郡王品級多羅貝勒

游牧格埒克延丕勒族祖根惇祖碩壘烏巴什父杭圖岱世爲琿台吉居和託輝特根惇嗣號額爾克岱青康熙二十五年尚書阿喇尼承 制授根惇札薩克領和託輝特衆杭圖岱兄俄木布額爾德尼有子額琳沁以和託輝特兵叛其汗旺舒克奔額魯特蓋和託輝特爲喀爾喀極邊西近額魯特北近俄羅斯俗喜門烏梁海復錯處其閒捕貂射獵依木而居納賦和託輝特有事則藉之爲兵故和託輝特雖隸札薩克圖汗實自爲一部及是阿喇尼奉 命赴庫倫白勒齊爾泌喀爾喀盟以和託輝特自額琳沁西奔久無主故承 制授根惇札薩克使領其衆也三十五年來歸封多羅貝勒仍兼札薩克噶爾丹侵所部根惇徙屬避色楞格河自引兵擊走噶爾丹將濟喇克偉徵哈什哈等所部齊巴克塔爾等附噶爾丹逸走根惇追執之收其戶畜乘勝由杭愛山趨阿爾台斬噶爾丹將察罕台吉烏爾袞而還三十二年遣使獻捷先是 上

以衆喀爾喀內附獨根惇與其族錫布推哈坦巴圖魯爲噶爾丹所阻不得歸　遣使間道往諭之內徙三十三年四月錫布推哈坦巴圖魯旣內徙根惇仍弗至復　遣使赴土拉約錫布推哈坦巴圖魯往召之九月根惇至封是爵也子松津僧格降襲札薩克輔國公卒無子根惇嗣子博貝降襲札薩克一等台吉四十四年仍襲輔國公五十九年以功封多羅貝勒是年博貝隨征西將軍祁里德由鄂格爾河擊準噶爾宰桑色布騰降其屬二千餘幷擒烏梁海逃衆四百故有是封兼籍準噶爾降衆　賜之子班第孫青袞咱卜相繼襲乾隆二十一年青袞咱卜以叛誅　命博貝次子札薩克輔國公額琳沁之子旺布多爾濟襲二十二年以功　賜郡王品級是年六月旺布多爾濟隨大軍由巴里坤擒準噶爾叛賊呢瑪於阿爾察圖山　諭獎其功　四

十六年。詔貝勒爵世襲罔替。郡王品級出缺時
請　旨。佐領二。牧地。康熙二十七年。根惇自和託輝特
徙牧色楞格河。已復南徙杭愛。三
十四年。噶爾丹掠巴顏烏蘭。根惇復被阻。居色楞格河。
尋移牧齊齊斯希布。三十五年六月。大將軍費揚古遣人
由齊斯希特克木齊克往迎之。九月。根惇至自博羅罕。
雍正四年。博貝偕超勇親王策凌赴阿爾台勘界。初厄
魯特與喀爾喀未搆兵時。錯處科布多烏蘭固木噶爾
丹既滅。喀爾喀西境直抵阿爾台。故自唐努山陰之克
木克木齊克至博木等處。皆博貝及來歸之厄魯特貝
子策凌旺布所屬烏梁海游牧。其地至是策妄阿喇布
坦奏克木克木齊克。舊隸準噶爾。乞還。　上弗許。
慮伺閒掠烏梁海。　詔博貝率所部兵千。隨前鋒
統領定壽駐唐努山陽特斯地防護之。九年。超勇親王
既敗準噶爾於蘇克阿勒達呼。馳疏告捷。不列班第名。
上恐駐牧被擾。　詔順承親王錫保傳諭
班第東徙。錫保奏遵　旨遣詢班第。知前因準噶
爾入掠。由原駐桑錦達賚東遷額格地。偵賊敗遁。由額
格至色楞格河。同札薩克根惇等駐牧。南北兩岸嶺峻

林密兼河流深闊據要害可禦敵報聞一統志多羅貝勒根惇額爾克戴青駐杭愛山陰東至喀喇呼吉爾西至伊克土兒伯爾南至阿楚特伯爾齊北至色楞格河喀喇託護**在桑錦達賚泊之北**舊圖作桑稽晉大來鄂模水道提綱自阿爾泰頂東北大幹徑千一百餘里其南爲特斯河源其北爲客木河諸水源又東百里爲唐努山甚高大又東北四百里分一幹北行甚遠其東一幹百里爲杭愛山頂自杭愛分枝一南行而西南曲折五百餘里爲鄂勒白稽山綿亙而南不斷其西有巨澤曰桑稽晉大來鄂模渟而不流南北徑百餘里東西徑七八十里周三百餘里在喀爾喀西界外唐努山之東南百七十里鄂勒白稽山之南八十里也**當特斯河源**特斯河源出阿爾泰東北大幹之唐努山西南麓西南流山中三百餘里受南來水二北來水二又西南入烏梁海境曲曲七百里西豬爲烏布薩泊泊在阿爾泰頂之東南麓六十里**東至庫蘭阿濟爾噶山**接烏梁海游牧界**南至桑錦達賚**接右翼右末旗界**西至達罕德勒**接中右翼末次旗界**北至伯爾克山**接軍臺及

邊喀界東北至巴彥集爾克山接烏梁海游牧界西北至翁洪接左翼左旗界東南至德勒格爾木倫接烏梁海游牧界西南至伊克特里接中左翼右旗界

左翼中旗札薩克鎮國公游牧貝勒卓特巴次子喇布坦初授閒散台吉隸左翼右旗雍正五年隨超勇親王策凌與俄羅斯定界策凌薦其才請別爲札薩克　授一等台吉乾隆二十一年以不附青袞咱卜　賜公品級子朗袞札布初爲協理台吉因從征達瓦齊及哈薩克晉一等台吉二十三年隨靖逆將軍雅爾哈善剿庫車逆回封輔國公復從定邊將軍兆惠擊賊呼爾璊晉鎮國公四十六年　詔世

襲罔替。佐領一。右翼後旗札薩克一等台吉與左翼中旗同游牧。卓特巴從子額爾德尼袞布。父諾木齊。號阿海台吉。康熙元年。札薩克圖汗旺舒克為羅卜藏台吉額琳沁所戕。額爾德尼袞布弟阿海岱青。會土謝圖汗部兵擊走額琳沁。九年。遣使貢駝馬。請以旺舒克弟嗣稱汗。 詔嘉之。授札薩克。代額琳沁貢九白。十七年。阿海岱青卒。子朋素克嗣。 賜遵義台吉號及印。三十年。朋素克卒。額爾德尼袞布迎 覲多倫諾爾。授札薩克一等台吉。四十六年。 詔世襲罔替佐領一。

牧地額爾德尼袞布。康熙三十六年。 賜牧札布堪河。喇布坦。雍正六年。 賜牧奇吉爾蘇台界。乾隆二十八年，朗袞札布以展汛界借烏梁海內大臣察達克由巴顏珠爾克至烏拉克沁伯勒齊爾及烏魯木齊路，定十五汛，俱相隔百里爲率。一統志：一等台吉額爾德尼袞布駐杭愛山陽，東至都錫，西至那林哈拉，南至奎蘇，北至尼魯。一等台吉拉布坦駐杭愛山陽，東至烏爾圖，西至濟爾哈朗圖，南至推河略喇呼濟爾，北至尼魯。東至札布噶河（接左翼左旗及烏里雅蘇台軍營城界），南至庫勒根（接右翼左旗界），西至巴噶圖爾根（接輝特旗界），北至席喇烏蘇（接左翼左旗界。高其倬席喇烏蘇詩曰：地勢仍從北，河流不向東。末霜先見雪，每雨即兼風。星野常占外，寒暄片刻中。更誰陳五利，早擬靖西戎），東北至庫圖勒商達（接左翼左旗界），西北至塔拉圖魯庫（接左翼右旗界），東南至布魯哈雅（接那魯班禪呼圖克圖界），西南至沙喇布拉克（接右翼左旗界）。

左翼右旗札薩克鎮國公游牧。格埒克延丕勒族祖卓特巴，父烏巴岱，爲賚瑚爾汗次子號達爾瑪什哩琿台吉子二長卽卓特巴襲父號康熙二十九年來歸 授札薩克三十年以掠遵義台吉牧產奪職九月服罪來朝封多羅貝勒仍授札薩克孫諾爾布班第雍正十二年又以縱屬奪軍糧降鎭國公乾隆四十六年 詔世襲罔替佐領一牧地康熙二十九年卓特巴 賜居歸化城同族台吉喇布坦納木札勒鄂齊爾冰圖岱靑等相繼降 命轄之三十五年諾爾部班第 賜牧塔爾琊克哩葉庫布鮎爾一統志鎭國公卓特霸駐杭愛山陽東至西喇布魯圖西至布木察漢腦兒南至推河北至尼魯在都爾根諾爾之南此諾爾舊圖無今圖在科布多城西伊克阿拉克泊之西南二百里北與喀喇諾爾相聯形如胡盧亦札布噶河之支流所涯也東至沙爾丹接左翼左旗及軍臺界南至得爾畢烏蘭賚爾

接左中旗及右翼後旗界西至庫克賽爾接中右翼末旗及中右翼左旗界北至察漢賽爾接軍臺及札哈沁游牧界東北至喀喇諾爾接軍臺及杜爾伯特游牧界西北至齊拉噶接札哈沁游牧界東南至奎素接左翼中旗及右翼後旗界西南至烏蘭賽爾接中右翼末旗界

左翼前旗札薩克輔國公游牧郡王朋素克喇布坦從叔父袞占祖賽音巴特瑪號哈坦巴圖爾子車凌袞布嗣父號有子二長卽袞占號額爾德尼哈坦巴圖爾康熙二十七年來歸二十八年授札薩克三十年授一等台吉五十年來朝封輔國公袞占來朝請駐邊巡哨諭曰爾自來歸以來奮勉效力屢著勤勞行走甚屬敬慎今業已年高於爾部中爲尊行肫誠盡力至老不衰朕甚念之著加恩封爲輔國公以示優眷乾隆四十六年

詔世襲罔替。佐領二。

左翼後末旗札薩克一等台吉。與左翼前旗同游牧。袞占子二。長伊達木札布。次敏珠爾。襲父爵。伊達木札布初授協理台吉。雍正四年。以功授札薩克一等台吉。康熙五十六年。隨同部輔國公博貝由布魯勒路捦厄魯特宰桑羅卜藏錫喇布。五十九年。捦宰桑貝坤。皆有功。雍正三年。烏梁海人和羅爾邁叛逃。伊達木札布。復馳會博貝捦斬之。及是博貝上其功。有是命。乾隆四十六年。詔世襲罔替。佐領一。牧地。袞占世居額爾濟根地。康熙二十七年。命游牧茂明安界外蘇默爾格爾。三十五年。賜牧杭愛山陰之額德爾齊老圖。五十四年。散秩大臣祁里德赴推河防禦準噶爾。上念敏珠爾居邊遠。勢稍弱。詔給軍符。令有警輒馳報。仍下廷臣議駐防策。尋議令祁里德會喀爾喀眾札薩克於敏珠爾所居額德爾齊老圖附近額克阿喇勒科布多。烏蘭固木各擇適中有水草可耕者移兵屯駐以壯聲援兼護敏珠爾游牧雍正九年命內徙乾隆二年以屬台吉牧產損耗請毋越綽克圖視可漁獵地暫外徙 上以準噶爾議界未定弗許一統志轄國公袞占駐杭愛山陰東至烏哈爾札和羅西至哈爾奇拉南至鄂爾坤河北至清吉爾忒一等台吉伊達木札卜駐杭愛山陰東至濟蘭崇古魯克西至清格爾忒南至鄂爾坤河北至毛海鄂倫土魯

在奇勒稽思諾爾之東一作柯爾

奇思諾爾在阿爾泰頂東南三百里去兩旗札薩克駐處將八百里東南札布噶河空歸河西南伊克阿拉克池水所滙也周百數十里今圖此泊之西南又有相聯一泊曰愛拉克諾爾南百五六十里與喀拉諾爾相直

東至託果諾爾接軍臺界南至達蘭圖魯庫接左翼左旗界西至桃賚圖接左翼左旗界北至奇勒稽思諾爾接杜爾伯特游牧界東北至罕庫奎山梁接烏梁海游牧界 西北至愛拉克諾爾接杜爾伯特游牧界東南至達罕得勒接左翼左旗界西南至哈什袞接左翼左旗界〔右翼右

末旗札薩克輔國公游牧貝勒博貝弟沙克札初陷準噶爾後乘閒歸授二等台吉雍正二年以功授札薩克一等台吉康熙五十四年隨博貝招降烏梁海人和羅爾邁五十六年隨剿厄魯特宰桑羅卜藏錫喇布皆有功乾隆四十六年詔世襲罔替佐領二牧地一統志輔國公沙克札駐杭愛山陰東至納林土爾伯爾西至喀喇郭洛渾河泉南至七齊爾圖北至阿禪布拉克當德勒格爾河西岸桑錦達賚之東德勒格爾河蓋即舊圖之哈喇台爾河也水道提綱色楞格河源有六最北者名哈喇台爾河出杭愛山頂西南麓三水東南流二水東北流而合經山麓南又合西南二水并東北流稍東而杭愛南澗自西北來會又東受西北來一水即杭愛東澗也折東南流有二水自西南合而來會又東南始名哈喇台爾河曲曲而東百數十里受西北來水一折而南受西來水一又東南數十里經額爾齊特山東又東南數十里有一河自西來會即坎一源之布克綏河也布克

綏河自山中合五水東流共三百餘里會哈喇台爾河今圖德勒格爾河源於唐努山南錫巴里喀倫北東北流百二十里當阿哈里喀倫之北有一小水西北來入之折東南流經察罕布隆喀倫之南二百里而伊克和羅河自西北山兩源並導東流七十餘里有一小水西南來入之又東南流三十里與德勒格爾河會又東南流五十餘里而托爾和里克河北自博爾圖斯喀倫兩源並導百里而合又南百八十里而德勒格爾河自西來會又南流五十里而布克綏河自西北來會又南流二十里而入齊老圖河

東至德勒格爾木倫接中左翼末旗界**南至察漢布爾噶素**接中左翼右旗界**西至哈喇布爾噶素**接中左翼右旗界**北至庫克察布**接中左翼左旗界**東北至庫克庫圖勒**接中左翼左旗界**西北至依克特里**接中左翼左旗界**東南至吉勒齊克**接中左翼末旗界**西南至特里**接中左翼右旗界

中左翼右旗札薩克輔國公游牧貝勒博貝從孫齊巴克

札布祖羅卜藏達什博貝弟也父烏巴錫生子一卽齊巴克札布初授二等台吉乾隆二十一年以捕擊烏梁海逃眾陣殁追封輔國公輝特逆賊普爾普德濟特等由固都爾格叛逃齊巴克札布追捦之復隨參贊大臣納穆札爾捕烏梁海逃眾至阿哩固特賊逸尾擊之陣殁封今爵賜卹治喪視一品大臣例諭祭葬祀昭忠祠並授其子巴圖濟爾噶勒札薩克四十六年詔世襲罔替佐領一牧地在桑錦達賚之南東至哈喇布爾噶素接右翼右末旗界南至察漢布爾噶素接賽音諾顏部右翼後旗界西至琴得根接賽音諾顏部中左旗界北及西北皆至依克特里接右翼右末旗界東北至固爾班陀羅海接右翼右末旗界東南至巴彥集魯克接賽音諾顏部右翼後旗界西南至色楞

格河。接賽音諾顏部中左旗界。

右翼右旗札薩克輔國公游牧。格埒克延丕勒從叔父包貝。本傳作博貝。一統志作博木。從會典改。祖策哩斯奇布賽因阿海爲車臣濟農崆奎次子。生巴喇斯騰額哩陀音。號察罕巴爾。包貝父也。康熙二十七年。率屬來歸。先是包貝奉表貢至。奏喀爾喀習尚偷墮。必敗亡。彼時臣必來歸。至是。上憶前奏。嘉其先見。賜賚甚厚。二十八年。授札薩克。三十年。封固山貝子。長子烏巴什次子旺舒克相繼降襲鎮國公。旺舒克子拉旺多爾濟。復降襲輔國公。乾隆四十六年。詔世襲罔替。佐領一。包貝弟班第。號阿海岱青。爲額魯特羅卜藏額琳沁罕篤所掠。奔青海。有達賴巴圖爾者。青海和碩特族也。遣歸喀爾喀。留其孥百餘育之。班第面內後具疏自陳。上因喇嘛商南多爾濟奉使青

海。命牧地。包貝世駐牧唐努翁努山界。康熙二
攜歸使完聚。十七年。命游牧烏喇特界內
庫哷謨多。一統志。固山貝子博木。駐杭愛山陽。東至達
喇土壘。西至他齊格爾。南至勒克。北至插漢郭忒爾。
東至烏蘭布拉克。接右翼左旗界。南至鄂羅克依。接賽音諾顏部右翼右後
旗界。西至庫邪圖。接左翼後旗界。北至特勒圖。接右翼前旗界。東北至旭
陶圖。接右翼左旗界。西北至哈什滾。接右翼前旗界。東南至阿蔓奇里
圖。接右翼左旗界。西南至錫伯圖。接右翼後旗界。左翼後旗札薩克輔
國公游牧。郡王朋素克喇布坦從弟索諾木伊斯札布。
祖。策璘楚琥爾。爲車臣濟農哷奎長子。父多爾濟世襲
車臣濟農號。康熙二十七年。索諾木伊斯札布率屬來
歸。三十年。詔除濟農舊號。授札薩克一等台吉。

喀爾喀舊俗汗最貴濟農次之諾顏又次之多爾濟以與札薩克圖汗成袞隙失濟農號代之者爲額爾德尼濟農薩瑪第即朋素克喇布坦父也三十年索諾木伊斯札布迎覲多倫諾爾與朋素克喇布坦爭濟農號故詔除之三十六年以防禦功封輔國公乾隆四十六年詔世襲罔替佐領一牧地康熙二十七年索諾木伊斯札布由和託輝特來歸命居歸化城三十六年賜牧伊克敖拉里克察罕郭勒一統志索諾木伊斯札卜駐杭愛山陽東至插漢伊七吉忒西至察璞七爾南至插漢郭忒北至布蘭太伊克鄂拉東至鄂羅克依接賽音諾顏部右翼右後旗界南至諾果斡庫克博爾接賽音諾顏部右翼中末旗及瀚海界西至鄂博爾固恩海界接瀚北至烏蘭諾爾接右翼右旗界東北至素門哈達接賽音諾顏部右翼右後旗界西北至克克哩接右翼前旗及瀚海界東南至巴顏察漢接賽音諾顏部右翼右後旗界西南至

薩音胡都克接瀚海界〈中右翼末旗〉札薩克輔國公游牧格埒克延丕勒族叔父通謨克高祖青達瑪尼默濟克號車臣諾顏曾祖唐古特墨爾根岱青祖本塔爾岱青巴圖爾自子二長墨德卓哩克圖即通謨克父也噶爾丹掠所部墨德卓哩克圖族潰奔青海康熙四十三年乞還牧喀爾喀　詔許之授一等台吉五十三年通謨克嗣兼授札薩克雍正二年以功封輔國公策妄阿喇布坦游牧博羅塔拉以額琳哈畢爾噶爲要隘通謨克居邊久悉賊勢虛實　聖祖知其能　詔隨大軍赴巴里坤援剿雍正二年青海逆賊羅卜藏丹津叛通謨克隨副將軍阿喇納駐布隆吉爾偵賊黨阿喇布坦蘇巴泰等據哈喇諾爾路肆掠偕總兵孫繼宗往捕至推默爾賊敗遁復偕副都統阿玉什追縛其黨丹津以

獻
嘉之有是命詔乾隆四十六年詔世襲罔替一佐領
牧地墨德卓哩克圖自青海歸賜牧阿爾台額
爾齊斯烏隴貴界通謨克嗣職以所居近烏梁海
命轄之雍正八年靖邊大將軍傅爾丹以通謨
克游牧逼阿濟畢濟喀倫慮為準噶爾所侵奏遣前鋒
統領定壽等由庫卜克爾屯兵伊克斯諾爾通謨克偕
郡王格埒克延丕勒督兵千駐塔爾弼阿魯諾互為聲
援九年賊酋大策凌惇多卜等偵我師還駐科布多由
阿濟掠通謨克游牧十年詔移其眾於阿拉善
一統志輔國公通謨克駐杭愛山陽東至臾濟西至濟
巴爾巴哈圖南至薩穆忒哈北至濟蘭崇台魯克
爾哈河至是豬於察罕諾爾所部察罕諾爾有二一在
左翼右旗之西其南為齊
齊克泊接科布多界一即此濟爾哈河所豬也
聖祖仁皇帝諭曰察罕諾爾地方形勢藏蓄水草寬美
謂此諾爾矣諾爾東北又有小泊六圖兩兩相比作貫
珠形但水流不相通注耳其地有山曰察罕廋爾當用
兵準夷時於此築城即所謂察罕廋爾城也方略康熙
五十八年正月振武將軍傅爾丹等言鄂勒錐圖郭勒

居喀爾喀游牧地方之中土田肥沃四時寒暑與內地
同宜築城駐兵尋喀爾喀王等議言科布多地隔大河
水漲時輒沮行且材木難致修築不便近科卜多地曰
茂密察罕廋爾水艸佳美木亦易購且其地去鄂勒錐
圖郭勒十里與喀爾喀接壤應於其地更築一城屯兵
八月傅爾丹等疏言茂密察罕廋爾及鄂勒錐圖郭勒
二地各築一城每城置屋二千閒自鄂勒錐圖郭勒至
茂密察罕廋爾宜設十一站又方略雍正九年八月靖
邊大將軍傅爾丹奏言科卜多城距察罕廋爾城一千
四百餘里難於察應大學士等議察罕廋爾地近喀爾
喀游牧如大兵會集駐劄不惟軍威強盛防護亦有裨
益應撤回科布多兵駐劄察罕廋爾十一月傅爾丹奏
言臣以十月十三日自科卜多城起身就近由布魯爾
烏哈勒札沿途食雪十七日至綽諾海喇琥緩行至奎
通烏蘭於本月初六日已至察罕廋爾京師滿洲兵臣
自行統率在察罕廋爾之東巴顏布拉克過冬歸化城
土默特之兵令於王桑里達居住濟斯隆布附近駐劄
黑龍江兵令在大營之北札哈蘇台呼濟爾圖駐劄十
年九月
上諭察罕廋爾城甚小止可屯積米石
是以順承親王又修木城朕意欲照札克拜達里克城

開展闊大。著明歲動支錢糧修築。方觀承松漠艸詩注。察罕搜爾柵木爲城。駐大軍。近移烏里雅蘇台。遂屯糧於此。又曰。張家口外九十里。山名察罕拖羅該。爲白首六千里至軍營糧城。山名察罕搜爾。爲白尾。中間如住魯科山爲心。鄂姑思奇山爲肺。額思格爾爲肝。阿魯山爲脊。亦如句曲地肺大伾地喉岐山地乳之類。蓋諸蕃地境起止。聯如一身。而行地莫如馬。故以爲喻也。東至噶爾噶圖。接左翼右旗界。南至鼐圖爾。接右翼左旗界。西至畢濟。接札哈沁游牧界。方略雍正十年。大學士伯督巡陝甘經略軍務鄂爾泰奏言賊於八月初五日在北路額爾得尼招爲我兵所破。自鄂爾昆河源向推河遁。援逆賊敗走。必經畢濟一帶。中間有衮塔瑪哈戈壁。乃畢濟要隘。去巴里坤不過三百餘里。北至札木圖。接中右翼左旗界。東北至烏遜珠爾。接左翼右旗界。西北至固勒特。接札哈沁游牧界。東南至察罕諾爾。接輝特旗界。西南至哈爾布呼。接右翼前旗界。

右翼後末旗札薩克一等台吉游牧。郡王朋素克

喇布坦從弟哈瑪爾岱青祖固魯諾木齊為車臣濟農
崆奎第三子父博托果號額爾克諾顏哈瑪爾岱青初
授二等台吉康熙三十六年朔漠平敘功授札薩克一
等台吉大軍剿噶爾丹哈瑪爾岱青隨前鋒侍衛阿南
達至汗阿林擊固英必齊葉齊等賊百餘盡降
之偵噶爾丹遁率屬五十赴昆都倫額濟
內河分路追緝尋引兵五百防噶斯口乾隆四十六
年詔世襲罔替佐領一哈瑪爾岱青子鄂木布
濟雍正十年隨格埒克延丕勒
追擊準噶爾有功會同部札薩克喇布坦坐烏遜珠勒
退縮罪削職詔撤其屬十五戶命轄之
牧地康熙五十六年大軍由布拉罕布魯勒分路進剿
準噶爾鄂木布濟奉檄赴哈達青吉勒護軍牧偵
特楞古特降眾叛率兵二百立木柵於阿爾台防賊逸
五十七年率兵千餘駐呼勒瑪諾爾五十八年移駐布
拉罕蘇伯尋由阿濟督解巴里坤軍需五十九年率兵
二百至察罕呼濟爾偵賊蹤由伊爾勒河沙喇呼魯蘇

挳厄魯特逃衆還駐布拉罕蘇伯六十年春駐拜達哩
克冬駐塔爾瑚雍正二年移駐蘇伯和甯烏蘇尋以輔
國公通謨克游牧被掠請移居阿拉善附近之綽確地
許之十年移牧奇齊格訥洪果爾阿齊喇克一
統志一等台吉噶馬爾駐杭愛山陽東至伊爾哈
圖西至喀套南至庫格布爾北至呼爾哈爾濟東至
阿拉克諾爾接中右翼末旗界南至札斯台接右翼前旗界西至哈喇
得勒接瀚海界北至胡濟爾圖接札哈沁游牧界東北至烏爾圖接札
哈沁游牧界西北至托壘接瀚海界東南至開齊接中右翼末旗界西南
至貢昌哈屯接瀚海界

中右翼左旗札薩克一等台吉游牧

輔國公通謨克從子普爾普車稜祖巴克蘇木當噶爾
丹掠所部時避居特穆爾圖諾爾鄰伊犁徐氏松西域水道記特穆
爾圖諾爾亦曰圖斯庫爾河東西長四百餘里南北廣處百二十餘里狹處八十餘里當巴勒喀什淖爾正南

干五百餘里。沿岸之沙可煎鐵。故有特穆爾之目。唐人謂之碎葉水。唐書突厥傳云。突騎施烏質勒嘗屯聚碎葉西北界。後漸攻陷碎葉。徙其牙帳居之。後突騎施別種車鼻施啜蘇祿子吐火仙居碎葉城。安西都護蓋嘉運率石王史王共擊吐火仙破之。碎葉城蓋居伊麗水之上游。故以是爲大牙矣。地理志云。渡伊麗河至碎葉界。又西行千里至碎葉城。又云。碎葉城北有碎葉水。是知城在淖爾南岸也。地當蔥嶺北道衝。自北路邊境赴回疆者必取徑於斯。辨機西域記云。自凌山行四百餘里至大清池。周千餘里。東西長。南北狹。四面負山。衆流交湊。色帶青黑。味兼鹹苦。洪濤浩汗。驚波汩淴。龍魚雜處。靈怪間起。所以往來行旅禱以祈福。水族雖多。莫敢漁網。原注。或名熱海。又謂鹹海。是清池熱海皆斯水舊名。其產魚似鯉。今西域競網取之。子孫遂爲準噶爾部人。乾隆二十年。大軍剿達瓦齊。普爾普車棱攜族來歸。授札薩克一等台吉。以通謨克子旺沁札布爲其近族。　命往同居。二十四年卒。無子。其母車稜請以旺沁札布第三子沙克都爾札布爲普爾普車稜嗣。詔允四十六年。詔世襲罔替。佐領一。普爾普車稜來歸。詔編所屬百餘丁爲一佐領轄之。東至噶濟格接左翼右旗界。南至札木圖接中右翼末旗界。西至巴爾魯克接札哈沁游牧界。北至哈勒占和碩接札哈沁游牧界。東北至塔他庫接左翼右旗及札哈沁游牧界。西北至阿拉克布拉克接札哈沁游牧界。東南至烏蘭賽爾接左翼右旗及中右翼末旗界。西南至固勒特接札哈沁游牧界。

〔右翼前旗〕札薩克一等台吉游牧格埒克延丕勒從祖烏爾占父察罕斯奇布號車臣諾顏爲車臣濟農[illegible]堂第五子烏爾占嗣父號康熙二十七年率屬來歸二十八年授札薩克三十

年授一等台吉乾隆四十六年　詔世襲罔替佐領一半有牧地烏爾占世駐牧固爾班賽堪康熙二十七年命游牧茂明安界外蘇默圖格爾朔漠平　賜牧阿爾察圖和岳爾敖拉雅蘇圖鄂和多爾納默格爾諸界一統志車臣烏爾駐杭愛山陽東至他賁陀羅海西至鄂青庫屯南至喇士魯北至插漢和洛東至薩喇塔拉接右翼左旗界南至鄂羅克依接左翼後旗界西至札爾滿接瀚海界北至保喇接右翼後末旗界東北至鉤巴里雅齊接中右翼末旗界西北至札奎接瀚海界東南至烏蘭札噶拉噶接右翼右旗界西南至庫克布拉克接左翼後旗界

〔左翼左旗〕札薩克一等台吉游牧格埒克延丕勒族弟諾爾布五世祖鍾圖岱號巴圖爾有子冉巴號昆都倫陀音爲喀爾喀八札薩克之一子七長色稜阿

海。嗣札薩克生子二。長喇嘛札布。次肅哩子納木札勒多爾濟。即諾爾布父也。康熙二十七年。色稜河海卒。諸弟來歸。三十年。封札薩克多羅郡王。卒。喇嘛札布降襲多羅貝勒。卒。子策登札布襲。乾隆二十一年。以附青袞咱卜叛。誅。定邊左副將軍成袞札布。奏以諾爾布領其眾。青袞咱卜叛。策登札布棄汛歸。由布延圖布拉克徙牧布克。迎附青袞咱卜。時諾爾布為二等台吉。諫沮之。弗聽。諾爾布卒所屬台吉。馳赴烏里雅蘇台軍營。訴世受 國恩。誓不從賊。因卒屬由博羅哈卜齊爾。赴察罕拖輝游牧。且請以所攜駝馬。助呼濟爾圖。阿穆托克察。諸汛兵。 詔允。授札薩克一等台吉。四十六年。 詔世襲罔替。佐領一。牧地

色稜阿海世居薩爾塔郭勒。一統志。多羅貝勒喇嘛札布駐杭愛山陰。東至哈爾占拜他克。西至伊克庫魯墨

圖。南至鄂爾坤河。北至呼蘇台哈爾他爾伊錫克。長春西游記。又五六日。踰嶺而南。至蒙古營宿拂廬。旦行迤邐南山。望之有雪。入告曰。此雪山北是田鎮海八剌喝孫也。八剌喝孫漢語爲城。七月二十六日。阿不罕山北鎮海來謁。沈君子惇釋曰。案眞人於七月九日由窩果朵起行。二十六日至阿不罕山北。凡行十八日。計其地當在今札薩克圖汗左翼左旗界直科布多之東。在奇勒稽思諾爾夔拉克諾爾之南。跨空歸河。空歸河又名空陰河。舊圖作空格衣河。出昂奇山南麓。合三水。西南流三百餘里。而入札布噶河。方觀承松漠艸詩注。康熙辛丑六月。信勇公傅爾丹於空陰河北。得龍角長六寸許。短杈。近根堅緻如玉。奏獻之。其地名盧枒素泰。龍曰盧。骨曰枒素。蓋向多龍蛻也。空陰譯曰淵。蒙古字爲空。各衣各衣本一字。讀爲空陰。東至伯爾柯。接軍臺界。南至雅喇。接軍臺界。西至布圖。接左翼中旗及右翼後旗界。北至哈喇陀羅海。接杜爾伯特游牧界。東北至錫伯克圖。接左翼前旗及左翼後末旗界。西北至塔他庫特里。接杜爾伯特游

牧界東南至毛圖里野圖接中右翼末旗及軍臺界西南至胡圖克烏蘭接烏里雅蘇台軍營城界

中右翼末次旗

貝勒博貝從子納瑪琳藏布祖羅卜藏台吉額琳沁以服札薩克圖汗旺舒克奔額魯特嗣與噶爾丹隙避居西藏依達賴喇嘛康熙三十一年由西甯入覲上以其舊爲札薩克封輔國公三十五年隨剿噶爾丹卒於軍長子鄂爾齊圖哈坦巴圖爾以疾癈停襲四十八年授納瑪琳藏布札薩克一等台吉諭曰和託輝特貝勒博貝與厄魯特接壤防守不可不嚴念伊力孤必得族中兄弟同居方克有濟納瑪琳藏布本和託輝特人著授札薩克一等台吉與博貝同居乾隆四十六年詔世襲罔替佐領一牧地康熙三十一年詔額琳

沁駐牧歸化城。四十八年。納瑪琳藏布賜牧塔斯郭勒克木克木齊克地。雍正十年。又命額琳沁次子拉哩移牧拜幹偉歡。塔勒滿訥穆爾格庫都爾格。烏克爾等處。一統志。一等台吉那馬林藏布駐杭愛山陰。東至庫騰嘎魯台。西至賽堪。南至綽納圖。北至呼拉母圖。有特們諾爾。委袞諾爾。兩諾爾水皆發源烏里雅蘇台軍營城北大山東北流百數十里。豬為兩大泊。委袞在北。特們在南。中隔一嶺。南北相望。形擬蝌蚪也。東至博郭溫都爾。接中左翼左旗界。南至多木達薩木噶勒台。接賽音諾顏部右末旗界。西至拜察克什山梁。接賽音諾顏部右末旗界。北至愛拉克諾爾。接左翼左旗及軍台界。東北至毛圖里野圖。接左翼左旗界。西北至鄂博爾烏拉克沁。接烏里雅蘇台軍營。及軍臺界。東南至布木額。接中左翼左旗界。西南至博素噶。接賽音諾顏部右末旗界。中左翼末旗札薩克一等台吉游牧。貝勒博貝從子達什朋素克爻圖巴初以避噶爾丹亂奔青海後來歸隨博貝由布嚕勒進剿準噶爾有功授一等台吉旋封輔國公克爾森齊老之役以援剿不力私歸游牧罪削爵留軍效力未幾復授一等台吉卒子一即達什朋素克也雍正十二年超勇親王策凌薦其才授二等台吉乾隆二十年偵青袞咱卜叛馳報烏里雅蘇台令為備二十二年以功授一等台吉尋析青袞咱卜屬 命轄之授札薩克四十六年 詔世襲罔替一佐領牧地當德勒格爾河東岸東至巴彥吉魯克接烏梁海南至巴噶鄂都斯接賽音諾顏部中末旗界西至德勒格爾河接右翼右末旗界

北至鄂木圖接邊喀界東北至札遜接邊喀界西北至索約噶陀羅海接邊喀界東南至那木齊台接烏梁海游牧界西南至博羅布爾噶素接賽音諾顏部左翼後旗界

附輝特旗札薩克一等台吉游牧額魯特部輝特族人噶爾丹達爾札姓伊克明安氏羅卜藏初為準噶爾台吉以噶爾丹虐所部棄之從和碩特台吉噶爾亶多爾濟來歸尋噶爾亶多爾濟叛逃羅卜藏不從敘功封輔國公　詔以長子巴濟襲爵授札薩克領部眾巴濟有弟四人皆隸之噶爾丹達爾札最効巴濟弟曰札木畢曰阿海曰達什達爾札曰噶爾丹達爾札札木畢赴烏魯木齊擊準噶爾賊還遇伏於畢齊圖戰死詔由三等台吉追封輔國公無嗣以達什達爾札襲阿海偕喀爾喀公通

謨克剌羅卜藏丹津獲逆黨丹津以獻。雍正九年巴濟詔由三等台吉晉一等台吉。

攜噶爾丹達爾札叛附準噶爾。乾隆二十年大軍定伊犂巴濟前死噶爾丹達爾札率族迎降。詔授一等台吉。三十年卒。子拉克沁噶喇襲。授札薩克給印四十六年。詔世襲罔替。初巴濟戚屬有濟克濟札布者游牧青海。以羅卜藏丹津亂。挈眾就巴濟。牲畜多道斃。詔所司議恤編佐領附巴濟牧。乾隆二十年。達什達爾札等降。諭所屬戶口甚多。著於台吉內令大者准攜三十戶次二十戶。次十戶。餘俟事竣。酌量安置。三十年。詔給佐領一。

牧地

初羅卜藏來歸。詔附阿拉善額魯特牧。繼乃徙居喀爾喀。與札薩克圖汗部輔國公通謨克等鄰牧。巴濟叛。其族屬未附逆者偕通謨克等徙訥穆勒圖喀喇傅羅等處。靖邊大將軍傅爾丹以所部徙牧告。諭總督查郎阿察置之。雍正十年。甘肅巡撫許容疏言。鎮夷口內紅布潮地巴濟屬列幕居稱避準噶爾將內徙督臣查郎阿以巴濟屬佐領翁鄂柴等徙綽確哈魯爾鼐給糧茶將借喀爾喀公通謨克等徙牧阿拉善後臣思甯夏地平衍僅隔一阿拉善別無險要鎮番孤懸塞外恐額魯特偏處人心難測請

飭令未奉

旨內徙者毋縱入汛會小策凌停多卜以兵三萬至阿爾台巴濟及達什達爾札朋素克岱青茂海車稜等從且稱喀爾喀兵弱將導準噶爾越察罕搜爾掠諸札薩克牧超勇親王策凌大敗賊衆於克爾森齊老及額爾德尼昭巴濟遁歸偕茂海車稜等各以其族游牧特穆爾圖諾爾爲準噶爾屬乾隆二十年噶爾丹達爾札降遣歸喀爾喀牧二十二年

詔給穀種復以牧地寒早霜遺之牟麥

當濟爾哈河東岸濟爾哈河自旗南界合三源東北流至札薩克圖汗部中右翼末旗界而豬爲察罕諾爾東至胡濟爾圖接左翼中旗及右翼後旗界南至烏里達沙爾接左翼中旗及右翼後旗界西至克勒特胥察布接右翼左旗界北至察罕諾爾接中右翼末旗界東北至烏斯奇接左翼中旗及右翼後旗界西北

至噶圖勒噶接中右翼末旗界東南至圖爾根接左翼中旗及右翼後旗界西南至多木達賚爾接左翼中旗及右翼後旗界統盟於札克畢賴色欽畢都爾諾爾今作札克河源畢都哩雅諾爾理藩院則例札薩克圖汗部落之霍托輝特等六旗兵丁於哈綏地方查驗札薩克圖汗等九旗兵丁於尼類等處地方查驗道光二十二年新修一統志札薩克圖汗部所屬烏梁海五佐領一在庫蘇古爾泊北一在德勒格爾河西岸南與札薩克圖汗部中左翼左旗接一北臨貝克穆河西與南俱臨華克穆河一在謨什克河西一當札庫爾河源

蒙古游牧記卷之十

受業青陽吳式訓覆校

蒙古游牧記卷之十一

平定張　穆撰
光澤何秋濤校

額魯特蒙古總敘

額魯特舊分四部曰和碩特今作霍碩特姓博爾濟吉特曰準噶爾曰杜爾伯特亦作都爾伯特皆姓綽羅斯曰土爾扈特姓不箸部自爲長號四衞拉特統稱額魯特額魯作厄新疆識略厄魯特之先故有四衞拉特華言四大部也部各有汗卽明史所謂瓦剌者也額魯特總傳謂額魯特卽明之阿魯台誤辯見內蒙古科爾沁部博明西齋偶得曰瓦剌卽今之厄魯特其始祖爲托歡太師而未詳其意按朔漠方略博碩圖之稱號則首貫以瓦赤剌喀爾喀汗其初亦有此三字今達賴喇嘛封

號亦有之蓋唐古特之美稱也明人不察遂以此稱之一成而不改耳龔之鑰後出塞錄元初作都於圖拉河等處設四牧厰東西幾及萬里其最西者即今厄魯特地厄魯特本元人牧奴其初甚賤迨元室浸微厄魯特漸强盛遂叛其主方觀承松漠艸從軍襍紀詩注準噶爾本蒙古厄魯特人元置駝馬牛羊四部分駐西北邊準其牧馬部也今外藩四十九家多元後裔準噶爾語言字畫皆同蒙古而諱言為蒙古人以此

有輝特者姓伊克明安最微初隸杜爾伯特後土爾扈特徙俄羅斯境輝特遂為四衛拉特之一云魏源聖武記初四衛拉特之分部也綽羅斯治伊犂和碩特治烏魯木齊杜爾伯特治額爾齊斯土爾扈特治雅爾土爾扈特北去輝特治之和碩特自固實汗東徙青海後其烏魯木齊舊地遂為準噶爾諸台吉公牧之所 謹案乾隆中三車淩及訥默庫阿睦爾撒納之來歸也 上以衞拉特諸台吉後先歸附數十萬衆錯處內牧非得地衆建之不可 詔俟準噶爾定後復設四衞拉特不惟無殄其族類之心抑并無利其土地之意逮阿逆搆釁

霍擘負隅舍稜遠颺青袞撤臺遂不得不改弦更張祓
新耳目今据攷之和碩特準噶爾杜爾伯特土爾扈特
此明以來之舊四衞拉特也和碩特準噶爾杜爾伯特
輝特此新疆未闢以前之四衞拉特也杜爾伯特和碩
特輝特綽羅斯此　高宗所欲建之四衞拉特也
嗣天山底定渥巴錫復還藩封衆建游牧星羅數其名
則有六厄魯特也和碩特也輝特也綽羅斯也杜爾伯
特也土爾扈特也覈其實不過三和碩特也杜爾伯特
也土爾扈特也要其種則自明
及今止一曰額魯特蒙古而已

阿拉善額魯特蒙古游牧所在

阿拉善額魯特部在河套以西亦曰西套額魯特袤延七百餘里
至京師五千里漢北地郡西境及武威張掖二郡北
境地晉爲前涼張軌後涼呂光北涼沮渠蒙遜地唐屬
河西節度使廣德初陷於西番宋景德中陷於西夏元

屬甘肅行中書省明末爲額魯特蒙古所據（一旗）一統志三旗一爲巴圖爾額爾克一爲阿拉卜灘一爲丹濟蘭案阿拉卜灘丹濟蘭後徙賽音諾顏部之烏蘭烏蘇札薩克和碩親王游牧元太祖弟哈布圖哈薩爾十九世孫拜巴噶斯青海顧實汗之兄也初無子育顧實汗之子巴延阿布該阿玉什爲己子後自生子二長鄂齊爾圖號車臣汗次阿巴賴游牧河西套巴延阿布該阿玉什號達賴烏巴什有子十六居西套者十二曰和羅理曰墨爾根曰博爾克曰都喇勒曰哈什哈曰陀音曰土謝圖羅卜藏曰博第曰多爾濟札布曰諾爾布札木素曰愛博果特曰鄂木布[illegible]和羅理號巴圖爾額爾克濟農康熙十六年噶爾丹以兵襲西套執鄂齊爾圖破其部噶爾丹妻阿努

鄂齊爾圖之女孫也鄂齊爾圖之妻曰多爾濟喇布坦
與喀爾喀墨爾根汗額列克妻姊妹也其弟爲土爾扈
特汗阿玉奇時游牧俄羅斯之額濟勒河額列克孫察
琿多爾濟號土謝圖汗偵噶爾丹侵西套以兵援之不
及多爾濟喇布坦奔土爾扈特和羅理逃竄近邊二十五年上書求給牧
地 詔於甯夏甘州邊外畫界給之諸昆弟子姓
隸焉三十六年和羅理以所部數叛請視四十九旗例
編佐領 授札薩克封多羅貝勒雍正二年和羅
理子額駙阿寶以功晉多羅郡王阿寶以康熙三十四年尚郡主授和碩額
駙 賜第京師 御前行走四十八年襲父
爵歸游牧五十四年準噶爾掠哈密 詔以阿寶
爲右衞將軍費揚古參贊率所部兵赴推河會準噶爾
敗於哈密遁走 詔仍以參贊往會西安將軍席
柱等駐巴里坤襲擊準噶爾於伊勒布爾和碩阿克塔
斯烏魯木齊諸地皆克捷五十七年自巴里坤赴青海

參贊平逆將軍延信軍敗準噶爾賊於卜克河齊諾郭勒綽瑪喇等處護達賴喇嘛入藏統兵駐藏地雍正元年議徹駐藏軍會青海羅卜藏丹津叛詔撫遠大將軍年羹堯檄調年羹堯忌其功復以大將軍尊蔑視之奏阿寶多疾兵不堪用應遣歸游牧未幾阿寶來朝上閔其勞慰諭之晉封郡王賜銀萬兩

次子羅卜藏多爾濟襲乾隆十五年尙郡主授多羅額駙三十年以功晉和碩親王

羅卜藏多爾濟初襲札薩克多羅貝勒乾隆二十二年駐軍巴里坤偵阿逆由博羅塔拉走阿卜克特偕副都統愛隆阿等分道馳擊抵塔爾巴噶台諜輝特賊巴雅爾伏嶺險捕之賊遁尾六日次愛唐蘇哈薩克兵二百餘遮道羅卜藏多爾濟等僅數騎鏖擊之哈薩克懼乞降巴雅爾尋就擒詔晉封多羅郡王授參贊大臣二十三年從定邊右副將軍車布登札布剿叛賊哈薩克錫喇及布庫察罕等抵落霍斯賊據岡拒驟擊之獲布庫察罕兄阿都齊進兵哈魯勒托羅海偵布庫察罕由庫克烏蘇走哈薩克將往索定邊將軍兆惠檄以兵屯阿勒坦額默勒剿喀喇沁宰桑

恩克圖等於庫隴癸嶺恩克圖就擒哈薩克尋以布庫察漢獻 賞三眼孔雀翎二十四年回疆底定御製贊曰渭陽所部兵與飲至宴圖形紫光閣隆阿單騎見虜降哈薩克厥功甚鉅三十年晉和碩親王 賞元狐裘及黃轡 四十七年詔世襲罔替 佐領八 牧地當賀蘭山西龍頭山北 初鄂齊爾圖之孫羅卜藏袞布阿喇布坦避噶爾丹走唐古特以達賴喇嘛言表請 賜居龍頭山轄西套遺衆 命兵部督捕理事官拉都琥往勘奏言龍頭山蒙古謂之阿拉克鄂拉乃甘州城北東大山脈綿延邊境山口即邊關建夏口城距湍川堡五里山盡爲甯遠堡距龍頭山里許有昌甯湖界之內地兵民耕牧久不宜令新附蒙古居 上可其奏羅卜藏袞布阿喇布坦尋徙牧布隆吉爾二十四年和羅理請賜敕印鈐部衆廷議以游牧未定不允 上遣官諭令度可居地歸併安置和羅理奏 皇上令臣等聚處乃殊恩達賴喇嘛亦謂羅卜藏袞布阿喇布坦居布隆吉爾地隘艸惡不若與臣同處臣等欲環居阿

拉克山陰過寇盜靖邊疆令部衆從此地而北當喀爾喀台吉畢瑪里吉哩諦牧地由噶爾拜瀚海額濟納河姑喇奈河雅布賴山巴顏努魯喀爾占布爾特洪果爾鄂隆以內東倚喀爾喀丹津喇嘛牧西極高河居之至上於是遣拉都琥偕達賴喇嘛使者約和羅理至東大山北語之曰爾所請噶爾拜瀚海一聽爾游牧外自甯夏所屬玉泉營山背後至賀蘭山陰一帶布爾哈蘇台口又自甯夏所屬綏波嶺塞口北努渾努魯山後甘州所屬鎮番塞口北沿陶蘭泰薩蘭椿濟雷津西理等地西南至額濟納河俱以距邊六十里爲界畫地識之議乃定雍正二年大軍定青海王大臣等議阿拉善爲甯夏邊外要地青海顧實汗諸子裔舊皆游牧山後今或徙山前請 勑阿拉善札薩克郡王阿寶飭青海衆歸牧山後 允之阿寶奏乞青海曠地鈐束諸部 詔以青海貝子丹忠所遺博羅充克克牧地給之并 諭撫遠大將軍年羹堯遣員齎餉助徙博羅充克克者漢書地里志所稱潢水也七年阿寶以博羅充克克牧地臨邊擅請徙烏蘭穆倫及額濟內河界議罪削爵尋 命復之仍歸阿拉善牧不復居青海癸巳存槁引理藩院文云阿拉善王駐牧之處在

賀蘭山之西由赤木口出口至其牧處六十里地名定遠城雍正間遷阿拉善王於博羅充可克時曾於其處設定遠營置守備一員後阿拉善王復還舊游牧即以定遠城

賜之元和郡縣志賀蘭山在靈州保靜縣西九十三里（志又云在夏州甯朔縣東北三十里）山有樹木青白如駮馬北人呼駮爲賀蘭其山與河東望雲山形勢相接邐迤向北經靈武縣又西北經保靜縣西又北經懷遠縣西又北經定遠城西又東北抵河其抵河之處亦名乞伏山在黃河西從首至尾有像月形南北約長五百餘里眞邊城之鉅防山之東河之西有平田數千頃可引水灌溉如盡收地利足以贍給軍儲也一統志包圖爾額爾克一旗駐牧博羅沖其克之地賀蘭山在旗東與甯夏邊接界土人名阿拉善山龍首山在旗西南與甘州府山丹縣接界蒙古名阿喇克鄂拉綿亙廣遠東大山之脈絡也距甘州城三十里山丹城三里山盡處爲甯遠堡山南爲內地蒙古俱於山北游牧又龍首山在山丹縣西北二十五里邊外明萬歷中夷人青把都自昌甯湖移住於此巡撫田樂擊走之一名龍頭山俗呼爲甘峻山山腰有三洞各深五尺山陰有泉旱可禱雨

皇朝輿地攷賀蘭山厄魯特部駐賀蘭山之博

羅沖科克征權攷雍正三年裁博羅沖科克地方鹽務官怡親王允祥等議覆原任大將軍年羹堯奏稱臣在西甯時因邊外博羅充科克舊有鹽池青海蒙古人等運來邊內貿易西甯軍民賴食此鹽臣奏設副將一員兵一千六百名駐防彼處將西甯通判移駐管理在案現今郡王額駙阿寶移在博羅沖科克地方駐劄無庸復駐官兵其管理鹽務通判亦應裁之應如所請

從之俞君正爕曰博羅沖科克在太通河南其河源出察罕鄂伯圖下流爲西甯之北川河與賀蘭山渺不相涉阿拉善地按地圖在甯夏長城外賀蘭山之西亦不刺山之東吉蘭泰鹽池之南或以其嘗遷博羅沖科克不詳命名之義及博羅沖科克所在乃云賀蘭山厄魯特居賀蘭山之博羅沖科克非矣穆案察罕鄂伯圖乃喀喇河所出非湟河也俞君此語本會典稍誤

東至甯夏府邊外界案圖賀蘭山之東山口自北而南曰甯靖口鎮北口韭菜口大塔峽口小塔峽口小水口大水口鹿攀口汝箕口小賀蘭口大賀蘭口大韭菜口小韭菜口鎮北口大水吉口小水吉口小滾鐘口大滾鐘口獨樹口叉南接邊城曰青羊溝口乾溝口平羌口紅山峽道口柳泉口磨石口北岔

口永安口雙山南口靈武高口大盧溝口大沙溝口井溝口北城兒口木頭井口水井兒口鎮賊口崇慶口小關兒口又南則石空寺堡及勝金關也西山口自北而南曰歸德口紅兒口大風口小水高口大西番口小西番口逃軍口白塔口偷牛口新開口宿鬼口白寺口黃峽口又南山勢邐迤而西其南曰山觜口金塔口杏樹口赤木口東接邊城曰大佛寺口三岔溝口其西曰靖湖墩口燕子窩口鎮口墩口馬槽湖口鎮夷口崇慶口鎮北口甯安口向陽墩口殺虎墩口理藩院則例阿拉善額魯特親王旗與鄂爾多斯杭錦貝子旗東西以黃河爲界河東爲杭錦貝子旗地河西爲額魯特親王旗地南北以則布蓋地方爲界則布蓋以北屬杭錦貝子管則布蓋以南屬阿拉善親王管其所管則布蓋以南界內定遠營地方有久經奏准開墾成熟地一千一百九十頃零六十七畝由該旗自向民人收租其續因原開地內有水沖沙壓出城地二百餘頃請於四至餘地照原開頃數撥出地畝悉令撥荒設立堆記封禁雖有涸復不准再行私開每年由駐劄甯夏司員巡查一次

南至涼州甘州二府邊外界旗南有武威故城直鎮番縣北漢置縣屬武威

郡晉省水經注武威縣在姑臧城北三百里馬城河逕其城東漢太初四年匈奴昆邪王殺休屠王以其衆降置武威郡即此一統志按漢武威郡治姑臧郎今涼州府治武威縣也漢武威縣屬武威郡以水經注證之故城當在今三岔河流出鎮番邊外之西寰宇記武威故城在番和縣西北三百里誤也有揟次故城直古浪縣北漢置縣屬武威郡後漢因之魏黃初中涼州刺史張既討盧水胡揚聲軍從鸇陰乃潛由且次出武威且次即揟次也地形志譌爲揖次屬昌松郡後周廢縣入昌松一統志按水經注松陝水北至揟次入海今此水北流至古浪縣邊城外又百餘里始豬爲大澤故城當在其傍通志謂在古浪縣非也有白亭軍城直鎮番縣東北舊唐書大足元年郭元振爲涼州都督舊州界南北不過四百里元振始於南境硤口置和戎城北界磧中置白亭軍拓州境一千五百里元和志白亭軍在姑臧縣北三百里馬城河東岸天寶十年哥舒翰置軍因白亭海爲名行都司志有古城在鎮番衛北一百里相近有連城又有三角城在衛北一百十里與上二城鼎足相峙旗南有甯羅山在長艸湖南有來伏山與鎮番縣接界有亦不剌山直鎮番縣北二百八十里有脫歡

山直永昌縣北四百里旗南有松陝水自古浪縣北流經縣東又東北至土門堡流出邊又東北至旗界豬爲澤漢志蒼松縣南山松陝水所出北至揟次入海一統志按陝音峽松陝水即今古浪河邊外積水處總曰海有谷水即三岔河自涼州府城東東北流經鎮番縣東三十里又東北出邊土人呼爲郭河至旗界入白亭海子漢志姑臧縣南山谷水所出北至武威入海行七百九十里地形志武威郡襄城縣有武始澤水經注馬城河又東北逕武威縣故城東屆此水流兩分一水北入休屠澤一水又東流一百五十里入豬野有水磨川一名雲川自永昌縣西東北流經新城堡北水磨堡西又東逕永昌城北又東北逕甯遠堡西北流出邊經旗界豬爲大澤蒙古名沙喇鄂模有休屠澤即古豬野漢志武威縣休屠澤在東北古文以爲豬野澤水經注武威北有休屠澤俗謂之西海其東有豬野澤俗謂之東海通謂之都野括地志豬野澤在姑臧縣東北一百八十里元和志姑臧縣有白亭軍因白亭海爲名寰宇記姑臧縣白亭海水色潔白因以爲名又東有達狄同海行都司志白亭海一名小闊端海子五澗谷水流入此海舊志白亭海即豬野澤一統志按三岔河自鎮番東

北流出邊又三百餘里豬爲大澤方廣數十里俗名魚海子蒙古名哈喇鄂模郎古休屠澤但水經注謂其東別有豬野澤與漢志異而括地志謂豬野澤在姑臧城東北一百八十里似指今古浪縣東松陝水出邊所豬之澤爲豬野也有沙喇鄂模在休屠澤西二百餘里水磨川自甯遠堡北出邊注入其中方廣三四十里有昌甯湖直永昌縣東北一百二十里甯遠堡北四十里東至鎭番縣界一百五十里多水艸楊木明季青把都游牧於此有長艸湖在甯羅山北有伯顏湖直平番縣東北邊外有雙泉直永昌縣西北二百里亦名雙井有馬跑泉直永昌縣北三百十里有高泉平泉赤諾泉有三井直鎭番縣西北三百四十里有亂井兒有青鹽池鴛鴦白鹽池小白鹽池皆在鎭番縣西北二百二十里邊外明初曾設鹺司後因商賈不行廢有紅鹽池在山丹城北三百里池産紅鹽其根可作器明洪武中指揮莊德采貢歲辦後以地屬境外罷之西至古爾鼐接額濟納土爾扈特界北踰戈壁接札薩克圖汗部界定遠城北有鹽池所謂吉蘭泰池也會典戸部奏准鹽法事例乾隆五十六年奏准阿拉山地方每年准

造鹽船五百隻每船鹽四十石石七百斤共計二萬八千斤運至山西例食口鹽地方販賣石收銀四錢共收銀八千兩嘉慶五年甘肅按察使姜開陽來蘭州府知府龔景瀚議請改收稅銀疏曰中衛邊外有大小鹽池今爲阿拉善王所轄其鹽潔白堅好內地之民皆喜食之私販者絡繹不絕大約甘肅全省食花馬小池鹽者僅十分之三食各縣私池鹽者十分之一食阿拉善鹽者十分之六陝西一省亦居其三聞阿拉善王但於兩池置官收稅不論蒙古漢人聽其轉運隱符唐劉晏之法故於民甚便私販日多駱駝牛騾十百成羣持梃格鬥吏役不敢訶止官引壅滯職此故也今擬令沿邊各州縣於各隘口鹽所從入之處設局收稅亦計所馱多少爲稅之輕重一歲之入必十倍於額課彼所收者池稅而我所收者過稅既無礙於阿拉善王又易私販爲官販兩便之道也其延榆大同向食河套私鹽者亦於隘口收稅則私鹽皆成官鹽而鬥爭兩息矣十一年阿拉善王因回民私販吉鹽麗法懼而獻其池歸官辦以磴口舊置住房作爲運判衙署每歲 恩賞阿拉善王銀八千兩鹽池屬甯夏道專管章程屢改官民商夷交困十七年 命侍郎文孚阮元往議之議仍歸

商辦酌定口岸示以限制於河口之南三百餘里皇甫川地方為界將磴口大使改為皇甫川大使專司稽察所有吉鹽水販只准至皇甫川而止其自磴口商運鹽船仍照舊至河口起卸存倉部議准行後復以鹽池
賞還阿拉善王而引岸則仍以至皇甫以為限云

阮太傅客難載擘經室集中略曰藩民不可使之太富亦不可使之太貧太貧則不安太富亦不安今半絕之所以權衡使適中也且皇甫川一大使耳能全絕私船乎皇甫川距河東引地六百里一二年後河東私鹽必侵而北皇甫川私鹽必侵而南兩侵則兩為平準焉民食稻而市價賤矣譬如南北二家之田中隔閒地六畝歲既久南者必稼而北北者必稼而南兩私則不爭爭則官治之並閒田失之矣通政司副使王慶雲石渠餘紀紀河東鹽法篇下略曰吉蘭泰鹽池者在甯夏邊外賀蘭山之西沿邊蒙古鄂爾多斯蘇尼特諸部皆產鹽吉池最遠味甘而產多舊行山西口外五廳并大同朔平兩府兼濟太原四十四州縣土鹽之不足邊民販運由殺虎口河保營黃甫川輸稅而入先是乾隆四十五年恐侵潞綱禁之四十七年　上念河東鹽徹
命議運吉鹽至臨縣潞商領買行銷巡撫農起會

羅卜藏多爾濟於托克托城傳諭商人衆言前此兼買口鹽以道遠費鉅奏停今潞鹽收存八千餘萬無須接濟農起以聞乃請開禁聽邊民輸稅販鬻五十一年

西巡五臺旺沁班巴爾請改吉鹽由水運巡撫伊桑阿奏言前無臣農起禁吉鹽用大船木筏運至臨縣四出私售蓋太原等處原非全賴吉鹽若聽外藩連船而來不特語言不通且自托克托水程一千里至臨縣磧口鎮下接平陽之吉州鄉甯與秦豫皆一水可通恐侵河東引地惟陸販無多藩民生計不足臨縣至河東引地尚有二三百里應聽運至磧口貯岸零星售販不得載至下游部議允之蓋潞課未歸地丁以前（五十六年潞課歸地）丁吉鹽已行於晉北因難定其不浸淫逾越也逮潞商盡撤聽民自銷而口鹽水運地界益無譏察由是越境行銷而池鹽轉不能暢行於晉省遂致私越楚豫淮引歷年爲滯嘉慶八年兩淮鹽政佶山奏運豫潞鹽定額給票并停吉鹽水運尋旺沁班巴爾身故內地嚴緝私販禁邊民出口吉鹽中廢十一年陝甘督撫以移咨阿拉善續派吉鹽池商入告時侍郎英和內閣學士初彭齡鞫獄西甯

諭與沿塗各督撫會議奏聞於是山西巡撫同興疏請復商英和等疏言阿拉善請以鹽

池歸公懇照河東一體招商至吉鹽向由船運至山西省北所有山西兼食吉鹽之處查照實銷定引又改陝西神木等八州縣食吉鹽吉蘭泰爲撈鹽之地磴口爲發運之所河口鎮爲入晉停泊要區各設大使一其陝西對岸有鄂爾多斯鹽侵越磧口龍王辿以下卽非吉鹽引地均設官稽查事下大學士九卿議從之自吉鹽議歸潞商又議出口撈鹽之坐商甯夏造船之木商委曲繁重商情疑畏且逆計河東有商則各護引地吉鹽無利可圖是年十月山西布政使金應琦奏河東舊商五十八家已招四十家再容招足配掣其磴口運至托克托之鹽已别委新商試辦

旨詰以潞鹽口鹽分爲兩事與原議不符且何必拘定五十八家之數令撫臣再議越月巡撫成齡竟以招足五十八家入告又言晉商不諳口外情形且已一家承辦數處不能兼顧就地勢而論吉池在黃河上游比隣甯夏解池在黃河下游地接豫秦相去三千餘里歷來不能越險行銷原無須潞商兼辦况河東鹽行三省引課較多獲利亦厚吉引雖七十二處每處三萬石年銷二千一百萬斤計入萬七千餘引（每引二百四十斤）徵課六萬餘兩引課有限獲利無多潞商亦無須兼辦事下戶部議行葢應琦深慮

墮課急在招商以爲百足不僵之計故不得不曲爲之說所言吉鹽不能越銷潞商獲利亦厚然邪否邪然吉鹽實則無利丁五年河東增價五釐潞商僅足自給而吉商頻年虧課誤運招充乏人改爲官運引復不行十七年　命侍郎文孚阮元往議之奏言官運不難難於官銷苟不能銷愈運愈滯若因滯銷兼顧課額勢不得不派之州縣認引督銷州縣非虧那倉庫即擾累閭閻是能銷之弊更甚於不銷斷難無弊適河東道茅豫奏禁水運吉鹽併下該侍郎等議於是議吉引終不可行於內地先後與巡撫衡齡奏請吉池敕還阿拉善王停其歲賞（每年恩賞銀八千兩池屬寧夏道專管至是罷）歸藩戶撈曬禁用運船陸販者照各蒙古例每百二十斤輸稅四分五釐入口裁新設各官初議猶以吉引之地歸潞商行鹽輸課既終恐道遠誤運乃於潞引六十餘萬道之外包吉鹽八萬七千餘引視潞引不足之處隨時指配各爲活引於潞課五十餘萬之外包納吉課六萬三千餘兩凡內地悉遵舊制無所更改蓋潞商撤而吉鹽自爲一始利水運通則潞鹽必病二者無俱利之勢也

部不設盟

蒙古游牧記卷之十一　　武進楊傳第覆校

蒙古游牧記卷之十二

平定張　穆撰

光澤何秋濤校

青海額魯特蒙古游牧所在

青海和碩特部（今作霍碩特）在西甯邊外至　京師五千七十里東及北界甘肅西界西藏南界四川袤延二千餘里

本禹貢西戎地（禹貢織皮昆侖析支渠搜西戎即敘鄭康成曰衣皮之民居此昆侖析支渠搜三山之野者皆西戎也昆侖謂別有昆侖之山非河所出者也馬融曰昆侖在臨羌西析支在河關西王氏後案曰傳記言昆侖凡四處一爲河源釋氏西域記謂之阿耨達山禹本紀所云昆侖者是也一在海外西海之南流沙之濱與條支大秦相近禹本紀云去嵩高五萬里者是也一在酒泉漢志金城臨羌縣西有弱水昆侖

山祠崔鴻十六國春秋張駿時酒泉太守馬岌上言酒泉南山卽昆侖之體周穆王見西王母樂而忘歸謂此山也一在吐蕃劉元鼎謂之悶摩黎山東距長安五千里其非禹貢之昆侖明甚鄭意蓋以臨羌之昆侖爲西戎所居與馬合遜周書王會解正西有昆侖等九國孔鼂注云九者西戎之別名是也鄭以析支渠搜皆山名馬云析支在河關西者水經注云自析支以西濱於河首羌居其右河水東流屈而東北逕於析支之地是爲河曲矣後漢西羌傳云西羌之本出自三苗其國近南岳及舜流四凶徙之三危河關之西南羌地是也濱於賜支至乎河首緜地千里皆羌地賜支者禹貢所謂析支者也南接蜀漢徼外蠻夷西北接鄯善車師北音讀析如賜故一作賜支其地後爲党項所居通典云党項羌在古析支之地漢西羌之別種北連吐谷渾是也漢河關縣在今西甯府西甯縣西南塞外地也渠搜亦西戎周書王會云渠搜以鼩犬孔鼂注渠搜西戎之別名也是也

夏殷周皆屬西羌詩商頌自彼氐羌莫敢不來享莫敢不來王書牧誓有羌髳後漢書羌無弋爰劍者秦厲公時入三河閒諸羌推以爲豪至曾孫忍忍子研至豪健故羌中號其後爲研種

漢爲張掖武威金城隴西四郡之西塞外及蜀郡之北徼外屬先零燒當等諸羌地後漢書西羌傳武帝時先零與封養牢姐種結盟與匈奴通漢遣將軍李息郎中令徐自爲將兵擊平之始置護羌校尉羌乃去湟中依西海鹽池左右宣帝時先零種豪度湟水與諸羌寇金城遣趙充國破平之至研十三世孫燒當立元帝時彡姐等七種羌寇隴西遣馮奉世擊降之從爰劍種五世至研研最豪健自後以研爲種號至燒當復豪健其子孫更以燒當爲種號王莽時始置西海郡漢書王莽傳莽遣中郎將平憲等持金幣誘塞外羌豪良願等獻鮮水海允谷鹽池莽受所獻地爲西海郡後漢書西羌傳莽西海郡五縣歷後漢魏晉皆諸羌所居後漢書西羌傳自爰劍後子孫支分凡百五十種其九種在賜支河首以西及在蜀漢徼北其五十二種衰少不能自立其八十九種惟鍾最强盛發羌唐旄等絕遠未嘗往來氂牛白馬羌在蜀漢其種別名號皆不可紀知也東晉以後又爲吐谷渾所據晉書西戎傳吐谷渾慕容廆之庶長

兄也父涉歸分部落一千七百家以隸之涉歸卒應嗣二部馬鬥吐谷渾乃度隴而西其後子孫據有西零以西甘松之界極乎白蘭數千里以吐谷渾爲民周書異域傳自吐谷渾至伏連籌十四世伏連子夸呂始自號爲可汗治伏俟城在青海西十五里東西三千里南北千餘里隋大業五年平土谷渾置西海河源等郡隋末吐谷渾復據其地隋書煬帝紀大業五年置西海河源鄯善且末等四郡又吐谷渾傳煬帝令觀王雄宇文述擊伏允大破其衆其故地皆空自西平臨羌城以西且末以東祁連以南雪山以北東西四千里南北二千里皆爲隋有置郡縣鎭戍大業末伏允復其故地唐初擊破之唐書吐谷渾傳伏允相天柱王用事拘天子行人貞觀九年詔李靖爲西海道行軍大總管侯君集李道宗李道彥李大亮高甑生並爲總管擊吐谷渾分二軍靖與大亮薛萬均以一軍趣北出其右君集道宗以一軍趣南出其左靖破天柱王部落於赤海伏允走圖倫磧萬均又追破之君集道宗行空荒之地二千里盛夏降霜乏水艸士糜冰馬秣雪閱月次星宿川達柏海上望積石山觀覽河源馳破虜

車重兩軍會於大非山破邏眞谷伏允于順斬天柱王奉國降伏允懼遁磧中自盡詔封順西平郡王號趉胡呂烏足甘可汗龍朔三年吐蕃滅吐谷渾盡有其地唐書吐谷渾傳吐谷渾居甘松山之陽洮水之西南抵白蘭地數千里自晉永嘉時有國至龍朔三年吐蕃取其地凡三百五十年及此封嗣絕矣宋亦爲吐蕃地元爲貴德州及吐蕃朵甘思等處屬吐蕃等處宣慰司明爲西番地一統志明洪武十六年青海酋長史剌巴等七人來歸賜文綺寶鈔青海又曰西海水艸豐美番人環居之專務畜牧日益繁滋素號樂土正德四年始爲蒙古部酋所據名爲海寇一統志蒙古亦不剌及阿爾秃厮獲罪其主擁眾西奔瞰知青海饒富襲破之大肆焚掠番人多遠徙其留者反爲所役屬自是甘肅西甯始有海寇之患正德九年總制彭澤擣其巢寇遁走烏思藏及大軍還亦不剌仍返海上惟阿爾秃厮遁去嘉靖八年洮岷諸番數犯邊九年總制王瓊且撫且剿洮岷獲甯而西甯仍苦寇患惟卜兒孩一枝斂眾自保役北

部俺荅又羨青海富饒攜子賓圖丙兔等數萬衆襲據其地卜兒孩竄走已而俺荅引去留丙兔據青海隆慶中俺荅受封順義王西甯亦安自丙兔據青海後俺荅從孫切盡台吉火落赤及兒子永邵卜同居青海萬歷中又時時寇邊爲患勢亦駸衰

國初顧實汗自西北侵有其地顧實汗者元太祖弟哈布圖哈薩爾七傳至阿克薩噶勒泰子二長阿魯克特穆爾今內札薩克科爾沁札賚特杜爾伯特郭爾羅斯阿魯科爾沁四子部落茂明安烏喇特八部其裔也次烏魯克特穆爾九傳至博貝密爾咱稱衞拉特汗子哈尼諾顏洪果爾繼之有子六圖魯拜琥其第四子也號顧實汗既據有青海青海在西甯邊外四五百餘里古名西海曰鮮水海亦曰仙海古音讀西如鮮如仙故先零亦謂之西零也漢書地理志金城郡臨羌西北至

塞外有仙海鹽池趙充國傳酒泉太守辛武賢奏言可分兵出張掖酒泉合擊罕开在鮮水上者又上以書敕讓充國曰鮮水北去酒泉八百里又充國上屯田奏曰治湟陿以西道橋七十餘所令可至鮮水又王莽傳中郎將平憲等奏言羌豪良願等願爲內臣獻鮮水海允谷鹽池平地美艸皆予漢民北魏始名曰青海亦謂之卑禾羌海水經注湟水東逕西海鹽池北又東南逕龍夷城又東逕卑禾羌海北有鹽池闞駰曰臨羌縣西有鮮禾羌海世謂之青海東去西平二百五十里是也海周回七百五十餘里中有二山一曰魁孫陀羅海峯巒純白上有小廟廟內番僧於冰合時出取一年之糧入居焉一曰察罕哈達近西岸其峯卑小多土少石二山東西對峙水色青綠中流高起冬夏不枯不溢魏書吐谷渾傳青海周圍千餘里海內有小山舊唐書吐谷渾傳青海周回八百餘里明統志青海方數百里有魚無鱗皆負黑點西游荟疑二字七十二道水滙爲西海冬夏不溢不乾自日月山望之如黑雲冉冉而來以今證古載記略同也惟海中古出名馬今則未聞魏書吐谷渾傳海內小山每冬氷合處以良牝馬置此山至來春收之馬皆有孕所生得駒號爲龍種必多駿異吐谷渾嘗

得波斯草馬放入海因生驄駒能日行千里世傳青海驄者是也隋書煬帝紀大業五年置馬牧於青海渚中以求龍種無效而止然則天馬來西信屬太乙奇況矣青海番名庫庫諾爾舊圖作呼呼腦兒元史憲宗紀四年甲寅會諸王於顆顆腦兒之西乃祭天於日月山顆顆今亦譯改爲庫庫蓋已確知其爲青海矣而弁改金山以北之稱海爲青海斯大謬耳　本朝雍正二年大軍征賊黨阿喇布坦溫布等追至諾爾北岸伊克哈爾吉河時人馬渴甚求水不得忽有泉從營前涌出成溪士馬就飲得不困眾歡呼奮勇遂獲賊首督臣以青海效靈奏聞　詔封青海之神立碑致祭文曰惟神位協坎維德符兌澤鯨波萬頃縈回環昧谷之鄉鯤浪千重衍溢被流沙之域屬幅員之縣亙徧蓺桑麻泝潮汐之往來周茲墳壤畺以天戈奮武川后效靈涌泉驚疏勒之奇飲馬屆元冥之候爰從顯號式拊豐碑眹眷乃神功昭茲美報涵濡布潤禱祈既洽於輿情芬苾薦誠望秩宜歸於祀典祗申秋享特詔祠官於戲配殷禮於瀆宗具著隆文之備助資生於邊徼永徵靈貺之長恪奉明禋尚其來格檢討李學錦詞也理藩院則例青海年例祭海該處王公等例應齊集陪祀無故不

到者由該大臣衮奏罰札薩克俸三年。其故城有西海郡城二一爲王莽置在青海東漢書王莽傳元始五年羌豪良願獻鮮水海允谷鹽池爲西海郡後漢書西羌傳王莽諷諸羌使共獻西海之地初開以爲郡築五縣邊海亭燧相望及莽敗衆羌遂還據西海永元時西海及大小榆谷左右無復羌寇隃麋相曹鳳上言宜及此時建復西海郡於是拜鳳爲金城西部都尉將徙士屯龍耆永初中諸羌叛乃罷魏志郭淮傳正始九年涼州名胡治無戴圍武威淮進軍趨西海與戰於龍夷之北破走之水經注河水又東自河曲逕西海郡南又湟水東南流逕龍夷城故西零之地也十三州志曰城在臨羌新縣西三百一十里王莽納西零之獻以爲西海郡治北城一爲隋置在青海西十五里即吐谷渾之伏俟城魏書吐谷渾自正光後闕徼不通伏連籌子夸呂始自號爲可汗居伏俟城在青海西十五里雖有城郭而不居恆處穹廬隋書地理志大業五年平吐谷渾置鄯善郡幷置且末西海河源總四郡西海郡置在古伏俟城即吐谷渾國都統宣德威定二縣唐書吐谷渾傳隋煬帝破其衆置郡縣鎮戍隋亂因得復故地李靖傳軍次伏俟城吐谷渾退保大非川是也有河源故郡在青海南本吐谷渾赤水城隋大業五年置唐初廢隋書宇文述傳述以兵屯西平臨羌城吐谷渾西遁追至曼頭城攻拔之至赤水城復拔之地理志河源郡置在古赤水城有曼頭城統達化赤水二縣 其山有十三山曰阿木尼塞爾泰山在青海東南曰阿木尼末倫山在青海東曰阿木尼那凌通布山在青海西南其峯尖直故名曰阿木尼巴延尊崖山曰阿木尼洞舒山曰阿木尼天沁察罕山其峯甚峻無雪而白故名曰阿木尼兀善通布山皆在青海西北曰阿木尼厄枯山在青海西北二百餘里其山甚大曰阿水尼巴爾布安山在青海西其峯高險色黑故名曰阿木尼岡噶爾山在海東北近甘涼二州之邊又名曰龍壽山曰阿木尼巴延哈拉山在涼州邊外又名大荒山曰阿木尼扣肎古爾板山在黄河東岸哈爾吉山東山有二峯獨高積雪不消其一爲阿木尼麻禪母孫山即大雪山也番語稱祖爲阿木尼西海十三山番俗皆分祭之而以大雪山爲最四時禱祀焉又有察罕陀羅海烏爾圖山在青海西南烏爾圖凡環繞青海之濱者亦有十三山土人皆名烏爾圖謂之十三角云又有漢陀羅海山在青海南二百餘里曠野中有索克圖山在青海西其西南五十里又有

一索克圖山地多瘴氣兼生毒艸有烏克陀羅山高峯壁立在青海西南有固爾班伊瑪圖山在黃河西岸青海西南三百餘里三山相接皆名伊瑪圖繞濁羅池西有蘇羅巴顏喀喇山在伊瑪圖山東北有石崖色黑多冷瘴故名　其岡嶺有巴爾陀羅海岡在青海南百里黃河北岸有巴漢哈圖嶺近青海南岸有伊克哈圖嶺在巴哈哈圖嶺東有察察嶺在巴哈哈圖嶺西南有納布楚爾嶺在察察嶺東有蘇羅嶺在青海南少西二百餘里即蘇羅巴顏喀喇山之東支有登諾爾台嶺在黃河西岸蘇羅嶺東有忒們呼圖嶺在拖孫池東南東北去蘇羅嶺百餘里有海努克嶺在青海東南有布呼圖嶺在青海東北有烏蘇圖拨吉嶺在青海西百餘里有殷得爾碧柳圖嶺在青海西南相近又有好來嶺有烏蘭布拉克嶺在青海西南二百餘里　其水有和爾河在青海東南源出納拉薩拉嶺西北流一百餘里入青海有哈爾濟河在青海北少東源出青海北岸哈爾濟山東南流八十餘里入青海有伊克烏蘭和碩河在青海北源出巴顏山南流八十餘里入青海其西七十餘里有巴哈烏蘭和碩河南流六十餘里入青海有布喀河詳北右末旗下　其池有巴顏池在青海東南周四

十餘里有多羅池在青海西南三百五十餘里周一百五十餘里分部衆爲左右二翼

子十人領之左境東自西甯邊外棟科爾廟舊圖作冬科拉廟又作董郭爾廟在喇沙爾閘門外博羅沖克克必拉北界西至嘉峪關邊外洮賚河界八百餘里洮賚亦作洮來陶賴討來在肅州南下流合張掖河即古呼蠶水也漢書地理志福祿縣呼蠶水出南羌中東北至會水入羌谷寰宇記呼蠶水一名潛水俗謂之福祿河西南自吐谷渾界流入肅州志討來河水與城東水磨渠同派至威虜城又名廣福渠又東至峪口與鎮夷黑河合流一名天倉河在衛東北三百里一統志按輿圖今討來河發源州西南五百餘里番界中有三派最西曰討來河其西又有哈士巴爾呼河北流百餘里與討來河合又東北百餘里南有巴哈額濟內二河分流二百里許合流又北數十里與討來河會爲一又東北流二百餘里入邊繞州南至州東北合西來之水又東北出邊過金塔寺稍折而北又轉東與張掖河合又北五百餘里入居延海那彥成平番奏議肅州鎮討賴川馬廠輿圖說討賴川馬

廠距肅州城四百餘里在南山之中其川東西長二百餘里南北寬五六十里不等中爲討賴河兩岸皆艸地營孳九廠分布其間此廠至彼廠相距三四五六十里不等迤南界牌外名素勒地甚遼闊係青海蒙古遠出游牧之地東去巴思洞卽通甘州野馬川西接關外之青頭山從廠北來道路崎嶇兼有瘴氣人馬難行三百里外出山抵金佛寺始平夷坦途也又查辦漢奸摺奏稱此輩奸民多在甘州之邊境野馬川一帶該處毘連甘涼肅三府州南與西甯之大通接壤環山面河東西長徑四五千里向係甘州肅州兩營馬廠地方遼濶其中之野牛溝八寶山等處產有金砂雖經查禁而南自利之所在奸民潛行偷挖聚散無常竟成盜藪

西甯邊外博羅充克克北岸博羅充克克河源流詳北後南左翼末旗游牧下至涼州邊外西喇塔拉界四百餘里東南自西甯邊外拉喇山一統志納拉薩拉嶺在西甯邊外八十七里其西有齊布泰爾嶺相近又有哈拉嶺接拉喇山卽哈拉嶺也西北至甘州邊外額濟納河四百餘里額濟納舊圖作

厄几餧在阿拉善王旗西界。平番奏議永安營所屬之察漢俄博地方在甘州扁都口外西接野馬川野牛溝東連二道溝羊胸子爲漢奸往來必由之路迤南伊斯們沁之外即係蒙古牧界**東北自永昌邊外西南至嘉峪關邊外布隆吉爾河岸二千餘里**布隆吉爾河在今安西州北即南籍端水也漢書地理志冥安縣南籍端水出南羌中西北入其澤元和志晉昌縣冥水自吐谷渾界流入大澤東西二百六十里南北六十里豐水艸宜畜牧一統志按輿圖及新志今有蘇賴河亦名布隆吉河發源靖逆衛南山曰昌馬河北流轉而西經柳溝衛北會十道溝水爲蘇賴河又西經安西衛北三里又西經沙州衛西北黨河自南來注之又西流三百里許豬爲合拉池其流長七百餘里池方數十方里即古南籍端水也今三衛屯田俱藉此水灌溉方略康熙五十四年四月理藩院議青海左翼與哈密相近**右境東自棟科爾廟西至噶斯池界二千五百餘里**噶斯池在黃河上流鄂靈海東北固爾班蒙滚陀海山東南六十餘里有三池一名鄂博圖噶斯池周二十五

里一名多木達噶斯池周十五里一名察罕噶斯池周
十餘里俱在黃河鄂博池之東番名固爾班噶斯池口
方略康熙五十三年鑾儀使董大成疏言臣至噶斯池口
巡視絶無來往人迹噶斯地勢三面雪山中有一綫水口
艸並蘆葦其大路在卜特爾西南走藏東南走青海西
甯大通河半月即到永固城西北走柴達木吐魯番等
處乃策妄阿喇布坦出入咽喉要路是以臣於九月十
一日移駐得卜特爾五十四年大成又奏言臣於六月
二十二日從肅州出嘉峪關自關至噶斯口三千餘里
行至常馬爾河山水暴發馬匹多傷今於八月十二日
抵噶斯口奉
旨自邊上至噶斯口一千七百里
曾經河南達奏過何以稱有三千餘里噶斯口路徑甚
窄策妄阿喇布坦斷不由彼行走今正寒冷之時著董
大成將噶斯口迤內放火燒荒領兵回肅州五十五年
七月阿齊圖疏言自噶斯口過達卜遜戈壁
有地名噶順可進塞爾騰地方此處當設兵

南自松潘邊外漳臘嶺

嶺在生番弓槓地界有漳臘河出其陽西南流入松潘廳界南合大江廳北四十里
有漳臘營設遊擊駐防明嘉靖二十年於此築城堡置
官軍雍正七年重脩 方略康熙五十七年正月四川

松潘鎮總兵官路振揚疏言松潘所屬黃勝關無斥堠向於漳臘營設一游擊統兵六百四十駐劄營轄祼番迤南爲祼祼谷安撫土司部種繁多俗號勇悍其南境直抵打箭鑪與天全招討司明正土司接壤李殿圖番行祼詠詩羊嶺鶩溪古戰場黃頭九百豬碉房正嘉剿撫均無策漳臘何曾是大荒自注前明洪武十二年丁玉併潘於松置松州衛諸司入貢累朝叛服無常其甚者宣德年間千戶錢宏調發征交趾激變番人正德年間松潘熟番八大䕶等作亂嘉靖年間土官撫使薛兆乾與副使李蕃相仇訐糾衆脅僉事王華不從一屠其家惟宏治七年巡撫張瓚破白羊嶺鶩溪等三十一寨招商巴等二十六族皆納款十四年攻靑水黃頭諸寨豬其碉房九百差強人意萬歷年間雪山國師喇嘛等四十八寨寇漳臘史稱漳臘以北皆爲大荒則當時剿撫可知自我朝龍安置守漳臘置鎮松潘置丞番人甯謐與齊民無異矣北至博羅充克克河南岸千五百餘里東南自洮州邊外達爾濟嶺達爾濟嶺即一統志之托禮嶺也在洮州衛邊外洮河發源處即西傾山之脊嶺最高大其上平坦艸木茂盛西北

至嘉峪關邊外塞爾騰西爾噶拉金界二千餘里塞爾騰海在舊沙州衛西南三百餘里水出雪山之陰西北流豬爲澤爲青海要道西爾噶拉金河卽黨河在沙州衛西古氐置水也漢書地理志龍勒縣有氐置水出南羌中東北入澤溉民田一統志按輿圖今有黨河亦名西勒哈金河發源衛東南山中北流二百餘里折西流百餘里會南來一水又折北流繞沙州舊城之東新城之西流百餘里入蘇賴河溉田甚廣當卽古氐置水東北自西甯邊外克騰庫特爾西南至穆魯烏蘇河千五百餘里穆魯烏蘇舊圖作呼呼烏蘇又作胡胡烏蘇在黃河西大雪山北源出索諾木達什嶺北流四十餘里折東北一百餘里又合南來之密喇河北來之薩爾哈卜齊海阿爾昂諸水東流三十餘里入黃河崇德二年遣使通貢七年復偕達賴喇嘛奉表貢順治三年賜甲冑弓矢俾轄諸額魯特十年封遵文行義敏慧顧實汗賜

金冊印康熙三十七年顧實汗第十子達什巴圖爾來朝。詔封和碩親王。時顧實汗諸子皆前死。諸台吉授貝勒貝子公等爵有差雍正元年達什巴圖爾子羅卜藏丹津叛大軍討之越歲而定康熙五十七年羅卜藏丹津從大軍送第六世達賴喇嘛入藏歸覲為唐古特長陰約策妄阿喇布坦援己復約青海台吉等盟察罕托羅海令如所部故號而自號達賴琿台吉以統之世宗憲皇帝以和碩特自相殘不忍遽加兵時兵部侍郎常壽駐西甯理青海務命傳諭羅卜藏丹津罷兵不從則懲之羅卜藏丹津詭言親王察罕丹津郡王額爾德尼額爾克托克托鼐謀據唐古特諸台吉不服將率兵與決勝負蓋以二王首不附己欲誣以罪因脅諸台吉奉己如鄂齊爾汗駐唐古特以遙制青海也。上察其詐決計討之命川陝總督年羹堯為撫遠大將軍統兵進剿羅卜藏丹津竄準噶爾逆黨悉檻送京師及乾隆二十年大軍剿達瓦齊抵伊犂羅卜藏丹津就擒。高

宗純皇帝告祭太廟社稷行獻俘禮
御午門樓受之以世宗憲皇帝有宥罪之旨
詔免死子巴朗察罕額布根均
授藍翎侍衞餘戚屬處伊犂者免內徙

詔定游牧地界

方略康熙五十八年五月差往西吉木等三處定設畫界理藩院員外郎巴福壽疏言臣傳集厄魯特貝子阿喇卜坦並其所屬台吉阿爾薩郎及貝勒額爾德尼額爾克等會同西吉木等三處官示以設立畫界情狀據云青海人等荷恩甚厚何惜隙地地可耕者聽兵民悉耕之但留我等游牧處所足矣臣案西吉木等三處故爲西喇郭勒蒙古部人游牧所在兵民先已耕種其隙地令蒙古人等游牧如故達里圖地有車臣貝勒屬人與兵民依水道相襍耕種以西吉木水源並淖泥艸埠地不可耕蒙古人等游牧其閒循水而下則兵民與貝勒額爾德尼額爾克及貝子阿喇卜坦等屬人悉在兩岸交錯種地臣即會同所司並台吉宰桑等令於交錯耕種處立界不得逾越平番奏議查自雍正年閒平定青海插旗定地以黃河爲界河北二十五旗蒙古河南有五旗蒙古其餘均屬番族而河北土地肥饒河南則水艸不能皆好自來番族皆謂

偏坦蒙古盡與善地常有垂涎河北之心當其始分族而居每族不過百餘戶或數十戶地廣人稀游牧尚可相容迨後丁口日繁互有強弱搶劫蒙古乃其世仇覬覦河北亦其素志而今之蒙古衰弱已極不但不能自強且均逃散乞食窮苦實在可閔云云按後奏議又謂河南四旗較河北稍為富強然則貧弱者止土爾扈特西旗一族耶

三年一貢分三班九年而周置互市於西甯西川口外之納喇薩喇地

蒙古謂日曰納喇月曰薩喇卽一統志所謂日月山也在西甯四川口外西南八十七里方略雍正二年四月奮威將軍岳鍾琪奏言大將軍年羹堯前奏稱每年青海與內地定於二八月貿易以那喇薩喇為交易所經議政大臣議改令四季交易甚便按親王察罕丹津公拉察卜等諸台吉並居黃河之東迫近河州去松潘不遠向在河州松潘二處貿易今若定於那喇薩喇恐黃河東西兩翼蒙古所居有無不足供給不如仍於河州松潘貿易為便河州定於土門關附近雙城堡松潘定於黃勝關之西河口二地並有城堡房屋地形寬闊水艸豐好可為永遠互市之所又郡王額爾德尼額爾克托克

托爾郡王塞爾騰札爾等諸台吉部落在黃河西近西寧請移其貿易地於西甯口外丹噶爾寺至蒙古貿易悉資牲畜請於每年六月以後聽其隨時貿易則蒙古商販並獲准行 又乾隆九年七月甘肅巡撫黃廷桂奏言西甯口外日月山西南地名沙刺庫圖爾距丹噶爾六十餘里乃番族出沒經由之處其地孤懸口外氣候甚寒不能耕種 平番奏議嗣後無論何州縣牟客與河北蒙古買羊易貨止准於西甯縣屬日月山卡以內東科爾寺丹噶爾及大通縣屬之烏什溝察罕俄博等處互相交易

如內蒙古例編置佐領以札薩克領之凡青海和碩特二十一旗西前旗

札薩克親王品級多羅郡王游牧顧實汗第六子多爾濟之次子策旺喇布坦號達賴岱青嗣父爲和碩特八台吉之一康熙三十六年來朝四十二年封多羅郡王四十四年子額爾克巴爾珠爾襲四十五年爲諸昆弟

所迫自戕死子朋素克旺札勒降襲多羅貝勒雍正三年授札薩克四年來朝仍封郡王乾隆四十七年詔世襲罔替(佐領八)五十六年朋素克旺札勒孫索諾木多爾濟以功　賜親王品級(因官兵征廓爾喀豫備駝馬巡查驛站功)

牧地(按舊圖此爲公惇多布達喜牧地)在布喀河南岸(布喀河詳後北右末旗下)東至烏圖起爾沙陀羅海(接北末旗界)南至西拉庫圖爾果庫圖爾(接玉樹番界　平番奏議青海大臣所管玉樹番子自雍正十一年安插後除覺巴拉喇布二族承當遞送公文濟渡等差不納貢賦外其餘三十九族計八千三百六十九戶每年每百戶納馬一匹折銀八兩)西至察罕烏蘇呼魯蓀納(接班禪額爾德尼商上堪布駐牧界)北至布喀河濱納令希櫻(接甘州府邊外界)

前頭旗札薩克多羅郡王

游牧顧實汗第五子伊勒都齊有子二長罕都再傳嗣絕次博碩克圖濟農之第三子曰察罕丹津號岱青和碩齊康熙四十年來朝封多羅貝勒五十六年晉封郡王五十九年從大軍送達賴喇嘛入藏雍正元年敘功封和碩親王三年授札薩克十三年卒子惇多布旺札勒先卒嗣絕 詔以察罕丹津從子拉察布之子旺舒克嗣子旺丹多爾齊帕拉木繼襲爵嗣復絕
詔以旺舒克從子納罕多爾濟降襲多羅郡王承察罕丹津祀乾隆四十七年 詔世襲罔替佐領十一初察罕丹津之弟根特爾娶噶爾丹之女布木為妻
詔屢索之察罕丹津嗣立籲請免解 上鑒其誠

諭令完聚根特爾卒子丹衷嗣初授輔國公以大軍自青海討準噶爾遣所部助獻糧餼復以兵從至藏論功晉封固山貝子卒無子詔追封郡王遣奏獻部眾及牧地　上不忍納諭曰丹衷實心效力身故嗣絕朕富有天下四海為家豈有利其所屬之理著四川總督岳鍾琪遣員會同札薩克等察明戶口數目歸察罕丹津轄務使各得其所

牧地初察罕丹津及羅卜藏丹津領青海右翼察罕丹津牧河東近松潘羅卜藏丹津牧河西近布隆吉爾以河為界方略察罕丹津所居去松潘止四五日程平番奏議蒙古札薩克郡王達什仲鼐等四旗均在河南較河北各旗稍為富強而在河南日與番子尋讎臣等籌商莫若將該四旗移之河北空地助勒盎一帶與各蒙古層爾相依既可免野番滋擾又可作內地屏藩奉　旨是先示番賊以弱不可輕議更張事遂寢案達什仲鼐者察罕多爾濟之子四旗者和碩特前頭旗及南左翼中旗南右翼中旗土爾扈特南前旗也

南當黃河之曲有小哈柳圖河入於黃河黃河重源再顯於巴顏喀喇山之東麓二泉流數里合而東南流曰阿爾坦河阿爾坦蒙古言金也

水色微黃似之東北流三百餘里至鄂屯搭拉爲古星宿海元史所謂火敦腦兒也直西甯邊外西南千一百餘里星宿海於羣山環繞中有地平曠可三百里泉千百泓隨地涌出大小錯列望若列星阿爾坦河自西南來皆滙入焉東北流百餘里又東南注札凌海海周三百餘里東西長南北狹河亙其中而流番語謂白爲札長爲凌以其水色白也而錢氏坫遂從而爲之詞曰所謂河出昆侖虛色白也不思阿爾坦已言水色似金何緣行至此復納色白之稱葢昧其初源而以重源所發之巴顏喀喇爲昆侖因致斯誤矣海水自白河水自黃不相涉也又東南注鄂凌海海在札凌東五十餘里周亦三百餘里形如匏瓜西南廣東北狹番語謂青爲鄂言水色青也卽元史所謂滙二巨澤名阿剌腦兒者也使札凌爲河色白然則鄂凌又爲河色青乎足證札凌鄂凌皆因海內稱矣由海東北流出折東南南抵巴顏渾嶺下復正南流百五十里水色始變綠而黃又東南流曲曲七百餘里繞大雪山南古積石山也番名阿木尼麻禪母遜阿林阿木尼謂祖麻禪謂險惡母遜謂冰猶言大冰山也山自巴顏喀喇東來當黃河北岸緜亙三百餘里上有九峯甚高冬夏積雪在西甯邊外西南

五百三十餘里元史謂之亦耳麻不莫剌黃河依山南麓東流折而東北有三坤都倫河前後自東南來注之三坤都倫者一曰德特坤都倫出賴楚山西北流三百餘里入黃河即元史納鄰哈喇河自白狗嶺北流者一曰都爾達都坤都倫出納克多木精山西北流屈曲三百數十里入黃河當河流自南轉東北處即元史乞里馬出河自威茂州西北岷山之北北流者一曰多拉坤都倫源出岡氈山西北流六百數十里入黃河正當大河於烏蘭莽鼐山麓折而西北流之處即元史鵬拶河自鵬拶山西北流七百里過札塞塔失地與河合者黃河既納出此三水勢益盛至烏蘭莽鼐山下始折而西北流二百里小哈柳圖河自東北來入之小哈柳圖源出東北魯察布拉山二源西南流百里合又八十里西入河當游牧西土爾扈特南前旗東舊圖謂之巴哈哈圖又曰巴罕哈留圖皆此河也東至拉布楞希拉得布沙接南右翼中旗界南至和托果爾希里克接土爾扈特南前旗界西至巴爾鄂博巴彥烏拉接南左翼中旗界北至額爾德尼布烏魯勒卜達巴

接貴德廳界。

前左翼頭旗札薩克多羅郡王游牧顧實汗第三子達蘭泰之子袞布。一作固木布。號阿齊巴圖爾。康熙四十三年。以先諸台吉內附。封多羅貝勒。四十四年卒。子額爾德尼額爾克托克托鼐襲。一統志作厄爾德尼俄爾克他克他耐。五十五年。詔分領青海左翼。雍正元年。敘進藏功晉封郡王。三年。授札薩克。乾隆四十七年。詔世襲罔替。佐領九。牧地。案舊圖此為公嘎爾丹達什牧地。貝勒額爾德尼額爾克托克托鼐牧地在烏蘭木倫河北。額集納河南。初袞布游牧嘉峪關外。鄰哈密。準噶爾及諸回使往來。必經之。順治十三年。葉爾羌回長遣使入貢。抵肅州。袞布以葉爾羌嘗奪其屬。將襲之。甘肅巡撫周文燁從貢使至甘州。袞布挐千餘騎分道入。聞官軍嚴備。遁歸。卒不敢為邊患。及羅卜藏丹津叛。以額爾德尼額爾克托克托鼐不附已。掠其游牧額爾德尼額爾克托克托鼐拒之不敵所部多卻走因攜妻閼道至甘州乞援子阿喇布灘索諾木達什等集衆鏖戰七日賊始退率屬衆來歸貝子延信置之蘇油口內亂定乃歸游牧。在大通河南岸。大通河源出青海西北阿木尼尼庫山南諾爾東南流曰烏蘭木倫河東百五十里有哈爾渾河自北來注之又東北曲曲流南受一水又東北有滿楚喀河自西北來會東經甘州邊外番大山東南流八百里北受小水六南受小水五至西大通堡南又東南會湟水又東南入黃河即古浩亹水也河北爲西右翼前旗游牧地。案前左翼頭旗及西右翼前旗皆駐牧在青海北瓊科地方平番奏議青海迆北瓊科地方甚爲寬廣足敷各旗駐牧注互見綽羅斯部南右翼頭旗下。東至阿木達賴台接西右翼前旗界。南至固爾班塔拉之北沙拉圖接北右翼旗及東上旗界。西至齊擦擦呢布楚勒接甘州府邊外界。北至巴彥布拉克接涼州府邊外界。

〔西後〕旗札薩克多羅貝勒游牧郡王策旺喇布坦從子達顏。

祖多爾濟父薩楚墨爾根台吉相繼爲青海右翼長康熙三十年達顏嗣五十五年以議遷達賴喇嘛瑚畢勒罕事定 詔分領青海右翼是年十二月來朝封多羅貝勒有番族曰瞻對在雅龍江西境其祖爲瑪什爾濟布木子二長革松撤次按撤不相能革松撤子琳沁布及孫策冷旺布屯牧瞻對按撤攜子策冷札布徙奔霍爾附青海說多爾濟以兵侵瞻對掠番屬二千餘戶策冷旺布女弟之夫曰喇瑪布屯牧喇袞與定謀內附納其土及民數瞻對屬番三千戶喇袞屬番千戶且獻明所給印會策旺喇布坦遣宰桑取霍爾賦使以私至打箭鑪詭稱多爾濟及子薩楚墨爾根孫達顏相繼徵瞻對賦瞻對久爲青海屬請勿納我守汛臣遺書詰之策旺喇布坦稱宰桑辭誣且謝罪 詔授側冷旺布及喇瑪布官爲內屬即隸泰寧協阜和營之瞻對喇袞二安撫司也策旺喇布坦卒其妻額琳沁旺布謀奪霍爾諸地達顏以策旺喇布坦恤育恩弗與校側冷

札布忌策冷旺布內附。擴附牧地。遣官往勘。知霍爾爲達顏屬。飭額琳沁旺布給之。復諭達顏遣使霍爾。察歸所擴贍對地。以等桑等監之。達顏奉命惟謹。五十七年卒。子旺舒克喇布坦嗣。六十一年卒。無嗣。達顏妻玉木楚木察罕達喇。請以達顏弟噶勒丹岱青諾爾布之子達什車凌嗣。詔降襲固山貝子。噶勒丹岱青諾爾布。初爲間散台吉。雍正二年。羅卜藏丹津脅之叛。不從。迎降大軍。復以兵擊賊黨。敘功。封固山貝子。世襲罔替。青海世爵自此始。噶爾丹岱青諾爾布尋卒。其妻請以達什車凌兼襲之。詔從優加恩。併兩貝子爵爲貝勒。仍世襲罔替。三年。授札薩克。佐領九。牧地。康熙五十四年。準噶爾侵哈密。敗遁。議撤

噶斯駐防兵以達顏屬台吉等游牧柴達木通噶斯之察罕齊老圖遣侍衛等駐其地五十五年詔選所部兵屯噶斯

跨柴集河其水北注鹽池池在青海西南周百餘里產青鹽蒙古名達布遜淖爾其水自錫喇庫特爾山之莫和爾河與布拉克地察罕烏蘇河西來滙爲此池又自池東南流出經百餘里會西來之巴爾虎河又七十餘里柴集河自東南來入之名曰鹽河復東南流六十餘里淪於功額池凡青海蒙古與西甯一郡軍民並各種番回食鹽皆取給于此案十三排圖此爲台吉額爾德尼巴圖爾牧地貝勒達顏牧地在天沁察罕哈達之西博爾淖爾淖爾之北又功額淖爾與克爾特黑淖爾殷德爾圖淖爾三池相峙如鼎足然但不相通注爾功額周五十餘里其北有細納池周四十餘里西南有奇爾多克池周二十餘里地皆沙鹵鹽池之水淪入於內理藩院則例青海迤西迤北爲產魚鹽之地准窮苦蒙古撈鹽捉魚請領各該旗王公札薩克台吉照票運往丹噶爾西甯大通一帶售賣易換布匹口糧等物東至

錫喇鹽海子察罕托羅海接南左翼次旗及達賴喇嘛商上堪布駐牧界南至

合約爾巴爾古，接土爾扈特中旗界。西至布隆吉爾河源，接南左翼後旗界。北至果庫圖爾希拉庫圖爾，接喀爾喀南右翼旗界。

北右翼旗

札薩克固山貝子游牧，顧實汗第七子瑚嚕木什，順治六年，助大軍討河西逆回，復招降西甯城。賜巴圖爾額爾德尼岱青號，有子四，長根札再傳絕，次哈坦巴圖爾，次達爾巴，次秉圖。康熙四十四年，哈坦巴圖爾卒，遺疏爲子達什惇多布求恤。詔封輔國公，尋卒，無子。五十七年，準噶爾襲藏，命青海諸台吉往援，時達爾巴之孫車凌惇多布孤幼，毋楚克賚納木札勒以所屬唐古特兵萬從軍，大軍入藏，復獻糧餽雍

正元年議功。特賜車凌惇多布貝勒爵尋附羅
卜藏丹津叛大軍至迎降。詔置伊克烏蘭和碩。
給茶麥養之事定降固山貝子三年卒無嗣以其從祖
秉巴之次子丹巴襲授札薩克乾隆四十七年。
詔世襲罔替。佐領六。牧地。案舊圖此爲台吉色布騰台吉策凌惇多布牧地策凌惇多布
卽車凌惇多布也。在青海北岸。有伊克烏蘭和碩巴哈烏蘭和碩二河在游牧西西北自庫德
里山南流百餘里入庫庫諾爾。青海圖海北至瓊科約二百餘里。東至沙拉哈吉爾。接東
上旗界。南至庫庫諾爾齊津。接綽羅斯南右翼頭旗界。西至吹吉烏立
圖阿拉爾。接綽羅斯北中旗界。北至烏蘭和碩。接前左翼頭旗界。〔北左翼〕
旗札薩克貝勒品級固山貝子游牧。顧實汗第八子桑

噶爾札生子塔薩博羅特號和碩特子二長惇多布達什次索諾木達什康熙四十四年惇多布達什封輔國公初青海台吉內附惇多布達什及索諾木達什幼且避痘未入覲至是親王達什巴圖爾奏諸昆弟子姓惟瑚嚕木什及桑噶爾札裔未賜爵因有是命雍正元年敘入藏功晉鎮國公未幾卒羅卜藏丹津叛以索諾木達什鄰牧誘捡之尋脫歸詔封固山貝子給上等產業青海定遺歸牧三年授札薩克次子噶勒丹旺札勒第三子莽鼐相繼襲莽鼐卒子羅卜藏色布騰襲乾隆三十一年以不嚴防汛罪郭羅克番掠所部牧畜逸走削札薩克改授閒散貝子以其弟巴濟勒特代掌札薩克降授一等台吉四

十七年。詔世襲罔替。四十九年。子拉札布襲。五十六年卒。詔仍以羅卜藏色布騰襲。復因大兵征廓爾喀巡綽臺站功。賞給貝勒品級。三佐領。牧地。案十三排圖。牧地在布隆吉爾河南。爲貝勒達顏之阿爾巴圖駐牧處。地盡沙磧。烏蘭烏蘇河出東南沙磧中。西北行五百餘里。入達布遜淖爾。東至哈喇諾爾。接北右末旗界。南至科爾魯克。接西右翼中旗界。西至窩果圖爾。接嘉峪關界。北至伊克柴達木。接肅州邊外界。

南左翼後旗札薩克輔國公游牧。顧實汗長子達延鄂爾齊汗之次子多爾濟。子垂庫爾。生子五。長噶爾丹達什。康熙三十六年。從達什巴圖爾內附。五十年。封輔國公。雍正元年。敘入藏功。晉鎮國公。一統志作護國公。青海有護國公爵一即此也三年授札薩克子丹津納木札勒索納木巴勒濟相繼襲卒皆無嗣乾隆十三年詔以索諾木袞布鄂齊爾汗第三子次子之子索諾木多爾濟襲降授輔國公承噶爾丹達什祀四十七年詔世襲罔替一佐領牧地案舊圖噶爾丹達什牧地在大通河南岸青海正北此為俄羅得泥巴丹圖勒牧地平番奏議葉什羣族番子各騎馬持械至胡丹度地方搶得錫第公旗下牛馬羊及錫第公帳房內瑱幃等物案錫第為索諾木多爾濟之弟表作喇特納錫第東至吉噶素台鄂蘭布拉克接喀爾喀南右翼旗界南至和洛海接土爾扈特南中旗界西至布都克圖烏蘭和碩接北末旗界北至青海北前旗札薩克輔國公游牧鄂齊爾汗季子墨爾根諾顏子一長車凌康熙五十

年。封輔國公。雍正三年。授札薩克。乾隆四十七年。詔世襲罔替。佐領二。牧地在青海西岸。案圖。牧地當布喀河南岸。東流入青海處。又康熙圖此爲貝勒噴蘇克王札兒忒黑巴及公達什公多普駐牧處。十三排圖。此爲貝勒彭蘇克旺札爾駐牧處。平番奏議。乙旦木等各騎馬持械行至塔爾薹地方。見格勒克拉布濟公旗下蒙古昂貞年達克等十五戶。在彼牧放。案格勒克拉布濟車麥之曾孫也。東至科依特陀羅海。接南左翼後旗及綽羅斯北中旗界。南至柴吉希巴立台。接南左翼後旗界。西至車吉。接北末旗界。北至哈達圖。接甘州府邊外界。

南右翼後旗札薩克輔國公游牧。鄂齊爾汗第五子索諾木達什。康熙五十年。封輔國公。五十一年卒。子諾爾布朋素克襲。雍正元年。敘進藏功。增俸。三年。授札薩克。四年卒。嗣子達什

巴勒珠爾襲七年卒無嗣詔以其從祖索諾木袞布之子車凌襲承索諾木達什祀乾隆四十七年

詔世襲罔替佐領四牧地在青海東岸案圖牧地在漠爾穆山西北巴哈淖爾之東坤都倫河自察罕鄂博圖山兩源不十里而合南入西甯河有

世宗憲皇帝聖製碑在旗界東至賀爾接西甯府邊外界南至哈沙圖接南右翼末旗界西至哈拉素布魯漢接東上旗界北至庫庫諾爾接前左翼頭旗及西右翼前旗界

西右翼中旗公中札薩克一等台吉游牧顧實汗伯兄哈納克土謝圖孫圖瑚爾綽克圖哈納克土謝圖祖博貝密爾咱始稱衛拉特汗越四傳至圖瑚爾綽克圖皆世爲長嗣生子四次達木巴達爾濟次僧格僧格之子車凌納木札勒康熙三十六年從達什

巴圖爾內附雍正元年羅卜藏丹津脅之叛不從游牧被掠集昆弟子姓來歸自編屬丁爲佐領青海定遺歸牧三年設公中札薩克猶滿洲蒙古八旗之公中佐領也凡三十三台吉以車凌納木札勒領之授一等台吉十年卒無嗣

詔以達木巴達爾濟之子巴勒襲乾隆四十七年

詔世以公中議襲一佐領牧地跨柴達木河案圖牧地在柴達木河南舒哈河自游牧西無名海子流出西北入於沙柴達木河出河源北托遜淖爾西流至西拉珠爾格塔拉阿拉克淖爾水東來入之合而西北流格德爾古河烏蘭烏蘇河布隆吉爾河俱自其東注之又西入於沙青海圖都藍寺至色爾開莊約六十餘里色爾開至南柴達木約四百餘里南柴達木蒙古駐牧至玉樹約八百餘里托素諾爾至南柴達木約三百餘里北柴達木駐牧蒙古無所至里數方略

雍正七年十一月，議政大臣議覆噶斯駐兵事宜。噶斯地窄，可駐兵百人，餘並駐柴達木。柴達木之西爲得卜特爾，駐兵六百，又西爲察罕烏蘇，駐兵四百。兩地水艸足資游牧，所在聲援，更聯屬矣。九年七月，上諭：柴達木之北伊遜察罕齊老圖地方，乃直達安西沙州之路，爲巴里坤軍營之後戸，最爲緊要。此處或駐兵一千名，或八百名，建築小城一座，以爲捍禦，再設喀倫以瞭望賊蹤。東至諾木罕河，接西右翼後旗界。南至諾木罕木魯，接玉樹番界，巴顏喀喇山在旗南。西至滔賚，接嘉峪關界。北至希勒沿，接北左翼旗界。

西右翼前旗

札薩克一等台吉游牧。貝勒納木札勒之弟納木札勒南左翼末旗。阿喇布坦，雍正元年，羅卜藏丹津脅之叛，不從。三年，授札薩克一等台吉。乾隆四十七年，詔世襲罔替。佐領二。牧地在大通河北岸，其南岸爲前左翼頭旗牧地。東至察罕阿爾吉永安，接西甯府大通縣界。南至約呼賚口。接南翼末旗界。西至柴達木察罕巴彥托羅海。接前左翼頭旗界。北至希立永安。接涼州府邊外界。南右翼中旗札薩克一等台吉游牧。博碩克圖濟農長子岱青巴圖爾有子三。長阿喇布坦札木素。康熙五十九年。封輔國公。雍正三年。授札薩克。乾隆五年卒。無嗣。詔以其弟惇多布鄂木布之子達什納木札勒襲。卒。嗣子禮塔爾襲。時達什納木札勒有子隆賚幼。禮塔爾毋匿不告。四十年。郭羅克番掠青海牧。禮塔爾爲所戕。駐劄西甯大臣以隆賚聞。詔降襲札薩克一等台吉。四十七年。詔世襲罔替。佐領五。牧地。案舊圖。台吉拉布坦札木蘇牧地在魯察布拉山之東當枯烏蘇河源其北爲阿齊諾門罕牧地當魯察布拉山之西魯察布拉舊作羅插普喇又作魯又蒲拉即禹貢之西傾山也一名西彊山亦名嵹臺山在洮州廳西南三百三十餘里史記夏本紀道九山索隱九山古分三條馬融以西傾爲中條鄭康成分四列汧爲陰列西傾次陰列漢書地理志隴西郡臨洮禹貢西傾山在縣西西北史吐谷渾傳阿豺升西彊山觀洮江源水經注沙州記曰洮水與墊江水俱出嵹臺山山南即墊江源山東即洮水源嵹臺西傾之異名也括地志西傾山今嵹臺山在洮州臨潭縣西南三百六十六里元和志嵹臺山在臨潭縣西南三百里一統志西傾山番名羅插普喇山近黃河自東折而西北之東岸縣亙千餘里凡黃河以南諸山無大於此者洮河發源於此舊洮州衛志西傾山延袤千里外跨諸羌東至庫克烏松接循化廳界平番奏議循化番族舊止生熟二種熟番十八族生番五十二族大半皆有糧地又與四川之松潘相近購辦川茶自行運買生業較爲充裕惟該處有拉布浪宗卡隆務三大寺招住喇嘛不下二三萬人未免易藏奸宄道光二十六年六月陝甘總

督布彥泰陝西巡撫林則徐奏勦洗黑錯寺喇嘛及濟惡各番情形竊照循化廳卡外之黑錯寺地方番族衆多素稱獷悍其在寺內爲僧者亦係該處番子平時則萃衆行劫犯案則匿犯抗官其頭目所管職事有香佐揑勒巴吉哇等名色皆係該寺喇嘛輪換充當遇有動衆之事一切號令悉由寺內傳出各莊番族無不聽從該寺坐落西北山谷之間路迴徑窄我兵欲攻先須清理番莊臣達洪阿當將周圍路徑探確於閏五月十一日寅刻帶兵進勦經過番莊隨燒隨進內有索莽古鹿一處伏賊甚多經官兵用大礮轟洗逆行近該寺山口有馬隊紛出迎敵當分兵爲兩翼一由迤南山嶺進發一由迤北山嶺夾擊臣達洪阿由中路山溝抄入將該寺放火燒煅光燄徹宵次日查點所燒番莊共三十餘處寺內本有僧院四百餘所俱成灰燼洮州河州附近民人來觀者同聲稱快　理藩院則例一奎屯希哩鄂倫布曲瑪爾屯次卡倫三處爲循化貴德門戶三卡中間又有小隘口十餘處皆路通番子地方特派頭目三名分駐各舉可靠番子分管小隘口常川駐守統歸總頭目鈐轄一循化貴德兩營每年霜降以前循化參將貴德游擊豫先定期會同兩廳各帶兵一百名穿越番

地至清水河交界會閱一次一河州關外循化貴德閭門以外該地方官酌定日期每月准民人貿易二次喇嘛寺院均不准開設棚廠店口嚴禁匪人出入南至齊克特尼諾爾接土爾扈特南前旗界十三排圖作濟克西伊淖爾在哈沙圖淖爾之西都拉坤都河之北西至僧格圖木齊接南左翼中旗界北至庫克烏松西山接貴德廳界平番奏議貴德所屬有生熟野番三種熟番五十四族向來種地納糧均能謀食生番十九族居貴德東南畜牧爲生距河稍遠惟野番八族戶口強盛內有汪什代克一族近已全數移居河北其餘七族現在插帳河濱遠難控制南左翼中旗札薩克一等台吉游牧博碩克圖濟農次子墨爾根諾顏子拉察布生子三長察罕喇布坦次旺舒克喇布坦次旺舒克旺舒克別襲察罕丹津所遺札薩克親王爵事見前康熙五十年封拉察布輔國公五十五年晉固山貝子雍正元年敘入

藏功。胥多羅貝勒。未幾附羅卜藏丹津叛。大兵至。懼討。奔巴爾喀木。子察罕喇布坦等迎降。招拉察布至。詔降爲鎮國公。三年。宥罪授札薩克。徐星伯太守藏有內府十三排圖。穆手摹之。而不能定爲何時所繪。今案康熙圖黃河北岸。哈克圖河南。爲貝色拉叉普駐牧處。即貝子拉察布也。十三排圖同。而貝色拉叉普作貝勒拉察布。據傳拉察布於雍正元年封貝勒。旋叛削爵。然則十三排圖乃雍正初年所繪。舊稱爲乾隆圖者非也。九年。土爾扈特族諾爾布叛。拉察布復附之。察布喇布坦諫。不從。攜之由索羅木河遁。副都統達鼐率兵追之。察罕喇布坦降。拉察布亦悔罪。歸青海牧。諭交察罕丹津嚴行管轄。授察罕喇布坦札薩克一等台吉。乾隆二年。卒。子多爾濟色布騰襲。

四年卒。無嗣。詔以旺舒克喇布坦襲。三十三年卒。子納罕多爾濟襲。三十六年。詔襲其從兄旺丹多爾濟怕拉木所遺札薩克授多羅郡王爵。（前頭旗。）弟羅卜藏丹旌襲所遺札薩克一等台吉。四十七年。詔世襲罔替。（佐領四。）牧地西濱黃河。有恰克圖河。東南來流入之。（恰克圖河在洮州廳西六百餘里黃河東岸源出伊克圖爾根山東北流折而北會巴哈圖爾根山之水折而西西北流百餘里有伊西克山之水自東北來會又西北入黃河又有碩爾渾河舊圖作碩爾郭爾在恰克圖河之北源出古爾班圖爾哈山會三小水西北流入黃河案碩爾渾河今圖南會恰克圖河以入於黃河。）東至巴哈圖爾根。（接前頭旗界。）南至阿爾坦果爾。（接阿里克番界。）西至伊克圖爾根。（接阿里克番界。）北至巴哈圖爾根。（接察罕諾們罕游牧界。〔北左末旗〕札薩克一等台吉游牧。札薩克郡王額爾克巴勒珠爾。西前旗。次子伊什多爾札布。雍正元年。羅卜藏丹津脅之叛。不從。三年。授札薩克一等台吉。乾隆四十七年。詔世襲罔替。佐領四。牧地。案十三排圖此爲貝勒達顏牧地。東至柴吉齊沁。接北前旗界。南至鹽海。接玉樹番界。西至哈唐和碩。接西前旗界。北至和特克。接甘州府邊外界。〔北右末旗〕札薩克一等台吉游牧。墨爾根台吉第六子額璘沁達什。初封固山貝子。晉多羅貝勒。以附羅卜藏丹津叛削爵。有子三。雍正三年。授次子達瑪璘色布騰札薩克一等台吉。乾隆十四年卒。無嗣。弟博貝襲。二十五年卒。無嗣。

詔以額璘沁達什長子巴特瑪色布騰之子旺
札勒襲四十七年。　詔世襲罔替。佐領二。牧地在布
喀河源沙爾諾爾之西。布喀河在青海西源出青海西北三百餘里阿木尼厄枯山南
名喀喇錫納河南流一百餘里與英額池水會池周一
百五十餘里水道提綱作二百數十里其水東南流一百餘里會於
喀喇錫納河復東南流六十餘里至天沁察罕峯北與
沙爾諾爾水會即舊圖所稱善池也諾爾周六十餘里
其水東流至天沁察罕峯前亦入喀喇錫納河又東流
七十餘里受北來之羅子河西爾哈河又東五十餘里
受北來之濟拉瑪爾台河乃名布喀河又東流七十餘
里注青海其河受六大水岸闊流深夏月人不可渡青
海左右諸水無大於此者一統志按唐書吐蕃傳開元
十四年吐蕃大將悉納邏攻甘州會大雪乃踰積石塞
趨西道以歸隴右節度使王君㚟豫遣諜出塞燒野艸
皆盡悉諾邏頓大非川無所牧馬君㚟率秦川都督張
景順窮躡出青海西方冰合師乘而度於時鹵已喻大
非川留輜重疲弱君㚟縱兵俘以旋據此則大非川濱

青海西。卽今布喀河也。唐時爲入蕃西道。胡三省通鑑注云。在鄯州西三百餘里。道里太近。又引十道圖在青海南。疑非是。 東至色爾柯克達巴。接甘州府邊外界。 南至察罕陀羅海。接西左翼後旗界。 西至薩爾魯克。接北左翼旗界。 北至庫爾魯克。接肅州邊外界。

（東上旗）札薩克一等台吉游牧。顧實汗第四子巴延阿布該阿玉什。有子十六。分牧青海及西套。札布其季也。留處青海。留處青海者四。曰札布。曰阿南達。曰伊特格勒。曰巴特巴。康熙三十六年。從達什巴圖爾內附。雍正三年。授札薩克一等台吉。轄其族。乾隆四十七年。詔世襲罔替。佐領一。 牧地在青海東北岸。東至阿拉賴達巴木魯。接南右翼後旗界。 南至柴吉。接綽羅斯右翼頭旗界。 西至青海。北至烏爾肎希巴立台。

接前左翼頭旗界。〔南左翼次旗〕札薩克一等台吉游牧。郡王額爾德尼額爾克托克托鼐子四。長阿喇布濟。雍正三年。授協理台吉。九年。以功晉一等台吉。未幾。令額爾德尼額爾克托克托鼐。於諸子中選擇可襲王爵者。封其第三子索諾木丹津爲長子。阿喇布濟晉輔國公。尋卒。次子索諾木達什。嗣協理台吉。阿喇布濟子多爾濟。襲輔國公。乾隆十一年。額爾德尼額爾克托克托鼐。請以所屬十佐領。給索諾木丹津十之六。給第四子車凌多爾濟十之四。以索諾木達什。隸索諾木丹津。以多爾濟隸車凌多爾濟。別設一札薩克。允之。授多爾濟札薩克一等台吉。四十七年。詔世襲罔替。與前左翼頭旗共佐領九。牧地。案康熙圖此爲親王魯普藏丹巾衣忒黑巴牧地。卽羅卜藏丹津也。有鹽池。此鹽池。卽柴集河水所注之池。注見西後旗下。東至沙拉圖。接達賴喇嘛商上堪布駐牧界。南至海達克。接土爾扈特南中旗界。西至努克孫山鄂昔齊。接西後旗界。北至烏蘭墨爾河。接綽羅斯南右翼頭旗界。

南左翼末旗札薩克一等台吉游牧。顧實汗亥子鄂木布。號車臣岱青。順治六年。助大軍討河西逆回。復招降西甯城。賜土謝圖巴圖爾岱青號。卒。長子墨爾根台吉嗣。詔去巴圖爾號。襲土謝圖岱青號。卒。子納木札勒襲。自號額爾德尼。康熙三十六年入覲。封多羅貝勒。仍襲土謝圖

岱青號卒子羅卜藏察罕襲雍正元年附羅卜藏丹津
叛旋悔罪降 詔置西甯口外給茶麥養之事定
議罪削爵三年 命仍領游牧衆授札薩克一等
台吉六年來朝封輔國公乾隆七年卒子多爾濟色布
騰降襲一等台吉四十七年 詔世襲罔替佐領二

牧地按康熙圖自博洛沖克克河源北岸東至西甯邊外冬科爾廟爲公諾拉布噴楚克公叉林貝勒色普吞札爾忒黑巴台基蘇爾札忒黑巴牧地十三排圖羅卜藏察罕牧地在扁都口外大通河北岸叉西爲貝勒巴爾朱爾拉布坦牧地方略康熙十三年秦蜀道梗鄂木布以所部兵屯大艸灘外其地饒水艸因來徙牧爲守汛者所禦復乞屯牧黃艸灘亦不允歸納木札勒亦屢以爲言 諭曰雖四十九旗蒙古未有令游牧內地者所請仍不允當博羅充克克河源博羅充克克舊作波洛沖科克叉或無沖

字即古湟水一名洛都水者也在西甯府西北邊外當青海之東源出噶爾藏嶺元人所謂祁連山明志之熱水山也有三泉一曰伊克烏拉古兒台一名土爾根烏拉古爾台一名察哈烏拉古爾台南流二十餘里滙爲一水名博羅充克克河其東有布虎圖嶺二泉亦南流三十餘里合曰昆都倫河東南流三十餘里與巴哈圖河合流六十餘里入博羅充克克河又東南流七十餘里至棟科爾廟南有土爾根察罕河自西南五十餘里來會水勢始盛轉東流四十餘里入西甯邊鎮海營是爲西甯河即湟水也又東流三百餘里南至莊浪備降唐堡入大通河漢書地理志金城郡臨羌西北至塞外有西王母石室僊海鹽池北則湟水所出東至允吾入河水經注湟水出塞外東逕西王母石室石釜西海鹽池北又東南流逕龍夷城故西零之地也又東南逕卑禾羌海北有鹽池世謂之青海東流逕湟中城北故小月氏之地也又東右控四水導源四溪東北流注於湟又東逕赤城北而東入逕戎峽口右合羌水又東逕臨羌縣故城北又東盧溪水注之又東逕臨羌新縣故城南又東右合溜溪伏溜石杜蠡西川左會臨羌溪水又東龍駒川水注之又東長甯川水注之又東牛心川水

注之又逕西平城北又東逕土樓南右則五泉注之又東右合葱谷水又東逕東亭北東出漆峽東流右則漆谷常溪注之右則甘夷川水入焉又東安夷川水注之又東逕安夷縣故城又東左合宜春水又東勒且溪水注之又東左則承流谷水南入右會達扶東西二溪水東流期頓雞谷二水北流注之又東吐那孤長門兩川南流入之又東逕樂都城南東流又合來谷乞斤二水左會陽非流溪細谷三水東逕破羌縣故城南六谷水自南破羌川自北左右翼注之又東逕小晉興城北又東與閤門河合郎浩亹河也又東逕允吾縣北爲鄭伯津與澗水合又東逕允街縣故城南又東逕枝陽縣逆水注之後漢書注湟水一名洛都水西自吐谷渾界入在今湟水縣元和志湟水一名湟河亦謂之洛都水出青海東北亂山中東南流至蘭州西南入黃河唐書吐蕃傳湟水至濛谷抵龍泉與黃河合元史河源附錄朱思本曰湟水源自祁連山下正東流一千餘里注浩亹河與黃河合一統志案明統志有西甯河在西甯衛城北源出熱水山北流五百里經伯顏川又合那海川流五百里入黃河即湟水也無說西川河源出西塞外海夷部落東流由石峽入境至衛西西北受北川河又東合

南川河而經城北名西寧河又至衞東北受沙塘川水又東南經碾伯堡名湟河又東南接莊浪所界合西大通河又東合莊浪河又東南至蘭州西南入黃河穆案北川河番名阿爾坦河源出西寧邊外北五十餘里至爾坦山南流一百五十餘里會二小水入北川河又南流五十餘里入西寧北川邊內又東南流八十餘里至西寧城南入湟河南川河番名西喇苦特河源出西寧邊外西南五十餘里西喇苦特山東北流四十餘里入西寧南川邊內為南川河又六十餘里至西寧城西北入湟河又喀喇河在西寧邊外西北湟河之東源出察罕鄂波圖嶺合二小水東南流八十餘里入西寧邊內又流五十餘里入湟河東至囊吉立圖巴爾布哈接西寧府丹噶爾界南至圖祿根河接輝特南旗界西至恰克圖北山木魯接東上旗界北至恰克圖河接西右翼前旗界

南右翼末旗

札薩克一等台吉游牧羅卜藏達爾札號車臣岱青父卓哩克圖岱青顧實汗次子鄂木布之次子也康

熙三十六年和碩特諸台吉入覲羅卜藏達爾札幼不獲至母阿勒達爾以聞　詔封輔國公五十年來朝晉固山貝子尋授盟長六十一年卒子濟克濟札布降襲輔國公雍正元年羅卜藏丹津脅之叛二年降議罪削爵三年　詔仍領游牧衆授札薩克一等台吉乾隆四十七年　詔世襲罔替佐領一牧地案康熙圖此爲俄魯多尼台基阿布基牧地十三排圖作厄爾德尼台吉阿布集其羅卜藏達爾札牧地在大通河南岸沙札克圖阿林之陰在黃河北岸有錫尼諾爾案諾爾在旗東界其南岸與烏蘭河北入黃河之處相直黃河自此北折東逕貴德廳北入西甯府界也東至烏蘭布拉克接輝特南旗界烏蘭布拉克河源在青海東南百里有泉百餘泓遠望亦如星宿海會爲一河東南

流三十餘里有二小水自北合而來會又東南七十里入黃河案十三排圖烏蘭布拉河入黃河之處曰䃥羊硤其南岸爲貴德廳治所屬四十八戶番子地南至黃河舒爾古勒渡口接察罕諾們罕喇嘛游牧界西至希拉珠爾格西山木魯接達賴喇嘛商上堪布駐牧界北至巴顏布拉克接南右翼後旗界

西右翼後旗

札薩克一等台吉游牧瑚魯木什第四子秉圖生子二長色布騰博碩克圖次丹巴襲車凌惇多布札薩克貝子爵初爲閒散台吉雍正元年羅卜藏丹津脅之叛不從三年授札薩克一等台吉乾隆四十七年詔世襲罔替佐領一牧地跨柴達木河東至希昔接西左翼後旗界南至諾們罕木魯接玉樹番界西至烏拉斯台接西右翼中旗界北至柴達木接北左翼旗及北右末旗界西左

翼後旗札薩克一等台吉游牧。顧實汗弟色稜哈坦巴圖爾。有子十一。其第七子曰茂濟喇克再傳至哈爾噶斯。雍正元年。羅卜藏丹津脅之叛。不從。三年。授札薩克一等台吉。乾隆四十七年。

詔世襲罔替。一佐領。牧地跨柴達木河。案和碩特之游牧青海者。自顧實汗裔十九札薩克外。別設札薩克二。一為顧實汗兄哈納克土謝圖。以車凌納木札勒領之。一為顧實汗弟色稜哈坦巴圖爾裔。以哈爾噶斯領之。一平番奏議。河北蒙古台吉恩開巴雅爾駐牧柴達木額色爾津地方。去西甯一千六百餘里。案恩開巴雅爾。表作恩克巴雅爾。哈爾噶斯之曾孫也。東至巴彥陀羅海。接班禪額爾德尼商上堪布駐牧界。南至桑陀羅海。接玉樹番界。西至烏爾圖。接西右翼後旗界。北至瑪尼圖沙納圖。接北右末旗界。右二十一旗。舊圖。黃河南岸有公策旺多爾濟一旗。無考。

與綽羅斯二旗輝特一旗土爾扈特四旗喀爾喀一旗凡二十九旗及察罕諾們罕爲一盟不設盟長以西甯辦事大臣涖之

青海綽羅斯部故準噶爾族也乾隆十九年準噶爾平其族遂微存者不復著舊號附牧賽音諾顏部者曰額魯特二旗與賽音諾顏部同盟附牧青海者曰綽羅斯二旗

南右翼頭旗札薩克多羅貝勒游牧準噶爾族舊游牧阿爾台噶爾丹之父巴圖爾琿台吉八子僧格嗣爲準噶爾長其異母兄車臣卓特巴巴圖爾以爭屬產與僧格隙劫殺之噶爾丹爲僧格同母弟歸自唐古特執

車臣殺之卓特巴巴圖爾奔青海康熙三十六年噶爾丹平遣使招撫青海時卓特巴巴圖爾卒子色布騰札勒劝不獲從和碩特諸台吉至四十二年來朝封多羅貝勒雍正元年羅卜藏丹津脅之叛不從陰遣使告復以開諭逆黨悔罪內附功晉封多羅郡王亂定王大臣議勿令隸和碩特族允之三年授札薩克子車凌喇布坦孫索諾木多爾濟相繼襲乾隆二十三年索諾木多爾濟卒無嗣詔以色布騰札勒次子車凌圖勒木之子色布騰多爾濟襲三十年卒無嗣以其從祖車木伯勒襲車木伯勒之祖達哩為巴圖爾渾台吉季子從兄卓特

巴巴圖爾徙牧青海。子丹巴。有子二。長丹津早卒。次即車木伯勒。降授多羅貝勒。四十七年。詔世襲罔替。四佐領。牧地當青海東南岸牧地在謨爾木山之陽。曰察罕陀羅海。其南有巴顏淖爾。東北有蒙古圖布拉克。會東來二水。又東北有烏蘭布拉克二水。合流而西。會南來之巴顏淖爾水。而爲和爾必拉。北入於青海。平番奏議。伏查察漢托洛亥之西爲大山。迴山而西爲助勒蓋貢額爾蓋等處。原係六旗蒙古札薩克貝勒特里巴勒珠爾等牧界。密邇番地。僅隔一河。沿河北岸。有七百餘里之遙。均成曠土。雖大山以東駐有官兵。而相距二三百里。野番偷渡。無由知之。案特里巴勒珠爾。車木伯勒之孫也。又奏請於哈勒庫圖爾西南七十餘里察漢托洛亥地方。添設營堡。酌安將弁二十四員。兵一千名。於阿什罕水地方。該處爲哈拉庫圖爾與察漢托洛亥適中之地。聲勢可以聯絡。至察漢托洛亥之西北。有瓊科灘。方圓二千餘里。青海各旗蒙古全往駐牧。儘有餘地。前有察漢托洛亥防兵。西北又有察漢俄博之兵。西有大山阻截。東即丹噶爾營汛。野番若至瓊科。必由察漢托洛亥經過。若舍此不由。即須繞越大山，出青海西南，回旋不下數千里，遠涉東至行劫，勢所不能也。案察漢托洛亥，卽察罕陀羅海。東至博爾巴齊他爾察罕鄂博哈拉烏素，接西甯府邊外界。南至固爾班他拉貢諾爾，接和碩特南左翼次旗界。西至窩爾登諾爾伊克察罕哈達，接喀爾喀南右翼旗界。北至青海北中旗。札薩克固山貝子游牧卓哩克圖和碩齊，亦巴圖爾琿台吉子，避噶爾丹亂，徙牧青海，依和碩特族。有子四，其季曰納木奇札木禪，子阿喇布坦。準噶爾族與和碩特世婚，察罕丹津弟根特爾既以噶爾丹女為妻，阿喇布坦為噶爾丹從子，察罕丹津復以女妻之。噶爾丹亂既平，準噶爾族不附逆者，詔仍游牧青海，聽和碩特族與姻好如故。康熙五十五年來朝，授公品級一等台吉。賜札薩克職。時游牧青海之和碩特、土爾扈特、輝特、喀爾喀諸台吉皆未編設旗，隊。獨以阿喇布坦領其族。給銀幣。如公例也。雍正三年。晉輔國公。乾隆四年卒。子納木札勒車凌襲。十五年。自青海赴唐古特。次喀喇烏蘇。聞珠爾默特納木札勒叛。馳至布達拉城。護視達賴喇嘛。亂定。晉封固山貝子。四十七年。詔世襲罔替。佐領二有半。牧地案康熙圖。此爲台基吹拉克諾坶齊駐牧處。十三排圖。作吹拉克齊穆。在青海西北岸。案圖有西西爾哈河。西北出槐滿阿林。東南流。又有羅色河。西北出庫得里阿林。西南流。與西西爾哈河合。南入布喀河。又西北有濟爾瑪爾台河。屈曲數十里。南入布喀河。其南岸卽和碩特北前旗也。東至濟爾瑪爾台。接和碩特北右翼旗界。南至布喀沿。接和碩特北前旗界。西至西爾哈落薩。接和碩特北右末旗界。北至濟爾瑪爾台。接甘州府邊外界。

〔青海土爾扈特部〕姓不著。始祖翁罕。六傳至瑪哈齊蒙克。生子二。長貝果鄂爾勒克子四。其第三子保蘭阿噶勒琥第四子莽海。始游牧青海。與和碩特族錯居。順治八年。莽海次子博第蘇克始通貢。自稱青海土爾扈特台吉。初其族隸和碩特。雍正元年。羅卜藏丹津叛。有諾顏格隆者附之。已而乞降。從岳鍾琪勦賊事定。以習沙門法。宥從逆罪。王大臣議別設旗。分佐領。令勿隸和碩特族。

允之。三年。設札薩克四。〔南中旗〕札薩克一等台吉游牧。保蘭阿噶勒琥子車臣諾顏。生拉瑪達什。號圖爾根台吉。子索諾木喇布坦多爾濟。雍正三年。授札

薩克一等台吉七年卒無子嗣絶以博第蘇克曾孫棟

襲四十七年。詔世襲罔替。佐領四。牧地。按圖牧地當登努爾特達巴罕之陽舊圖作登諾爾退東岸當恰克圖河入黃河處東至果庫圖爾。接和碩特南左翼次旗界南至果庫圖爾山木庫爾。接西旗界西至庫克烏松接南後旗界北至袞阿爾台。接喀爾喀南右翼旗界

西旗札薩克一等台吉游牧莽海曾孫色棱吉斯札布第三子鄂爾齊。長次裔不著有子四。長諾爾布。次色特爾布木。次袞木札布。次拉蘇龍札布。雍正元年。羅卜藏丹津叛。諾爾布附之。尋悔罪來歸。

詔宥之。三年。授札薩克一等台吉。九年復叛。色特爾布木不從。且以兵剿逆黨。諾爾布以防準噶爾設汛騰格

里。乘間叛，盜掠汛馬，奔徙袞阿爾台庫克烏蘇。時和碩特族拉察布附諾爾布叛，色特爾布不從，且以兵剿拉察布於索羅木河。獎賜銀幣，襲諾爾布所遺爵。乾隆二十一年卒，子烏爾占襲。烏爾占卒，無嗣。命以袞布札布之子伊達木襲。四十七年，詔世襲罔替。佐領四。牧地。案圖牧地曰阿屯齊老圖，有泊曰阿勒淖爾。東至袞阿爾台，接察罕諾們罕游牧界。南至黃河，接阿里克番界。理藩院則例：循化貴德等處野番內，惟阿里克一族，係屬奏明搬至河北，歸入蒙古佐領下當差，其餘均在黃河以南駐牧。西至哈爾古爾希立，接阿里克番界。北至庫克烏蘇唐素楞，接南後旗界。

〔南前旗〕札薩克一等台吉游牧。貝果阿爾勒克弟翁貫生額濟內，有子四。長及三裔不著。其次曰特穆納，始游牧青海。子三。阿勒達爾最少子二長察罕喇布坦次達爾札雍正元年羅卜藏丹津叛察罕喇布坦偕和碩特親王察罕丹津來歸授札薩克一等台吉九年從諸爾布叛達爾札留牧察罕喇布坦尋被掠

詔免死圈禁西甯以達爾札襲所遺爵乾隆十九年卒子色布騰多爾濟襲卒無嗣仍以察罕喇布坦之子袞楚克襲四十七年

詔世襲罔替一佐領牧地有大哈柳圖河入於黃河案圖牧地在大哈柳圖河之南小哈柳圖河之北小哈柳圖河詳和碩特前頭旗下大哈柳圖河蒙古曰伊克哈柳圖在洮州廳西六百餘里黃河北岸源出納莫哈山烏蘭俄爾吉嶺當布庫吉爾地三源東流百餘里折而西南合流又西北流二百餘里入黃河東至古魯千博爾齊沙拉圖接和碩特南右翼中旗界南

至黃河。接阿里克番界。西至宗科爾。接和碩特南左翼中旗界。北至恰克圖。接和碩特前頭旗界。

〔南後旗〕札薩克一等台吉游牧。特穆納次子阿玉什。有子曰拜博。號額爾克濟農。子丹忠。號額爾德尼濟農。雍正元年。羅卜藏丹津脅之叛。不從。三年。授札薩克一等台吉。乾隆十年卒。子納木錫哩策旺襲。十四年卒。無嗣。阿玉什裔自此絕。以族弟都勒瑪札布襲。都勒瑪札布高祖庫德特額濟內之季子也。四十七年。詔世襲罔替。佐領三。

牧地。案圖。牧地當碩羅巴顏哈拉山之陽。曰鄂博圖。有薩爾哈布齊海河。舊圖作西拉哈普大海。自西來屈曲而南。有哈爾渾舍里小河。舊圖以此爲阿爾坦河。自北來會。合而南入黃河。舊圖又有呼呼烏蘇河。在阿爾坦河之西北。源蘇羅達巴罕。而南入黃河。今圖則以和碩特南左翼次旗南之河爲呼吚烏蘇。乃舊圖之袞厄爾奇河、魁騰西里克布拉克河、伊瑪圖河、布喀希哈爾喀河、四水合而東南流至托里布拉克入黃之水也。又案呼呼烏蘇疑即庫克烏松之譯變。東至莫古立源。接南中旗界。南至袞阿爾台。接西旗界。西至庫克烏松木魯。接班禪額爾德尼商上甚布駐牧界。北至登納吉爾尼。接和碩特南左翼後旗界。

〈青海輝特部〉一旗。姓伊克明安。有卓哩克圖和碩齊者。生子第巴。號青諾顏。始游牧青海。附和碩特族。方略。康熙五十四年五月。宣諭策妄阿喇布坦曰。其在我處之輝特。朕亦令回原處完聚。於阿拉克山居住。雍正二年。王大臣議青海之輝特。請別設旗。分佐領。勿隸和碩特族。允之。〈南旗〉札薩克貝子品級輔國公游牧。第巴子五。其第四子曰貢格。雍正元年。羅卜藏丹津脅之叛。不從。率昆弟子姓降大軍。助剿逆黨。三年。授札薩克一等台吉。九年。以擒獲土爾扈特叛人諾爾布功。諾爾布叛。貢格馳兵往擊。自喀喇郭勒追至蒙固爾陀羅海。獲之。檻送大軍。晉封輔國公。乾隆四十七年。詔世襲罔替。五十六年。貢格曾孫達瑪璘。復因大兵征廓爾喀巡綽臺站勞。賞貝子品級。佐領一。其族有濟克濟札布者。與附牧喀爾喀之輝特輔國公噶勒丹達爾札同祖。以羅卜藏丹津擾其牧。徙屬就之。餘仍留處青海。牧地當巴彥諾爾之南。諾爾在青海東南。周四十餘里。案圖。諾爾水西北流出。屈曲三數十里。入和爾必拉。東至巴顏諾爾東山木魯。接西甯府界。南至窩蘭布拉克僧里鄂博哈立噶圖。接和碩特南右翼末旗界。西至博爾楚爾哈立噶圖河。接和碩特南右翼末旗界。北至納蘭薩蘭。接和碩特南左翼末旗界。

青海喀爾喀部一旗。格埒森札札賚爾琿台吉季子鄂特歡諾顏。有子二。長唐古特墨爾根岱青。三傳至通謨克。授札薩克輔國公。隸札薩克圖汗部。次多爾濟阿喇布坦伊勒登。徙牧青海。子訥克額爾德尼阿海。生達什惇多布。不復歸喀爾喀部。隸和碩特族。雍正元年。羅卜藏丹津脅青海喀爾喀諸台吉附已。訥克額爾德尼阿海從子根惇。迎大軍降。王大臣議青海之喀爾喀。請別設旗。分佐領。勿隸和碩特族。允之。南右旗公中札薩克一等台吉游牧。雍正三年。授根惇今職。未幾以耆酒且與本部諸台吉隙不任札薩克職罷之　命往就通謨克牧先是噶爾丹侵喀爾喀根惇從多爾濟阿勒布坦伊勒登攜孥奔青海唐古特墨爾根岱青及子本塔爾岱青巴圖爾前卒孫墨德卓哩克圖亦以避難從至噶爾丹滅乞還喀爾喀因賜牧阿爾台額爾齊斯烏隴貴界餘仍留處青海墨德卓哩克圖卒子通謨克嗣乾隆三年

上以喀爾喀族聚青海不忍令析處授達什惇多布公中札薩克一等台吉四十七年　詔仍世以公中議襲佐領一牧地在青海南岸案圖牧地當青海正南東有和爾河西有札哈蘇太河中有無名河六俱北流入青海其山自東而西有阿木尼塞爾沁阿林伊克哈圖達巴罕巴哈哈圖達巴罕巴哈察罕哈達伊克察罕哈達諸山東至察罕哈達接綽羅斯南右翼頭旗界南至南山木魯接綽羅斯南右翼頭旗界西至鄂蘭布拉克接和碩特南左翼後

旗北至青海界

蒙古游牧記卷之十二

武進趙振禋覆校

蒙古游牧記卷之十三

平定張　穆初稿

光澤何秋濤補輯

額魯特蒙古烏蘭固木杜爾伯特部賽音濟雅哈圖盟游牧所在

原杜爾伯特部補注一作都爾伯特至京師六千餘里元臣孛罕裔補注作孛汗一姓綽羅斯六傳至額森原注阿克敦德蔭堂集準噶爾歌詩注額參太師者噶爾丹策凌之先祖明正統之蒙塵乃額參收蒙古以後事今蒙古紀載甚詳明史曰也先蓋漢譯番言額參之誤也穆案額參後又改額森龔之鑰前出塞錄云明史所記也先二字誤本作額孫華言宰相也生子二長博羅納哈勒爲杜爾伯特部祖次額斯墨特

達爾漢諾顏準噶爾部祖也。原注朔漠方略雍正七年正月上諭準噶爾一部落原係元之臣僕其始祖曰額森額森之子托歡漸至大員因擾亂元之宗室離間蒙古恐獲重罪遂背負元朝之恩逃匿於西北邊遠之處元末又扇誘匪類結成黨與遂自稱準噶爾。穆謹案此與乾隆間欽定蒙古王公表傳及龔之鑰方觀承諸人所紀不同。蓋其時準夷未平傳聞異詞不能盡合也。杜爾伯特舊爲四額魯特之一。輝特隸之和碩特部土爾扈特部或牧青海或徙俄羅斯惟杜爾伯特與準噶爾聚牧阿爾台無析處者。原注阿爾台亦作阿爾泰今作阿勒坦蒙古謂金曰阿勒坦即古金山也。在科布多城西北史突厥傳魏太武時阿史那居金山之陽爲蠕蠕鐵工金山形似兜鍪俗號兜鍪突厥唐書突厥傳頡利敗車鼻率所部竄金山之北三垂斗絶一面可通車騎距長安萬里元秘史太祖征乃蠻拏住塔陽其子古出魯克脫身走出見軍追及就依塔米兒河劄營不定又走了襲至阿勒台山前勢愈窮促遂將他百姓盡收捕了何秋濤案阿勒台卽此阿爾台也長春西游記七月九日同宣使西南行五六日屢見山上有雪又三二日歷一高峯如削松杉鬱茂而有海子南出大峽則一水西流雜木叢映於水之陽韭茂如芳艸夾道連數十里北有故城曰曷剌肖西南過沙場二十里許水艸絕少始見回紇決渠灌麥又五六日踰嶺而南至蒙古營宿佛廬旦行迤邐南山望之有雪人告曰此雪山北是田鎮海八剌喝孫也八剌喝孫漢語爲城中有倉廩故又呼曰倉頭七月二十五日有漢民工匠絡繹來迎沙漠中多不以耕耘爲務喜見此閒秋稼已成翼日阿不罕山北鎮海來謁曰前有大山高峻廣澤沮陷非車行地宜減車從輕騎以進用其言以二車驛騎二十餘傍大山西行李家奴鎮海從者也因曰前此山下精截我腦後髮鎮海亦云乃滿國王亦曾在此爲山精所惑食以佳饌西南約行三日復東南過大山經大峽中秋日抵金山東北少駐復南行其山高大深谷長坂車不可行三太子出軍始闢其路乃命百騎挽繩懸轅以上縛輪以下約行四程連度五嶺南出山前臨河止泊從官連幕爲營因水艸便以待鋪牛驛騎有詩云金山南面大河流云云桐鄉程同文釋曰阿不罕

山在金山東北今阿集爾罕山也鎮海傳太祖命屯田於阿魯歡立鎮海城阿魯歡者亦即阿集爾罕山也長春由此西行傍大山者即傍阿爾泰山之東大幹今烏蘭古木中過青吉斯海子之北乃向西南行當取道於今科布多再西南乃科布多河額爾齊斯河發源處爲阿爾泰最高之脊所謂東南過大山經大峽抵金山者當謂此又行四程連度五嶺南出山臨大河以地約之大河應爲烏隴古河劉郁西使記所謂龍骨河與別失八里南北相直近五百里者也烏程沈垚釋曰案鎮海傳屯田於阿魯歡立鎮海城戍守之夫曰立鎮海城是城名鎮海也城爲鎮海所立遂以鎮海名城劉容傳至元七年世祖駐蹕鎮海小雲石脫忽憐傳以鷹房萬戶從裕宗北征至鎮海是又以城名地矣鎮海又轉曰稱海裕宗傳至元七年秋受詔巡撫稱海王恂傳從裕宗撫軍稱海即小雲石脫忽憐傳之鎮海也囊加歹傳武宗在潛邸囊加歹嘗從北征與海都戰於帖堅古明日又戰海都圍之山上囊加歹力戰決圍而出與大軍會武宗還師囊加歹殿海都遮道不得過囊加歹選勇敢千人直前衝之海都披靡國兵乃由旭歌爾溫稱海與晉王軍會牀兀兒傳海都兵越金山而南止於鐵堅古

山是帖堅古在金山之南由金山還師而東道必經鎮
海城是稱海即鎮海矣稱海為西北要地據地理志及
武宗紀中統初置宣慰司都元帥府於和林後分都元
帥府於金山之南至元二十六年諸王叛兵侵軼和林
宣慰司怯伯乘隙叛去二十七年立和林等處都元帥
府大德十一年和林改置行中書省移都元帥府於稱
海兼置稱海等處宣慰司稱海誠控禦叛王要地矣哈
刺哈孫之行省和林也置傳車相去各三百里凡十傳
轉米數萬石以饟饑民不足則益牛羊又度地置內倉
積粟以待來者浚古渠溉田數千頃治稱海屯田教部
落襍耕其閒歲得米二十餘萬北邊大治地理志元貞
元年於六衞漢軍內撥一千人赴稱海屯田北方立站
帖里干木憐納憐等一百一十九處成宗紀元貞二年
二月給稱海屯田軍農具大德元年三月給稱海匠戶
賜農具鈔案稱海地鄰接海都海都犯邊屯田暫罷海
都既平屯田旋復故成宗紀大德四年罷稱海屯田改
置於呵札之地而六年九月又遣阿牙赤撒罕會計稱
海屯田歲入之數也仁宗紀至大四年六月命和林行
省右丞孛里馬速忽經理稱海屯田延祐元年三月敕
儲稱海五條河屯田以備賑濟六年十一月敕晉王部

貧民二千居稱海屯田英宗紀延祐七年五月復置稱海五條河屯田案七年復置則七年之前必嘗罷之矣是時明宗以不得爲皇儲憤發兵反兵敗走金山西北諸王察阿台等率衆附之屯田之罷其以是歟後明宗不復入寇故屯田亦旋復也補注按今刊本或改稱海爲青海詳程氏沈氏之說知漠北之稱海與河西之青海方域迥殊所宜詳辯也原注一統志阿爾泰山在特思河西北緜亙二千餘里高入霄漢盛夏積雪不消爲西北諸山之祖其頂在烏普薩池西北支峯蔓衍分爲四枝正北一枝隨厄爾齊斯河以北至鄂羅斯國其東北繞特思河之北千里東爲湯努山一枝又東北接杭愛山之陰北至色楞格河其南百餘里向東一枝爲烏蘭郭馬山繞奇勒稽思泊之北又東南爲白勒奇那克科克衣山又東爲昂奇山空格衣河出其南麓烏海河出其東北麓又北爲馬喇噶山布勒噶蘇台河出其東麓又東北爲大山喀喇河諸水出其南麓又東北接杭愛山之陽包哈瑞河他米勒河諸水其南一枝蜿蜒不斷納憐河呼勒泰河哈流圖河納思克河布勒濟河哈巴河奇蘭河喀喇額勒齊思河俱出其西麓哈勒奇薩河阿普都河出其東麓山勢旋折而東布顏圖河出其

北麓布拉青吉兒河札克台河出其南麓又東爲阿爾泰山之尾又東南爲台西爾山又東南復分二山如黑雲二道界瀚海中其東爲庫克西勒克山又東北接巴顏山其南枝爲都忒嶺布帶山圖古里克河出其西麓又東南爲布勒堪山空鄂洛阿濟爾罕山層峯不斷千餘里横截沙漠爲阿爾班阿岳爾達察嶺又東南爲古爾板賽漢山其南爲諾默渾山其東南爲五百根山至空可喀喇龍山而止自空鄂洛阿濟爾罕山南向爲奇齊格納山拜轟鄂爾山查喇圖山至伊塔特圖山而止其南八十里天山自西方來亦蜿蜒而東南横亙沙漠中千餘里又東爲活兒活圖山至色公哈兒占山而止色公哈兒占山北去空可喀喇龍山二百餘里南踰瀚海至套北陰山五百里松漠艸詩注阿爾泰之東有三十三庫伯其中峯特出者曰汗庫伯猶言祖脈也下臨希爾吉思湖流泉飛瀑頗著靈秀　藩部要略雍正十三年噶爾丹策凌表稱阿爾台舊係厄魯特牧杭愛舊係喀爾喀牧請由哲爾格西喇呼魯蘇至巴里坤畫界分守

諭曰夫阿爾台之屬厄魯特乃噶爾丹從前之事爾準噶爾並未越此游牧爾父在時曾請將阿爾台山梁外哈道里哈達青吉勒布勒青吉勒三處不

必置為閒處朕未允行今特欲安逸衆生將此三處屬爾祇自克木齊克汗騰格里上阿爾台山梁由索勒畢嶺下哈布塔克拜達克之中過烏蘭烏蘇羅卜諾爾直抵噶斯口為界弁自呼遜托輝至喀喇巴爾楚克悉作閒地爾其遵諭行乾隆三年噶爾丹策凌復表請循布延圖河南以博爾濟昂吉勒圖烏克克嶺噶克察等處北以遜多爾庫奎多爾多輝庫奎至哈爾奇喇博木喀喇巴爾楚克等處為界厄魯特邊人仍在阿爾台山後游牧

詔弗允四年十月請如原議地界始定穆案德蔭堂集阿克敦兩使準噶爾與噶爾丹策凌議定界事雖反復多端其所慮者不過恐兩閒空置之呼遜托輝等處喀爾喀來此游牧歸化城人至此市易中國亦漸次於科布多增建城垣侵其游牧耳故最後

高宗純皇帝亦許其每年略地時用二三十人至科卜多巡視以釋其疑而和議乃定呼遜托輝集作呼孫托回地瀕科布多河

補注

皇輿西域圖志阿勒坦鄂拉為古金山在庫爾圖達巴西北三百里哈柳圖郭勒發源西南麓其迆東境峰巒層沓亙數百里為北路名山之冠東為舊藩喀爾喀蒙古諸部西為準噶爾部

乾隆二十年

大兵討準噶爾道出阿勒坦鄂拉

遣官祭告文曰朕恭承鴻業撫馭寰區康乂柔懷中外一視準噶爾部落向遠王化篡弒相仍因而內亂達瓦齊又復殘虐其屬分崩離析人不聊生雖在殊荒均之赤子朕何忍不為拯救坐視阽危爰整王師分道並進今北路大兵道出神境惟神起幹西北綿亙東南實塞外之名區作內藩之屏障尚其默相翼我明威期迅奏乎膚功永敉甯夫遠服虔申昭告用布馨香惟神鑒焉

噶爾丹之亂其兄子策妄阿喇布坦棄之從博羅塔拉

原注 方略康熙五十四年六月祁里德等奏言據喀爾喀汗王台吉等言我兵從此進剿策妄阿喇布坦有兩路一由布拉罕順額米爾河尋伊犁河過阿勒坦厄默勒嶺一由博克達額林哈畢爾噶進闥厄奇嶺此兩路俱至額米爾河於博羅塔拉地方會合土爾扈特總傳噶爾丹以鄂齊爾圖孫女阿努為妻既而惡鄂齊爾圖襲殺之阿努有女弟曰阿海噶爾丹兄子策妄阿勒布坦將以為妻噶爾丹奪取之策妄阿勒布坦怨從博羅塔拉乞婚阿玉奇阿玉奇以女妻之阿克敦再使準噶爾奏噶爾丹策妄言我原在阿爾泰山陰游牧後因動兵移於額里齊斯西里博羅他拉又因窄狹直至

哈薩克布魯特交界游牧。新疆識略賚里木淖爾在惠遠城東北二百餘里塔勒奇嶺之北周三百餘里四周皆大山其北山後有地名波羅塔拉水草豐茂土地平曠舊爲準噶爾游牧今爲察哈爾游牧塔勒奇山在惠遠城北九十里乾隆二十年北路大軍由波羅塔拉越此山之嶺進剿嶺險峻如關谷中林木茂密俗呼爲果子溝嶺下出泉滙爲大河徑流谷中西域水道記博羅塔拉河自達爾達木圖小喀倫以西鄂克拓賽里喀倫以東長二百餘里夾河蔥翠短岬長林襟帶沃衍牛羊散布遍讀克傳云康熙五十六年大軍進剿準噶爾時策妄阿喇布坦游牧博羅塔拉以額林哈畢爾噶爲要隘是策妄建庭於此也逆阿逆之叛亦居其地方略云乾隆二十年十二月巴里坤辦事大臣和起奏阿睦爾撒納同台吉額林沁舍楞在博羅塔拉道都托羅海地方居住是也二十二年阿逆自哈薩克潛歸伊犁又會諸賊坐牀於此欲自爲汗兼綜諸書足知形勢

杜爾伯特諸台吉從之分牧額爾齊斯河。原注龔之鑰後出塞錄科卜多新建土城爲大兵總駐之地又過此一千餘里地名鄂爾齊斯深入賊巢自科卜多至此多行山澗中僅

容一人一騎往往行數日始能出澗松漠艸詩注阿爾泰西面之水皆入額爾齊思河西流空窩圖湖又萬餘里歸西海鄂爾思寬闊也額爾齊思狹也狹東如江爲西北第一巨流補注秋濤按是水歸北海非西海也恪徽斯語偶誤原注西域釋地齋桑諾爾在塔爾巴哈台綏靖城東北五百餘里爲額爾齊斯河所滙額爾齊斯河在城東北六百餘里爲科布多界此水發源東南山中瀠洄環繞滙入齋桑諾爾又西北溢出流入俄羅斯境新疆識畧額爾齊斯河出阿爾台山爲華額爾齊斯西北流會喀喇額爾齊斯河又西北會蘇布圖河又西北會庫魯圖河又西北會罕達海圖河又西北會奇蘭河又西北會博爾齊河又西北會阿勒哈布河又西北會哈布河又西會諾恰庫河又西會塔爾巴哈台河經瑪呢圖噶圖勒干喀倫北又西豬爲齋桑淖爾淖爾又西受布崑河水南受果爾莫孫河水東南受俄棟果勒水東北受哈流圖水淖爾復出水西北流科爾沁河入之又東北那林河入之又北莫依林河入之又西北布克圖爾瑪河入之又西北入俄羅斯國界其下游歸於北海補注褚廷璋西域詩額爾齊斯西州直北勢遐陵瀚海迢遙過白登鈴澤風高奔怒馬金山雪暗下饑

鷹會傳舊壤開都伯僅見降王保策凌四部蟲沙成處事好將忠謹化驍騰注云今烘郭圖淖爾譯言鈴澤都爾伯特急讀則成都伯

乾隆十八年冬因畏準噶爾偪率族內附

原注準噶爾台吉舊有策凌惇多卜三大策凌惇多卜善謀小策凌惇多卜以勇聞策旺阿拉布坦及子噶爾丹策凌倚任之大策凌惇多卜孫達瓦齊襲殺噶爾丹策凌之子而自立小策凌惇多卜孫納默庫濟爾噶爾與搆兵各令杜爾伯特族助杜爾伯特台吉車凌等欲拒之不敵欲事之莫知所從集族謀曰依準噶爾非計也不如依

天朝為永聚計於是棄額爾齊斯牧由準噶爾東烏蘭嶺烏英齊而行越旬有九日至博東齊遣使馳赴巴顏珠爾克以降故告定邊左副將軍親王成袞札布以聞

上遣侍郎玉保齎賞物往迎

詔視推河札克拜達里克庫爾奇勒可耕地置之穀種取諸歸化城復

賜牛羊贍之定牧札克拜達里克穆案杜爾伯特部俗兼耕牧視喀爾喀專逐水艸游牧者異故乾隆二十年

大兵征達瓦齊豫遣綠旗及喀爾喀兵屯田額爾齊斯以所部識水泉道且善耕

詔簡宰桑以工巧卒百導赴額爾齊

斯將侯大功成郎以畀杜爾伯特部永爲世業【補】旋依內蒙古例編置佐領以札薩克領之【補注】秋濤按杜爾伯特台吉惟三車稜最先來歸而剛多爾濟羅卜藏等繼之三車稜者曰車稜曰車稜烏巴什皆鄂木布岱青和碩齊裔曰車稜蒙克爲達賴泰什弟保伊勒登裔十九年正月三車稜使至詔與朝正衆藩臣宴四月諭曰內札薩克及喀爾喀咸設正副盟長董理牧務今新降台吉車稜等攜至戶口悉編旗分佐領其設正副盟長如例賜賚因濟雅哈圖名五月駕幸熱河三車稜率諸台吉入覲賜宴萬樹園觀火戲諭曰杜爾伯特台吉車稜等皆準噶爾渠酋向慕仁化率萬餘衆傾心來歸宜敷渥澤錫予封爵以示懷柔至意其各給所屬令安分謀業勿負朕恩時所部設札薩克十有三自三車稜外曰色布騰曰蒙克特穆爾曰根敦曰班珠爾曰剛曰巴圖蒙克曰瑪什克圖曰達什敦多克曰恭錫喇曰巴爾封親王郡王貝勒貝子公一等台吉有差改是年所封杜爾伯特諸旗惟蒙克特穆爾旋郎叛去捕獲伏誅餘皆忠順世襲封爵其他別以功受封者曰額布根曰剛多爾濟曰羅卜藏

事蹟備詳於各旗下。【原】所部左翼十一旗右翼三旗附輝特二旗。凡十有六旗。【補注】秋濤按今會典圖及說皆作左翼三旗右翼十一旗與現行理藩院則例左右二字互易必有一誤。左翼十一旗曰札薩克特固斯庫魯克達賴汗旗。博羅納哈勒九世孫車稜。【補注】即後稱汗車稜者也。一作車楞。初爲準噶爾屬。乾隆十八年。以達瓦齊不足事。率部衆來歸。從者三千百七十餘戶。口以萬計。　詔封札薩克和碩親王。二十年。授參贊大臣。從西路軍征達瓦齊。伊犂定。　賜食親王雙俸。增護衛員倍之。尋率新降台吉入　覲。封杜爾伯特汗。　賜特固斯庫魯克達賴號。【補注】皇輿西域圖志云晉封特古斯古魯克汗。授左翼盟長。【補注】

是年訥默庫叛寘烏里雅蘇台辦事大臣阿蘭泰借車
稜等以兵捦之及其孥械至論如律籍其屬分給車稜
車稜烏巴什二十一年七月車稜等從牧額爾齊斯從
衆乘從牧有劫驛騎者參贊大臣舒赫德巡軍洪至努
克木倫聞之往詰車稜察劫者以獻請論罪　諭
嘉其恭順　賜佩飾獎之既而汗哈屯烏梁海叛
詔車稜率兵從剿二十二年車稜請從烏蘭固
木　諭曰車稜等自歸誠以來感激朕恩約束屬
衆甚爲靜謐適因叛賊紛起亟請內徙游牧其歸附之
心益堅可允所請並給穀種令爲謀生貲貝勒巴圖博
羅特輔國公舍稜不從車稜等從牧叛應阿睦爾撒納
副都統瑚爾起以兵捦諸輝巴朗山妻孥悉論誅噶勒
雜特宰桑哈薩克錫喇附阿逆叛　大軍將由西路進
剿　詔副都統唐喀祿宣諭車凌曰哈薩克錫喇
等或勢窮力蹙逃赴哈薩克境爾等其簡兵防守游牧
並堵禦逼哈薩克隘口遇賊竄即捦獻此特爲保護所
部游牧計非令其出兵協剿也會哈薩克錫喇遣人來
誘叛車凌械赴科布多軍而自攜其衆從牧和通呼爾
哈諾爾旋定牧　二十三年卒補　上以車凌識時
於烏蘭固木

慕義率屬歸誠。始終効力。鈐牧靜謐。彰悼　賜賻

祭。原子索羅木袞布襲。補授盟長。　詔勤習牧務。

補注 六月。索羅木袞布以疾故請往禮哲布尊丹巴呼

圖克圖。詔聽之。九月。　諭曰。盟長分理全

部所係甚要。聞索羅木袞布襲封後。時有疾。今已授巴

桑爲副盟長。巴桑亦係少年。恐不更事。親王車麥烏巴

什貝子瑪什巴圖等。誼關同族。自應視如一體。務宜悉

心協助。加意辦理。不可稍存彼我之見。二十五年。

詔定杜爾伯特管旗章京。策塔爾罷遣。戍福建廣東。

先是。索羅木袞布少而儒。其哈屯布尼達喇喀爾喀女

也。鈐所部衆嚴。策塔爾忌之。計皦歸喀爾喀副管旗章

京巴顏克什克訴之。成袞札布所遣員往訊。僉直哈屯。

成袞札布將重議策塔爾。嫌庇族女。疏請罷策塔爾職。

別以和通代之。偕巴顏克什克助汗哈屯理牧務。

諭曰。爲人臣僕而威脅其汗。且謀逐哈屯。不法已極。

宜重罪之。或以新附尚未悉禮法。始從寬免。然亦不可

仍留舊地。致起衅端。其詳勘欺主滋事。不受哈屯約因

計陷之者。解送京師。成袞札布遵　旨察獲策塔

爾黨十四人械至。詔於福建廣東安置。牧產給索羅木袞布勿歸公。既而布尼達喇請以巴顏克什克代管旗章京職。諭曰。策塔爾以巴顏克什克控訴。因而獲罪。若令代之。則無知者妄生希倖。反以互許爲能。且管旗章京既有和通理之巴顏克什克令其協助足矣。三十四年卒。子瑪克蘇爾札布襲。四十七年。詔世襲罔替。原注佐領十。原中

旗札薩克多羅郡王游牧。汗車凌從叔父車凌蒙克補注一作策凌孟克。乾隆十八年。偕車凌車凌烏巴什來歸。所部號之爲三車凌。車凌蒙克行既尊。且兼領巴約特務。以故從車凌蒙克至者。凡七百餘戸。戚屬僅百有十四。餘皆巴約特屬隸之者。詔封札薩克多羅貝勒。二十年。授參贊大臣。從西路軍進征伊犂。定晉爵多羅郡王。

補督所部兵駐防伊犂補以定西將軍班第奏也先
是車凌蒙克入覲將以
子巴朗及巴雅勒當行巴朗詭稱疾不之從巴雅勒當
復固辭弗許攜就道巴朗挾屬衆二百餘遁族台吉蒙
克特穆爾從之 詔將軍策楞等緝巴朗及蒙克
特穆爾務獲其從逃衆悉宥巴朗偕蒙克特穆爾由北
路間道行徑烏克嶺哈布塔克拜達克奇蘭阿拉克台
布哈和洛諸境聞追軍至輒遁遂竄匿準噶爾境其從
逃之沙拜塔爾納瑪琳等後先脫歸 詔宥罪給
車凌蒙克轄之及伊犂平獲巴朗等 諭車凌蒙
克曰爾父子前來歸誠冀受朕恩甫入覲爾子巴朗乘
間遁不獨負朕恩且悖汝志情罪甚重國法難貸念爾
誠心感戴効力從軍爾孫巴布勒或為巴朗所逼或與
巴朗同謀皆可置之不問以加恩爾故特宥之俟至烏
里雅蘇台仍遣赴爾游牧爾其知之巴朗及蒙克特穆
爾尋械至 上告祭 太廟社稷 御
午門樓行受 原二十二年卒次子巴雅勒當襲補二十
俘禮誅之
三年卒無子以弟博斯和勒襲四十六年卒子納旺索

諾木齊四十七年。詔世襲罔替。【原注】佐領一。【原】中左旗扎薩克多羅貝勒游牧汗車稜族弟。【原注】傳作族祖誤。色布騰。乾隆十八年來歸。封多羅貝勒。授扎薩克。【補注】初車凌烏巴什所屬巴敵齊倫等叛逸喀爾喀。詔諸扎薩克弋獲治罪。時色布騰從三車凌來。善約眾。三車凌以告我視牧大臣。詔色布騰參贊軍務。選所部兵二百。偕內大臣薩拉爾。議招烏梁海及扎哈沁。復以所部患痘。諭色布騰馳赴張家口外。命大學士傅恒迎勞之。詔封貝勒。歸牧。協理所部盟長務。二十年。授參贊大臣。從西路軍進征阿逆叛。詔赴烏里雅蘇台。偕駐防大臣。籌辦軍務。仍授參贊大臣。加郡王品級。【補注】先是色布騰自請率兵。剿阿逆。上以甫從軍還。不欲數勞之。慰諭歸牧。未幾以色布騰與阿逆夙怨。且悉額魯特情。詔赴烏里雅蘇台。籌軍務。以所部兵從。悉給俸餉口糧。色布騰聞命即馳就道。諭曰：色布騰自歸誠以來，奮勉効力，征準噶爾，頗著勤勞，且聞朕旨，即以兵馳赴烏里雅蘇台軍，急公任事，誠可嘉予，著賞郡王品級。若能更立殊勳，朕當加以重賞。今由西路進兵捦額魯特叛賊，北路尚無所事，惟新收汗哈屯烏梁海及續降輝特衆，應加防範，著色布騰留心體察。既抵軍營，妻孥悉令隨往。所有陳奏軍務，著列名於喀爾喀親王成袞札布、桑齋多爾濟之次，都統雅爾哈善之前。尋以疾道卒。賜賻祭，子巴桑襲。二十三年，授副盟長。補二十六年，從剿瑪哈沁宰桑色布騰。補注色布騰故準噶爾宰桑，叛去，流爲瑪哈沁。巴桑從喀爾喀郡王車木楚克札布等剿之，偵走俄羅斯，以兵屯鍥格爾圖喇，遣使索俄羅斯捦色布騰及逆黨百餘以獻。賜幣。二十七年，詔杜爾伯特左右翼各設副將軍一，左翼用正白旗纛，以敕印軍符給之，授巴桑爲左翼副將軍。四十七年，詔世襲罔替。〔原注〕佐領一。〔原〕中前旗札薩克輔國公游牧汗車凌族弟剛。乾隆十八年來歸。授今爵。〔補〕三十三年卒。子札納巴克襲。四十七年。詔世襲罔替。〔原注〕佐領一。〔原〕中後旗札薩克輔國公游牧汗車凌從叔父巴圖蒙克。〔原注〕一作巴圖孟克。乾隆十八年來歸。授今爵。〔補〕二十三年。奉檄圍明噶特于烏蘭固木河。詔量加賞賚。〔補注〕烏梁海種人明噶特。舊爲額魯特屬。大軍定伊犂乞降。詔置之黑龍江之呼倫貝爾。既而由納林喀喇泥叛遁。定邊左副將軍成袞札布檄巴圖蒙克追之。遇諸烏蘭固木河。環以兵。不卽降。中夜圍稍懈。賊乘閒逸。成袞札布劾之。上以杜爾伯特部新附。且聞檄卽以兵往。詔免飭責。仍量加賞賚。三十九年卒。次子烏哷斯襲。四十七年。詔世襲罔替。領一。【原注】佐【原】中上旗札薩克固山貝子游牧。汗車稜族弟瑪什巴圖。乾隆十八年來歸。封札薩克輔國公。二十年從征達瓦齊。【補】追至格登山庫魯克嶺。【補注】時達瓦齊由格登山竄踰庫魯克嶺。諸軍分道躡。皆以馬疲返。惟瑪什巴圖偕車麥烏巴什。率輕騎八百尾之。西域釋地格登山在伊犂將軍所駐惠遠城西南百里。乾隆二十年。達瓦齊結營此山。兵近萬人。面淖背巖以自固。巴圖魯侍衛阿玉錫等三人。率二十二卒。策馬仰攻。破其營。降六千五百騎。達瓦齊遁。又貢古魯克山在烏什城北。山自西而東。綿亙無極。北有巴克塔山口。通布魯特游牧。又其北庫車山口。雅滿素山口。皆通布魯特。達瓦齊由格登山竄踰庫魯克嶺。烏什伯克霍集斯紿擒以獻。庫魯克疑即貢古魯克之譌。乾隆二十五年。遣官告祭格登山。祭文曰。詰戎龕龍暴。斬遐邇之綏安。蕩穴焚巢。荷神人之協應。乃者準噶爾以諸蕃瓦解。款塞請兵。達瓦齊當累世貫盈。負嵎假息。方王師壓境。窮鱗尚戀泥蟠。而裨將選鋒。鎩羽難延株守。廿五騎自天而下。不藉梯衝六千人無地可容悉靡纓組溯國威之遠暢瞻神貺之丕昭緬爾時呵護斯存曾著翻營勝蹟迨今日庋懸用薦還依表碣雄風秩我明禋惟神歆格又

欽頒歲春秋祭祝文曰惟神位正金方勢崇西極鎮準噶爾之全部夙著靈奇導岡底斯之羣峰丕宣氣化職方未載乃應運而服懷柔王會新圖早報功而行刊旅從寵在望報饗宜虔朕爰定遐荒削平大漠負陰抱陽之類莫不尊親出雲降雨之司咸同覆載惟格登山之雄峙環伊犁河以高騫地險爰標神功攸懋當奪壘搶生之日助王旅以宣威值磨崖紀績之辰翼天庥而效順作屏遠服載揚赫濯聲靈考制名山用展庋懸典物令先期而諏吉俾時享以薦馨康我邊陲永秩春秋之祀表茲絕域式垂山海之經雅譯咸通鴻圖畢固聿將芬苾庶克歆承 褚廷璋西域詩吹梯空勁旅倚孱顏逕出盤雕落雁閒波浪遠翻圖庫水風雲高護格登山千屯此日開榆塞十箭當年阻玉關碎葉長川流不極猶懸邊月照潺湲自注巴圖魯阿玉璽以二十五人敗六千餘衆於格登山在吹東境圖斯庫爾河即唐時碎葉川又名細葉川亦名素葉水今伊犁河西之水此為最大周廣六百餘里自圖斯庫爾北岸傍吹河西北行

五百餘里。總名爲吹。今屯種之所。唐沙鉢羅咥利失可汗分十部。部授一箭。曰十箭。程知節討之不克。蘇定方督軍進討敗之。分西突厥地置崑陵都護府。居碎葉川西。濛池都護府。居碎葉川東。以彌射爲興昔亡可汗押咄陸部落。以步眞爲繼往絕可汗押五弩什畢部落。自此吐蕃强盛矣。原敘功晉封固山貝子。補二十九年卒。子布延濟爾噶勒襲。四十四年卒。子和託羅襲。四十六年卒。子鄂勒哲布圖庫襲。四十七年。

詔世襲罔替。原注佐領一。原中下旗札薩克一等台吉游牧。汗車凌族叔父達什惇多克。乾隆十八年來歸。授今爵。補二十三年卒。子寶貝襲。四十七年。

詔世襲罔替。原注佐領一。達什惇多克內附。其從子卓倫齊賓塔克圖。及其屬垂羅克等。游牧額琳哈畢爾噶。及伊犂河濱。不獲從。乾隆二十年。大軍臨境。後先乞降。詔給達什惇多克

原中前

左旗札薩克一等台吉游牧。汗車凌族子額布根。乾隆十八年。額布根及兄蒙克特穆爾弟齊巴克等。從三車凌來歸。詔封蒙克特穆爾札薩克固山貝子。尋附車凌蒙克子巴朗叛遁。額布根慚奮。請從大軍進征。且捡叛黨自贖。諭獎其知大義。授今爵。補二十二年卒。原無嗣。弟齊巴克襲。補四十七年。詔世襲罔替。原注領一。佐原中前右旗札薩克固山貝子游牧。汗車凌族子班朱爾。乾隆十八年來歸。授今爵。尋卒。從弟奇塔襲。補四十四年卒。子羅卜藏薩布坦襲。四十七年。詔世襲罔替。原注領一。佐原中後左旗札薩克一等

台吉游牧汗車稜族弟荼錫喇。乾隆十八年來歸。授今
爵。補二十一年卒。子車登襲。四十五年卒。子諤勒哲鄂
羅什瑚襲。四十六年卒。弟烏巴什襲。四十七年。
詔世襲罔替。原注佐領一。原中後右旗札薩克一等台吉游
牧汗車凌族子巴爾。乾隆十八年來歸。授今爵。補三十
三年卒。子布達什哩襲。四十七年。詔世襲罔替。
原注無佐領。先是巴爾威屬哈薩克巴蘇太巴朗尼瑪等游牧額琳哈畢爾噶。不獲從巴爾內附。乾隆二十年大軍臨境迎降。凡五十六戶。詔給巴爾。原附輝特一旗曰下前旗札薩
克一等台吉游牧。輝特始祖札巴甘墨爾根有子烏達
納諾顏。十傳至鄂羅哩克和碩齊。子三。長達什。次濟木

巴欠鄂木布達什子色布騰色布騰子班珠爾班珠爾子二長達瑪璘次曼濟初輝特爲杜爾伯特屬游牧塔爾巴哈台補注見北路舊土爾扈特部世爲婚姻達瑪璘杜爾伯特長車凌女夫也準噶爾亂達瑪璘攜孥違徙族屬奔赴額琳哈畢爾噶原注額琳哈畢爾噶山在伊犁城東北四百餘里乾隆二十二年再定伊犁將軍兆惠等由此進兵補注詔遣官祭告山神祭文曰朕寅紹丕基輯甯函夏荷百靈之效順美報必伸當萬里之奏功明禋咸秩惟神遐荒迥峙靈應夙昭高埒天山遠通月窟屬當逆賊阿睦爾撒納負恩狡叛竄跡僑棲收拾殘黎誘招諸部復鴟張而起事旋蠶食以逞謀游牧至斯披猖寖甚鄰近皆潛爲烏合逆酋漸欲肆螳當已而王旅驟加賊軍輒駭四山艸木盡助聲威諸嶺風雲俱增叱咤奔鹿遂不遑擇蔭窮魚乃自絕游魂雖追躡逋逃又閱時而竣事而摧拉枯朽實從此以振威信乎奉天討以出師明神咸祐茲者蕆武功而底

禋秩祀宜申用昭右序之文遣祠官而致享永作西陲之鎮鞏邊圉以敉甯二十五年從辦事大臣阿桂奏列於祀典春秋致祭二十七年欽頒歲祭祝文曰惟神保障遐方奠基西土層巒內拱在漠南綏靖之前協氣遙迎當闢外奮揚之日逐飛廉於塞外八公之艸木皆兵示象鼎於寰中九牧之神姦悉化輯甯有地報享宜頒朕底定荒陬乂安絕域懷柔所及龍堆盡列於版圖撫馭攸加月窟咸通於聲教叛酋潰竄頭屢觸於不周勝旅先登戶遂陳夫貳負凡膚功之迅奏實靈效之克彰用奉明禋永垂嘉典峙金方而作鎮著神功於華嶽以西表翠嶂以爲屏秩祀典於流沙之外尚期出雲降雨遠敷惠澤於邊疆惟茲酌醴牽牲敬念普存於民力神其來格鑒此苾芬原注西域水道記注準語額琳謂閒色哈畢爾噶謂旁肋在博克達山西八百里哈屯博克達山西一百里博克達山尊如人首額琳哈畢爾噶如旁肋居元首左右天山最高峯爲博克達則左右山皆可謂之額琳哈畢爾噶今據告祭所在定爲哈屯博克達西百里之山　以故三車凌內附達瑪璘不獲從至乾隆二十年車凌以所部從征達

瓦齊賚額琳哈畢爾噶達瑪璘屬戶四十餘乞降伊犁定。賜杜爾伯特諸台吉游牧地達瑪璘聞之閒道至烏里雅蘇台攜戶六十餘請內徙隸車凌牧。詔授札薩克一等台吉從衆編佐領如杜爾伯特例。四十一年達瑪璘卒無嗣以弟曼濟子布爾布達爾濟襲補四十七年。詔世襲罔替。原注佐領一。原右翼三旗曰前旗札薩克和碩親王游牧汗車凌從子車凌烏巴什。原注一作策楞伍巴什 乾隆十八年從車凌來歸從者千二百餘戶。詔封札薩克多羅郡王二十年授參贊大臣從西路軍進征。原注並賞三眼孔雀翎。諭常服之伊犁定晉封

和碩親王授右翼盟長 補注 二十二年車凌請徙牧烏
蘭固木 詔車凌烏巴什
或從往或游牧科布多惟其便時副都統唐喀祿往諭
諸部道遇車凌烏巴什徒就車凌唐喀祿語曰額魯特
哈薩克錫喇叛擾額爾齊斯我將赴西路軍協勦車凌
烏巴什遣護衛巴顏及卒三十從之且稱額爾齊斯及
烏隆古地值盛夏多蚊蚋道不可行額琳哈畢爾噶哈
布塔克拜達克皆以察罕郭勒為要汛請往禦賊於其
地唐喀祿悉疏以聞 上嘉其誠順且明大義並
賜幣及佩飾二十四年十月以回部平
諭車凌烏巴什等知之十二月哈薩克襲烏梁海杜爾
伯特以兵三百餘擊走得 旨奬賚二十五年七
月或告車凌烏巴什將叛欲陰陷之成袞札布以聞
上鑒其誣 詔勿問尋入覲扈
蹕行圍奏所部蒙 恩安置牧產漸饒嗣請自
備駝馬 上嘉其誠悃不忍驟勞之 詔仍
官給駝馬準部相撲之戲必袒裼從事雖蹶不釋控首
屈肩至地乃為勝是年秋車凌烏巴什隨木蘭行圍俾
準人為此戲 上嘉其壯 賜之羊臛則拱
揖咶吞歡喜無量據云準噶爾自喇嘛達爾札搆釁後

日就凋敝不得如此

餉啖者十年於茲矣補二十七年詔杜爾伯特左右翼各設副將軍一右翼用正黃旗纛給敕印軍符授車凌烏巴什右翼副將軍命御前行走

賜岱青卓哩克圖號二十八年以兵緝烏梁海叛賊庫克辛誅之補注庫克辛走俄羅斯道掠哈薩克馬車凌烏巴什率兵緝之偵匿和羅圖郭爾馳往擊賊潰竄尾至林際獲之斬庫克辛及從黨五十八人俘其孥及戶七十餘歸詔賜幣補注有台吉巴朗者其甥也刼被哈薩克掠至是脫歸伊犂請隸車凌烏巴什詔給之

西域圖志乾隆乙酉年於熱河避暑山莊之東北岡如固爾札規制建安遠廟凡達什達瓦部眾之隸居熱河及都爾伯特親王策凌烏巴什等以朝賀至其地者咸資瞻禮御製安遠廟瞻禮書事詩序備記其事云四十一年入覲京師原注車凌烏巴什先因避痘歸誠二十餘載不

敢至內地。至是已出痘。入覲京師。賜宴紫光閣。命進酒御前。上元夕。詔觀燈火。御製詩紀之。有額魯近多出痘者也。敎元夕賞皇州之句。四十七年。詔諭曰。車凌烏巴什初封郡王。繼世襲罔替。補注而平定伊犂。晉封札薩克和碩親王。自歸誠以來。鈐束所屬。恪愼供職。且在御前行走。有年。著加恩令札薩克和碩親王爵世襲罔替。五十五年

原卒。無嗣。以從姪孫固魯札布襲。原注佐領十一。先是喇嘛達爾札纂襲準噶爾台吉。達瓦齊約達什及車稜烏巴什挈衆內附。達什等將從之。已而懼。以其謀告喇嘛達爾札。擊達瓦齊。捦其衆之半。達什。車凌烏巴什兄也。達什子訥默庫。從車稜烏巴什內附。封和碩親王。乾隆二十一年。以附其姊夫阿睦爾撒納叛誅。詔籍其屬分給之。

原〈前右旗〉札薩克多羅貝勒游牧。汗車凌從子剛多爾濟。乾隆十九年。自準噶爾挈戶千餘來歸。詔封今爵。補二十年。授副盟長。補注

大兵之自伊犂旋也杜爾伯特設正副盟長各三從車凌至者分左右翼曰車凌曰車凌烏巴什爲盟長曰色布騰曰車凌蒙克副之從訥默庫至者別自爲部以訥默庫爲盟長剛多爾濟副之二十一年訥默庫叛 諭曰剛多爾濟自授副盟長以來鈐束部衆尚爲安謐著即授爲盟長三十二年原卒無嗣以弟貝子額爾德尼子達瓦丕勒襲補四十七年詔世襲罔替原注佐領二剛多爾濟兄布圖克森羅壘雲端皆封貝子乾隆二十二年相繼卒皆無嗣 詔以其屬給剛多爾濟及額爾德尼轄之補注秋濤按羅壘雲端一作洛壘雲端原中右旗札薩克固山貝子游牧汗車凌族弟根惇補注一作根敦乾隆十八年來歸 詔封札薩克固山貝子二十一年卒子扣肯襲三十三年扣肯卒無嗣 詔以根

惇之弟雙和爾降襲鎮國公補四十五年卒子諤勒哲
鄂羅什瑚襲四十七年 詔世襲罔替原注佐領二 原
附輝特一旗曰下後旗札薩克一等台吉游牧達瑪璘
從叔父羅卜藏乾隆二十年大軍定伊犂羅卜藏卒屬
內附 詔授今爵隸杜爾伯特游牧補二十一年
卒子袞布襲四十七年 詔世襲罔替原注佐領一 原
凡十六札薩克同游牧科布多金山之東烏蘭固木地
原注初三車夌率屬來歸 賜牧札克拜達里克
將軍策楞請徙之歸化城大青山東 上慮滋新
降疑懼不許已而車夌族台吉訥默庫等輝特台吉阿
睦爾撒納和碩特台吉班珠爾等相率內附 詔
賜牧塔楚河鄰三車夌牧二十年十二月車夌等以乏
牧產請從額克阿喇勒 諭曰前議平定伊犂後

遣歸額爾齊斯舊牧若額克阿喇勒距額爾齊斯較札
克拜達里克路更遠且附內汛外謂所部兵亦易偵探
獲阿逆後仍當遣歸舊牧訥默庫之從征達瓦齊也請
徙牧拜達里克北札布堪河源博羅喀卜齊爾至鄂爾
齊喀喇烏蘇界　允之　諭努力成功勿念
游牧衆至是以車凌等將徙牧　詔往會而訥默
庫附阿逆叛竄駐防烏里雅蘇台大臣械其孥至論如
律　詔不附逆諸札薩克各安游牧鈐束部衆勿
疑懼二十一年七月三車凌等徙牧額爾齊斯烏梁海
就撫以烏蘭固木地與之二十二年諸額魯特叛擾邊
車凌等請徙往烏蘭固木　上遣使勘定地界車
凌等復請以烏蘭固木為耕屯地而游牧於科布多額
克阿喇勒　詔可尋以錯牧不便定烏蘭固木為
杜爾伯特游牧別以科布多為烏梁海游牧二十四年
烏梁海察達克以科布多產貂不給捕請徙就阿爾台
陽額爾齊斯車凌烏巴什等奏察達克所請地係烏梁
海舊牧距臣等牧遠且烏蘭固木地沃衍臣等游牧久
請勿徙以額爾齊斯地給烏梁海　詔如所請游
牧乃定【補注】藩部要略康熙二十九年罕都阿喇布坦
與噶爾丹聚牧阿爾台之科布多仍各領部衆【原注】朔

漠方略康熙三十二年厄魯特降人鄂欣等奏言噶爾丹在和卜多之源其地名索和克薩里【補遺】秋濤按和卜多即科布多亦作科卜多其水源名索果克河蓋即索和克薩里也地在金山之旁是時尚爲噶爾丹所據嗣大兵剿平噶爾丹而科布多遂爲西北屯守重鎮烏蘭古木地接科布多設障開屯亦爲要汛【原注】方略康熙五十四年七月費揚古奏以屯田事詢喀爾喀土謝圖汗等據稱蘇勒圖喀喇烏蘇拜達里克河明愛察罕格爾庫爾奇勒札卜罕河察罕廋爾布拉罕口烏蘭古木等處俱可耕種後都統穆賽等疏言烏蘭古木在新設汛界之外地並山坡山溝不便耕種其科卜多有延圖郭勒等處耕種收穫甚多應預備籽粒田器給與公傅爾丹率土默特人一千及出兵歸化城之土默特兵一千令往耕種五十五年二月　諭議政大臣等巴里坤科卜多烏蘭古木等處種地之事甚屬緊要若種地得收則諸事俱易尋議現今公傅爾丹等帶土默特人一千往烏蘭古木等處耕種所需牛種田器應令都統穆賽等支給購買發往軍前贖罪人等有願耕種者許其耕種俟收成後以米數奏聞議敘五十七年閏八月議政大臣等議應令將軍傅爾丹等於科卜多烏

蘭古木所在築城墾田建置房舍設立驛站六十年十一月征西將軍祁里德疏言今春三月遣官兵在烏蘭古木特里河邊耕種每麥種一斗收麥二石有餘地暖土肥請於來年多墾之可望大收所收糧自特里運至烏巴薩池更以過渡小船由特里河至營省費而於餉有益六十一年七月祁里德疏言前移都統圖喇等令速諭總理屯種事蘇爾祖赴烏蘭古木等處平治田畝開濬溝渠乘時播種復派前鋒統領卜柱及札薩克台吉根惇等統兵一千前赴烏蘭古木度形勢立營伍以資防守隨據蘇爾祖呈報烏蘭古木地土肥饒水泉雖少儘可引溉乘農事畢引水入地來春凍開及時播種可增闢田畝十月奉　旨據祁里德疏言在科卜多烏蘭古木等處開墾耕種因土沃水裕今年所得麥子一倍收有六倍請明年添種千石及詢問齎呈麥麵之阿禮等據云科卜多烏蘭古木地方廣闊開墾之處頗多原係厄魯特等耕種好地今應將歉收之茂宻察罕廋爾等處耕種人力移至科卜多烏蘭古木耕種可以多收雍正二年十月振武將軍傅爾丹疏報烏蘭古木處屯田穫麥四千一百七十石有奇德蔭堂集阿克敦再使準噶爾奏噶爾丹策零言　大皇帝聖旨

必欲定界今厄魯特不得逾阿爾泰山梁自哈拉巴爾圖克至薩克賴烏蘭古木額克阿拉爾南巴爾魯克烏薩克嶺一直爲界我厄魯特沿山陽游牧喀爾喀照舊在查布甚游牧【補注】歷考諸書足知烏蘭古木之關係邊防不亞於科布多矣

【原】東至薩拉陀羅海納林蘇穆河【原注】接唐努烏梁海旗界案納林蘇穆河發源特斯河南沙地西南流六十餘里與古薩爾泊水會西北入烏布薩泊會典圖說烏布薩泊在杜爾伯特左翼旗北西與北接唐努烏梁海界喀喇奇拉河古薩爾泊水俱出杜爾伯特左翼旗北流薩克里哈拉河亦出杜爾伯特左翼旗東流俱豬於烏布薩泊接入烏布薩泊之水除納林蘇穆河及圖說所舉外東有特斯河和賴河東北有特里河北有伊爾河博爾河札爾河齊塔齊河西北有哈拉莽鼐山水道光二十二年進呈新修一統志唐努烏梁海部五旗定邊左副將軍轄烏梁海二十五佐領二在德勒格爾河東岸東與土謝圖汗部右翼右末旗接南與賽因諾顏部中末旗接二在庫蘇古爾泊東北四當貝克穆河折西流處三當讃和爾阿拉河源四當噶哈爾河源俱北與俄羅斯爲界十在西北跨阿勒坦河

阿穆哈河，亦與俄羅斯爲界。札薩克圖汗部所屬烏梁海五佐領，一在庫蘇古爾泊北，一在德勒格爾河西岸，南與札薩克圖汗部中左翼左旗接，一北臨貝克穆河，西與南俱臨華克穆河。一在謨什克河西，一當札庫爾河源。賽音諾顏部所屬烏梁海十三佐領，俱南依鄂爾鄂汗山，西與科布多所屬阿勒坦淖爾烏梁海二旗接，北與俄羅斯爲界。哲布尊丹巴呼圖克圖門徒所屬烏梁海三佐領，在陶托泊北，西臨華克穆河，北與俄羅斯爲界。

南至哈喇諾爾齊爾噶圖山。原注　接科布多牧場及明阿特旗界。會典圖說

札布噶河自札薩克圖汗部西北流，東納空歸河，又西北會奇勒稽思泊、愛拉克泊水，西流，南合都爾根泊、喀喇泊水，經明阿特旗，滙於阿拉克泊。明阿特出於烏梁海，後爲札薩克圖汗部中左翼左旗之屬。乾隆三十年撤出，設一旗，屬科布多參贊大臣，游牧在科布多城西。新修一統志：明阿特部一旗，東界由塔拉布拉克起至齊爾噶圖山、科布多河止，與杜爾伯特連界；南界由齊爾噶圖山起，沿科布多河北岸至遜都里山止，與喀爾喀屯田兵厄魯特連界；西界由遜都里山起至茂垓止，與杜爾伯特連界；北界由茂垓起至察罕布爾噶蘇

烏蘭布拉克塔拉布拉克止與杜爾伯特連界

西至索果克河

接阿爾台烏梁海界會典圖說科布多河出阿爾泰烏梁海旗爲索果克河東流南合瑚爾噶泊輝漢泊和通泊水東北流西合噶斯河折而東南流經輝特下前旗杜爾伯特右翼旗南合塔爾巴泊托爾博泊水北合烏里雅蘇圖河根德克圖泊戴舒爾泊水遂名科布多河東南流經科布多城西布彥圖河出阿爾泰烏梁海旗額魯特旗西北流來會又東流入阿勒克泊　松漠紀詩注北渡科布多河至薩克里山麓有石八具　蒙古冠服相傳爲元太祖像以示遠國之願瞻仰者　又曰科布多河在烏里雅蘇台西北千里濱河爲城大兵駐此科布多箭橐也阿爾泰山東面之水皆入此河與札布韓河合由愛拉克湖伏流入於烏卜藏湖愛拉克譯曰酸乳烏卜藏譯曰寶藏橐河西岸山名推忒呼爲罣礙之義語本梵經穆案據此則愛拉克湖爲今伊克阿喇克泊烏卜藏湖當卽烏布薩泊也　又松漠紀詩注距科布多二日程有湖名窩克阿拉里譯曰慈母湖相傳康熙年間大軍征策妄阿拉卜坦敗遁此湖居之經年所部食魚爲活因比之爲慈母慈母湖之南有山如椅曰墨爾根西克譯曰賢愚

三面臨湖中多茂艸野羸踞爲窟較家畜稍大惟土黃一色出飲湖水常百十爲羣有豢其駒者終不受鞍勒乘之不能成步穆案窩克阿拉里疑即今圖之伊克阿喇克泊惟策妄無敗遁居此之事恐係噶爾丹之誤又松漠艸詩注鳥鼠同穴科布多河以東徧地有之方午鼠蹲穴口鳥立鼠背蒙古人謂雀爲鼠之甥鼠名鄂克託奈譯曰野鼠色黃雀名達蘭克勒譯曰長脛雀

新修一統志阿勒拉烏梁海部七旗東界由都嚕淖爾起至哈叨烏里雅蘇台止與厄魯特連界再由哈叨烏里雅蘇台起至西伯爾沙札該山烏圖淖爾之南山止與喀爾喀屯田兵連界東南界由惠圖僧庫爾起至都木達僧庫爾浩賴僧庫爾之北山哈彌察克止與札哈沁連界再由哈彌察克起至綽和爾淖爾那郭幹淖爾之中山淸依勒河那彥鄂博昌罕阿瑞烏蘭波木止與土爾扈特和碩特連界南界由烏蘭波木烏隴古河起至巴噶淖爾止與塔爾巴哈台所屬土爾扈特連界西南界由巴噶淖爾起至噶勒札爾巴什淖爾北岸納林哈喇山止與塔爾巴哈台所屬土爾扈特連界再由納林哈喇山起至碑爾素克託羅垓止與塔爾巴哈台連界西界由碑爾素克託羅垓起至巴爾哈斯淖爾止與

喀倫連界北界由巴爾哈斯淖爾起至哈賓里達巴止與喀倫連界東北界由哈賓里達巴起至哲斯達巴蒙古勒雅素沿索果克河科布多河西岸習集克圖河止與杜爾伯特連界又有阿勒坦淖爾烏梁海部二旗在索果克喀倫外東界由哈勒巴哈雅山起至布古素山博羅布爾噶蘇河止南界由博羅布爾噶蘇起至託申圖山習伯圖山達爾欽圖河止西界由達爾欽圖河起至阿爾占山巴勒塔爾罕山呼巴圖嚕山止北界由呼巴圖嚕山起至阿勒坦淖爾伯勒山楚勒坤淖爾哈勒巴哈雅山止

北至阿斯哈圖河

原注

接烏里雅蘇台界會典圖說阿爾泰泊在阿爾泰諾爾烏梁海旗東北綽爾齊河沙克爾河巴什庫斯河阿斯哈圖河俱出阿爾泰諾爾烏梁海旗合北流豬焉東納格吉河西納巴哈齊里河伊克齊里河郭爾達爾河北流為阿爾泰泊又西北入唐努烏梁海界新修一統志杜爾伯特部十四旗東界由特斯河南岸起至薩拉陀羅海納林蘇穆河察罕努嚕山與唐努烏梁海連界東南界由杭吉勒察克起至哈布齊克布拉克山拜甡圖之南山止與哈爾哈連界再由拜甡圖之南山起至奇勒稽思淖爾燮拉克淖爾之南岸札布噶河北岸塔塔

呼特咯里止與喀爾喀連界南界由塔塔呼特咯里起至哈喇淖爾綽諾哈唻呼額可阿喇勒淖爾北岸齊爾噶圖山止與科布多官廠連界西南界由齊爾噶圖山起至塔拉布拉克烏蘭布拉克察罕布爾噶蘇茂垓科布多河東岸止與明阿特連界西界由科布多河東岸起沿河至索果克河東岸止與阿勒坦烏梁海連界西北界由索果克河起至蒙古勒雅素哲斯達巴噶噜圖維和爾淖爾喀倫止與阿勒坦烏梁海連界北界由哈克淖爾喀倫起至哈叨烏里雅蘇台喀倫止與喀倫連界再由哈叨烏里雅蘇台喀倫起至阿期哈圖河固爾班喀倫昭莫多止與喀倫連界再由昭莫多起至罕達該圖齊齊爾噶納鄂爾濟呼布拉克阿拉克鄂博喀倫止俱與喀倫連界

左右翼分二盟統賜名賽音濟雅哈圖

【原注】杜爾伯特族有伯什阿噶什者伊斯札布之曾孫也聚牧伊犂河西沙拉伯勒境鄰哈薩克牧達瓦齊虐之大軍西征率養子博東齊族台吉烏巴什等獻籍三千餘戶降 詔封伯什阿噶什札薩克和碩親王烏巴什札薩克固山貝子暫置從衆額爾齊斯賜諭曰爾衆甫至不必簡兵往從大軍亦無須徙

內地。即游牧額爾齊斯。爾族台吉車凌等將歸舊牧。爾等聚族而處。實爲允協。不必違離故土。徒勞往返也。命甫下。伯什阿噶什等攜衆抵哈達青吉勒。詔暫留俟來歲歸額爾齊斯牧。二十一年九月伯什阿噶什來朝。詔編旗分佐領。如三車凌例。別爲一盟。伯什阿噶什尋卒。命以兄子丹巴都噶爾爲札薩克固山貝子。弟達瓦齊特爲札薩克公。轄伯什阿噶什衆。聽歸車凌牧。未幾族台吉布圖庫等挈屬至。稱與車凌等析處。久請異牧。諭曰。博東齊等雖與杜爾伯特同族。若往歸之。反仰賴車凌等養贍。著遣往烏里雅蘇台。交車布登札布酌徙呼倫貝爾。通肎呼裕爾等處。後博東齊及布圖庫等咸置呼倫貝爾。補注秋濤按。博東齊等編入駐防。轄於呼倫貝爾都統。歸黑龍江將軍節制。未設札薩克。故附見於此。不別著專條也。

補注秋濤按。空窩圖湖。即宰桑泊也。亦曰齋桑若爾。亦謂之鴻和爾淖爾。此段添入第六葉公牧額爾齊斯河注中。格敏斯部偶誤。下

補注秋濤按。額爾齊斯河源委甚遠。至杜爾伯特耕牧處。則在宰桑淖爾北岸。西域水道記云。額爾齊斯

河又西北豬為宰桑淖爾淖爾圓橢形周四百餘里俄儂河果莫孫河注其東南納林河哈流圖河注其東北阿布達爾摩多河注其西復從淖爾西北溢為額爾齊斯河濱河沃衍利耕牧杜爾伯特及烏梁海人皆會牧於斯杜爾伯特部總傳云車凌及車淩蒙克遣宰桑以善耕卒百起額爾齊斯督屯田二十年四月成袞扎布屯田兵由額爾齊斯移駐伊蘇圖鏗格爾七月班師屯田兵撤還即此地也此條添入第六葉公牧額爾齊斯河注中下游歸於北海下

蒙古游牧記卷之十三

甘泉李汝鈞覆校

蒙古游牧記卷之十四

平定張　穆初稿

光澤何秋濤補輯

額魯特蒙古新舊土爾扈特部總敘 標題秋濤依例補

原 土爾扈特部 始祖元臣翁罕。姓不著。七傳至貝果鄂爾勒克。子四。長珠勒札幹鄂爾勒克。生子一。曰和鄂爾勒克。補 居於雅爾之額什爾努拉地。補注 西域水道記。雅爾地在楚呼楚山西二百里。土爾扈特部舊居其額什爾努拉地。明崇禎時。土爾扈特和鄂拉勒克汗。與綽羅斯交惡。越哈薩克投俄羅斯。西域圖志。雅爾。舊為準噶爾伊克明阿游牧之所。車凌班珠爾之昂吉。北極高四十七度五分。西三十四度四十分。秋濤按。土爾扈特部徙後。伊克明阿部始游牧於雅爾。圖志云。乾隆二十八年。於雅爾建肇豐城門四東翔和南乘離西布說北暨朔水道記則云三十年始建此城未詳孰是其地夏生白蠅遺蛆人目冬則大雪不堪其寒三十一年移城於楚呼楚郎今塔爾巴哈台城也雅爾城故址今尚存焉

原初衛拉特諸酋以伊犂爲會宗地各統所部不相屬準噶爾部酋巴圖爾琿台吉者原注噶爾丹父也游牧阿爾台特其強侮諸衛拉特和鄂爾勒克惡之挈族走俄羅斯屯牧額濟勒河原注所居地曰瑪努托海倚騰吉思巨澤北界俄羅斯南界哈薩克東界哈喇哈爾榜西界圖里雅斯科異域錄土爾扈特國王阿玉奇汗游牧地方在俄羅斯國界薩拉托付之東南俱曠野西北兩面有佛爾格郎額濟勒河環流東南有牢河環流南有騰吉思湖額濟勒河牢河俱向南流歸入騰吉思湖沿額濟勒河俱林木有柞楊樺叢柳自薩拉托付以至阿玉奇汗所居瑪努托海地方其間有三道塔爾魯河三道胡班河及塔爾渾並吳魯蘇屯之小河俱向西流歸入額濟勒河其河澤內產黃蓮白蓮蘆葦蒲其額濟勒河之西岸

自薩拉托付以至騰吉思湖。又有俄羅斯國屬之西拉喀穆什城名擦里岑城名噶喇斯諾雅爾城名阿斯達爾漢諸城柏興自城池柏興以至瑪努托海地方西南一帶皆興安山嶺過此向西行百餘里俱係圖里雅斯科國王空科爾汗所屬和邦郎莽武特人居住詢問阿玉奇汗游牧地方大小據言東西可行三十日南北可行二十日。一統志騰吉思湖東西廣南北狹周圍可七八百里直波羅塔拉沙磧西北其南尚有空吉思特吉思諸水西北流注於其內。按十三排圖阿玉奇作阿裕錫所居處在北極出地四十九度西五十三度強

徐松龕中丞繼畬瀛環志略曰峩羅斯國阿斯達拉干部一作迓大罕爲五藩部之都會窩瓦河從西北來由此入裏海兩岸草場豐美牧畜蕃庶郎土爾扈特寄居游牧之地西域聞見錄謂烏巴錫因河冰未合率河南戶口內附而遺其河北今考窩瓦河自西北而東南烏巴錫之東徙蓋攜其河東戶口而遺其西也其地通衢四達西域游牧各部互市者絡驛於途故富饒爲五部之最

補注 秋濤按騰吉思湖亦名裏海泰西人稱爲喀爾土畢安一曰加斯比約一曰加士比淹又曰北俄高海大地中央巨浸也詳見秋濤所著朔方備乘中

羅斯嘗與雪西洋及西費雅斯科戰。土爾扈特以兵助之。厥後稍就弱。俄羅斯因稱爲己屬。土爾扈特習蒙古俗。務畜牧。逐水艸徙。與俄羅斯城郭處異。衣冠用繒罽。復與諸衞拉特絶異。順治十二三四年。和鄂爾勒克子書庫爾岱青。【補注】遣使錫喇鄂木布。伊勒登諾顏。【補注】遣使錫喇尼和碩齊。羅卜藏諾顏。【補注】羅卜藏諾顏。及子多爾濟。遣使沙克錫布達特爾漢烏巴什阿巴賴等。相繼遣使奉表貢。書庫爾岱青子朋蘇克。朋蘇克子阿玉奇。世爲土爾扈特長。至阿玉奇始自稱汗。【補注】藩部要略。先是書庫爾岱青。以巴圖爾琿台吉女爲子朋楚克婦。生阿玉奇。育巴圖爾琿台吉所。和鄂爾勒克徙牧。不復攜。後書庫爾岱青赴唐古特。還。假道準噶爾。索阿玉奇以歸。書庫爾岱青卒。朋楚克嗣。朋楚克卒。阿玉奇嗣。始自稱汗。康熙中表貢不絕【補注】秋濤按土爾扈特長和鄂爾勒克及準噶爾長巴圖爾琿台吉先通婚媾嗣以交惡之故土爾扈特部遠徙額濟勒河之境然其戚黨之誼仍未遽絕是以策妄阿喇布坦乞婚於阿玉奇阿玉奇仍以女妻之阿玉奇之子散札布台吉攜衆萬五千從往迨阿玉奇聞噶爾丹敗走遣宰桑以所部兵千防諸阿爾台之上曾圖是阿玉奇雖遠在異域而於準部軍務尚非鞭長莫及至三十五年阿玉奇屬諾顏和碩齊色布騰蒙克等從策妄阿喇布坦使入貢慶提優賚遣歸則其時阿玉奇與策妄阿喇布坦相睦情形大略可覩自噶爾丹既滅策妄阿喇布坦謀并諸衞拉特始與阿玉奇搆釁留散札布不遣阿玉奇索其子乃逐散札布歸而盡沒入其從戸阿玉奇嫂攜其子阿拉布珠爾入藏禮佛策妄阿喇布坦闌之不得歸又不使阿玉奇入藏熬茶阿玉奇貢使蒙 厚賜策妄阿喇布坦邀奪于路而絕其貢道阿喇布珠爾歸道斷則欵闕乞內附我 朝封爲貝子方思所以送之歸者而阿玉奇亦以貢道梗塞遣使假道俄羅斯以來於是我使圖理琛等亦假道俄羅斯報之自是土爾扈特始與中國隔絕非假道俄羅斯不得通矣

十一年。復遣使假道俄羅斯。貢方物。上嘉其誠。
且欲悉所部疆域。遣內閣侍讀圖理琛等齎
敕往。歷三載乃還。阿玉奇附表奏謝。四庫全書總目提要
異域錄二卷。國朝圖理琛撰。康熙五十一年五月。圖
理琛以原任內閣侍讀奉
命出使土爾扈特。由
喀爾喀越俄羅斯國。至其國。五十四年三月回京復
命。因述其道里山川民風物產以及應對禮儀。隨
日紀載。其體例略如宋人行記。所歷俄羅斯境曰楚庫
柏興。曰烏的柏興。曰柏海爾湖。曰尼爾庫城。曰昂噶拉
河。曰伊聶謝柏興。曰麻科斯科。曰揭的河。曰那里木柏
興。曰蘇爾呼忒柏興。曰薩瑪爾斯科。曰狄木演斯科。曰
托波爾。曰鴉班沁。曰費雅爾和土爾斯科城。曰費雅爾
和土爾斯科佛落克嶺。曰索里喀穆斯科。曰改果羅多。
曰黑林諾付。曰喀山。曰西穆必爾斯科。曰薩拉托付。曰
塔拉斯科。曰托木斯科。曰伊里木城。皆其大聚落也。其
地為自古輿記所不載。亦自古使節所未經。如史記述
匈奴北海上頗作疑詞。故儒者類言無北海。今據圖理

琛所記。知伊聶謝柏興。距北海大洋一月程。又唐書稱薛延陀夜不甚暗。猶可博弈。僅得之於傳聞。圖理琛以五月至其地。知夏至前後。確有是事。皆我 聖祖仁皇帝德化覃敷。威稜震疊。故軺車所至。莫不具驛傳供芻糒。涉越三四萬里。如行闤闠。故得以從容游覽。見所未見。聞所未聞。補旦古黃圖所未悉。今土爾扈特已全部內附。而所記俄羅斯南路十四國。乾隆乙亥以後又已盡入版圖。併以見 武烈 文謨顯承啟佑。所由拓億禩之丕基者。非偶然也。 乾隆二十一年。所部使吹札布等入 覲。稱奉其汗惇囉布喇什令。假道俄羅斯。三載方至。請赴唐古特謁達賴喇嘛。 上遣官護往二十二年。自唐古特還。並 頒賜惇囉布喇什幣物。二十三年。伊犂平。有附牧伊犂之土爾扈特族台吉舍稜等。奔額濟勒河。既而惇囉布喇什卒。子渥巴錫嗣爲汗【原】三十六年渥巴錫率諸台吉及舍稜等挈全部三萬餘戶內附【原注】俞氏正燮癸巳類稿駐劄大臣原始乾隆三十六年土爾扈特烏巴錫聞綽羅斯特和碩特輝特皆亡可以竊據伊犂游牧也即棄俄羅斯率衆南來六月至喀倫知伊犂規模已定不能逞乃籍衆歸順曰俄羅斯不與黃教願依大皇帝興黃教之地以安部衆又俄羅斯事輯舍稜於三十六年誘俄羅斯土爾扈特全部越伊犂時俄羅斯與圖理雅斯科兵爭圖理雅斯科以其先控噶爾汗失地故背俄羅斯不朝貢俄羅斯征之屢戰屢捷而土爾扈特逃俄羅斯收其地改建他濟不復問土爾扈特所往土爾扈特至伊犂喀倫計窮歸順【補注】七十一西域聞見錄鄂羅斯北鄰控噶爾與之搆兵屢經大敗前後徵兵於土爾扈特死者亦七八萬至是復徵兵於土爾扈特人人危懼烏巴錫計無所出其新屬之額魯特都爾伯特輝特霍碩特四種人原在伊犂之雅爾及哈喇沙拉等處游牧其山川路徑皆所熟悉因以地之草肥水甘土田廣闊可以占據立業唆使烏巴錫攜衆潛逃烏巴錫爲其所惑遂與台吉喇嘛等密議定策約定

北岸所居人戶於河冰凍結後一同逃赴伊犁時乾隆三十五年天氣溫和十月中旬河水不凍烏巴錫不能待河北人戶遂殺鄂羅斯匠役千人及貿易人等攜所部之土爾扈特霍碩特輝特都爾伯特額魯特人衆四十六萬餘戶於十月二十三日起程沿途刼掠殘破鄂羅斯城池四處察罕汗聞警使其濟納拉喇領兵數萬追襲而烏巴錫人衆已逾坑格勒圖喇而南坑格勒圖喇者鄂羅斯之卡倫也已入中國地界濟納拉喇乃引兵還烏巴錫既入中國乃由巴爾噶什淖爾而進經過戈壁五日雖有水泉寸草不生牲畜倒斃無算行至青可斯察漢哈薩克人等羣起刼奪互有殺傷至克齊克玉子地方其人强横習於戰鬥其二品頂翎侍衛職銜之哈薩克合吉額勒里納拉里親領精鋭萬人於要路屯劄烏巴錫不敢輕進相持半月有餘伊犁將軍諭到令哈薩克人等加意保護地方不許土爾扈特在游牧之處穿走如有不馴即行殺戮烏巴錫計出無奈遂與額勒里納拉里講和向沙喇伯可而進行至沙喇伯可南界與布魯特地界相連布魯特聞之人各喜躍相慶以爲天賜聚集十餘萬騎星飛雲擁烏巴錫避入沙喇伯可北界之戈壁而千餘里之戈壁滴水寸草皆無時

際三月天氣溫暖人皆取馬牛之血而飲瘟疫大作死者三十萬人牲畜十存三四經十餘日狼狽逃出而布魯特久候於戈壁之外日夜追殺搶奪直至他木哈地方與內地卡倫相近布魯特始斂兵退烏巴錫至他木哈猶有男婦大小人口二十七八萬將運遣侍衛普濟保等前往問其來意烏巴錫與其台吉喇嘛計議六七日始定以投誠　大皇帝爲詞乃引烏巴錫謁見將軍因獻玉器自鳴時刻表宣窰瓷器自來火鳥鎗拉古爾木椀金錢等物並獻伊祖所受明永樂八年漢篆勅封玉印一顆事　聞奉　旨差額駙色布騰巴爾珠爾等帶領烏巴錫及其台吉頭目赴熱河引見秋濤按椿園所記土爾扈特投誠始末如此而俞理初氏書其後云西人多謗土爾扈特者所聞眞僞相半耳前見乾隆三十六年京報舒文襄等奏六月三月土爾扈特車伯克多爾濟入卡倫見將軍言土爾扈特各愛滿較俄羅斯所習經典俱異早有來歸聖主之意今者烏布沙決意南來由伊敵之越數日烏布沙至以道遠又値春暖馬匹損傷至哈薩克時阿布賚領兵相持前路又與阿拉里努拉立打仗部衆散失今自奎屯聚衆前來其道路所歷與見聞錄所敘略

同來歸之由實由舍楞唆搶伊犂既至而知其不可逞也舍歸順更無他法其人尚衆又當計無復之舍撫之亦更無他法烏布沙即烏巴錫也理初又曰阿玉奇全家歸心中國但中國無誘降俄羅斯所屬人之理故久置之烏巴錫來歸以不與俄羅斯同教爲辭合於阿玉奇言是有默啟之者獨恨烏巴錫不能知其先人感戴中國之忱其始念差耳然非以搶伊犂之故其部衆必憚於遠徙俄羅斯亦不甘於置之不問我 高宗覆載同量然以俄羅斯界碑舊約亦不能直受之而無疑也是知其中有天焉 聖人不探人之至隱而予其事之順也此天之所以爲天也方今中外一家均無歧視而土爾扈特獨蒙惡聲故詳檢官私著述爲訂證之蓋自 國初綏服蒙古以來至是乃盡族而臣之

詔以新舊別稱各設札薩克異牧而處補曰烏訥恩蘇珠克圖盟補注今作烏訥恩素珠克圖舊土爾扈特部以汗渥巴錫領之仍分賜牧地爲東西南北四路皆和鄂爾勒

克裔渥巴錫所屬舊部也曰青色特啟勒圖盟新土爾扈特部以郡王舍稜領之別授貝子一皆儲袞察布察齊裔從舍稜往而復歸者也其和碩特貝勒恭格等則自為一盟附於南路云

高宗純皇帝御製土爾扈特全部歸順記曰始逆命而終徠服謂之歸降弗加征而自臣屬謂之歸順若今之土爾扈特攜全部舍異域投誠輸化跋涉萬里而來是歸順非歸降也西域既定興屯種於伊犂薄賦斂於回部若哈薩克若布魯特俾爲外圍而覊縻之若安集延若巴達克山益稱遠徼而概置之知足不辱知止不殆朕意亦如是矣豈其盡天所覆至於海隅必欲悉主悉臣爲我僕屬哉而茲土爾扈特之歸順則實天與人歸有不期然而然者故不可以不記土爾扈特者準噶爾四衛拉特之一其詳已見於準噶爾全部紀略之文溯厥始率亦荒略弗可考後因其汗阿玉奇與策妄阿勒布坦不睦竄歸俄羅斯俄羅斯居之額濟勒之地康熙作間我皇祖聖祖仁皇帝嘗欲悉其領要令侍

讀圖理琛等假道俄羅斯以往而俄羅斯故爲紆繞其程凡行三年又數月始反命今之汗渥巴錫者即阿玉奇之曾孫也以俄羅斯征調不息師旅近且徵其子入質而俄羅斯又屬別教非黃教故與合族台吉密謀挈全部投中國興黃教之地以息肩焉自去歲十一月啟行由額濟勒歷哈薩克繞巴勒喀什諾爾戈壁於今歲六月杪始至伊犂之沙拉伯勒界凡八月歷萬有餘里

先是朕聞有土爾扈特來歸之信慮伊犂將軍伊勒圖一人不能經理得宜時舒赫德以參贊居烏什辦回部事因命就近前往而畏事者乃以新來中有舍稜其人會以計誘害我副都統唐喀祿因以竄投俄羅斯者恐其有詭計議論沸起古云受降如受敵朕亦不能不爲之少惑而畧爲備焉然熟計舍稜一人豈能聳動渥巴錫等全部且俄羅斯亦大國也彼既背棄而來又擾我大國邊界進退無據彼將焉往是則歸順之事十之九詭計之伏十之一耳既而果然而舒赫德至伊犂一切安汛設偵籌備密備之事無不悉妥故新投之人一至如歸且揄其應覲者由驛而來朕即命隨圍觀獵且於山莊燕賚如杜爾伯特車稜等之例焉夫此山莊乃我

皇祖所建以柔遠人之地而宴賚車稜等之後

遂平定西域，茲不數年間，又無意中不因招致而有土爾扈特歸順之事，自斯凡屬蒙古之族，無不爲我大清國之臣。神御咫尺，有不以操先券闕後成憾志而愉快者乎？予小子所以仰答祖恩，益凛天寵，惴惴焉致孜孜焉，惟恐意或滿而力或弛，念茲在茲，遑敢自詡爲誠所感與德所致哉？或又以爲不宜受俄羅斯叛臣，虛起邊釁。蓋舍稜即我之叛臣，歸俄羅斯者，何嘗不一再索取，而俄羅斯訖未與我也。今既來歸，即以此語折俄羅斯，彼亦將無辭以對。且數萬乏食之人，既至近界，驅之使去，彼不刦掠畜牧，將何以生？雖有堅壁清野之說，不知伊犂甫築新城，而諸色人皆賴耕牧爲活，是堅壁亦不易堅，而野亦不可清也。夫明知人以嚮化而來，而我以畏事而止，且反致寇，甚無謂也。其衆涉遠歷久，力甚疲矣，視其之死而惜費弗救，仁人君子所不忍爲，況體天御世之大君乎？發帑出畜，力爲優恤，則已命司事之臣，茲不贅記，記事之緣起如右。又御製優恤土爾扈特部衆記曰：歸降、歸順之不同既明，則歸順、歸降之甲乙可定。蓋戰而勝人，不如不戰而勝人之爲盡美也；降而來歸，不如順而來歸之爲盡善也。然則歸順者較歸降者之宜優恤不亦宜乎土爾扈特歸順源委已見前記茲記所以優恤之者方其渡額濟勒而來歸也戶凡三萬三千有奇口十六萬九千有奇其至伊犂者僅以半計夫以遠人嚮化攜孥屬而來其意甚誠而其阽危求息狀亦甚憊既撫而納之苟弗爲之贍其生猶弗納也贍之而弗爲之計長久猶弗贍也故自聞其來及其始至以迨于今惟此七萬餘衆凍餒疕瘠之形時懸於目而惻於心凡宵旰所究圖郵函所諮訪無暇無輟乃得悉其大要於是爲之口給以食人授之衣分地安居使就米穀而資耕牧則以屬之伊犂將軍舒赫德出我牧羣之孳息驅往供饋則以屬之張家口都統常青發帑運茶市羊及裘則以屬之陝甘總督吳達善而嘉峪關外董視經理則以屬之西安巡撫文綬惟時諸臣以次馳牘入告於伊犂塔爾巴哈台之察哈爾額魯特凡市得馬牛羊九萬五千五百其自達哩剛愛商都達布遜牧羣運往者又十有四萬而哈密闢展所市之三萬不與焉撥官茶二萬餘封出屯庾米麥四萬一千餘石而初至伊犂賑贍之茶米不與焉甘肅邊內外暨回部諸城購羊裘五萬一千餘襲布六萬一千餘疋棉五萬九千餘斤氊廬四百餘具而給庫貯之氊棉衣什布幅不與

焉計費儲用帑銀二十萬兩而賞貸路貲及宴次賚予
不與焉其台吉渥巴錫等之入覲者乘傳給餼而來至
則錫封爵備恩禮其往也復慮其身之生不宜內地氣
候則命由邊外各台歷巴里坤而行而迎及送並遣大
臣侍衛等護視之用以柔懷遠人俾毋致失所有以爲
優恤太甚者蓋意出於鄙吝未習聞國家成憲
毋惑乎其見之隘也昔我皇祖聖祖仁皇帝時
喀爾喀土謝圖汗等爲厄魯特所殘破率全部十萬衆
來歸皇祖矜其窮阨命尚書阿喇尼等
往撫之發歸化城張家獨石口倉儲以賑其乏且足其
食又敕內大臣費揚古明珠等齎白金茶布以
給其用採買生畜以資其生遂皆安居得所循法度樂
休養迄今八十餘年畜牧日以蕃生殖日以盛樂樂利
利殷阜十倍於初其汗王台吉等世延爵祿恪守藩衛
一如內札薩克之效臣僕長子孫莫不感戴聖
祖德澤及人之深得以長享昇平之福也惟朕體
皇祖之心爲心法皇祖之事爲事惟茲土爾
扈特之來其窮阨殆無異曩時之喀爾喀故所以爲之
籌畫無弗詳賙惠無少靳優而恤之日計長久庸詎知
謀之勞而費之鉅乎蓋茲土爾扈特之衆亦能如喀爾

喀之安居循法勤畜牧務生殖勿替厥志則其世延爵
祿長享昇平之福又何以異於今之喀爾喀哉用是臚
舉大凡勒石熱河及伊犂俾土爾扈特汗全部衆咸識
朕意且以詔自今以往我諸臣之董其事者松筠綏服
紀略云土爾扈特本係準噶爾四衛喇特之一與都爾
伯特無異雖遠居俄羅斯地曾遣使朝貢輸誠旣聞
天兵平定伊犂振興黄教復憶都爾伯特歸順久享
昇平不禁仰慕傾誠率衆內附恭土爾扈特一部
先年因與準噶爾不睦遂入俄羅斯居額濟勒游牧傳
數世至阿玉奇汗伊子察克篤爾札布孫敦魯布喇什
曾孫乃渥巴錫也渥巴錫於乾隆三十五年明背俄羅
斯攜全部由哈薩克戈壁巴勒噶什淖爾一帶行入閱
月至伊犂敬陳投順之意時伊犂將軍舒赫德奉
命收撫安戢賑其窮乏授以牧地渥巴錫等傾心感
激即於三十六年入覲 天顏錫封渥巴錫爲汗
餘封親王郡王貝勒貝子公札薩克台吉有差
聖慮深遠一一指示於伊犂東之精河游牧任貝勒一
庫爾喀喇烏蘇游牧任郡王一喀喇沙爾游牧任汗渥
巴錫及貝勒貝子各一近塔爾巴哈台之和博克薩哩
游牧任親王一札薩克台吉一近科布多之阿勒台游

牧任郡王一貝子一其食俸輪班
入覲一如都爾伯特之例

珠勒都斯舊土爾扈特蒙古烏訥恩素珠克圖盟南
路游牧所在標題秋濤依例補【補注】秋濤謹按齋爾地在天山北珠勒都斯地在天山南渥巴錫初賜齋爾牧後遷珠勒都斯然欽天監所刻時憲書仍稱齋爾土爾扈特考徐松新疆賦注云乾隆二十五年以回部各城節氣載入時憲書三十八年編土爾扈特和碩特入時憲書而渥巴錫之移牧則在三十八年四月以後蓋欽天監編纂係在未移牧之前故仍稱齋爾也附記於此以備考訂

【原】南路舊土爾扈特部【補】在喀喇沙爾城北【原注】喀喇沙爾距京師八千九百五十里【原注】西域釋地喀喇沙爾漢焉耆國唐置焉耆都督府於此後改碎葉鎮宋爲西州回鶻本名哈爾沙喇後定今名喀喇言黑沙爾城也【補注】新疆識略喀喇沙爾城東北至吐魯番城一千零二十里西

南至庫車一千一百六十三里南至沙山二百里北至
砂札蓋圖卡倫一百四十里西北至那喇特達巴罕西
至八十里交伊犂界喀喇沙爾舊有軍臺十一處乾隆
三十年裁減察罕通格曲惠二臺三十五年添設阿哈
爾布拉克臺五十二年裁托克遜布幹二臺改歸吐魯
番管轄褚廷璋西域詩喀喇沙爾風雨猶疑鐵騎屯至
今沙磧有遺痕焉耆鎮啓龍庭遠都護城懸烏壘尊弓
挂輪臺飛皎月劍磨蒲海射晴暾戍樓高處分襟帶山
水遺經費討論自注西境爲漢烏壘城都護居此於西
域爲中又西有地名玉古爾漢輪臺地南有羅卜淖爾
爲古蒲昌海曹麟開新疆紀事詩喀喇沙爾磧路當年
闢復迷幾多折戟沒沙泥鐵門險振焉耆北烏壘威宣
突騎西使水一支吞海闊回峰四面抱城低祇今西域
徵遺傳笑說豐碑勒白氏自注唐時焉耆王遣使來朝
云自隋亂磧路閉故取道高昌請開磧路以通行旅帝
許之高昌怒攻陷五城詔侯君集討平高昌歸所俘及
城又唐貞觀中都護郭孝恪執其王突騎支又唐阿原
史那社爾擒其王那支以其地爲都督府勒石紀功
當天山之南補注天山一名祁連一名雪山一名白山
又曰折羅漫山其山遠自葱嶺分支自喀

什噶爾之北迤東而行經烏什阿克蘇庫車喀喇沙爾闢展之北又東行入鎮西府界至塔勒納沁而止皆曰天山東西緜亘三千餘里層峰疊嶂隨地異名蓋以百數三州輯略曰天山自葉爾羌西南蜿蜒而來曰葱嶺至闢勒玉山分脈其東南一支遶和闐而東行其西北一支遶英吉沙爾喀什噶爾之西又北行遶布魯特境東行遶烏什之北又逕阿克蘇之北又逕庫車喀喇沙爾吐魯番之北緜亘七八千里而至哈密東北百餘里爲北天山又百餘里截然而止則在巴里坤之東名鹽池山伏入地中矣此山爲南路回疆西路伊犂之分界山陽爲自哈密至葉爾羌南路山北則由巴里坤至伊犂北路也鹽池山之南沙磧漫野即希爾哈戈壁所謂千里瀚海也其山伏地千餘里至嘉峪關外沙州之東突兀起頂東行名祁連山所謂南天山也再東行至洞素達巴罕過脈東北行至巴圖爾達巴罕北分一支至八寶山形如蓮華尊成嶽體乃西寧涼州甘州肅州四郡之鎮山也又自鎮素達巴罕東行至野馬川之東景陽嶺自南而北東分一支結涼州諸山西分一支與察罕鄂博過脈西行至祁連達巴罕過脈向北分一支結甘州諸山王芭孫西陬牧唱日二萬輿圖指掌通大荒

直北是西濛氷天火地告 堯壤一髮祁連界畫中羣山莽莽走中原岡底斯蹲氣脈尊青海南趨葱嶺北太行王屋總兒孫自注天山以北準噶爾部居之俗强悍逐水草無城郭天山以南回部居之風氣柔弱有城郭習耕種天山即祁連山宇宙間山無大於此者漢書匈奴謂天爲祁連今準語猶然也洪亮吉天山贊曰自涼州以西抵伊犂凡七千餘里地勢極高天形轉下其橫亘南北界畫中外戴雪萬仞排雲百重半嶺以上靈禽不飛百步之外晴霰尙痃者皆爲天山亦名雪山北人所呼爲祁連山也夫天者特積氣耳今祁連諸峯尙有出積氣之上者又況外則磧鹵中藏秀靈松柟芝菌延年養生之藥無一不備寒暄晝夜風雨晴晦之節與外適殊懸溜飛瀑高逾石門雲液石乳百倍天目而世人不之知逸客不之訪者豈非以徑路絕遠逾流沙瀚海火山風穴之險始足以盡其奇耶且漢世雖嘗通西北國矣然票騎浞野挺劍持鋮旣無意於搜奇博望定遠鑿空進執亦不期於攬勝是則天地之奇山川之秀甯不待千百載後懷奇負異之士或因行役而過或以遷謫而至者一發其底蘊乎夫太華太室僅中土之奧區南條北條又此山之支絡爰爲之贊曰積高惟天誰

能企焉抗不相讓實惟祁連首冰搭里足排居延萬古積雪無人及巔其標挺外其秀貯腹萬松撐拄高出若木我登支峰意欲濯足洪流洶洶斜出飛瀑

珠勒都斯

【原】西域釋地珠勒都斯山在喀喇沙爾城北珠勒都斯之地北連雪山回環千餘里水草豐茂爲土爾扈特和碩特游牧【補】秋濤按和甯回疆通志康熙五十五年散秩大臣祁里德奏俟來年由巴里坤剿吐魯番乘勢取珠勒都斯地 諭軍所大臣定議按當時將軍富甯安奏請於哈密附近等處可耕地募兵興屯於是祁公有此議以珠勒都斯地肥饒故也至乾隆中始移駐蒙古於此又按要略云乾隆二十年和碩特台吉羅卜藏車袞子曰諾爾布敦多克游牧額珠哈畢爾噶遣長子鄂齊爾馳降定西將軍班第遣招其族台吉三濟特問之屬籍三百戶我將軍薩拉爾集伊犂宰桑等定議約諾爾布敦多克及沙克都爾曼濟子圖捫以兵至博羅塔拉布爾哈蘇台闔勒奇嶺剿阿逆諾爾布敦多克圖捫各遣使至巴里坤諾爾布敦多克表曰臣願奮志剿賊 上嘉其誠 詔封公爵二十一年三月諾爾布敦多克來歸薩拉爾等既定謀阿逆偵知之先爲備諾爾布敦多克以兵擊諸伊

犂之諾爾斯哈濟拜牲不勝偕薩拉爾間道行由珠勒都斯至巴里坤時沙克都爾曼濟抵策楞軍詔令遺書其子圖捫以兵護牧書未達明噶特附阿逆叛脅所部衆圖捫不之從挈戚屬抵珠勒都斯請內徙

詔封多羅貝勒賜銀千兩賞三眼孔雀翎諭由額琳哈畢爾噶往會沙克都爾曼濟七月沙克都爾曼濟擕子圖捫及博爾和津等由珠勒都斯至巴里坤乞屯牧近地二十三年三月成袞札布爲定邊將軍偕參贊大臣舒赫德由珠勒都斯進抜地勢言之額琳哈畢爾噶在伊犂東北珠勒都斯則在伊犂東南阿逆以伊犂叛時大軍在巴里坤諾爾布敦多克及圖捫由間道達巴里坤皆出珠勒都斯則珠勒都斯爲天山南北路相通要隘明矣及南路進兵亦必由此漢時烏孫爲西域强國唐置鷹娑都督府爲重鎮有以哉

無名氏新疆紀略哈喇沙拉城中回人及土爾扈特人襍處初係回城土宇寬廣著勒土斯山場回環千里草肥水甘多野牲足資游牧河水暢流足資灌溉故人戸繁盛果木黍稷夙稱富庶準噶爾恃强據爲牧場人多逃亡及官兵定伊犂以其地要害設辦事大臣一員駐劄後土爾扈特來歸遂將其汗烏巴錫部

落和碩特貝勒恭格部落安插於著勒土斯資其游牧教之耕種京差侍衛三員管理其人開都河南北兩岸及著勒土斯牧場氊帳雲屯皆伊等所居也數年來漸知稼穡然其人貧而惰性喜盜掠商民回戶頗受其害婦女鍼黹則遠勝回戶極貧之男婦子女多鬻於各城回人爲奴而盜馬竊衣逋竄不知所往者復踵相接也

補注　福慶異域竹枝詞注云哈拉沙拉在土魯番西八百七十里原係回城準噶爾吞併回人逃亡死絕其地竟無人煙移霍碩特人來此游牧乾隆二十年大兵平定伊犂霍碩特多遭誅戮其餘逃散地竟空虛創建一城東西南三門圍僅三里乾隆三十五年後土爾扈特來歸安插於著勒土斯令其資生並將噶子滿回子二百戶移歸庫爾勒回城所有哈喇沙拉城垣左近一帶地方均給土爾扈特和碩特等游牧且教之耕種回疆通志云著勒土斯山西陲紀略作準圖斯在喀喇沙爾城北一帶乾隆三十六年安置土爾扈特霍碩特兩部落所屬人萬餘戶住牧於此春三月入山居住秋九月出山在喀喇沙爾附近草地支架蒙古包居住又云阿克蘇辦事大臣每年接到喀拉沙爾土爾扈特霍碩特入山咨文派官兵坐卡倫九月出山撤回卡倫咨報

名處補至 京師八千六百餘里。古西戎地。漢及魏晉爲烏孫國地。補注秋濤按晉書。焉耆國北與烏孫接。焉耆爲今之喀喇沙爾。則珠勒都斯當爲晉烏孫地。北魏爲高車國地。周爲突厥地。隋爲西突厥地。唐爲鷹娑都督府地。補注唐書突厥傳。永徽五年。前軍蘇定方擊賀魯別帳鼠尼施於鷹娑川。賀魯已滅。以鼠尼施處半部爲鷹娑都督府。地理志。鷹娑都督府。以鼠尼施處半部置。隸北庭都護。回鶻傳。契苾亦曰契苾羽。在焉耆西北鷹娑川多覽葛之南。秋濤按鷹娑都督府以鷹娑川得名。唐以處半部爲鷹娑都督府。而契苾在鷹娑川。土地屬接壤。以焉耆西北地勢準之。則珠勒都斯河。即古鷹娑川矣。宋屬西州回鶻。明爲回部所據。乾隆二十三年。回部平。地屬喀喇沙爾大臣轄。三十六年。 賜南路舊土爾扈特及中路和碩特爲牧地。原四旗。曰南路汗旗。札薩克卓哩

克圖汗游牧渥巴錫者阿玉奇曾孫也乾隆三十六年挈所部內附昆弟子姓從之入覲詔仍稱汗溢其衆賜號卓哩克圖授札薩克三十七年賜牧齋爾

補注

秋濤按齋爾北極高四十五度三十分距京師偏西三十一度塔爾巴哈台西南境也漢爲匈奴右地郅支單于居此魏爲烏孫國地元魏爲高車地周隋爲突厥地唐爲三葛邏祿部地自迪化州北行三百里至哲克得里克折西行踰哈畢爾噶布拉克托來布拉克至納木納木西四十里至穆呼勒戴鄂多特又西二十里至達爾達木圖又西二十里至蘇海圖又西南二十里至謨多圖布古圖又西南至尼楚滾布古圖又西四十里至伊奇爾又西四十里至布爾噶蘇台又西三十里至察拉垓又西四十里至紹爾折而東北五十里踰山郎至齋爾東北距額敏三百里地廣饒水草舊爲準噶爾阿克巴台極布里木徇杜爾巴徇推素隆徇伊克呼拉爾五集賽游牧之所乾隆二十四年大兵進剿五集賽宰桑

達什策凌等以其他內屬。三十六年六月，渥巴錫等來歸。諭曰：土爾扈特綽囉斯等理宜指地令居，若指與伊犂之沙喇伯勒等處，附近西邊，易於逃竄；烏嚕木齊一帶又距哈密巴里坤卡路甚近，朕意令居住塔爾巴哈台東、科布多西之額爾齊斯博囉塔拉額密勒齊爾等處。等伊犂將軍伊勒圖等會同酌議具奏。三十七年，遂以齋爾

賜渥巴錫為牧地。**補** 三十八年，徙牧珠勒都斯。**補注** 先是渥巴錫懇請移居珠勒都斯，伊勒圖奏言：現有努魯布稟告渥巴錫所屬四宰桑欲行脫逃之事，如遽移牧，恐其所屬不無疑懼，請俟二三年後再為酌辦。是年四月

諭曰：珠勒都斯究係內地，如令渥巴錫移居於伊等生計甚有裨益。從前伊勒圖並未面詢渥巴錫，僅按一時情形不便遷移而言。今覽舒赫德所奏，實可為久遠計。俟本年秋收後，即將渥巴錫之游牧移於珠勒都斯居住，所需口糧籽種等項，即於哈密闢展所貯銀兩內動撥，採買烏什等處回人所種之穀，運至喀喇沙爾，以備分給渥巴錫所屬人衆種地；農器就近於闢展、哈密等處運往。自是渥巴錫之牧地乃定。是時渥巴錫所屬有索羅木者，復控宰桑巴勒黨等謀奔俄羅斯，六

月。諭曰。從前努魯布等會首告巴勒黨等欲逃往俄羅斯。今索羅木係巴勒黨所擒之人。俄羅斯地方及此處。並無伊子弟親戚。伊又告巴勒黨等現商議欲逃。尚屬事之所有。然巴勒黨現隨渥巴錫居住。不過係一宰桑。伊如逃往俄羅斯。則俄羅斯必另行優待。速提集努魯布。沙爾瑪克交軍機大臣審訊。惟是渥巴錫所屬人衆。屢經審訊。不免疑懼。伊勒圖於辦理此事時。即曉諭渥巴錫云。節次辦理。原是爲汝巴勒黨係汝辦事之大宰桑。伊倡率欲逃。如不審辦。將來汝所屬人衆俱行脫逃。汝屬下無遣差辦事之人。即有亦難約束。是以如是辦理。原欲汝屬人各知法紀。庶汝得久享

天朝恩養。如此曉諭。則伊等疑慮皆可解釋。原三十九年。

原注 初土爾扈特內附。渥巴錫獻七寶刀及金絲鞘刀。稱其曾祖阿玉奇自洪豁爾得之。洪豁爾界鄰俄羅斯。在哈薩克西北。自昔未通中國。故不隸職方。產精鐵及良馬。阿玉奇游牧額濟勒河。嘗往來洪豁爾。因得其刀。以爲佩。令子孫世守之。渥巴錫獻刀。且告世爲

天朝臣僕。繼自今無甲兵患也。及賜牧齋爾。遣三等侍衛阿思哈往護視。三十九年。阿思哈受代還。渥巴錫復以匙叉及匕首各一。乞阿思哈齎貢

獻物各一
上嘉其誠後先所
製詩紀之子策琳納木札勒襲四十年
定齋爾牧為舊土爾扈特部南路以策琳納木札勒領
之授盟長　賜札薩克及盟長印四十八年
詔世襲罔替原注佐領五十案續修蒙古王公傳有
阿勒布坦多爾濟者策琳納木札勒之
異母弟也策琳納木札勒既襲汗爵　高宗純皇
帝命於所轄五十牛彔內分十五牛彔與阿拉布坦多
爾濟令隨其母喀屯同居阿拉布坦多爾濟卒以其子
那木札勒多爾濟為一等台吉時甫五歲嘉慶五年喀
屯詣伊犂將軍松筠言那木札勒多爾濟年已十六歲
求給札薩克印以資統轄松筠奏那木札勒多爾濟尚
幼無勞績請給印而不予俸俟成人時奏　聞請
旨　從之補注策琳納木札勒襲爵時年
甫八歲五十七年卒子霍紹齊襲爵嘉慶四年三月喀
喇沙爾大臣阿爾塔什第奏霍紹齊之祖母喀屯聞
大行太上皇帝大故懇將霍紹齊俸銀二千五百
兩送京交喇嘛等念經等語　諭曰此事斷不可

蒙古游牧記十四　土爾扈特　珠勒都斯　廿五

行阿爾塔什第彼時並不阻止且又具摺奏請糊塗太不曉事除申飭外霍紹齊並伊祖母誠悃實不可泯著阿爾塔什第曉諭已將爾等誠意奏聞大皇帝奉旨從前爾等仰蒙太上皇帝恩施備至今若准爾所請遠道運送銀兩念經轉恐不能仰體太上皇帝愛育爾等至意此事斷不可行朕見爾等誠悃可嘉深爲惻然想太上皇帝在天之靈亦必垂鑒也

中旗札薩克巴雅爾圖多羅貝勒游牧汗渥巴錫從子額墨根烏巴什父唐阿特祖巴圖惇囉布喇什弟也乾隆三十六年封固山貝子賜號巴雅爾圖授札薩克尋卒子恭坦襲四十年授副盟長轄南路中翼旗務賜札薩克印補四十八年詔世襲罔替嘉慶十六年原卒子巴勒丹拉什襲卒子蒙庫那遜襲道光十年晉多羅貝勒

世襲罔替。原注領二佐

右旗札薩克輔國公游牧汗渥巴錫從子拜濟瑚父喀木齊克唐阿特弟也乾隆三十六年封令爵三十七年。詔轄南路右翼旗務。賜札薩克印四十八年。詔世襲罔替。原注領一佐

左旗札薩克一等台吉游牧汗渥巴錫從弟伯爾哈什哈父多爾濟喇什巴圖弟也乾隆三十六年授令爵四十年。詔轄南路左翼旗務。賜札薩克印四十八年。詔世襲罔替。原注領一佐

與中路和碩特三旗同游牧有珠勒都斯河繞游牧境。原注珠勒都斯舊作著勒都斯又作裕勒都斯。欽定新疆識略。開都河凡三源。一源曰小珠勒都斯河。西北流經楚爾嶺。會英布拉圖水。又

西會巴哈布拉圖水又西會札哈蘇台水又西會固爾班克勒特水又西會克穆訥克圖嶺水又西目里折而南流至哈爾噶圖與大珠勒都斯河合一源曰大珠勒都斯河東流會特里木哈達水又東會布連布拉克水凡一百里至哈爾噶圖而與小珠勒都斯河合二水既合復分為二支皆東流南支行三百餘里有緯羅特克嶺水楊河沙爾水扣克訥克嶺水厄西謨水烏柯克嶺水自南來注之北支亦行三百餘里有烏爾圖布拉克水薩必爾圖布拉克水郭爾和布拉克水台里布水雅瑪圖哈布齊爾水烏蘭嶺水固爾班敖克克水自北來注之二水復合而東有恭哈布齊爾水察罕烏蘇水達蘭嶺水自北來注之復東為開都河一源曰和屯博克達嶺水南流右會哈布齊海水又東南流左會薩薩克水復南分二支大開都河開都河東南流經喀喇沙爾城西南五里東流為博斯騰淖爾在烏沙克塔爾臺南漢書西域傳焉耆近海多魚鳥魏書西域傳焉耆國南去海十餘里焉耆為今喀喇沙爾所謂海者即博斯騰淖爾也開都河既入淖爾復自淖爾西南溢出西流入哈爾阿滿山口經哈爾阿滿臺四十餘里出山南流二十里折而西過庫爾勒回莊北又西南流七十里過哈

喇布拉克臺折而南流二百里入大河水經注云焉耆之水自西海逕尉犁國又西出沙山鐵關谷又西南流逕連城別注裂以爲田其水又屈而南逕渠犁國西又東南流逕渠犁國治又南流注於河自西海逕尉犁國者卽自博斯騰淖爾溢出而流也沙山鐵關谷者當卽哈爾阿滿山谷間逕連城別流裂以爲田者當卽庫爾勒其地皆良田今猶導渠以資灌溉焉　西域水道記哈喇沙爾西境直庫車城北之汗騰格里山山東百餘里有地曰阿喇爾湧泉百餘會以東流卽大裕勒都斯河回語裕勒都斯星也源處發源如星極四十二度四十五分西三十四度三十分其地土爾扈特卓哩克圖汗所牧也小裕勒都斯出自阿勒坦陰克遜之北源處極四十三度十分西三十一度三十分和碩特牧地也

又引西陲紀畧載雍正中使臣至準噶爾行程記云自察罕鄂博圖住小裕勒都斯九十里途地平坦水草皆好自小裕勒都斯住大裕勒都斯八十里路平水草佳兩裕勒都斯冬夏皆宜惟季春猶雪飛霙無時遇風卽結成槮自此路分兩歧取其捷者自大裕勒都斯六十里住鄂惇庫爾山口又五十里過鄂惇庫爾嶺若取其坦者自大裕勒都斯向西南行過烏納罕達罕嶺

空格斯河源。東踰天山至博爾圖嶺。原注接烏魯木齊界。烏魯木齊今爲迪化州。補注秋濤按博爾圖嶺亦名博羅圖塔克在闢展西南當喀喇沙爾東北境。其山與阿勒癸山南北相接形如鎖鑰。西通準部。南界回疆。天山南路一大關隘也。山多積雪。博羅圖河發源北麓。八北谷口西行通裕勒都斯出西南谷口西南行。即喀喇沙爾境。乾隆二十六年。遣官告祭博羅圖山。文曰。惟神體結坤輿。靈昭兌位。連峯峻峙。拔萬仞以倚天。積雪高攢。歷四時而浮玉。作花門之巨鎮。永奠西遐。界葱嶺以中維。遙通南道。朕統臨縣寓。式廓輿圖。異域歸仁。列障暨于闐之外。殊方在宥。興屯踰烏壘而遙。乃諸部之往來。仰崇山之縣亙。雖幽遐不閉。久已荷乎天休。而梯棧無虞。實更資乎神應。用申秩祀。練時日以爲馨。薇遣專官。肇庋縣而展告。自此途開九折。其邐王路之蕩平。亦惟寒歛六花。長被春風之和煦。丕彰肸蠁。來鑒苾芬。又 欽頒歲春秋祭祀文曰。惟神鍾靈遐域。正宅西陲。險闢蠶叢。導我武維揚之路。高踰龍阜。界殊方內屬之區。作巨鎮於回中。峯層嶂疊。通奧區於域外。棧接梯連。實爲名山。允宜嘉秩。朕八荒在闥。六合爲家。既耆定乎準夷。遂全收乎回部興屯更戍宜安枕席以過師駐牧游羣當順涼暄而應候惟神厤之是賴仰靈貺之攸昭爰伸圭幣之儀登諸祀典更肅春秋之祭載在秩宗並協柔懷宜彰肸蠁長此冰銷寒玉調燭祓于光天行當雪洟春膏湛恩漸于絕徼苾芬式薦歆格斯承

南至扣克納克嶺原注接庫車界庫車漢龜茲國唐置安西都護府於此庫車猶衙衙其地為達西南要路故名至京師九千五百餘里西南由所屬之沙雅爾通和闐東南阻沮洳西北踰天山通伊犁補注秋濤按扣克納克嶺亦名庫克克納克達巴在愛呼木什嶺西五十里嶺什克巴什河發源南麓山脈自天山正幹之額什克巴什山分支東行六十里至此

西至天山原注踰天山接伊犁所屬察哈爾游牧界察哈爾為元部衆明史所謂插酋是也天聰時林丹汗暴虐太宗文皇帝興師伐之林丹汗走死乃封其子額哲於義州邊外康熙十四年復叛削平之收其衆令游牧宣化大同邊外編為八旗統歸察哈爾都統治之高宗純皇帝平定新疆移察哈爾人戶游牧伊犁塔爾巴哈台伊犁察哈爾八旗牧地在伊犁東北境北一帶設喀倫踰喀倫卽哈薩克界屬伊犁將軍轄塔爾巴哈台察

哈爾與額魯特哈薩克各佐領同游牧牧地東與霍博克薩里土爾扈特接界西北踰喀倫皆與哈薩克接界屬參贊大臣轄北至喀倫泉[illegible]接伊犂所屬額魯特界按乾隆年間建設駐防時分移達什達瓦衆於伊犂是爲額魯特上三旗又有自哈薩克布魯特中投回伊犂者是爲額魯特下五旗又土爾扈特投誠時自額濟勒攜來之準噶爾額魯特及喇嘛之沙畢那爾額魯特亦附入下五旗同游牧伊犂南境南倚天山東西南皆設喀倫東接精土爾扈特游牧界西接布魯特界南踰喀倫即天山接珠勒都斯界轄於伊犂將軍新疆識畧喀喇沙爾土爾扈特游牧東至烏沙克塔爾西至夫珠勒都斯南至紫泥泉北至阿爾輝山所部四旗同牧自爲一盟曰烏訥恩素珠克圖盟南路隸喀喇沙爾大臣兼轄歸伊犂將軍節制

珠勒都斯中路和碩特蒙古巴啟色特啟勒圖盟游牧所在標題秋濤依例補

原 中路和碩特部附南路土爾扈特部同游牧珠勒都斯至京師八千六百餘里和碩部舊爲四衛拉特之一。牧青海伊犂諸境及顧實汗裔繁衍。或稱青海額魯特。或稱阿拉善額魯特。皆不著和碩舊號稱和碩特者皆顧實汗兄子多爾濟及額爾克岱青鄂克綽特布裔也未詳自何時徙牧俄羅斯境 補注 藩部要略。和碩特貝勒恭格。台吉諾海。巴雅爾拉瑚。皆都爾格齊諾顏第三子多爾濟之裔。貝子布顏楚克者。雅蘭丕勒子也。爲都爾格齊諾顏第四子額爾克岱青鄂克綽特布之裔 乾隆三十六年。多爾濟元孫恭格。補注 蒙古王公表顧實汗之兄曰昆都倫烏巴什。其第三子曰多爾濟生托羅什瑚。托羅什瑚生楚貴。楚貴生圖克齊。圖克齊生恭格。從土爾扈特汗渥巴錫挈族來歸。詔和碩特部人自恭格以下並授貝勒貝子台吉諸爵號是時以渥巴錫率土爾扈特數十萬衆歸順優　錫封爵分新舊二部渥巴錫稱汗如故諸台吉授親王郡王貝勒貝子公一等台吉各有差和碩特部人惟不封王爵仍並授貝勒貝子諸爵以寵異之於是

封恭格爲多羅貝勒　賜土謝圖號三十七年

賜牧珠勒都斯設札薩克四三十八年恭格卒

子德勒克烏巴什襲授盟長轄所部衆四十八年

詔世襲罔替五十六年德勒克烏巴什卒弟騰特克

襲嘉慶二年卒以絕嗣停襲【補注】是年七月伊犁將軍保甯奏騰特克絕嗣所襲貝勒爵將近支之齊業齊烏爾圖納遜二人擬派懇請補放　諭曰所奏殊覺含混騰特克屬下共有六佐領若將貝勒爵令人承襲自應併將佐領移令管理現在騰特克雖故寡妻尚在養贍無資日後必至興訟

況齊業齊烏爾圖納遜每人名下俱有本管一佐領若令一人承襲再增六佐領不惟恐伊等不能管轄且伊等輩分亦與根敦諾爾布恭格不甚近鄂齊爾現爲盟長又係貝子伊所屬佐領較少亦不平允著保甯問明騰特克之妻齊業齊烏爾圖納遜二人中願隨何人度日即留與一二佐領俾資養贍餘年所留之佐領即令伊願資養贍之人暫行管理其餘佐領令鄂齊爾及齊業齊烏爾圖納遜均分管理日後方免相爭之弊此停襲之原委也

今所部餘札薩克三曰中路中旗札薩克固山阿穆爾聆貴貝子游牧恭格族叔父原注藩部表作族祖誤雅蘭丕勒額爾克岱青鄂克綽特布曾孫也補注昆都倫巴特什第四子曰額爾克岱青鄂克綽特布其子曰察罕察罕生三濟拉什即雅蘭丕勒之父也乾隆三十六年來歸封今爵賜阿穆爾聆貴號授札薩克尋雅蘭丕勒請捐妻拏爲喇嘛從章嘉呼圖克圖游

詔授札薩克喇嘛子布顏楚克襲爵。四十年。授盟長轄中路旗務。賜札薩克印。四十八年。詔世襲罔替。原注 領四。

佐 中路右旗 札薩克一等台吉游牧恭格族弟諾海。補注 其父曰恭克班爾珠爾。祖曰端多克。爲楚貴弟。乾隆三十六年來歸。授今爵。轄右翼旗務。賜札薩克印。四十八年詔世襲罔替。原注 領三。

佐 中路左旗 札薩克一等台吉游牧恭格族弟巴雅爾拉瑚。補注 其父曰色爾博特。祖曰塔爾巴車凌。爲端多克弟。乾隆三十六年來歸。授一等台吉。尋卒。子齊業齊襲。四十年。授札薩克。轄左翼旗務。賜印。四十八年。詔世襲罔替。原注 領四。

佐 補注 牧地在南路舊土爾

扈特部之西。【補注】秋濤按藩部要略云。乾隆三十七年。賜諸札薩克牧地。汗渥巴錫等賜牧齋爾。和碩特貝勒恭格等賜牧珠勒都斯。至三十八年。渥巴錫等亦移牧珠勒都斯。是二部土壤雖近。究非一地。觀新疆識略所載。喀喇沙爾南路舊土爾扈特與喀喇沙爾和碩特。牧地各有四至。則所云二部同一游牧者。特舉其大概。而尚未分析言之也。考會典圖說云。土爾扈特四旗在喀喇沙爾城北。其西爲中路和碩特三旗。區別甚明。今從之。圖說又云。中路和碩特三旗。北依天山。南與東西皆臨珠勒都斯河。其言四至。不及新疆識畧之詳。今從識畧。

東至烏沙克塔爾。【補注】秋濤按烏沙克塔爾。亦作烏沙克塔勒。在哈喇沙爾城東二百十五里。自闢展西行。入蘇巴什塔克口。又西南行。踰庫木什阿克瑪塔克。額格爾齊塔克。三百四十里至其地。有廢城。即唐地理志張三城也。唐置守捉於此。其形勢可想見矣。又按新疆識畧。喀喇沙爾土爾扈特游牧。東亦至烏沙克塔爾。是二部東境相等。惟西境和碩特僅至小珠勒都斯。而土爾扈特則以大珠勒都斯爲西界。地域較廣遠矣。又考新疆屯務。喀喇沙爾屯工三處。二工烏沙克塔爾在地正東二百二十里種地二千六百畝由東北察罕通格山溝內引雪水灌溉每年各屯共交糧五千九百五十二石一斗七升又烏沙克塔爾西六十里曲惠地方地當大路北山根下有河一道民人報墾地一千九百九十三畝每年交糧二百五十九石九斗又和瑛三州輯略云和闐使臣貢大玉三塊大者色青重萬斤次者葱白重八千斤小者極白重六千斤以車運至喀喇沙爾嘉慶四年奉

旨停運棄於道傍今存烏沙克塔爾臺和瑛詩詔弃和闐玉埋輪蔓艸蕪來從西旅道産自罽賓隅駕鼓勞天馬投淵卻海珠何如此頑石罷役萬民蘇

南至開都河　補註　蘇爾德回疆志哈爾沙爾原係厄魯特達什達瓦游牧種地之所後因變亂遂毀其城焚燒林木而逸其地遂荒大兵奏凱以來復事開墾城南即開都河其川平坦廣潤沿河土亦腴厚可耕和甯回疆通志云開都河俗名通天河源出北大雪山逕喀喇沙爾西門外五里水勢甚寬東南流夏有渡船冬月架冰橋以渡回莊多開渠引以灌田會典圖說開都河上源曰珠勒都斯河出有古爾東北山數水合西南流西納達爾克河折東流岐為二支復合南北納十餘水而東北納瑪爾什河經庫勒爾北

折東南流注塔里木河秋濤按據會典圖水自博斯騰泊流出始名開都河然細考新疆識略所載則二支既合以後經喀喇沙爾城西者尚在未入博斯騰泊之前己名開都河矣和碩特牧地在喀喇沙爾城北若其南境以自博斯騰泊流出之開都河爲界則地太遼遠當是喀喇沙爾城西之開都河也一統志載葉爾欽有塔里毋河下流與西北來之海多河合海多河葢卽開都河譯音無定字耳藩部要略云乾隆二十二年有沙拉斯瑪呼斯者準噶爾二十四鄂拓克之二也居喀喇沙爾之海杜河西海杜河亦卽開都之音轉也乾隆丁丑春將軍成袞札布參贊舒赫德等由朱勒都斯路進伊犂道過克勒特烏魯特沙喇斯瑪琥斯等鄂拓克皆撫降其衆不取其馬駝大軍過而賊復叛乃遣都統滿福領偏師追勦沙喇斯瑪琥斯二鄂拓克賊人詭持軍門劄自稱已就降撫並云前驅除道以待滿福行次哈拉和落竟以隳壍計捐軀卽此地也又庫車有渭干河下流與開都河合兩河俱出嘉魚細鱗巨口紅腮疑卽鱸也曹麟開塞上竹枝詞云萬壑爭從淖爾輸渭干河水合開都細鱗巨口天生鱠那減吳淞玉尺鱸三州輯畧海都河冬月氷凍甚堅車馬遄過名曰氷橋和瑛正月二

十八日渡冰橋詩。天造輿梁隱。春水道未開。馬騰銀漢上。人駕玉虹來。濡尾狐猶聽。潛波魚尚猜。兩驂忙叱馭快似碾青雷。西至小珠勒都斯。補注亦作小裕勒都斯。則開都河上源也。西域水道記。小裕勒都斯河。出自阿勒坦陰克遜之北。源處極四十三度十分。西三十一度三十分。和碩特牧地也。北至察汗通格山。補注秋濤按察汗通格亦作察罕通格。在烏沙克塔勒西。西南距喀喇沙爾城一百九十五里。地有廢城。城西有泉。委折而南。經烏沙克塔勒城東。分導灌田。自闢展西入納林奇喇塔克博羅圖塔克谷口。循博羅圖郭勒。踰塔什海。至其地。爲喀喇沙爾東北境。所部三旗。自爲一盟曰巴啟色勒啟勒圖。隸喀喇沙爾大臣兼轄。歸伊犁將軍節制。

壽陽閻汝弼覆校

蒙古游牧記卷之十五

平定張　穆初稿

光澤何秋濤補輯

和博克薩里舊土爾扈特蒙古烏訥恩素珠克圖盟

北路游牧所在（標題秋濤依例補）

原 北路舊土爾扈特部在塔爾巴哈台城東。補注 塔爾巴哈台距京師一萬零二百八十里。原注 在伊犂東北一千九百五十里。新疆識畧。軍臺道里表自伊犂惠遠城。七十里至沙喇布拉克臺。六十里至塔勒奇阿滿臺。四十里至鄂博勒齊爾臺。八十里至鄂勒著依圖博木臺。八十里至瑚素圖布拉克臺。一百二十里至托霍木圖臺。一百一十里至托里臺。九十里至精河臺。八十里至噶順腰臺。七十里至托多克臺。六十里至固爾圖臺。七十里至埻木達臺。六十里至布爾噶濟臺。七十里至庫爾喀喇烏蘇臺。八十里至奎屯臺。九十里至庫爾必喇臺。九十里至沙喇烏蘇臺。七十里至鄂倫布拉克臺。九十里至烏爾格圖布拉克臺。一百二十里至雅瑪圖臺。一百二十里至沙喇瑚魯素臺。一百二十里至色特爾莫多臺。一百十里至塔爾巴哈台底臺。此軍臺路程也。其由喀倫行者。惠遠城二百五十里至干珠罕。又一百二十里至烏蘭布喇。又九十里至沁達蘭。又一百四十里至阿魯沁達蘭。又一百里至莫多巴爾魯克。又九十里至額爾格圖。又八十里至察罕托海。又一百二十里至瑪尼圖。又一百三十里至塔爾巴哈台。共一千四百三十里。又水道表。舊雅爾城。水凡三支。分繞城東西南。流注阿拉克圖扈爾淖爾。乾隆二十九年。建城於雅爾。三十一年移於楚呼楚。爲今塔爾巴哈台城。故此爲舊城也。

補注

西域圖志。天山北路圖說曰。太白山陰。準夷是宅。而北境尤廣。東抵阿勒坦。北界俄羅斯。南臨沙磧。中間土地肥腴。厥名塔爾巴噶台。爲古匈奴烏孫交壤處。唐則西突厥諸部在焉。山形水脈。迤邐西走。長流巨浸。都在岡巒襟帶間。往時部落錯處。利賴保居。金山以爲屏。邏水以爲池。何必非形勝所憑。而桀黠反覆。卒就芟夷。覽者於此。考五單于角逐之場。稽三葛邏憑陵之跡。益共仰

聖謨之運不徒誇地勢之雄若南境與迪化州
接畛斥鹵爾望畧同瀚海葢卽唐之沙陀州云西庫全
書提要河朔訪古記二卷此書實爲納新作納新族出
西北郭囉洛因以爲氏郭囉洛原作葛邏祿納新原作
迺賢今改正郭囉洛者以西域圖志攷之卽今塔爾巴
哈台也元時色目諸人散處天下故納新寓居南陽後
移於鄞縣 乾隆中平定伊犂之後初次致祭塔爾巴
哈台山 欽頒祝文曰惟神鍾靈西徼環鎭北庭
作屏障於龍堆抱峯巒於烏壘前者天兵薄伐旣梯棧
之無虞今茲土宇宏恢宜懷柔之徧及途開九折殊方
永荷靈庥秩並三公展告聿隆祀典式彰肸蠁歆格匪
遙嗣復頒歲春秋祭祀文曰惟神衍脈天山効靈中土
表崇高於北徼標形勝於西陲夙稱邊塞之雄藩聳重
巒而特出永作鴻圖之拱衞環疊嶂以相維瑞靄祥氛
答四時之靈貺升香薦帛昭萬載之懷柔秋祀攸隆洪
庥不丕著初祭中允畢沅之詞歲祭編修曹文埴之詞也
褚廷璋西域詩塔爾巴哈台多羅川外夜吹蘆雉堞新
城接上腴寒月已寒三葉護邊風猶動五單于名藩甲
卷煙消漠健將弓開血灑蕪不是 皇威亘北徼春
光誰遣徧墳壚名藩句自注西北接哈薩克部界大

兵追阿睦爾撒納入其境哈薩克撤帳數千里因而內附健將句自注巴圖魯侍衛奇徹布克敵制勝於此

當金山之西南霍博克薩里[illegible]新疆識畧塔爾巴哈台有土爾扈特乾隆三十六年由伊犂移住在城東六百餘里霍博克賽里地方游牧西域釋地賽里山在塔爾巴哈台城東八百餘里山之陽名和博克薩里準噶爾未滅時此其游牧無名氏新疆紀畧土爾扈特來降其親王策伯克多爾濟部落三千餘戶安插於撻拉巴哈台城東四站賀伯克薩里地方西域水道記納林喀喇山之東爲阿勒坦烏梁海種人山之西爲和博克薩里土爾扈特種人策凌傳載喀爾喀與厄魯特分界議云策妄阿喇布坦存日游牧和博克薩里察罕呼濟爾迆西數年來漸越額爾齊斯推是言之和博克薩里初亦準部地既入版圖乾隆三十六年始畀北三旗土爾扈特布延圖親王駐之又注按和博克薩里相承爲一處地名考之準語和博克汲水器也以皮爲之其地有井居人往汲故以名地薩里謂馬股言地形似之蒸和博克自爲一地故有納林和博克克特和博克也補注秋濤按會典輿圖有和博克河薩里山是本爲二地合而言之者猶云和博克

河旁之薩里山耳今新疆識畧圖則徑名霍博克薩里河蓋西北地名亦隨時改易也水道提綱云阿爾泰山項西南八百餘里曰賽兒山南徑哈密城三度四分西徑準噶爾城踰漠八度又云西二十三度五分極四十六度七分以地勢揆之賽兒當即薩里也至納林和博克地東南至克特和博克相距止二十里納林和博克北倚鄂爾和楚克山山下有泉南流會克特和博克之水合流南注于哲克得里克克特和博克西三里許有古廟爲準部境內舊蹟建置之始不可考哲克得里克南至廸化州僅三百里中隔沙磧其北境有河合流南下餘波入於磧中此即和博克河之原委也以西域水道記言之未詳故附證之

補至　京師九千七百餘里漢時爲匈奴西境烏孫北境北魏爲蠕蠕地後周時入於突厥唐爲西突厥地明時爲衛拉特地舊爲準噶爾台吉游牧處乾隆二十年準部平地屬塔爾巴哈台轄三十六年　賜北路舊土爾扈特

為牧地【原】三旗曰【北路旗】和碩布延圖親王游牧汗渥巴錫族子策伯克多爾濟曾祖袞札布阿玉奇汗之子也乾隆三十六年從渥巴錫入

覲封和碩親王

賜號布延圖授札薩克四十年定霍博克薩里為舊土爾扈特部北路以策伯克多爾濟領之授盟長

賜印【原注】初策伯克多爾濟來歸獻金削刀及色爾克斯馬色爾克斯者洪豁爾屬部也策伯克多爾濟得其馬以獻 駕幸木蘭行圍 御之良 詔育上駟院 賜名寶吉騮 列 御廄八駿之一四十年以年班入 覲 復獻阿玉奇所服剛甲蓋世守物也 上嘉其誠 先後所獻物皆 製詩紀之

四十三年卒弟奇哩布襲【原注】奇哩布初授札薩克一等台吉轄右翼旗務兼副盟長及策伯克多爾濟卒子劭 詔奇哩布襲納右翼印毀之

四十八年。詔世襲親王爵罔替。原注佐領四。右旗公
品級札薩克一等台吉游牧。親王策伯克多爾濟之子
恭格車稜。初授公品級一等台吉。乾隆五十年。授札薩
克。詔轄其父屬衆。別鑄北路右翼札薩克印。
賜之。缺出請旨。原注佐領六。左旗札薩克一等台
吉游牧。汗渥巴錫族子阿克薩哈勒。親王奇呷布弟也。
乾隆三十六年。授一等台吉。四十年。詔轄北路
左翼旗務。授札薩克。賜印。四十四年。授副盟長。
五十四年。卒。子阿咱拉襲。五十七年。封輔國公。卒。子多
爾濟那木札爾。道光二年。降今爵。世襲罔替。原注佐領四。牧

地【補注】秋濤按圖志云西二十九度有奇北極高四十五度二十五分

東至噶札爾巴什諾爾【原注】接科布多屬阿爾泰烏梁海界

西域釋地噶札爾巴什諾爾在塔爾巴哈台城東北近烏梁海【補注】秋濤按輿圖有赫薩爾巴什泊即此諾爾異名在哈喇莽柰山北一百里所部正在泊之西南凡金山東南烏隴古河布爾干河青吉斯河諸水皆滙於此泊東西廣七十里南北袤三十里餘波入於沙磧泊以東即新土爾扈特牧地會典圖說北路土爾扈特三旗在塔爾巴哈台城東東與科布多所屬新土爾扈特境接是也

西至察漢鄂博【原注】接塔爾巴哈台所屬額魯特游牧界按塔爾巴哈台額魯特自伊犁分移游牧於巴爾魯克毛海柯淩齊爾等處距城東南百餘里夏季挪於雅瑪圖策勒克等處距城二三百里與察哈爾哈爾哈薩克各佐領同游牧西北皆設喀倫接哈薩克界轄於參贊大臣歸伊犁將軍節制又按塔爾巴哈台察哈爾游牧在城東南二百餘里拜興圖一帶地冬夏挪移不定哈薩克有左右二部右部在伊犁喀倫外左部在塔爾巴哈台及科布多屬阿爾泰烏梁海喀倫外自乾隆三十年起陸續投誠九十餘戶計七

百餘口安插哈爾巴哈合西北喀倫外游牧編為一佐領屬參贊大臣轄四十四年後定例凡哈薩克人來投者皆不納南至戈壁原注接甘肅迪化州界補注秋濤按此戈壁東西廣五百里南北袤三百里即唐所謂沙陀者也踰戈壁接迪化州界州即烏魯木齊也按會典圖說云迪化州西北界伊犂所屬北路土爾扈特旗洪亮吉乾隆府廳州縣圖志曰迪化州漢為蒲類國三國為蒲陸國北魏為高車地後入于蠕蠕周為突厥地隋為西突厥地唐初為蒲類縣寶應元年更名為後庭縣宋為高昌國北庭地元屬回鶻為五城地明屬衛拉納 本朝初為準爾庫本諾雅游牧處乾隆二十年內屬 賜名迪化別於舊城北建迪化新城三十八年改設直隸州分巡鎮迪道駐此褚廷璋西域詩烏魯木齊額魯公孫此建瓴天戈萬里下風霆山圍蒲類分西谷雲護沙陀拱北庭不斷角聲橫月白無邊草色入天青輯懷城上舒雄眺盡把耕疇換牧坰首句自注地為額魯特公族噶爾丹多爾濟之昻吉西域圖志云吉木在迪化州治東北四十里乾隆二十七年於其地建輯懷城門四東曰承恩西曰敷信南曰暘若北曰星從城北有輯懷城塘按旗南境有薩爾巴爾圖山

又有貝倫山偵與烏魯木齊界。**北至額爾齊斯河**踰喀倫接哈薩克界。【補注】會典圖說額爾齊斯河自科布多界西流北納諸河至塔爾巴哈台城東北瀦為齋桑泊。俄東河特穆爾河出城東山北流阿布塔爾謨多河出城北境東流皆會焉。復自泊西北出仍名額爾齊斯河東納輝齊爾河又北西納布坤河納林河經科布多西境入哈薩克界。秋濤按唐時西突厥地附近金山以地理診之額爾齊斯河蓋即唐時之多邏斯川也。攷唐書突厥傳賀魯者室點密可汗五世孫曳步利設射匱特勤劫越子也。始阿史那步眞來歸國咄祿可汗以賀魯為葉護代步眞居多邏斯川直西州北千五百里。按西域圖志今闢展土魯番唐屬西州交河郡。額爾齊斯河在今闢展北八百里外里數古浮今實加以山川迴互不皆徑直則所云多邏斯川直西州北千五百里者當即今塔爾巴哈台境內之額爾齊斯河以古印今形勢符合。又唐書云顯慶初蘇定方與任雅相蕭嗣業婆閏討賀魯定方命嗣業婆閏趨邪羅斯川。按邪羅斯川亦即多邏斯川邪與多為音之譌邏羅則書法稍變耳。又按額爾齊斯河源委甚長下流入於北海詳見秋濤所著朔方備乘中。

【補】所

部三旗首爲一盟曰烏訥恩素珠克圖盟北路隸塔爾巴哈台大臣兼轄歸伊犁將軍節制

庫爾喀喇烏蘇舊土爾扈特蒙古烏訥恩素珠克圖盟東路游牧所在標題秋濤依例補

原東路舊土爾扈特部補在庫爾喀喇烏蘇城西南補注庫爾喀喇烏蘇距京師九千五百五十里在伊犁東一千九里西陲要略庫爾喀喇烏蘇城乾隆四十六年所築名慶綏城門四東撫仁西向義南溥澤北奉恩城垣高一丈六尺底厚二丈頂厚一丈二尺周三里有奇西域圖志庫爾喀喇烏蘇路東至奎屯接綏來縣界西至托和木圖接伊犁東路之呼蘇圖拉克臺界北接塔爾巴哈台界南界天山

原當天山之北濟爾噶朗原注西域釋地濟爾噶朗河在庫爾喀喇烏蘇城西南爲土爾扈特游牧乾隆二十年將軍兆惠駐師於此聞準部宰桑等扇亂移兵往剿甫至鄂

壘扎拉圖，突遇賊，乘夜擊之，殲千餘人。適其酋噶爾藏多爾濟等糾衆邀歸路，力戰，全隊還屯巴里坤。西域水道記：慶綏城西南九十里山中，有雅將軍營。謹按方略：雅爾哈善以乾隆二十二年三月任參贊，五月駐濟爾噶朗，總辦軍務，斯其舊壘，今尙巋然。有水發於壘北，流經鄂壘扎拉圖，爲鄂壘扎拉圖水，注準語濟爾噶朗，謂安居之也。鄂壘，高聳之象。扎拉，冠上纓也。冠傳準夷擊服回人，於此加服冠纓，故名。補 至京師九千五百餘里。漢時爲烏孫國地，北魏爲蠕蠕地，後周時入於突厥，唐爲西突厥地，後爲嗢鹿州都督府地，明時爲衞拉特地，舊爲準噶爾各鄂拓克及各台吉游牧處。乾隆二十年，準部平，地屬烏魯木齊統轄。三十六年，

賜東路土爾扈特爲牧地。原二旗，曰石旗，札薩克多羅畢錫哷勒圖郡王，游牧汗渥巴錫族弟巴木

巴爾曾祖納札爾瑪穆特阿玉奇汗從弟也【補注】（巴木巴爾之父曰羅卜藏，祖曰烏巴什多爾濟，爲額濟納貝子阿喇布珠爾從弟。阿喇布珠爾於康熙年間先內附受封，見後額濟納。）乾隆三十六年授今爵，賜畢錫呼勒圖號。

【補注】巴木巴爾祖多爾濟，雍正九年遣使奏請赴唐古特禮達賴喇嘛，許之。比歸，優賚。乾隆三十六年，巴木巴爾抵伊犂，病，長子車凌德勒克亦病，乃遣次子達木拜札爾桑入覲，奏：臣父巴木巴爾語臣，臣曾祖多爾濟遣使入貢赴藏，歸牧，誦天朝恩，示頒賜物，臣曾祖䭲首受，謂臣祖羅卜藏曰：我等遠夷，蒙恩若此，盍內附。因挈屬行，次策木河，哈薩克兵驟至，懼不敢進，仍歸額濟勒河。今臣等如天之福，幸得爲僕屬，恨不令臣曾祖、臣祖見之。上嘉其誠，故錫命特異。【補注】並授其子車凌德勒克及達木拜札爾桑各一等台吉。明年，巴木巴爾病瘉入覲，賞章服銀帛有加，並圖其形藏之秋

（濤按：巴木巴爾之祖，表稱烏巴什多爾濟，傳則云多爾濟，蓋相沿省文也。）三十九年卒，子車

稜德勒克襲。補注車稜德勒克初授一等台吉至是襲封。四十年定濟爾噶朗為舊土爾扈特部東路。命轄右翼旗務授盟長。賜印。四十八年。詔世襲罔替。原注領四佐

左旗札薩克固山依特格勒貝子游牧汗遲巴錫族子奇布騰叉葉木沁郡王巴木巴爾之弟也乾隆三十六年授今爵。賜依特格勒號。四十年授盟長轄東路左翼旗務。四十八年。詔世襲罔替。原注領三佐牧地。補注秋濤按圖志云西三十度四十四分北極高四十四度二十四分距庫爾喀喇烏蘇城八十五里。跨濟爾哈朗河。補注會典圖說東路土爾扈特二旗在庫爾喀喇烏蘇城西南北臨濟爾噶朗河。原注西域水道記濟爾噶朗河三源發庫爾喀喇烏蘇南山名古爾班恰克圖水山中產金匯濟爾噶朗廠

金夫二百九名。古爾班恰克圖水北流，經土爾扈特喇嘛寺，又西北流，經布爾哈齊軍臺西十里許，爲齊爾噶朗河，又曰多木達喀喇烏蘇，言於三喀喇烏蘇居中也。布爾哈齊莊南五里許，沙阜湧泉，流如畎澮，勢甚湍急。北經莊東二十許步，爲布爾哈齊水，西北流入於齊爾噶朗河。齊爾噶朗河又西北流入於庫爾喀喇烏蘇河。齊爾噶朗廠西南有山曰額布圖嶺，發泉東北流，爲額布圖河，又曰固爾班喀喇烏蘇，其水自東北折而西北流百餘里，入於庫爾喀喇烏蘇河，又西三十餘里，入於喀喇塔拉額西柯淖爾。

東至奎屯河。

原注

接甘肅綏來縣界。西域釋地：奎屯河在庫爾喀喇烏蘇城東南。西域水道記：準語奎屯謂冷，奎屯河猶言冷水。河源出額林哈畢爾噶山，山產金。乾隆三十六年，置廠。其年土爾扈特歸順，置東路二旗，千二百二十戶於奎屯河西岸。明年，伊犂將軍舒赫德以土爾扈特郡王巴木巴爾游牧與淘洗金沙之河相距三十餘里，罷兵丁之洗金者。四十七年，都統明亮仍置廠，金夫二百一十人，納課如羅克倫河例。奎屯河北流出山，疏西流渠一，曰樹窩子商戶渠，又北流逕庫爾喀喇烏蘇城東四十里城，曰慶綏，又北流，東西各引渠一，東曰河沿子商

戶渠西曰民戶渠戶屯之北爲兵屯河逕兵屯東折而
西北流逕軍臺西爲庫爾喀喇烏蘇河
欽頒奎屯河春秋祭祀文曰衍派天山導源月蹐湛然無
滓性殊湯谷之溫注焉不盈德比寒泉之食波成文而
曲折下注伊犁水如鏡以澄明近鄰策集功潍潤下勢
欲朝宗洵神應之聿昭宜吉蠲之罔替并包九寓戡定
二庭路逾弱水之西王鈐遠授地盡河源之外戊校新
屯乃咨都護之臣肇舉名川之祀穿渠引水灌溉之利
攸資剗木乘桴濟涉之功尤遠自古版章未闢不登裴
矩之圖於今中外爲家合補酈元之注清醪載酌制帛
爰陳康我塞垣永作渠搜之襟帶昭茲功德長歆嗣歲
之馨香式薦苾芬庶希鑒格　乾隆府廳州縣圖志甘
肅迪化州綏來縣東南至州三百八十里漢烏孫國地
後漢移支國地三國仍屬烏孫魏高車國地周突厥地
隨爲西突厥鐵勒地唐爲西突厥處密部後內屬爲鹽
泊都督府宋元爲回鶻地明屬衛拉納　本朝初年爲
準噶爾呼拉瑪部游牧地納木奇之昂吉　乾隆二十八
年入版圖後建綏來堡四十二年建綏甯康吉二城四
十四年設綏來縣秋濤按瑪納斯河在綏來縣西今於
縣設瑪納斯營三州輯略云瑪納斯水田稻米最佳又

瑪納斯城南一百餘里名清水泉又西百餘里名後溝又西百餘里名大溝皆產綠玉乾隆五十四年封閉瑪納斯綠玉廠禁止開採又按天山北路采金之役亦自瑪納斯始三州輯畧云乾隆三十六年提督巴彥弼奏言烏魯木齊所屬瑪納斯地方南面一帶入山伐木之人常獲金塊又瑪納斯西接庫爾喀喇烏蘇山勢緜亘數百里沙礫內有金屑顯露必有金砂苗綫可尋現在委員踏看如果金苗旺盛再行開採嗣經徐績雅郎阿等查奎屯河上游山中創見金屑令三十九人淘洗七日得金一兩五錢八分又於呼圖壁河上游令二十五人淘洗五日得金六錢六分此置金廠之始三十七年奏停四十七年都統明亮奏南山一帶並奎屯河呼圖壁瑪納斯庫爾喀喇烏蘇等處依山傍水閒產金砂設司金局發給民人路票入山淘金納課四十八年都統海祿奏裁司金局改歸鎮迪道總理各州縣承辦迪化州屬東溝口廠東至馬圈溝西至頭屯南至後峽北至水西溝金夫一百九十名水西溝廠東至雪山根西至三岔口南至馬圈溝北至大拉牌金夫一百七十三名白楊溝廠東至東溝口西至後峽南至鏽沙嵩北至草達坂金夫五十名鏽沙嵩廠東至水西溝西至後峽南

至白楊口。北至駱駝脖。金夫七十名。頭屯廠。東至照壁山。西至西盆。南至三盆口。北至澇壩灣。金夫五十五名。駱駝脖廠。東至大拉牌。西至河沿。南至繡沙嶺。北至硤門子。金夫二十五名。大西溝廠。東至河沿。西至草達坂。南至硤門子。北至卡倫。金夫九十名。昌吉縣屬三屯廠。東至廟兒溝。西至呼圖壁廠。南至山峽。北至草達坂。金夫二十三名。呼圖壁廠。東至三屯廠。西至清水河。南至山峽。北至溝口。金夫二十三名。綏來縣屬烏蘭烏蘇博羅屯古廠。東至紅柵。西至金屯。南至南山。北至戈壁。金夫二十二名。紅柵廠。東至清水河。西至烏蘭烏蘇。南至達子橋。北至瑪納斯。金夫四十八名。達子橋廠。東至清水河。西至烏蘭烏蘇。南至南山。北至紅柵。金夫三十四名。庫爾喀喇烏蘇屬濟爾噶朗廠。南北直溝一道。南至腰沙臺子。北至大崖頭。東西俱至木溝山。金夫二百九名。奎屯廠。南北直溝一道。南至三道河。北至九間樓。東西俱至木溝山。金夫二百十名。共夫千二百二十三名。每名月交課金三分。每月共收課金三十六兩六錢九分。說者謂西域當乾兌之位。爲玉爲金。各以氣應。固不誣也。　長春眞人西游記曰。九月二日。西行。四日。宿輪臺之東。迭屑頭目來迎。南望陰山。三峯突兀倚天。又歷

二城重九日至回紇昌八剌城其王畏午兒與衆來迎
既入齋於臺上洎其夫人勸蒲萄酒且獻西瓜其重及
秤甘瓜如枕許其香味蓋中國未有也園蔬同中區有
僧來侍坐使譯者問看何經典僧云剃度受戒禮佛爲
師蓋此以東昔屬唐故西去無僧道回紇但禮西方耳
程春廬廷尉同文曰輪臺東爲阜康縣治在博克達山
之陰故云南望陰山也元史地理志西北地附錄有彰
八里當卽此昌八剌城耶律希亮傳中統元年阿里不
哥反希亮踰天山至北庭都護府二年至昌八里城夏
踰馬納思河則昌八里在今瑪納斯河之東也自鼈思
以西唯昌八剌阿里馬爲大城。秋濤又按綏來縣之
東有昌吉縣舊地名昌吉與昌八剌音近疑亦昌八剌
所屬之地卽以古地爲名也圖志云昌吉縣在迪化州
西東距州治一百二十里昌吉郭勒經流其地乾隆二
十七年於昌吉郭勒西建甯邊城門四東曰文同西曰
武定南曰誥邇北曰變遐三十八年設縣隸迪化州縣
境東西二百里東至頭屯河接州界西至呼圖
克拜郭勒接綏來縣界南至天山北至葦湖。南至南
補注踰山接珠勒都斯南
山路土爾扈特及和碩特界西至庫爾喀喇烏蘇屯田

【補注】接精河所屬軍臺界乾隆二十七年初置庫爾喀喇烏蘇屯田五千四百畝遞年或增或減四十年額屯三千六百三十六畝管屯都司守備千總把總外委各員由陝甘省調撥土宜麥黍粟青稞【原注】西域水道記慶綏城戶八十四種田二千五百二十畝額徵糧百四十二石六斗七升六合兵屯田數如戶屯兵凡百二十人西域釋地慶綏城西二里許小邱形周如釜中有池水極涼約深數丈四時不消不長每夏白蓮自水底挺出花朵稍小閒有如盌大者幹或長至一二丈可異也【補注】新疆識略曰庫爾喀喇烏蘇所屬土爾扈特西至固爾圖托多克兩軍臺之中立界固爾圖塘至托多克塘六十里托多克塘至精河底塘一百五十里

北至戈壁【原注】接塔爾巴哈台所屬額魯特游牧界【補】所部二旗自爲一盟曰烏訥恩素珠克圖盟東路隸庫爾喀喇烏蘇大臣管轄歸烏魯木齊都統及伊犂將軍節制

晶河舊土爾扈特蒙古烏訥恩素珠克圖盟西路游

牧所在標題秋濤依例補

原西路舊土爾扈特部補在伊犂城東。補注伊犂距京師一萬零六百一十里。新疆識略。伊犂之地。在漢及魏為烏孫。在唐為西突厥。在明為瓦剌。即衛拉特之譌。衛拉特凡四。而綽羅斯部居首。是為準噶爾。乾隆二十二年。平準噶爾。定伊犂。其地統轄新疆。為天山南北總會之區。自北而西。與哈薩克接界。自西而南。與布魯特接界。東與烏魯木齊所屬精河接界。東北與塔爾巴哈台所屬阿魯沁達蘭卡倫接界。南與阿克蘇所屬噶克察哈爾海臺接界。東西一千五百餘里。南北一千一百餘里。木蘇爾峙其陽。塔勒奇障其陰。左以額林哈必爾罕為門戶。右以善塔斯為藩籬。而伊犂河橫亘其中。河之北。列城九。為將軍官兵分駐之所。有游牧二。河之南。為錫伯厄魯特駐劄游牧之所。地處極邊。形勝四塞。褚廷璋西域詩。伊犂。八驅風雪獸驅煙。猶見烏孫立國年。海氣萬重吞麗水。山容三面抱祁連。盤雕紅寺朝鳴角。散馬青原夜控弦。紀績穹碑銜落日。英靈班鄂想迴旋。紅寺句自注。伊犂有海努克固爾札兩廟。固爾札廟東建有前後勒銘伊犂碑班鄂句自注定西將軍班第參贊大臣鄂容安盡節於此原當天山之北晶河東岸補注秋濤按會典圖說曰在精河南號晶土爾扈特原注穆案晶河舊作精河西域水道記固爾圖喀喇烏蘇西二百五十餘里為晶河河出安阜城南山其山即伊犂哈什河北岸山陰也山有峽口曰登努勒台兆公惠曾由此進兵故安阜城南十里有兆將軍廢壘新唐書地理志云黑水守捉又七十里有東林守捉又七十里有西林守捉又經黃草泊大漠小磧度石漆河踰車嶺至弓月城過思渾川蟄失蜜城渡伊麗河蓋即由登努勒台至伊犂矣石漆河或晶河之舊稱河三源並出為古爾班晶河準語晶謂蒸籠也河濱沙土濕暖如蒸故名西北流出山逕西路一旗土爾扈特游牧一百科樹之西北距安阜城九十里又西北流導西西流渠一溉戶屯田又西北流導東流渠一溉兵屯田又西北流逕晶河舊城西半里又北北流百餘里入喀喇塔拉額西柯淖爾安阜城西二百里至托霍木圖軍臺南南盡哈什圖場山陰北盡淖爾皆土爾扈特錯處自城以南則河東者游牧河西者屋居自城以北則河東者屋居河西者游牧穆按安阜晶河新城名也補

[注]秋濤按會典圖說云精河出精河城西南三水合北流經城西大河出其西二水合東北流搏羅塔拉河出瞻德城北山西水合東流俱入鹽海子洪亮吉天山客話云自晶河至烏蘭烏素數百里中楊柳夾途草香花密與戈壁中風景絕異但蚊蚋多耳又云烏蘭烏蘇至瑪瑙斯數程內遥瞰南山石壁色如丹砂與天台之赤城無異

[補]至　京師一萬餘里漢時爲烏孫國地北魏時爲悅般國尋爲蠕蠕所併後周時入於突厥唐初爲西突厥地後爲嗢鹿州都督府地元爲阿勒穆爾地

[補注]秋濤按阿勒穆爾亦作阿爾穆爾舊作阿力麻里元史地理志諸王海都行營於阿爾穆爾等處蓋其分地也自高昌五城西北行四五千里至阿爾穆爾至元五年海都叛世祖追至阿爾穆爾則遠遁二千餘里令勿追以皇子北平王統諸軍於阿爾穆爾以鎮之　秋濤又按長春眞人西遊記重九日至回紇昌八剌城翌日並陰山而西約十程又度沙場其沙細遇風則流狀如驚濤乍聚乍散寸草不萌車陷馬滞一晝夜方出蓋白骨甸大

沙分流也南際陰山之麓踰沙又五日宿陰山北詰朝南行長坂七八十里抵暮乃宿天甚寒且無水晨起西南行約二十里忽有大池方圓幾二百里雪峰環之倒影池中師名之曰天池沿池正南下左右峰巒峭拔松樺陰森高踰百尺自巔及麓何啻萬株衆流入峽奔騰洶湧曲折彎環可六七十里二太子扈從西征始鑿石理道刊木爲四十八橋橋可並車薄暮宿峽中翌日方出入峽東西大川水艸盈秀天氣似春稍有桑棗次及一程九月二十七日至阿里馬城鋪速滿國王暨蒙古塔剌忽只領諸部人來迎宿於西果園土人呼果爲阿里馬蓋多果實以是名其城其城出帛目曰禿鹿麻蓋俗所謂種羊毛織成者時得七束爲禦寒衣其毛類中國柳花鮮潔細軟可爲綫爲繩爲帛爲綿農者亦決渠灌田土人惟以瓶取水及見中原汲器喜曰桃花石諸事皆巧桃花石謂漢人也程春廬廷尉同文曰晶河城東至托多克積沙成山浮遝難行東距阜康縣千一百里故云十餘程其間亂流而過當有洛克倫河呼圖壁河瑪納斯河烏蘭烏蘇河記不顯言塞外之水山雪所融夏日盛漲過時則涸九月正水竭之時蓋不知有河也自托多克過晶河山行五百五十里至賽喇木淖爾

東岸淖爾正圓周百餘里雪山環之所謂天池海竝淖爾南行五十里入塔勒奇山峽諺曰果子溝溝水南流勢甚湍急架木橋以度車馬峽長六十里今爲四十二橋卽四十八橋遺址出塔勒奇山口南行百七十里至惠遠城乾隆二十八年建今曰伊犂城阿里馬城或卽在阿里瑪圖河側阿里瑪圖河在拱宸城東北出塔刺奇山口至阿里瑪圖河僅百里湛然居士集有從容菴錄序末題曰甲申元日漆水移刺楚材晉卿序於西城阿里瑪城又西遊記記歸途云三月二十三日宣差阿狗餞於吹没輦之南岸又十日至阿里馬城西百餘里濟大河四月五日至阿里馬城之東園翌日晚抵陰山前宿又明日復度四十八橋緣溪上五十里至天池海東北過陰山後行二十二日方接元歷金山南大河驛路徐星伯太守松曰其歸途渡那林河而直北由特默爾圖淖爾之西以達吹河之南乃轉而東北渡伊犂河其渡處在察林渡之東故百餘里卽至阿里馬城自阿里馬城出塔勒奇山口經賽喇木淖爾與往時程同過賽喇木淖爾不復東折而東北行其分路處在千珠罕卡倫地東北山行由沁達蘭至阿魯沁達蘭明時爲衛入塔爾巴哈台界以至原歷之金山大河驛

拉特地。舊爲準噶爾各鄂拓克及各台吉游牧處。乾隆二十年。準部平。地屬伊犂將軍統轄。三十六年。

賜舊土爾扈特爲牧地。原注一旗。曰西路旗札薩克多羅濟爾噶朗貝勒游牧。汗渥巴錫族叔父默們圖。高祖羅卜藏諾顏書庫爾岱青弟也。乾隆三十六年。封今爵。

賜濟爾噶朗號。授札薩克。四十年。定晶河牧地爲舊土爾扈特部西路。授盟長。

賜印。四十八年。

詔世襲罔替。原注佐領四。舊土爾扈特東南北三路。凡札薩克八。皆書庫爾岱青裔。惟西路爲羅卜藏諾顏裔。以之從衆。故僅設札薩克一。牧地。補注秋濤按圖志云。西三十二度三十分。北極高四十四度三十三分。地名托里。在精河城西北九十里。東至精河屯田。原注接精河城界。西域水道記。安阜城。管戶四十二。屯兵六十八。戶屯兵屯各種田千二百六十畝。又有園戶種田千二百四十三畝。補注乾隆二十七年。初置精河屯田。四千五十畝。遞年或增或減。四十年。額屯三千三百六十畝。其管屯都司千總把總由陝西省調撥。土宜小麥青稞粟穀。

南至哈什山陰原注接伊犂圍場界。西域釋地。哈什山在慶綏城西南。山之陽即伊犂哈什河源所出。山口地名登努勒台。西域水道記。安阜城東五十里。地曰沙泉子。沙泉子正南。與登努勒台山口相直。補注會典圖說。哈什河出庫爾喀喇烏蘇城南。哈什山北合十餘水。西流來會。曾曰伊犂河。異域竹枝詞云。虎豹熊羆麋鹿饒。將軍會獵趁秋飈。不須夜識金銀氣。塞草肥時叠馬驕。注云。伊犂之東一百八十里。曰哈什山。峯嶺高峻。迴環數百里。其上多銀。其下多野獸。爲將軍圍場。有哈什回子之城。伊犂輿圖曰。惠遠城。五十里至沙喇托海。又六十里至濟爾噶朗。又五十里至塔什鄂斯坦。又五十里至博羅布爾噶蘇。又六十里至蘇布台。又六十里至額琳莫多。又九十里至吉爾瑪泰。又六十里至齊齊爾哈納托海。又二十里至巴爾加圖。是爲第一圍。又二十里至哈喇果勒。爲第二圍。又五里至烏里雅蘇圖為第三圖又十里至哈普齊克布董為第四圖又十里至哲庫布董為第五圖又十五里至阿爾斯朗圖布董為第六圖又五里至哲里莫多為第七圖又五里至阿木爾莫多為第八圖又十里至圖爾根察罕烏蘇為第九圖又六里至阿爾沙圖察罕烏蘇為第十圖郎底圖也其山陰則屬喀喇庫爾烏蘇境矣

欽頒哈什河春秋祭祀文曰惟神澤沛金方靈昭坎德匯特刻期而共注衆派同歸經固爾札以分流平原獨沃淵澄方折記玉水之瀠洄積著安瀾靜銀波之浩淼効靈不爽錫典宜隆朕撫定遐陬敉寧荒服塞煙隴月駐細柳以開營雪浪風濤掀飛艎而競渡惟念斯河之天險彌慶今日之波恬粤稽嗢鹿名州益增式廓爰布沈貍介典用妥神明康我邊陲永秩春秋之祀綏爾藩部共歌淸宴之庥肅此苾芬尚其昭格

秋濤按哈什地在伊犂之東為最要門戶形勢殊勝乾隆二十年五月將軍班第尚書鄂容安駐防伊犂阿睦爾撒納叛從賊宰桑克什木巴桑等應之八月以五千兵進犯伊犂班第等督兵迎剿至哈什力戰陷堅賊兵圍之數重班第鄂容安度不免以將軍印授其屬富錫爾間道齎還乃手殺數賊而死其屬額納伸巴寗阿亦皆自殺旣而甦巴桑

執之數月。乘間脫歸。富錫爾道遇賊。將劫其印。幾被害。
乃沈印於河。力戰得免。二十四年。西域平。哈什入版圖。
三十二年。建雙烈祠。祀班第鄂容安。御賜匾曰
漠陲競烈。並　製雙烈詩以旌其忠。是年
御製又有三巴圖魯歌。即謂額補西至托霍木圖臺原注
納伸。巴甯阿。富錫爾三人也。
接伊犁所屬察哈爾游牧界。補注秋濤按托霍木圖臺
東至托里一百一十里。西至伊犁所屬之瑚圖布拉克
臺一百二十里。又按伊犁東北二百里。地名博羅布爾
噶蘇。即博羅布爾噶蘇山西谷口外地。舊為輝特台吉
康古武游牧之地。乾隆二十年五月。大兵抵伊犁。率所
屬一千戶內附。地為伊犁東境門戶。自博羅布爾噶蘇
東北踰山接晶河界。又按伊犁所屬額
魯特游牧東境亦與晶土爾扈特接界。補北至喀喇塔
拉額西柯淖爾為界。補注淖爾即鹽海子也。原注北至鹽海子。西域釋地。鹽海在精河城
西北。補注會典圖說。鹽海子在精河城北。庫爾喀喇烏
蘇河出庫爾喀喇烏蘇城南山中。三水合。北流經城東
及北。合南來一水。又西北。濟爾噶朗河自其南注之。所
又西敦穆達河亦自其南注之。合流瀦焉。曰鹽海子。

部一旗自爲一盟曰烏訥恩素珠克圖盟西路隸伊犂將軍節制

寿陽閻汝弼覆校

蒙古游牧記卷之十六

平定張　穆初稿
光澤何秋濤補輯

額濟納舊土爾扈特蒙古游牧所在秋濤按今會典及地圖皆作額濟納石州初稿亦作納後又改納爲內考各卷中亦不畫一今定本仍從納後仿此

原額濟納舊土爾扈特部在阿拉善旗之西補當甘肅省甘州府及肅州邊外至京師五千五百餘里漢爲居延縣地張掖郡都尉治此補注秋濤按漢居延城即張掖郡屬之居延縣自顏師古分爲二地諸家異說紛起幾於以不狂爲狂然其原委非詳攷莫能明也漢書地理志張掖郡居延居延澤在東北古文以爲流沙都尉治師古注曰闞駰云武帝使伏波將軍路博德築遮虜障於居延城又觻得下云羌

谷水出羌中東北至居延入海過郡二行二千二百里以此驗知居延在觻得東北其里數亦約略可考方輿紀要云居延城在甘州衛西北千二百里其東北有居延澤亦曰居延海括地志云漢居延故城在今張掖縣東北千五百三十里有遮虜障唐張掖縣即明甘州衛也二書所言里數不同當以括地志爲正漢書武帝紀元狩二年夏霍去病公孫敖出北地二千餘里過居延斬首虜三萬餘級太初三年夏强弩都尉路博德築居延天漢二年夏騎都尉李陵將步兵五千人出居延北與匈奴戰斬首虜萬餘級注師古曰居延匈奴中地名也韋昭以爲張掖縣失之張掖所置居延縣者以安處所獲居延人而置此縣李陵傳天漢二年詔陵以九月發出遮虜障王氏應麟玉海曰河西之未入漢也霍去病欲攻小月氏則先望居延而濟乃至天山李陵欲涉單于庭必先自居延北出乃至浚稽則知居延之出匈奴乃其要路也漢既全得月氏之地立爲四郡則居延又爲酒泉要路故築塞其上以扼其來名以遮虜可見其實也通典既於張掖甘州著居延塞又於酒泉肅州著遮虜障者甘州之西即肅州之東寇之來路亘於兩州之境故障塞之設亦亘兩境李陵之軍自遮虜障

北出亦望遮虜障南入可見虜路出入無不由此也居延塞即遮虜障也秋濤按漢書匈奴傳太初三年使强弩都尉路博德築居延澤上是本紀所言築居延即築於居延澤上也地理志居延縣有居延澤是居延縣即路博德所築之城無疑詳攷浚儀所論則知霍去病路博德李陵所出之居延塞遮虜障與地理志之居延縣皆爲一地韋昭闞駰距漢未遠所言灼然可據而師古以爲非一張掖縣逞臆妄分其說謬矣又按後凉呂光嘗徙西海郡人於諸郡而西海郡實領居延則居延在呂氏時亦嘗移治師古蓋誤認移治處爲漢舊縣而轉以居延塞別爲一地也元和郡縣志亦誤以遮虜障在酒泉縣北二百四四十里指爲李陵戰處其致誤之故蓋與師古同胡東樵執師古之說轉訾班氏以居延澤繫居延縣下爲未當尤爲失攷一統志亦疑元和志所記遮虜障道里與漢書不合而不能決其所在今以諸書互證曉然無疑矣

後漢初因之

補注

後漢書明帝紀永平十六年騎都尉耿秉出居延伐北匈奴李賢注云居延本匈奴中地名也武帝因以名縣屬張掖郡在今甘州張掖縣東北

安帝時改置張掖居延屬國別領居延

一城【補注】司馬彪續漢書郡國志張掖居延屬國故郡都尉安帝別領一郡戶一千五百六十口四千七百三十三居延有居延澤古流沙何氏焯曰別領一郡郡當作城

獻帝建安末立為西海郡【補注】秋濤按此從續漢志所載晉書地理志則云西海郡故屬張掖漢獻帝興平二年武威太守張雅請置統縣一居延居延澤在東南尚書所謂流沙也立郡之年二書不同洪氏亮吉曰盖請立於興平中至建安末始置也秋濤又按漢志言居延澤在縣東北至元志稱居延故城亦云澤在東北而晉志獨云澤在東南南字誤也又按漢平帝時曾設西海郡在今青海境厥後隋煬帝復設西海郡其故名與此郡之設於居延者名同實異亦攷古者所宜知也

魏晉因之永嘉以後地屬前涼張軌

【補注】洪氏亮吉十六國疆域志曰前涼沙州西海郡漢置前涼領縣可考者一居延案駿分涼州西界三郡置沙州除敦煌別屬外餘一郡無可攷今以東西道里計之盖即西海也張軌傳西海太守張肅又曰案張駿分涼河諸州內無西海則西海屬沙州無疑晉志駿分敦煌晉昌至為沙州二十五字文法不甚可解疑有錯誤

細校之疑敦煌晉昌四字下脫西海二字。

後涼呂光補注晉書載記光徙西海郡人於諸郡頃之遂相扇動復徙之於河西樂都郭麐傳呂光西海太守王禎

北涼沮渠蒙遜補注晉書姚興遣使人梁斐張構等拜蒙遜鎮西大將軍沙州刺史西海侯

西涼李暠等相繼割據補注北史序傳云李翻弟豫位西海太守洪氏引此爲西海地屬李暠之證

元魏爲涼州所轄地補注秋濤按元魏正光二年柔然亂其主阿那瓌婆羅門相繼來降安置婆羅門於西海郡袁飜傳曰神龜末遷冠軍將軍涼州刺史時蠕蠕主阿那瓌後主婆羅門並以國亂來降飜表曰愚謂蠕蠕二主宜皆存之居阿那瓌於東偏居婆羅門於西西裔其婆羅門請修西海故城以安處之西海郡本屬涼州今在酒泉直北張掖西北千二百里去高車所住金山一千餘里正是北虜往來之衝要漢家行軍之舊道土地沃衍大宜耕殖即可永爲重戍鎮防西北且西海北垂即是大磧野獸所聚千百爲羣正是蠕蠕射獵之處殖田以自供藉獸以自給彼此相資足以自固又蠕蠕傳曰正光二年十月錄尚書事高陽王雍等奏曰今臣等參議以爲懷朔

鎮北。土名無結山。吐若奚泉。敦煌北。西海郡。即漢晉舊障。二處寬平。原野彌沃。阿那瓌宜置吐若奚泉。婆羅門宜置西海郡。各令總率部眾。收聚離散。又云。阿那瓌所居。既是境外。宜少優遣。婆羅門居於西海。既是境內。資衞不得同之。秋濤按詳攷諸說。則西海郡故城在涼州境內矣。隋唐為甘州肅州北境。大歷中陷於吐蕃。宋景德中。地屬西夏。曰威福軍。補注方輿紀要曰。夏人嘗立威福軍於此。元為亦集乃路。屬甘肅行中書省。補注秋濤按元史地理志。亦集乃路在甘州東北一千五百里。城東北有大澤。西北俱接沙磧。乃漢居延故城。元至元二十三年。立亦集乃路。通鑑輯覽。元順帝至正十五年。初安置托克托於淮安。既又移額齊訥路。注。額齊訥。舊作亦集乃。今改。方輿紀要。肅州北有漢居延城。元額齊訥路治此。一統志引舊志云。肅州衞城極北。有北大路。元時為往來通道。久廢。轍迹猶存。秋濤按此通道。當即明由肅州北至額齊訥路。又北度漠至和林之通衢也。明為甘州肅州二衞邊外地。補注秋濤按明史太祖洪武五年。馮勝至蘭州。遣副將軍傅友德前驅。再敗元兵。下亦集乃路。一統志。王保保在和林。明太祖屢招之。不報。洪武五年。命徐達李文忠馮勝分三路伐之。勝軍至亦集乃路。元岐王朵兒只班遁去。

原 一旗 札薩克多羅貝勒游牧。系出翁罕。翁罕六世孫曰瑪哈齊蒙克。有子二。其長曰貝果鄂爾勒克。貝果鄂爾勒克之曾孫曰書庫爾岱青。第四子曰納木策稜。是生納札爾瑪穆特。為土爾扈特部阿玉奇汗族弟。阿玉奇汗游牧額濟勒河。補注詳見土爾扈特總敘。地逼俄羅斯及準噶爾。康熙四十三年。

詔封納札爾瑪穆特之子阿喇布珠爾為固山貝子。

賜牧色爾騰。原注穆按水道提綱。布隆吉河西北豬為巨澤。曰哈勒池。色爾騰海在哈勒池西南二百餘里。其水南出雪山之陰。西北流豬為澤。補注秋濤按。色爾騰亦名黨色爾騰。一統志。土爾古特國王阿杜奇弟阿拉布珠兒自西藏還不能歸內屬封貝子令居嘉峪關外黨色爾騰之地即此事蓋因其地界在黨河色爾騰海之間故有此名志又云色爾騰海在沙州衛西南三百餘里爲青海要道又蘇賴河亦名布隆吉河發源靖逆衛南山曰昌馬河北流轉而西經柳溝衛北爲蘇賴河又西經安西衛北三里又西經沙州衛西北黨河自南來注之又西流三百里許豬爲哈勒池其流長七百餘里池方數十里卽古南籍端水也三衛屯田俱藉此水灌溉黨河亦名西勒哈金河發源沙州衛東南山中北流二百餘里折西流會南來之一水又折北流遶沙州舊城之東新城之西流百餘里入蘇賴河卽古氐置水也按哈拉譯言黑色故臨川李侍郎紱指爲雍州黑水水道提綱亦存其說安西衛今改爲州沙州衛今改爲敦煌縣並省柳溝衛入焉靖逆衛今亦省入玉門縣色爾騰海之西有噶順池又有一澤名小色爾騰海地皆在嘉峪關外故就近賜牧所以安遠人也又按土爾古特卽土爾扈特阿杜奇卽阿玉奇阿拉布珠兒卽阿拉布珠爾皆譯字偶異耳阿喇布珠爾實阿玉奇族子一統志以爲阿玉奇弟誤也

先是阿喇布珠爾嘗假道

準噶爾謁達賴喇嘛既而阿玉奇與準噶爾酋策妄阿喇布坦脩怨阿喇布珠爾自唐古特還以準噶爾道梗留嘉峪關外遣使至 京師乞內屬 上憫其無歸故有是 命使轄其衆

補注 五十一年土爾扈特汗阿玉奇遣使假道俄羅斯表貢方物 上嘉其誠遣侍讀圖麗琛等齎 勅往是年夏啟行五十三年始至薩喇托付蓋土爾扈特與俄羅斯界也阿玉奇復遣台吉宰桑等導至拂廬我使授 勅宣諭訖語之曰阿喇布珠爾己 賜爵優養欲遣歸爾牧以策妄阿喇布坦惡爾恐戕之而詭以哈薩克哈喇哈爾榜為辭也爾若欲令阿喇布珠爾歸當自俄羅斯來迎阿玉奇曰俄羅斯乃嗜欲不同言語不通之區也若以往來數故不假我道則我無由入中國矣向喇布珠爾幸為 天朝臣僕請勿遣歸時阿喇布珠爾之父納札爾瑪穆特亦贈我使馬及方物我使以入境無私交辭阿玉奇待之有隆禮留旬餘筵宴不絕復附表奏謝五十四年春圖

麗琛等始復　命。按藩部要略載此事首尾文云：五十二年遣使齎　勅往諭阿玉奇令迎阿喇布珠爾歸云云。石州曰：此條不應專系之五十二年，觀異域錄自明。秋濤按：圖麗琛等奉使往返已閱四年，中間别無使命，此即一事，而要略誤分爲二條耳。

補　五十五年，阿喇布珠爾奏請從軍効力。詔率兵五百駐噶斯。補注　見下注　原　旋卒，子丹忠襲。雍正七年來朝，晉封多羅貝勒。九年以色爾騰牧通噶斯之察罕齊老圖。

補注　秋濤按：色爾騰海之西有噶順池，又西百里有阿集格色爾騰水，即小色爾騰海也，周圍百六十里。又西二百里有察罕齊老圖六池。蒙古語察罕，白色；齊老，石也；圖，有也。地多白石，以名其池焉。六池錯列如星宿，當極三十九度四分，西二十四度。又西有哈達圖水，又西爲噶斯淖爾，去羅布淖爾二百里。蒙古語噶斯，地名，即以爲池水名。康熙雍正年間，西域全境未入版圖，以噶斯爲屯兵戍守要地。藩部要略云：康熙五十四年，準噶爾敗遁，議撤噶斯駐防兵，以青海貝勒達顏所屬台

吉等游牧柴達木通噶斯之察罕齊老圖遣侍衛等駐
其地偵準噶爾蹤五十五年三月
詔青海貝勒
朋素克旺札勒台吉達顏各選兵百屯噶斯路防準噶
爾賊五十六年達顏奏請增設噶斯兵防準噶爾
上韙其言以西安兵二千西甯兵一千益之雍正元
年青海羅卜藏丹津叛副將軍阿拉納自土魯番馳赴
噶斯斷由穆魯烏蘇往藏路二年叛黨吹喇克諾木齊
等遁噶斯岳鍾琪奏
命進剿遣西甯總兵黃喜
林由西爾哈羅色赴柴達木斷噶斯路七年王大臣等
議噶斯爲準噶爾通青海及唐古特要隘請選青海札
薩克兵千五百分屯噶斯及柴達木得卜特爾察罕烏
蘇諸路允之乾隆二十三年大軍剿瑪哈沁偵沙拉斯
瑪呼斯賊竄呼爾塔克羅卜諾爾以地近噶斯通青海
詔副都統濟福赴西甯宣諭所部集兵千爲備
復遣識噶斯道者偵賊蹤一統志踏實堡在柳溝衛西
南一百五十里其西南一百里有巴圖墩二百里有石
堡城通雪山後要路有兵戍守自石堡城而南五十里
至三道宮皂河又二百五十里至額爾得尼布喇有二
路一西南至烏拉打板五十里其間山徑崎嶇爲青海
諸夷往來要路自烏喇打板西南至大小柴達馬鹽池

通噶斯大路最爲衝要秋濤按合考諸書足知噶斯爲

形勝之地漢時通西域有南北二路噶斯即南路之咽喉也察罕齊老圖亦作插漢七老圖甘肅通志沙州外境西北有二路一路自葫蘆斯太西南七百三十里至衣松插漢七老圖當孔道西通伊里塔里母河南通西海等處其間一千餘里有水草無夷人住牧北西路也又正南一路自衞一百八十里至黨城自黨城東南至額爾得泥布喇六百里有水艸亦無夷人住牧西通色爾騰西南通阿魯大小柴達木鹽池郭必要路一統志巴顏布喇在沙州衞西南一百二十里通衣松插漢七老圖及黨色爾騰柴打木之要路

懼準噶爾掠乞內徙補注藩部要略云有莫爾根綽爾濟者丹忠屬也亦叛附準噶爾丹忠懼乞內徙

陝西總督查郎阿令攜戚屬

游牧阿拉克山補注秋濤按阿拉善之龍頭山亦名阿拉克山蓋地名偶同青海有阿喇克薩爾山在黃河岸東碧柳圖山之陽輿圖作阿拉克沙爾山距色爾騰甚遠必非一地考水道提綱嘉峪關外有阿拉克池當是附近之山與池同名也

阿勒坦補注秋濤按此與西北阿爾泰山一作阿勒坦者不

同一統志青海有阿爾坦山在西甯邊外東北九十里山脈東邁北川抵浩亹水俗云此山出金昔有番人開取故名觀此知凡出金之地皆可名阿勒坦矣

特卜什等處尋定牧額濟內河

補注 秋濤按額濟內今作額濟納額濟訥舊作亦集乃厄几餒厄金餒額濟餒徐星伯先生云蒙古語額濟訥幽隱也明一統志張掖河在陝西行都司城西十里源出擺通川流逕祁連山西出合黎山名合黎水流入亦集乃界行都司志張掖河原名黑河自鎮城西南山流出逕祁連山積雪消融其流益盛傍合黎山出羌谷口北入亦集乃界 大清一統志厄濟納河在西套厄魯特旗西界又弱水源出山丹縣西南自與張掖河合其下通名為張掖河又討來河發源肅州西南五百餘里番界中有三派最西曰討來河其西又有哈土巴爾呼河北流百餘里與討來河合又東北百餘里南有巴哈額濟餒二河分流二百里許合流又北數十里與討來河會為一又東北流二百餘里入邊繞州南至州東北合西來之水又東北出邊過金塔寺稍折而北又轉東與張掖河合又北五百餘里入居延海按山丹張掖之水即禹貢弱水討來河今會典圖作滔賴河即漢志

之呼蠶水自與額濟納河會合而其下流之出邊牆外者遂以通稱額濟納河禹貢錐指云弱水水經不言所出桑欽以爲出張掖删丹縣鄭康成曰衆水東流此獨西流而水經注無之其所經入不可得而詳也趙氏一清云按史記索隱曰水經曰弱水出張掖山丹縣西北至酒泉會水縣入合黎山腹漢志張掖郡删丹縣桑欽以爲導弱水自此而西至酒泉合黎卽是小司馬所引之文是唐時尚有弱水篇今本盡失之耳張守節正義亦云合黎水出臨松縣東而北流逕張掖故城下又北流至縣北二十三里合弱水弱水自合黎山折而北流逕沙磧之西入居延澤行千五百里又漢志金城郡臨羌縣下云有弱水說文曰溺水自張掖删丹西至酒泉合黎餘波入於流沙觀此則弱水之原委約畧可得矣水經又云流沙地在張掖居延縣東北注曰居延澤在其縣故城東北尚書所謂流沙者也形如月生五日弱水入流沙流沙沙與水流行也元和志居延海卽居延澤其沙流風吹流行故曰流沙合觀諸說皆以居延爲禹貢之流沙矣又按孔氏尚書正義云按酈道元水經黑水出張掖雞山南流至燉煌過三危山南流入於南海胡氏渭曰案山海經灌湘之山又東五百里曰雞山黑

水出焉而南流注於海雞山不知在何郡郭璞無注爾孔疏引水經以爲出張掖之雞山檢今本無此文葢其書有散逸耳太平御覽引張掖記曰黑水出縣界雞山亦名元圃昔有娀氏女簡狄浴於元邱之水即黑水也據此則雞山當在甘州張掖縣界漢爲觻得縣地今陝西甘州衞西有張掖河即古羌谷水出羌中北流爲張掖河合弱水東北入居延海俗謂之黑河此水並不經三危入南海安得以此爲禹貢之黑水也秋濤按此黑河下流入居延海仍是弱水所匯之一川耳水經中今闕黑水篇孔疏所引亦未足爲據也 西域水道記曰說文作溺水爲正字禹貢作弱水爲假借字今謂之黑河又曰張掖河後儒不知本爲一河分張掖河當禹貢之弱水黑河當禹貢之黑水誤矣禹貢錐指言弱水原委甚詳且正程大昌以條支媯水爲弱水之訛惟附會後漢書東夷傳及晉書唐書之文謂弱水自居延東北流歷夫餘挹婁而歸東海者亦誤秋濤按夫餘挹婁之弱水以地理診之即東海之窩集也前人未有知其所在者秋濤別有考辨茲不具載 水道記又曰江氏永羣經補義以梁州黑水爲今金沙江雍州黑水爲今肅州黑水言其自沙漠中南流經黑山下南合白水紅水

又西南流入臨羌爲青海之上源青海卽西海禹貢導黑水至於三危入於南海南爲西字之譌松按江氏所指蓋謂今張掖河也源出甘州府城西南東北流至府北城西二十里折而西北流復西北經高臺縣鹽池驛北與洮賴河匯而入額濟訥青海在甘州正南豈能北流入之乎又謂西海流至積石入黃河其謬尤不可枚舉秋濤按肅州境有二黑水其一卽張掖河別名黑河其一黑水在州西北一百二十里原出黑水泉合清水清水在州北五十里東流入討來河又有白水源出州西南二十里下合紅水紅水在州東南三十里源出南山北流合白水至下古城東南入討來河是紅白黑三水皆匯於討來河下流仍與張掖河合乃弱水所合之一小水江氏誤認爲禹貢黑水且謬指北流爲南流若流入臨羌爲青海上源之說志乘不載乃江氏肊增尤爲紕繆之甚者星伯先生仍引張掖河以辨之尚未洞見其癥結也至塞外得水皆謂之海乃後世俗稱如河北得水皆名爲河至江南得水皆名爲江禹貢必無此假借之名至青海一名西海不過一小小藪澤而欲改竄經文以就己說多見其不知量也青海所匯各水惟喀喇細納河源流長三百五十餘里是爲最鉅並不在肅州境

亦不與黃河通附記以袪讀者之惑乾隆五年丹忠卒子羅卜藏達爾札襲十八年授札薩克三十二年卒子旺札勒車凌襲西十八年詔世襲罔替【原注】佐領一牧地【補注】秋濤按輿圖旗地在索廓克鄂模之南東臨昆都倫河以地形診之蓋即漢居延故城元亦集乃路所治也唐地理志張掖河西北出合黎山峽口傍河東壖屈曲東北行千里有甯寇軍故同城守捉也軍東北有居延海又北三百里有花門山堡又東北千里至回鶻衙帳據此則甯寇軍當亦在旗境又旗境有掃林山禹貢錐指云明馮勝拔肅州進至掃林山亦集乃路即此有別篤山今日畢道山明紀綱目洪武五年副將軍傅友德下額齊訥路次別篤山元岐王多爾濟巴勒遁去獲其平章昌嘉努等二十七人明紀事本末作別篤山蓋字形相近而譌

跨昆都倫河【補注】會典圖說額濟訥舊土爾扈特旗在居延海無巨川惟坤都倫河自甘肅肅州北流經額濟訥旗分二道匯爲澤俱曰居延海水道提綱山丹水即古弱水源出山丹衛西南窮石山東北流百餘里經

馬營墩西又北流五十里經永固城西又北二十里經洪水營東折西西北流百二十里至甘州東南境有水東自長城外山西西南流入城經山丹營及通遠堡南而西注之又西北經州北境又西北有張掖河自西南來會即古羌谷水也又西北百里至平川堡南撫夷堡北循長城下而北至高臺堡西北有一水西南自紅崖堡從仁堡南山二源合而北流注之又循長城下而西北經定安黑泉花牆深溝西堡之東又北至鎮夷堡西北當城斷處出邊又北三百里至衞公營東北地有肅州二水自西南東北流經金塔寺營而北來會之肅州二水一曰卯來河源出肅州邊外青海西北境有三源東源曰厄几餒必拉出敖什西山之南西北流中源曰巴東必拉出朱督懇達山北麓二澗北流而合西源最大而遠曰滔來必拉曰哈土巴爾呼必拉東北流而合流數百里始與二源水會東北流又東合一水又東北經重山入肅州南邊經卯來堡曰卯來河又東北經州城南境又東北有河西南自嘉峪關外東北流經州西北境來注之又東北至古城堡南臨水堡北當西長城斷處出邊東北流經金塔寺營西北又東北折正北流土人總呼滔來必拉經衞魯西火燒屯東又北折東北流至

衛公營北又東北會山丹水二流既合又東北經花牆鎭驛北土人曰厄金餒必拉又東北至毛毋西折西北流經雙城西又折東北流經平所驛沙馬營西又西北折東北而北流經什莊西又西北有昆都倫水自東北來注之又北爲二互澤西北曰索廓克鄂模池周九十里其東北曰索博鄂模池周六十餘里卽古居延海也秋濤按據齊侍郎書以昆都倫水自東北來注於厄金餒必拉是昆都倫乃塞外一小水源流甚短而會典圖說則以額濟納河自肅州北流者槪目爲坤都倫河二說不同未詳孰是

東至古爾鼐【原注】接阿拉善旗界【補注】秋濤按旗東有威遠故城唐地理志肅州有酒泉威遠二守捉城肅鎭志威遠城在衞東北三百八十里明初立爲所後廢其地有旗杆山卽當時立旗招撫叛民處又旗東境有澤曰大苦水南直甘肅張掖縣邊外大苦水之東有二澤曰騙馬湖湖東南有澤曰沙棗湖亦曰沙棗泉在肅州東北二百三十里金塔寺北一百七十里沙棗湖之東直山丹縣邊外有澤曰豐盈大泉以上諸澤俱豬於沙

南至毛目縣丞民地【原注】接高臺縣及肅州邊外地界【補注】秋濤按旗南有會水縣故城漢置屬酒泉郡地理

志北部都尉治偃水障東部都尉治東部障後漢晉因之闞駰曰衆水所會故名後魏廢秋濤按西域圖志以會水縣在安西州與一統志不同按一統志據史記索隱所言以弱水西北至會水縣入合黎山腹以此證之則會水縣宜在肅州北額濟納旗南不得如西域圖志所云也又有威虜城明初置威虜衞尋廢嘉靖七年番夷牙木蘭等內附巡撫唐澤議於肅州迤北境外威虜舊城及天倉墩毛目城白城子等地散處其衆二十八年巡撫楊博檄副使王儀等修葺威虜並金塔寺古城添置白煙墩等城堡凡七墩台十有二安置番帳七百餘所肅鎮志威虜城在衞東北一百三十里又白城子在衞東北一百二十里今皆廢金塔寺城在衞東北六十里今爲堡城周一百九十丈設游擊駐守其天倉墩在堡東北二百六十里明時墩軍呼爲鬼門關其西十里有夜摸墩皆戍守處也毛目城周二里在鎮夷城北一百五十里今設縣丞駐之以理民事水道提綱作毛毋又有平朔城在鎮夷城北二百二十里亦周二里與毛目城相傳皆元時守禦又有古連城在鎮夷城北一百八十里又有黑山屹立沙漠中一名紫塞南至肅州一百八十里其山口東南至州一百四十里西至

大戈壁原注踰戈壁為通哈密驛路補注秋濤按自額濟納至哈密中隔大磧而山脈實相聯接哈密北為巴里坤地疑即古蒲類澤一統志漢趙充國以本始二年為蒲類將軍出酒泉期出塞二千里當與烏孫合擊匈奴於蒲類澤是蒲類澤去酒泉二千里也充國出塞千八百里西去候山斬首捕虜而還是不及蒲類澤尚二百里也計今自肅州抵哈密之天山千七百里道里亦頗相合然則額濟納西踰戈壁即漢時趙充國西征之故道矣又按哈密距 京師七千一百八十里距蘭州省城三千五百里在安西州城西北八百七十里城二舊城周四里康熙五十六年建新城周里許雍正五年建二城皆北倚大山三面平曠所居回民以耕牧射獵為生田疇沃衍氣候溫暖泉甘土肥引渠溉田號稱殷庶城外東西兩關地當孔道商民輻輳西南通吐魯番為天山南路之咽喉北通巴里坤為天山北路之衝要兼扼兩路最為西陲重地其地於漢屬匈奴號伊吾盧後漢時始內附為伊吾魏入蠕蠕隋置伊吾郡旋屬突厥唐置西伊州改伊州五代時號胡盧磧宋入回鶻元為威武王分鎮之地明設哈密衛後入土爾番 國朝康熙三十六年始內屬

北至阿濟

山。原注踰大戈壁，接札薩克圖汗部界。補注秋濤按：阿濟山在戈壁中，又謂之北套。一統志：自哈密北踰天山至巴里坤池，又北度大沙磧幾三四百里，有阿吉山，亦曰阿濟山。山脈自西北阿爾泰山南來，蜿蜒東趨，橫帶翰海中，起伏不斷，為喀爾喀西路之南境，其長殆三四千里。東南至合黎山。原注接甘州府張掖、山丹二縣界。補注秋濤按：旗東南有合黎山，即禹貢弱水所經也。水經云：合離山在酒泉會水縣東北。注以為即合黎山。史記正義：山在張掖縣西北二百里。行都司志云：在高台所北十里，鎮夷所東北三十里，與黑山相接。黑山在鎮夷所東北二十里。西陲今略：合黎山起山丹石硤，至於鎮夷，延長三百餘里，其山產茶。西南至戈壁。原注踰戈壁，接安西州玉門縣界。補注洪亮吉乾隆府廳州縣圖志云：玉門縣本明赤斤蒙古衛地，後廢。本朝康熙五十七年復置赤金衛，雍正四年裁衛入地，屬靖逆廳。乾隆二十四年仍改置玉門縣，省靖逆廳入焉。秋濤按：蘇履吉燉煌縣志云：乾隆二十五年改靖逆衛為玉門縣，赤金裁歸玉門，與洪氏說異。蘇氏歷官安西，見聞較確，當從縣志為正。舊赤金衛東有惠回堡，堡北寬臺山後柳灣西北驪馬城，俱通崑都倫要路。有墩兵瞭守。又舊靖逆廳北地名布魯兒東亦路通崑都倫。爲戍守要地。崑都倫卽昆都倫河也。

北至大戈壁。原注踰戈壁。接賽音諾顏部界。補注秋濤按旗東北有狠心山。在金塔寺堡北六百里。南去鎮夷所城五百里。爲往來要路。又有孤紅山。在金塔寺堡東北三百五十里。凡往來哈密北山者必聚於此。

西北至大戈壁。原注踰戈壁。接巴里坤界。西域釋地。巴里坤。漢蒲類國地。本名巴爾庫勒。譯曰巴里坤。至京師七千五百餘里。新疆識略。巴里坤在肅州西北一千七百九十里。與哈密以天山爲界。山陽爲哈密。山陰爲巴里坤。東門外有漢永和三年燉煌太守裴岑紀功碑。天山之巔有唐貞觀十四年姜行本紀功碑。蓋自古戰守扼要之地。補注秋濤按巴里坤今爲鎮西府。距京師七千五百十里。距哈密三百三十里。南界天山。西隱平岡。西北有巴爾庫勒淖爾。周一百二十餘里。緣山北麓。原泉競發。分爲三河。匯入大澤。水氣浸潤。庶草繁廡。地宜畜牧。居天山之陰。氣候多寒。

本朝康熙五十四年。詔遣大兵屯巴里坤。雍正三年。始撤。七年。大軍復駐焉。九年。築巴爾庫勒城。周八里。十三年。撤大兵。改設駐防。初以安西同知駐防。其地乾隆三十八年置鎮西府以巴爾庫勒城爲府治並設宜禾縣與府同治城內有文廟城隍廟城西南有龍王廟城東有城周六里爲滿洲兵弁駐防之所西北三里別建關帝廟廟前有裴岑碑圖志云宜禾縣東南至南山口二百五十里東北至鹽池百六十里西至噶順三百四十里南至天山十里北至三塘一百六十里秋濤又按安西州東一百六十里爲故柳溝衞城柳溝堡在柳溝衞東七十五里又北一百二十里至木龍泉又一百三十里至伊克衣馬斡古墩又二百四十里至鐵布什古墩地多沙磧間有水草路通北套阿濟山及巴里坤又柳溝北五十里曰邊牆頭墩正北至壘墩子一百四十里又八十里至石板墩八十里至白墩子二百十里至金溝硤一百二十里至鏡兒泉其間多沙磧間有水草通北套阿濟山巴里坤哈密要路

所部以來歸先故亦稱舊土爾扈特不設盟長

布勒罕河新土爾扈特蒙古青色特啟勒圖盟游牧所在標題秋濤依例補

【原】新土爾扈特部在科布多城西南至 京師七千餘里

【補】元初爲乃蠻國太祖滅之後爲和林行省所屬地明屬衞拉特 本朝旣平噶爾丹於科布多設屯田駐大兵地當孔道乾隆間始 賜新土爾扈特爲牧地

【原】初土爾扈特族皆徙牧額濟勒河與準噶爾絶翁罕十四世孫舍稜【補注】藩部要略舍稜者衞袞察布察齊六世孫也獨率諸昆弟附牧伊犂境爲準噶爾屬台吉大軍征準噶爾獲達瓦齊阿睦爾撒納等以叛相次誅滅舍稜獨抗不降竄匿庫克烏蘇喀喇塔拉境【補注】藩部要略乾隆二十二年巴圖爾烏巴什及舍稜等以附牧準噶爾乘阿逆叛擾伊犂境巴爾圖烏巴什爲大軍所逼走死舍稜詭乞降竄俄羅斯尋歸土爾扈特牧秋

濤按舍稜之竄俄羅斯歸土爾扈特牧係二十三年之事要略於二十二年檃括言之而二十三年所載尤為詳備乾隆二十三年詔定邊將軍成袞札布副將軍兆惠馳剿之舍稜謀奔俄羅斯我軍尾及之於布什古河源射撿其從弟勞章札布舍稜乃詭約降計戕我副都統唐喀祿馳踰喀喇瑪嶺歸額濟勒土爾扈特牧

補注藩部要略阿睦爾撒納走死其從逆之綽和爾烏喇特昂吉岱等附巴圖爾烏巴什竄伏沙拉伯勒敦多克布庫察罕等復附舍稜匿庫克烏蘇喀喇塔拉境至是成袞札布兆惠等馳剿巴爾圖烏巴什竄哈薩克病痘死舍稜竄博羅塔拉道遇哈薩克遊騎與交兵聞大軍過馳走道圖托羅海將為奔俄羅斯計先使往哈薩克要而殺之舍稜復間道赴阿固爾阿爾海副都統唐喀祿偕厄魯特散秩大臣和碩齊以兵尾之抵布古什河源有巴爾呼卒都圖者射舍稜從弟勞章札布仆撿之舍稜詭服罪請釋其弟乃降唐喀祿曰是不可信將

以兵捡舍稜和碩齊曰不若使招降釋勞章札布歸越日舍稜遣三宰桑至軍約往受降唐喀祿愈疑之和碩齊曰彼畏我軍威故不敢至盍往涖盟强唐喀祿行策馬渡河邇舍稜營令從者皆下馬解櫜鞬舍稜遣使以酒至和碩齊飲之急起入舍稜營唐喀祿立而待適時和碩齊不返舍稜遣賊衆二千詭攜駝馬迎我軍甫次河岸輒旋擊營中賊悉起唐喀祿死之和碩齊易服入賊隊後就捡論罪誅舍稜馳踰喀喇瑪嶺遣使俄羅斯爲所禁間道赴土爾扈特俄羅斯羈諸森博羅特圖喇

詔遣兵擊之未至俄羅斯從入其境巴圖爾烏巴什子沙喇扣肯亦從往焉初我使與俄羅斯定議不納逋逃人至是諭理藩院檄俄羅斯以舍稜獻舍稜懼由俄羅斯歸土爾扈特牧三十六年復唆其汗渥巴錫來搶伊犂抵他木哈補注福慶異域竹枝詞注伊犂惠遠城西南七百餘里曰他木哈山其西皆布魯特界秋濤按他木哈一作沙拉伯勒伊犂西路喀倫也俞氏正燮曰渥巴錫爲舍稜所愚妄思復伊犂舊牧傾國東徙爲哈薩克所掠逼入沙漠繞巴爾喀什泊自三十五年十一月啟行至三十六年六月杪始至伊犂之沙拉伯勒界

狼狽飢渴道殣相望種類幾致覆滅乃決計內附云秋濤按巴爾噶什泊周迴八百餘里伊犂全河經流千里合各小水並注此泊蓋準部西北境最大澤也知內備固計無所出不得已隨渥巴錫歸順補注要略云廷臣議舍稜負罪竄不可信且當追論前罪不宜與諸台吉同納其降上以舍稜既棄俄羅斯而至必不敢為難若拒之將窮無所歸且新降諸台吉或滋疑懼俟來朝執而罪之非所以示信遠人也詔宥舍稜罪與渥巴錫同入覲行幰賜牧布勒罕河補注今圖作布爾干注見下秋濤按松文清公綏服紀畧近科布多之阿勒台游牧往郡王一貝子一按其所言即舍稜游牧也而地名為阿勒台蓋舉水名則為布勒罕舉山名則為阿勒台阿勒台即金山也西域水道記云舍稜復來歸授牧布拉干河河源為其避暑處設札薩克二曰新

舊土爾扈特

右旗札薩克多羅弼里克圖郡王游牧舍稜之入覲也稽首請罪上宥之封今爵補注冊文曰鴻圖

襲。慶聲靈昭無外之模，末徼希光，爵賞布大公之治，苟
向風慕義，知悉臣悉主之攸歸，斯紀績銘勳，俾分土分
民之有屬。爾舍稜殷懷北闕，表望西陲，託維剎以彌年，
倩由避罪，發泰濛而覲日，志切輸誠，雖舉部傾心，爾本
識時之俊，而款關內面，朕庸請命之從，遷水草而攻駒，
配方旗而建隼，仙莊引隊，紫絲白馬之榮，屬國編名，青
岱黃河之誓，茲以冊印，封爾為郡王。於戲，朔書徧奉，遐
荒瞻賜社之新，黃教長流，弈世拜析圭之寵，益勤精白，
永享昇
平。欽哉。

賜弼哩克圖號。補注 先是，杜爾伯特台吉車稜烏巴什游牧額爾齊斯，與舍稜識，北來歸，授親王爵，至是以年班入
覲，扈蹕行圍，舍稜見之，握手歡語移時，誓
世為
天朝臣僕。三十七年，授新土爾扈特盟長，轄左翼旗務。

賜札薩克印。四十八年，詔世襲罔替。原注 佐領一。補注 藩部表云，舍稜至五十七年，以病罷，子策伯克札布襲爵。

新左旗札薩克固山烏察喇勒圖貝子游牧。舍稜從子沙喇扣肎，父巴圖

爾烏巴什爲準噶爾台吉噶爾丹策零壻。【原注】事已見前。乾隆
二十三年沙喇扣肎從舍稜竄奔額濟勒河。三十六年
來降封今爵。【補注】誥命文曰：殊方慕化，特詳柔遠之經；列部蒙休，丕著策勳之畧。獻賚入
朝之誼，史載借垂；分茅頒社之榮，國恩罔替。爾沙拉扣
肎，代居荒漠，裔出前元。屬游牧之維艱，敂關東嚮；頼扉
糧之不絕，遂隊西徠。甫草從圍，備睹雜郊車旆；蓼蕭命
宴，親承鎬室和鸞。鑒厥歸誠，侈其列爵，茲封爾爲貝子，
錫之誥命。於戲！劾藩受寵，和風同毳幕之溫；開
國流覩，化日訖龍沙之教。是用釐爾，尚時欽哉。
賜烏察喇勒圖號。三十七年，授副盟長，轄右翼旗務。
賜印。【原注】沙喇扣肎尋偕年班台吉入覲，獻白鷹。
御製詩紀之。四十年，來朝扈
蹕木蘭行圍，扻額爾袞溝。蒙古謂寬敞爲額爾
袞。每歲蒙古扎薩克等扈
駕至此，輒進宴，陳詐
馬、榜什諸戲。時大軍剿促浸逆番，克勒烏圍賊巢，捷奏
至，沙喇扣肎等將進宴，集和門外舞蹈稱慶。
詔

以額爾衮巴雅爾名其地。蒙古謂喜爲巴雅爾，志慶也。四十八年，詔世襲罔替。原注：佐領二。牧地。補注：乾隆四十九年，有内地奸民劉逼等集衆千餘，赴瑚圖斯拉私開金礦，且賂舍稜屬人額爾齊斯雅拉拜等，給駝馬爲助，烏魯木齊都統海祿聞之，以兵往徼，所部助討，礦徒悉就捦。事聞。上以瑚圖斯拉逼舍稜牧，詔永遠封禁。當金山南烏隆古河之東。原注：會典圖說：烏龍古河二源，東曰布爾干河，西曰青吉斯河。布爾干河出新和碩特旗北，合喀喇圖泊水，南流，經札哈沁旗東南流，青吉斯河出新土爾扈特旗北，合哈拉泊水，西南流，合哈粥察克河，又東南與布爾干河合，爲烏隆古河。折西流，經阿爾泰烏梁海旗，豬爲赫薩爾巴什泊。元秘史：成吉思與王罕征乃蠻種的古出古惇不亦魯黑時，不亦魯黑在兀魯黑塔黑地面，湞豁黑水行，成吉思與王罕到了，不亦魯黑不能對陣，起過阿勒台山去了。追至忽木升吉兒地面，兀瀧古河行，遇著不亦魯黑來哨的官人也迪土卜魯黑，被成吉思出哨的趕上山去，拿住。又追至乞濕泐巴失海子行，不亦魯黑遂窮促了。穆案：兀瀧古即烏隆古，乞濕泐

巴失海子。卽赫薩爾巴什泊。然則不亦魯黑所在之兀
魯黑塔黑地面。殆黔黑水行。爲科布多北之烏里雅蘇
台河。阿勒台山陰。乃蠻故國也。補注康熙二十七年。噶
爾丹掠喀爾喀。札薩克圖汗部黑德卓哩克圖族潰奔
青海。四十三年。自青海歸。授一等台吉。賜牧阿
爾台額爾齊斯烏隴貴界。至其子通謨克嗣職。以功封
輔國公。雍正元年。準噶爾酋大策凌惇多卜等。由阿濟
掠通謨克游牧十年。　詔移其衆於阿拉善。原注
阿克敦再使準噶爾奏。臣等言。旣遵　旨在阿爾
泰山陽游牧。自應從索爾郷以上。花額爾齊斯。哈拉額
爾齊斯烏龍歸河邊。地俱寬闊。何容奔入烏容齊博東
齊從前我之游兵。尚逾烏容齊博東齊。以至布爾汗察
汗托回等處。補注秋濤按。烏隴貴。卽烏龍歸河旁之地
以河爲名。烏龍歸河。卽烏隆古河也。藩部要略。乾隆二
十八年八月十九日。阿睦爾撒納行至烏隆古河。距其
牧札布堪河近。乃詭言暫歸治裝。以副將軍印交額璘
沁多爾濟。使先行。遂由額爾齊斯河間道北逸。　東至奔
卽此地也。札爾堪河。今圖謂之札爾噶河矣。
巴圖捫楚克烏蘭布勒幹和碩原注接新和碩特界。南至胡圖斯

山烏龍古河【原注】踰戈壁接古城界西域釋地古城唐北庭都護府所領之地其奇金滿輪台蒲類海西四縣皆隸北庭都護此為何時所遺之城不可考祇以古城名之至 京師八千一百餘里【補注】紀文達公昀槐西雜志云特納格爾為唐金滿縣地尚有殘碑吉木薩有唐北庭都護府故城則李衛公所築也周四十里皆以土墼壘成每墼厚一尺闊一尺五六寸長二尺七八寸舊瓦亦廣尺餘長一尺五六寸城中一寺亦圮盡石佛自腰以下陷入土猶高七八尺鐵鐘一高出人頭四圍皆有銘繡澀模糊一字不可辨識惟刮視字棱柏其波磔似是八分書耳城中皆黑煤掘一二尺乃見土額魯特云此城昔以火攻陷四面皺臺郎攻城時所築其為何代何人則不能言之蓋在準噶爾前矣城東南山岡上一小城與大城若相犄角額魯特云以此城阻礙攻之不克乃以礮攻也庚寅冬烏魯木齊提督標增設後營余與永餘齋奉檄籌畫駐兵地藺山叢雜議數日未定余謂餘齋曰李衛公相度地形定勝我輩其所建城必要隘盡因之乎餘齋以為然議乃定即今古城營也本名破城大學士溫公為改此名其城望之似孤懸然山中千蹊萬徑其出也必過此城乃知

古人眞不可及矣褚筠心學士修西域圖志時就訪古迹偶忘語此今附識之秋濤按永慶號餘齋乾隆三十七年爲迪化城督糧道後官至湖北布政使又按西域圖志云古城在奇臺縣治西北九十里由奇臺塘至古城五十里南北二城南城中有 萬壽宮關帝廟城西有牛圈泉乾隆四十年駐防大臣索諾穆策凌於其地得唐時殘碑石二方有金滿縣令等字知古城爲唐金滿地也又按唐金滿縣應即漢車師後部金滿城地漢時由車師前部北通後部金滿城之路當在今阜康縣東境之濟木薩阜康東境與奇臺西境接古城今與濟木薩地本相屬當爲唐金滿縣東境碑石原達處不必定在縣城也據此則今奇臺之西境阜康之東境均當爲金滿故地無疑新疆識畧古城五十里至北道橋又百二十里至噶順又百六十里至蘇吉又九十里至鄂倫布拉克又五十里至布伯圖又九十里至布惇哈喇腰站又百六十里至察罕通古又百里至沙斯海又百二十里至玉音齊又八十里至達布蘇圖又百二十里至博多渾又百里至蘇濟又百二十里至科布多

西接清依勒河昌罕阿瑞那彥鄂博原注接阿爾泰烏梁海界補注秋濤

按清依勒河即青吉斯河，又作青吉勒郭勒。北至綽和爾淖爾、那郭幹淖爾之中山。【原注】接阿爾泰烏梁海界。東南至拜塔克山。【原注】接札哈沁旗界。【補注】秋濤按：拜塔克地以山名，其山在哈布塔克西、青吉斯河南岸。由拜塔克西南行三百里至奇臺縣界。唐時以沙陀部爲沙陀州，此其故壤也。又按奇臺縣隸鎮西府，東距府治六百九十里，縣治東至噶順溝三百七十里接宜禾縣界，西至乾溝一百十里，南至南山，北至葦湖。西域平後，於奇臺設堡，有管糧通判駐此。乾隆四十一年改設奇臺縣，縣城內有文廟、關帝廟，城西南有奇臺堡二，又南有龍口堡。渠河出南山下，環抱縣治及諸堡左右，稍東有英格泉出天山下，北流奇臺堡北，有奇臺塘。此地後漢爲車師後部金滿城，唐爲金滿州，又爲金滿縣。今奇臺縣屬木壘以西迄於阜康縣境特訥格爾以東，正當今闢展古車師前部之北境，應皆金滿地也。金滿亦作金蒲，未詳孰是。又按阜康縣舊地名特訥格爾，在迪化州治東北二百里，舊爲準噶爾圖爾古特部游牧地。入板圖後建阜康堡，乾隆四十一年設縣，隸迪化州。縣境東西三百十里，東至得勒呼蘇臺接奇臺縣界，西至甘泉鋪接迪化州界南至天山北至葦湖漢烏貪訾離國舊壤當在縣境西南至烏蘭波木〔原注〕接古城界西北至綽和爾淖爾〔原注〕接阿爾泰烏梁海界東北至哈爾察克〔原注〕接阿爾泰烏梁海及新和碩特界所部二旗自爲一盟曰青色特啟勒圖〔補注〕今作青塞特啟勒圖隸科布多大臣兼轄歸定邊左副將軍節制

哈爾察克新和碩特蒙古游牧所在標題秋濤依例補

〔原〕新和碩特部在科布多城南至　京師七千餘里一旗

札薩克一等台吉游牧先是和碩特台吉巴雅爾拉瑚之族蒙袞〔原注〕世系未詳乾隆三十七年率屬來歸願附新土爾扈特貝子沙喇扣肎之旗　詔封一等台吉賞

半佐領。令其附居蒙袞。卒。子布彥克什克襲。五十七年。沙喇扣肯殘害所屬下人。事聞。 命移於杜爾伯特近處游牧。原注今牧地。即嘉慶元年。科布多參贊大臣奏。蒙袞妻察彥率布彥克什克詣言。所屬生齒日繁。求給印以資鈐轄。 詔依杜爾伯特例。給札薩克印。不食俸。缺出請 旨。原注領一佐。 牧地當金山東南哈彌察克名。補注秋濤按。哈彌察克。西域圖志作哈布塔克。地以山名。在鎮西府西北四百里。北六十里。即布拉干郭勒。河南山北之地。饒水草。宜畜牧。踰哈布塔克至青吉勒郭勒。舊爲準噶爾東南界。補西臨青吉斯河。補注秋濤按。青吉斯河。注見前。水道提綱作布拉青吉兒河。其所瀦之泊。提綱作奇薩爾巴思鄂模。均與今會典輿圖異。未詳孰是。 又案青吉斯爲元太祖汗號。此河所會之烏隴古河。既見於元秘史。則此河當亦

因元太祖
得名也。
【原】東至和託鄂博
【原注】接札哈沁旗界【補注】
秋濤按新修一統志作和
托昂鄂博【原注】準噶爾謂守喀人曰札哈沁三等信勇
公瑪木特初爲準噶爾宰桑乾隆十九年大軍獲之
授內大臣其隨來之札哈沁即令統轄二十年從征達
瓦齊封三等信勇公阿逆誘使附己瑪木特唾而數其
罪阿逆慚搤殺之事聞 御製詩褒爲烈士所遺
爵令其孫札木禪襲四十年札木禪卒以札哈沁原非
瑪木特之阿爾巴圖撤出設一旗屬科布多參贊大臣
其札木禪族丁及其阿爾巴圖三十餘戶亦附近科布
多之烏裕克齊博多克齊游牧嘉慶五年札木禪之孫
托克托巴圖之屬已足百五十丁復編爲一佐領以
托克托巴圖爲總管牧地在科布多城南新修一統志
東界由德杜庫庫圖勒起至喀喇占和碩薩拉布拉克
巴爾噜巴克止與喀爾喀連界東南界由巴爾噜巴克
起至昂吉爾圖止與喀爾喀連界南界由昂吉爾圖起
至哈布塔克山止與巴爾庫勒連界西南界由哈布塔
克山起至和托昂鄂博止與土爾扈特和碩特連界西
界由和托昂鄂博起至布爾干河東岸止與阿勒坦烏
梁海連界西北界由布爾干河起至浩賴僧庫爾都木

達僧庫爾惠圖僧庫爾之北山止與阿勒坦烏梁海連
界北界由惠圖僧庫爾起至土古里克止與喀爾喀屯
田兵官廠連界東北界由土古里克起至德杜庫庫圖
勒止與喀爾喀連界**補注**秋濤按札哈沁旗未設札薩
克故止附見於此不別立專條餘如呼倫貝爾諸蒙
古及各烏梁海之類皆仿此此游牧記之通例也

南至布勒幹
原注接新土爾扈特界**補注**秋濤按新修一
統志作布勒幹和碩按布勒幹即布勒罕河
旁之地地以水名也亦作布爾干注見前又按朔漠方
略雍正九年八月傅爾丹奏言科布多修城處所當奇
蘭及庫列圖二道要隘又逼近布拉罕大路且旁逼阿
爾台小路處甚多實為險要之地城加力修築令高一
丈合計垛城共高一丈五尺周圍十有二里藩部要略
康熙五十九年將軍傅爾丹領八千人從布喇罕前進
襲擊準噶爾邊境所云布拉罕亦作布喇罕即此布
勒幹也準語謂貂為布拉干河濱產此故以為名

西至捫楚克烏蘭
原注接新土
爾扈特界

北至奔巴圖哈弼察克河
原注接阿爾泰烏梁海旗界**補注**秋濤按據會典輿圖
自哈弼察克以北為科布多所屬喀爾喀官兵屯田地

其西爲額魯特旗游牧【原注】新修一統志科布多額魯特部一旗東界由濟爾噶朗圖起沿布彥圖河西岸至布古圖和碩止與喀爾喀屯田兵連界南界由布古圖和碩起沿布彥圖河北岸至哈叨烏里雅蘇台止與喀爾喀屯田兵連界西界由哈叨烏里雅蘇台起至都魯淖爾止與阿勒坦烏梁海連界北界由都嚕淖爾起至習集克圖河止與阿勒坦烏梁海連界再由習集克圖河起沿科布多河南岸至濟爾噶朗圖止與明阿特連界攷此旗本台吉達木拜屬達木拜有罪削爵以其衆屬科布多參贊大臣歸定邊左副將軍節制不設札薩克故附見於此不設盟長隸科布多大臣兼轄

壽陽閻汝弼覆校